Michael D. Wirlitsch

Arbeitszeit in Frage und Antwort

Die wichtigsten Fragen aus der Praxis an Betriebs- und Personalräte

aktiv in Betriebs- und Personalrat

Michael D. Wirlitsch

Arbeitszeit in Frage und Antwort

Die wichtigsten Fragen aus der Praxis an Betriebs- und Personalräte

2., überarbeitete und aktualisierte Auflage

BUND
VERLAG

Bibliografische Information der Deutschen Nationalbibliothek
Die Deutsche Nationalbibliothek verzeichnet diese Publikation in der Deutschen Nationalbibliografie; detaillierte bibliografische Daten sind im Internet über *http://dnb.d-nb.de* abrufbar.

2., überarbeitete und aktualisierte Auflage 2026

Umschlag: Bernd Adam, Weinheim
Satz: Dörlemann Satz, Lemförde
Druck: CPI books GmbH, Birkstr. 10, 25917 Leck

ISBN 978-3-7663-7517-9

kontakt@bund-verlag.de
www.bund-verlag.de

Vorwort zur 2. Auflage

Arbeitszeit ist Lebenszeit.
Das Ziel dieses Buches bleibt auch in der zweiten Auflage unverändert: einen Beitrag dazu zu leisten, dass diese Lebenszeit rechtlich geschützt und sozial gerecht gestaltet wird.

Das Europarecht als moderner Schutzanker
Ein Schwerpunkt der Neuauflage ist die Darstellung der massiven Überlagerung des nationalen Rechts durch das europäische Arbeitszeitrecht. Die Rechtsprechung des Europäischen Gerichtshofs (EuGH) fungiert heute als unverzichtbarer Schutzanker. Ohne diesen unionsrechtlichen Impuls wäre die wegweisende Entscheidung des Bundesarbeitsgerichts über die allgemeine Pflicht zur Arbeitszeiterfassung kaum denkbar gewesen. Das Europarecht setzt damit eine klare »**rote Linie« gegen nationale Deregulierungsbestrebungen**. Es erinnert uns unmissverständlich daran, dass Arbeitszeitrecht im Kern **Gesundheitsschutz** ist.

Rechtspolitische Debatten: Flexibilität versus Gesundheit
Wir erleben derzeit eine intensive Debatte über die »Modernisierung« des Arbeitszeitrechts – eine Entwicklung, die sich treffender als **Hyperdynamisierung der Arbeitswelt** beschreiben lässt. Die Grenzen zwischen Beruf und Privatleben werden dabei nicht mehr nur verschoben, sondern oft gänzlich aufgelöst. Diese Erfahrung der **Entgrenzung** ist zur prägenden Realität des modernen Arbeitsalltags geworden.
Die für 2026 geplanten Reformen markieren einen Paradigmenwechsel: weg vom täglichen Acht-Stunden-Schutz hin zu flexiblen Wochenhöchstgrenzen. Diese Entwicklung birgt die Gefahr einer gesundheitlich bedenklichen Verdichtung der Arbeit. Die vorliegende Neuauflage antizipiert diese Schritte und bietet Lösungswege an, dahingehend, wie der Schutz der Beschäftigten sichergestellt werden kann, wenn staatliche Leitplanken wegfallen und die betrieblichen Akteure zunehmend selbst in die Pflicht genommen werden.

Handwerkszeug für die »Schutzmacht« vor Ort

Mit dem Rückzug des Gesetzgebers aus starren Detailregelungen verschiebt sich die Verantwortung massiv auf die betriebliche Ebene. Betriebs- und Personalräte rücken damit endgültig in das Zentrum der Arbeitszeitgestaltung; sie werden zur entscheidenden »Schutzmacht« für die Lebenszeit der Beschäftigten in den Betrieben und Dienststellen.
Um dieser gewachsenen Verantwortung gerecht zu werden, wurde die 2. Auflage didaktisch neu aufbereitet. Ein Netz aus praxisnahen **Checklisten, Praxistipps und Tabellen** zieht sich nun durch das gesamte Werk. Sie dienen als Handwerkszeug dafür, komplexe Vorgaben – etwa zur Zeiterfassung, zur Ruhezeitgestaltung oder zur Rufbereitschaft – schnell prüfen und in rechtssichere Betriebs- oder Dienstvereinbarungen übersetzen zu können. **Damit wird aus »trockenem« Recht ein wirksames Instrument zum Schutz der Gesundheit.**

Kurz – was ist neu?

Neben der umfassenden Einarbeitung der aktuellen Rechtsprechung wurde das Werk um praxisnahe Kapitel zur geplanten Arbeitszeitreform 2026, sowie zum tiefgreifenden Einfluss des Unionsrechts erweitert. Das bewährte Frage-Antwort-Konzept wird um strukturierte Übersichtstabellen und Checklisten ergänzt, damit den Interessenvertretungen eine verbesserte Orientierung in der komplexen Rechtsmaterie ermöglicht wird.
Damit dient die Neuauflage nicht nur als Nachschlagewerk, sondern als aktives Arbeitsmittel für die Gestaltung einer gesunden Arbeitswelt.
Ich wünsche den Kolleginnen und Kollegen in den Gremien, dass ihnen dieses Buch als verlässlicher Kompass dafür dient, in einer hyperdynamischen Zeit das Wesentliche im Blick zu behalten: **Arbeitszeit ist Lebenszeit, die es wertvoll zu gestalten gilt.**

Danksagung

Ein herzliches Wort des Dankes gilt meinen geschätzten Kolleginnen Anja Reinke und Simone Breyer, die an der ersten Auflage dieses Werkes maßgeblich mitgewirkt haben. Sie sind mit dieser Neuauflage als Mitautoren ausgeschieden. Ich danke ihnen sehr für die wertvolle Zusammenarbeit, die vielen fachlichen Impulse und das gemeinsame Fundament, das sie für dieses Buch gelegt haben.

Konstanz am Bodensee, im Januar 2026
Michael D. Wirlitsch

Inhaltsverzeichnis

C. Grundlegende Regelungen zur allgemeinen Arbeitszeit

E. »Auszeiten«

J. Sonderfragen

Checklistenverzeichnis

Abkürzungsverzeichnis

a. A.	anderer Ansicht
a. F.	alte Fassung
aaO	am angegebenen Ort
Abs.	Absatz
AentG	Arbeitnehmer-Entsendegesetz
AGB	Allgemeine Geschäftsbedingungen
AiB	Arbeitsrecht im Betrieb
AktG	Aktiengesetz
AN	Arbeitnehmer
ArbG	Arbeitsgericht
ArbGG	Arbeitsgerichtsgesetz
ArbSchG	Arbeitsschutzgesetz
ArbStättV	Arbeitsstättenverordnung
ArbZG	Arbeitszeitgesetz
Art.	Artikel
ASiG	Arbeitssicherheitsgesetz
AT	Außertariflich
AT-Angestellte	Außertarifliche Angestellte
ATG	Altersteilzeitgesetz
AÜG	Arbeitnehmerüberlassungsgesetz
AVO	Ausführungsverordnung
AVR	Arbeitsvertragsrichtlinien
AWZ	ausschließliche Wirtschaftszone
AZO	Arbeitszeitordnung
AZV	Arbeitszeitverkürzung
AZVO	Arbeitszeitverordnung
BAG	Bundesarbeitsgericht
BAVAZ	bedarfsabhängige variable Arbeitszeit
BBG	Bundesbeamtengesetz
BDSG	Bundesdatenschutzgesetz

BeamtStG	Beamtenstatusgesetz
BEEG	Bundeselterngeld- und Elternzeitgesetz
BetrVG	Betriebsverfassungsgesetz
BGB	Bürgerliches Gesetzbuch
BGBl.	Bundesgesetzblatt
BGleiG	Bundesgleichstellungsgesetz
BildscharbV	Bildschirmarbeitsverordnung
BinSchArbZV	Binnenschifffahrts-Arbeitszeitverordnung
BPersVG	Bundespersonalvertretungsgesetz
BR-Drs.	Bundesratsdrucksachen
BSG	Bundessozialgericht
Bsp.	Beispiel
BT-Drs.	Bundestagsdrucksache
Buchst.	Buchstabe
BUrlG	Bundesurlaubsgesetz
BVerfG	Bundesverfassungsgericht
BVerwG	Bundesverwaltungsgericht
bzw.	beziehungsweise
d. h.	das heißt
DGB	Deutscher Gewerkschaftsbund
DRK	Deutsches Rotes Kreuz
DSGVO	EU-Datenschutz-Grundverordnung
DVLuftBO	Zweite Durchführungsverordnung zur Betriebsordnung für Luftfahrtgerät (Dienst-, Flugdienst-, Block- und Ruhezeiten von Besatzungsmitgliedern in Luftfahrtunternehmen und außerhalb von Luftfahrtunternehmen bei berufsmäßiger Betätigung)
EG	Europäische Gemeinschaft
EntgFG	Entgeltfortzahlungsgesetz
etc.	et cetera – und so weiter
EU	Europäische Union
EuGH	Europäischer Gerichtshof
evtl.	eventuell
f., ff.	folgende, fortfolgende
FPersG	Fahrpersonalgesetz
FPersV	Fahrpersonalverordnung
FPfZG	Familienpflegezeitgesetz

FSJG	Gesetz zur Förderung eines freiwilligen sozialen Jahres
GewO	Gewerbeordnung
GG	Grundgesetz
ggf.	gegebenenfalls
GmbHG	Gesetz betreffend die Gesellschaften mit beschränkter Haftung
GRCh	Charta der Grundrechte der Europäischen Union
grds.	grundsätzlich
Halbs.	Halbsatz
h. M.	herrschende Meinung
HAG	Heimarbeitsgesetz
HS	Halbsatz
HSI	Hugo Sinzheimer Institut für Arbeitsrecht
i. d. R.	in der Regel
i. S. d.	im Sinne des
i. S. v.	im Sinne von
i. V. m.	in Verbindung mit
JArbSchG	Jugendarbeitsschutzgesetz
KAPOVAZ	Kapazitätsorientierte variable Arbeitszeit
KrFArbZG	Gesetz zur Regelung der Arbeitszeit von selbständigen Kraftfahrern
KSchG	Kündigungsschutzgesetz
LAG	Landesarbeitsgericht
lit.	Litera (Buchstabe)
m. w. N.	mit weiteren Nachweisen
MDK	Medizinischer Dienst der Krankenversicherung
MiLoG	Mindestlohngesetz
MuSchG	Mutterschutzgesetz
n. F.	neue Fassung
NachwG	Nachweisgesetz
Nr.	Nummer
NZA	Neue Zeitschrift für Arbeitsrecht

o.g.	oben genannt
Offshore-ArbZV	Verordnung über die Arbeitszeit bei Offshore-Tätigkeiten
OLG	Oberlandesgericht
OVG	Oberverwaltungsgericht
OWiG	Gesetz über Ordnungswidrigkeiten
PflegeZG	Pflegezeitgesetz
PSA	Persönliche Schutzausrüstung
RL 2003/88/EG	Richtlinie über bestimmte Aspekte der Arbeitszeitgestaltung, Arbeitszeitrichtlinie
RL	Richtlinie
Rn.	Randnummer
RP	Regierungspräsidium
SAZV	Soldatenarbeitszeitverordnung
SchwarzArbG	Schwarzarbeitsbekämpfungsgesetz
S.	Seite
SGB III	Sozialgesetzbuch Drittes Buch – Arbeitsförderung
SGB IV	Sozialgesetzbuch Viertes Buch – Gemeinsame Vorschriften für die Sozialversicherung
SGB IX	Sozialgesetzbuch Neuntes Buch – Rehabilitation und Teilhabe behinderter Menschen
SGB V	Sozialgesetzbuch Fünftes Buch – Gesetzliche Krankenversicherung
SGB VI	Sozialgesetzbuch Sechstes Buch – Gesetzliche Rentenversicherung
SGB XI	Sozialgesetzbuch Elftes Buch – Soziale Pflegeversicherung
sog.	so genannt
Std.	Stunden
StGB	Strafgesetzbuch
SUrlV	Verordnung über den Sonderurlaub für Bundesbeamte und Richter des Bundes
TV-L	Tarifvertrag für den öffentlichen Dienst der Länder
TVöD	Tarifvertrag des öffentlichen Diensts
TVöD-K	Tarifvertrag für den Dienstleistungsbereich Krankenhäuser
TV-V	Tarifvertrag Versorgungsbetriebe

TzBfG	Teilzeit- und Befristungsgesetz
u. a.	unter anderem
u. U.	unter Umständen
u. v. m.	und vieles mehr
VGH	Verwaltungsgerichtshof
vgl.	vergleiche
VwGO	Verwaltungsgerichtsordnung
z. B.	zum Beispiel
Ziff.	Ziffer

Literaturverzeichnis

Althoff/Gänsler, Arbeitszeit im Betrieb, 4. Aufl. 2021 (zit.: Althoff/Gänsler)

Anzinger/Koberski, ArbZG – Arbeitszeitgesetz, 5. Aufl. 2020 (zit.: Anzinger/Koberski)

Fischer/Mittländer/Steiner, Arbeitszeit und Mitbestimmung von A–Z, 2. Aufl. 2026 (zit.: Fischer/Mittländer/Steiner)

Boecken/Joussen, Teilzeit- und Befristungsgesetz, Handkommentar, 7. Aufl. 2024 (zit.: Boecken/Joussen)

Bredemeier/Neffke, TVöD / TV-L – Tarifverträge für den öffentlichen Dienst, 6. Aufl. 2022 (zit.: Bredemeier/Neffke-Bearbeiter)

Burger, TVöD / TV-L – Tarifverträge für den öffentlichen Dienst, Handkommentar, 5. Aufl. 2024 (zit.: HK-TVöD/TV-L-Bearbeiter)

Buschmann/Ulber, Arbeitszeitrecht, 2. Aufl. 2024 (zit.: Buschmann/Ulber)

Fitting/Engels/Schmidt/Trebinger/Linsenmaier/Schelz, Betriebsverfassungsgesetz, 33. Aufl. 2026 (zit.: Fitting)

Gescher, Zur (Un-)zulässigkeit geteilter Dienste im Anwendungsbereich der AVR-Caritas, ZMV 4/2016, 197 ff.

Hahn, Flexible Arbeitszeit, 3. Aufl. 2024 (zit.: Hahn)

Hahn/Pfeiffer/Schubert, Arbeitszeitrecht, Nomos Handkommentar, 3. Aufl. 2024 (zit.: NK-ArbZR)

Hanau, Recht der Arbeit 1973, S. 281 ff.

Hau/Poseck, Beck'scher Online-Kommentar BGB, 76. Edition, Stand: 1. 11. 2025 (zit.: BeckOK-BGB/Bearbeiter)

Herget, Arbeitszeitkonto nach § 10 TVöD, Der Personalrat 10/2014, S. 35

Kiel/Lunk/Oetker, Münchener Handbuch zum Arbeitsrecht, Band 1: Individualarbeitsrecht I, 6. Aufl. 2024 (zit.: MHdb ArbR)

Klimpe-Auerbach, Arbeitszeiterfassung – auch für Freigestellte? Der Personalrat 2023, 22 ff.

Klimpe-Auerbach/Bartl/Binder/Reinke/Wirlitsch, LPVG Baden-Württemberg, 6. Aufl. 2026 (zit.: Klimpe-Auerbach)

Müller-Glöge/Rolfs/Gallner/Schmidt, Erfurter Kommentar zum Arbeitsrecht, 26. Aufl. 2026 (zit.: ErfK-Bearbeiter)

Peters, Weisungsrecht des Arbeitgebers, 2. Aufl. 2021 (zit.: Peters)

Rolfs/Giesen/Meßling/Uschding, Beck'scher Onlinekommentar, Arbeitsrecht, 78. Edition, Stand: 1.12.2025 (zit.: BeckOK-ArbR/Bearbeiter)

Schaub, Arbeitsrechts-Handbuch, 21. Aufl. 2025 (zit.: Schaub-Bearbeiter)

Schumann/Wagner, Handbuch Arbeitszeitrecht, 4. Aufl. 2022 (zit.: Schumann/Wagner)

Stoffels/Lembke, Betriebsverfassungsrecht, 7. Aufl. 2020 (zit.: Stoffels/Lembke)

Ulber, Vorgaben des EuGH zur Arbeitszeiterfassung, HSI Schriftenreihe 32, S. 53f.

Wirlitsch/Deusch, Kann Sonntagsarbeit Sünde sein? AiB 2013, S. 63ff.

Wirlitsch/Feldmann, Neue Zuständigkeit der Arbeitsgerichte im Personalvertretungsrecht, NZA 2022, 1317

Wirlitsch/Geiger, Arbeitszeiterfassung für Betriebsräte? AiB 2024, S. 21ff.

Wirlitsch, Fahrzeit ist auch für Mitfahrer Arbeitszeit, Der Personalrat 02/2026, S. 32ff.

A. Einleitung

Neben dem Arbeitsentgelt ist die Arbeitszeit für Arbeitnehmer die entscheidende Arbeitsbedingung – sie bestimmt über die Teilhabe am gesellschaftlichen Leben, und über den Erhalt der eigenen Gesundheit. In einer Arbeitswelt, die durch Home-Office und ständige Erreichbarkeit immer flexibler, aber auch entgrenzter wird, benötigen Beschäftigte und Interessenvertretungen mehr denn je präzise Antworten.
Das Buch »Arbeitszeit in Frage und Antwort« bietet den Beschäftigten sowie Betriebs- und Personalräten diese Orientierung. Der Fokus liegt auf dem Arbeitszeitgesetz als dem »Grundgesetz des Gesundheitsschutzes«. Darüber hinaus beleuchtet das Werk die essenziellen Schnittstellen zur Vergütung und zur modernen Work-Life-Balance, um den Anforderungen einer digitalen Arbeitswelt gerecht zu werden.

I. Einteilung des Arbeitszeitrechts

Das Arbeitszeitrecht gehört zum Arbeitsschutzrecht, welches neben dem Individualarbeitsrecht und dem Kollektivarbeitsrecht die dritte Säule des Arbeitsrechts darstellt. Die auf S. 40 folgende Abbildung veranschaulicht dies. Die Arbeitszeit kann in allen drei Säulen eine Rolle spielen.

- **Arbeitszeit im Sinne des Individualarbeitsrechts (1. Säule)** ist die **arbeitsvertraglich geschuldete Dauer der Arbeitsleistung**, die vom Arbeitgeber wie vertraglich vereinbart vergütet werden muss (zivilrechtliches Austauschverhältnis »Lohn gegen Arbeit«). Das Nachweisgesetz geht von diesem Arbeitszeitbegriff aus. Seit der Reform 2022 muss die vereinbarte Arbeitszeit, inklusive Pausenregelungen und etwaiger Überstundenvereinbarungen, schriftlich niedergelegt werden (vgl. § 2 Abs. 1 Satz 2 Nr. 7 und 8 NachwG).
- **Arbeitszeit im Sinne des Kollektivarbeitsrechts (2. Säule)** meint die **Lage der Arbeitszeit** im Sinne des § 87 Abs. 1 Nr. 2 BetrVG und des

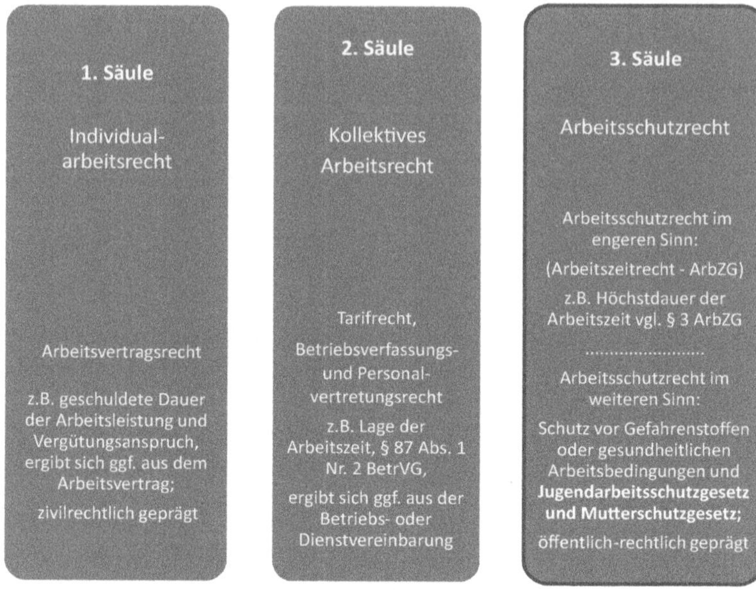

  § 80 Abs. 1 Nr. 1 BPersVG, also »*Beginn und Ende der täglichen Arbeitszeit einschließlich der Pausen sowie die Verteilung der Arbeitszeit auf die einzelnen Wochentage*«. Indem z.B. der Betriebsrat über Beginn und Ende der täglichen Arbeitszeit mitbestimmt, hat er etwa im Handel mittelbaren Einfluss auf die Ladenöffnungszeiten, wenn sich der Laden ohne Personal nicht betreiben lässt.
- **Arbeitszeit im Sinne des Arbeitsschutzrechts (3. Säule)** hat etwa die öffentlich-rechtliche **Höchstdauer der Arbeitszeit** zur Bedeutung. Gemäß § 3 Arbeitsschutzgesetz (ArbZG) darf die werktägliche Arbeitszeit grundsätzlich acht Stunden nicht überschreiten. Unter bestimmten Bedingungen darf sie auf 10 Stunden verlängert werden.

Schwerpunktmäßig wird in diesem Buch das Arbeitszeitgesetz (ArbZG) behandelt. Das Arbeitsschutzrecht im weiteren Sinne wird punktuell im Hinblick auf das Mutterschutz- und Jugendarbeitsschutzgesetz behandelt, soweit dort arbeitszeitrechtliche Fragen bestehen.

Im Bereich des Kollektivarbeitsrechts wird in diesem Buch das Arbeitszeitrecht im engeren Sinne bezüglich Arbeitszeitfragen behandelt. Etwa hinsichtlich dieser Frage: Kann der Betriebs- oder Personalrat bei Fragen der Ruhezeit (§ 5 ArbZG) mitbestimmen?

Arbeitszeitfragen im Sinne des Individualarbeitsrechts werden im jeweiligen Sachzusammenhang vereinzelt aufgegriffen, bilden aber nicht den Schwerpunkt dieses Buches.

II. Die öffentlich-rechtliche Natur des ArbZG

Die Regelungen des ArbZG sind **öffentlich-rechtlicher Natur** und bilden den Kern des gesetzlichen Arbeitsschutzes (3. Säule). Dieser Charakter führt dazu, dass der Staat die Einhaltung der Vorschriften nicht dem Belieben der Vertragsparteien überlässt, sondern sie mithilfe staatlicher Aufsichtsbehörden und Zwangsmaßnahmen aktiv durchsetzt (vgl. § 17 Abs. 1, 2 ArbZG). Verstöße gegen die Höchstarbeitszeiten oder Ruhepausen sind keine Kavaliersdelikte: sie können gemäß § 22 ArbZG mit Geldbußen bis zu **30 000 €** (beachten Sie die gesetzliche Erhöhung!) und bei Beharrlichkeit oder Gefährdung gemäß § 23 ArbZG sogar mit Freiheitsstrafe geahndet werden.

Alleiniger Adressat dieser öffentlich-rechtlichen Pflichten ist der **Arbeitgeber**. Er trägt die originäre Verantwortung für die Durchführung des Arbeitsschutzes. Diese Verantwortung kann er weder durch Arbeitsverträge noch durch Betriebs- oder Dienstvereinbarungen auf die Beschäftigten abwälzen.

Ein entscheidender Punkt für die Praxis:

Die Vorschriften des ArbZG sind **zwingendes Recht**. Arbeitnehmer können auf deren Einhaltung nicht wirksam verzichten. Soweit das ArbZG Gebote oder Verbote enthält, handelt es sich um **Verbotsgesetze im Sinne des § 134 Bürgerliches Gesetzbuch (BGB)**. Jede arbeitsvertragliche Vereinbarung, die gegen diese Normen verstößt – etwa die Verpflichtung, regelmäßig mehr als 10 Stunden täglich zu arbeiten oder auf Ruhepausen zu verzichten – ist von Anfang an **nichtig. Das bedeutet:** Der Arbeitnehmer ist rechtlich nicht zur Erbringung solcher verbotswidrigen Mehrarbeit verpflichtet, und der Arbeitgeber kann sich nicht auf entsprechende Vertragsklauseln berufen.

Wer trägt die Verantwortung für die Einhaltung der Arbeitszeitvorgaben? Der alleinige Normadressat des Arbeitszeitgesetzes ist der Arbeitgeber bzw. der Dienstherr. Da das ArbZG zum zwingenden öffentlichen Recht gehört, obliegt ihm die originäre Durchführung des Arbeitsschutzes.

> **Praxistipp für die Gremien:**
> Machen Sie dem Arbeitgeber/Dienstherr bei Verstößen gegen das ArbZG klar, dass diese keine bloßen Vertragsverletzungen, sondern Ordnungswidrigkeiten oder gar Straftaten darstellen. Wenn der Arbeitgeber/Dienstherr die Zeiterfassung vernachlässigt oder Höchstarbeitszeiten ignoriert, haftet er (bzw. die verantwortliche Führungskraft) persönlich gegenüber den Aufsichtsbehörden. Dies ist oft das wirksamste Argument für Betriebs- und Personalräte bei der Einforderung rechtssicherer Systeme.

Übersicht: Sanktionen und Haftung bei Arbeitszeitverstößen (Stand 2026)

Verstoß-Kategorie	Rechtsgrundlage	Sanktion / Rechtsfolge (NEU 2026)	Verantwortlichkeit
Ordnungswidrigkeit (z. B. 12h arbeiten ohne Ausnahmegrund, Pausenausfall)	§ 22 Abs. 1 ArbZG	**Bußgeld bis zu 30 000 €** pro Einzelfall (Verdoppelung zum alten Recht)	Arbeitgeber / Führungskraft persönlich
Verstoß gegen Zeiterfassung (Fehlende, unvollständige oder falsche Dokumentation)	§ 22 Abs. 1 Nr. 9 ArbZG i. V. m. BAG-Rspr.	**Bußgeld bis zu 30 000 €**; zudem droht Beweislastumkehr im Prozess	Arbeitgeber / Dienstherr
Straftat (Beharrliche Wiederholung oder Gefährdung der Gesundheit/Arbeitskraft)	§ 23 ArbZG	**Freiheitsstrafe bis zu 1 Jahr** oder Geldstrafe	Die handelnde Person (GF, Abteilungsleiter)
Zivilrechtliche Nichtigkeit (Vertragliche Vereinbarung von gesetzeswidrigen Zeiten)	§ 134 BGB	**Unwirksamkeit der Klausel**; Arbeitnehmer darf Leistung verweigern	Arbeitgeber (Verlust des Direktionsrechts)
Haftung bei Arbeitsunfall (nach Übermüdung oder Ruhezeitunterschreitung)	§ 110 SGB VII	**Regressanspruch der Berufsgenossenschaft** (Rückforderung der Behandlungskosten)	Unternehmen und verantwortliche Leitung
Beweislast im Lohnprozess (Streit um Überstundenvergütung)	EuGH / BAG Rspr.	**Beweislastumkehr:** Ohne korrekte Zeiterfassung wird die Behauptung des Arbeitnehmers als wahr unterstellt	Arbeitgeber

III. Aufbau des ArbZG

Um die Anwendung des Gesetzes in der Praxis zu erleichtern, hilft ein Blick auf dessen systematische Gliederung.

Das **ArbZG** ist kein loser Katalog von Verboten, sondern folgt einer **klaren Logik:** von der Definition über die Schutzziele bis hin zur praktischen Durchführung.

Die Kernelemente der gesetzlichen Struktur:

1. **Grundlagen (§§ 1–2 ArbZG):** Hier werden die Schutzziele (Sicherheit und Gesundheitsschutz) sowie die zentralen Begriffe definiert. Besonders wichtig: Was gilt rechtlich als »Arbeitszeit« und wer ist »Arbeitnehmer«?
2. **Die Schutz-Standards (§§ 3–6 ArbZG):** Diese Normen bilden das Herzstück des Gesundheitsschutzes:
   § 3: Begrenzung der täglichen Arbeitszeit (8 bis max. 10 Stunden).
   § 4: Zwingende Ruhepausen (30/45 Minuten).
   § 5: Die ununterbrochene Ruhezeit von 11 Stunden.
   § 6: Besondere Schutzvorschriften für Nacht- und Schichtarbeit.
3. **Sonn- und Feiertagsruhe (§§ 9–13 ArbZG):** Diese Abschnitte schützen die soziale und religiöse Dimension der Zeit durch das grundsätzliche Beschäftigungsverbot an diesen Tagen, kombiniert mit notwendigen Branchenausnahmen.
4. **Flexibilität und Ausnahmen (§§ 7, 14, 15 ArbZG):** Das Gesetz lässt Abweichungen zu – entweder durch **Tarifverträge (§ 7)** oder in unvorhersehbaren **Notfällen (§ 14).**
5. **Durchführung und Kontrolle (§§ 16–17 ArbZG):** Hier ist die Pflicht zur Arbeitszeitaushängung und zur **Dokumentation (§ 16 Abs. 2)** geregelt sowie das Prüfungsrecht der Aufsichtsbehörden.
6. **Sanktionen (§§ 22–23 ArbZG):** Der »Säbel« des Gesetzes; Bußgeld- und Strafvorschriften bei Verstößen.

IV. Ziel des ArbZG

Der Hauptzweck des öffentlich-rechtlichen Arbeitszeitgesetzes (3. Säule, s. S. 40) besteht also darin, die Arbeitnehmer vor der zeitlichen Überbeanspruchung ihrer Arbeitskraft und Gesundheit zu schützen. Es war und ist eine aktuelle Forderung der Arbeiterbewegung, vor Gefahren am Arbeitsplatz geschützt zu werden, z. B. indem menschenwürdige Höchstarbeitszeiten, Pausen und Ruhezeiten festgelegt werden und damit Gesundheitsschäden und der frühzeitige Verschleiß der Gesundheit der Arbeitnehmer verhindert wird. Grundsätzlich darf die werktägliche Arbeitszeit acht Stunden nicht überschreiten (vgl. § 3 i. V. m. § 1 ArbZG). Nur ausnahmsweise darf sie auf bis zu 10 Stunden täglich verlängert werden, wenn innerhalb von sechs Kalendermonaten oder innerhalb von 24 Wochen im Durchschnitt acht Stunden werktäglich nicht überschritten werden.

Der Gesundheitsschutz und nicht die Frage nach Freizeit oder der Vergütung ist also das entscheidende Kriterium. Gleichzeitig ermöglicht das ArbZG den Betrieben und Dienststellen Rahmenbedingungen für flexible Arbeitszeiten – soweit diese gesundheitlich vertretbar sind – zu schaffen. In der modernen Arbeitswelt gewinnt der Schutz vor psychischen Belastungen durch Entgrenzung (z. B. ständige Erreichbarkeit im Home-Office) zunehmend an Bedeutung. Das ArbZG fungiert hier als notwendige »Stopp-Schranke«.

Die Aufgabe des ArbZG besteht also nicht primär darin, die sozialen und kulturellen Bedürfnisse (Work-Life-Balance) der Arbeitnehmer zu regeln, dies ist und bleibt die vornehmste Aufgabe der Gewerkschaften und der Betriebs- und Personalräte (2. Säule).

Für Betriebs- und Personalräte ist eine fundierte Kenntnis des ArbZG unverzichtbar. Nur so können sie im betrieblichen Einzelfall beurteilen, ob eine Abweichung von den gesetzlichen Standards – etwa die Verkürzung der elfstündigen Mindestruhezeit gemäß **§ 5 ArbZG** – im Hinblick auf den Gesundheitsschutz der Beschäftigten vertretbar ist (siehe Kapitel Ruhezeiten, Frage 3).

Das ArbZG ist dabei keineswegs so starr, wie es auf den ersten Blick scheint. Es enthält erhebliche Flexibilisierungselemente, die es ermöglichen, die gesetzlichen Grundnormen durch Tarifverträge oder auf deren Grundlage beruhenden Betriebs- oder Dienstvereinbarungen an die spezifischen Bedürfnisse der Praxis anzupassen.

Insbesondere **§ 7 ArbZG** eröffnet weitreichende Abweichungsmöglichkeiten, die für Branchen mit Schichtdienst, wie etwa das Gesundheitswesen, essenziell sind. Diese Spielräume sind jedoch an enge Voraussetzungen gebunden und dürfen nach der Rechtsprechung des Bundesarbeitsgerichts (**BAG 11. 2. 1992 – 1 ABR 51/91**) sowie des EuGH (**EuGH 1. 12. 2005 – C-14/04 (Dellas)**) den Kernbereich des Gesundheitsschutzes nicht aushöhlen.

Bei der Nutzung dieser Flexibilisierungsspielräume müssen Betriebs- und Personalräte zwingend die **Regelungskompetenz** prüfen. Abweichungen von den gesetzlichen Kernnormen (z. B. 12-Stunden-Schichten oder Ruhezeitverkürzungen) sind nach § 7 ArbZG grundsätzlich nur zulässig, wenn:

1. ein einschlägiger **Tarifvertrag** diese Abweichung unmittelbar vorsieht oder

2. ein Tarifvertrag eine sogenannte **Öffnungsklausel** enthält, die den Betriebsparteien den Abschluss einer entsprechenden Betriebs- oder Dienstvereinbarung ausdrücklich erlaubt.

Fehlt eine solche tarifvertragliche Grundlage, ist eine Betriebsvereinbarung, die gegen die Schutzvorschriften des ArbZG verstößt, wegen Verstoßes gegen ein gesetzliches Verbot gemäß **§ 134 BGB** nichtig. Dies gilt auch für nicht tarifgebundene Arbeitgeber: diese können die Flexibilisierung des § 7 ArbZG nur nutzen, wenn sie die Anwendung eines entsprechenden Tarifvertrags arbeitsvertraglich vereinbart haben und dies im Betrieb üblich ist – sofern keine anderweitige gesetzliche Ermächtigung vorliegt (vgl. BAG 20.4.2005 – 4 AZR 292/04).

Übersicht: Die häufigsten Abweichungen

Regelungsgegenstand	Gesetzliche Norm	Mögliche Abweichung durch Tarifvertrag/BV (§ 7)
Höchstarbeitszeit	max. 10 Std. (§ 3)	Ausdehnung über 10 Std. täglich, wenn in die Arbeitszeit regelmäßig und in erheblichem Umfang **Arbeitsbereitschaft oder Bereitschaftsdienst** fällt.
Ruhepause	30/45 Min. (§ 4)	Kürzung der Gesamtdauer der Ruhepausen in Schichtbetrieben und Verkehrsbetrieben auf Kurzpausen von angemessener Dauer.
Ruhezeit	11 Std. (§ 5 Abs. 1)	Kürzung der Ruhezeit um bis zu zwei Stunden, wenn die Kürzung innerhalb eines Ausgleichszeitraums ausgeglichen wird (besonders in Krankenhäusern/Pflege).
Nachtarbeit	8 Std. im Durchschn.	Ausdehnung des Ausgleichszeitraums auf bis zu 12 Kalendermonate (statt 1 Monat/4 Wochen).

V. »Arbeitszeit« im Sinne des ArbZG

1. Begriff im Gesetz

Arbeitszeit im Sinne des ArbZG ist »*... die Zeit vom Beginn bis zum Ende der Arbeit ohne die Ruhepausen*« (§ 2 Abs. 1 Satz 1 Hs. 1 ArbZG).

> **Beispiel:**
> Wenn der Arbeitgeber von seinem Arbeitnehmer erwartet, dass dieser mit den Kunden bei einer Messe am Abend gemeinsam Essen geht, liegt Arbeitszeit im Sinne von § 2 Abs. 1 Satz 1 ArbZG vor. Ob und in welchem Umfang der Arbeitgeber Vergütung für diese Stunden leisten muss, richtet sich aber nach § 612 BGB und nicht nach dem ArbZG. Das ArbZG regelt nicht die Vergütung.

Ob der Arbeitnehmer während der Arbeitszeit in einem wirtschaftlichen Sinne tatsächlich produktiv war, ist grundsätzlich unerheblich. Für die vertragliche Hauptleistungspflicht des Arbeitnehmers ist der Erfolg der Arbeitsleistung unerheblich; der Arbeitnehmer schuldet lediglich ein Tätigwerden.

> **Beispiel:**
> Das Putzpersonal in einem Hotel ist arbeitsvertraglich nicht verpflichtet, in einer Stunde mindestens 4 Gästezimmer gereinigt zu haben, da kein Erfolg geschuldet ist, gleichwohl ist die Tätigkeit des Putzpersonals Arbeitszeit im Sinne des § 2 Abs. 1 ArbZG.

Zu beachten ist, dass die Qualifizierung der geschuldeten Arbeit als Haupt- oder Nebenpflicht im ArbZG (3. Säule) keine Rolle spielt. Auch Zeiten, in denen der Arbeitnehmer vertragswidrige oder gar gesetzes-, tarifvertrags- oder betriebsverfassungswidrige Tätigkeiten vornimmt, sind Arbeitszeit im Sinne des ArbZG.

> **Beispiel:**
> Die Erzieherin oder der Erzieher in einem Kindergarten muss – nachdem der Hausmeister kündigte – auf Weisung des Arbeitgebers arbeitsvertragswidrig den Rasen mähen und die Hecke im Garten des Kindergartens schneiden, anstatt Kinder zu erziehen.

2. Bei mehreren Arbeitgebern

Die Arbeitszeiten bei **mehreren Arbeitgebern** sind zusammenzurechnen, wobei es sich um Arbeitsverhältnisse (und nicht um Vertragsverhältnisse mit freien Mitarbeitern) handeln muss (vgl. § 2 Abs. 2. ArbZG). Aus der Zusammenrechnungspflicht folgt, dass alle Arbeitgeber für die Einhaltung der Arbeitszeit verantwortlich sind und auch Ermittlungen anstellen müssen. Der Arbeitgeber hat einen Auskunftsanspruch gegenüber den Arbeitnehmern über die zeitliche Ausgestaltung eines weiteren Arbeitsverhältnisses.

3. Beginn der Arbeitszeit

Unter »Arbeit« ist zunächst jede Tätigkeit zu verstehen, die der Befriedigung eines fremden Bedürfnisses dient (BAG 11. 10. 2000 – AZR 122/99). Als »Beginn« ist der Zeitpunkt anzusehen, in dem der Arbeitnehmer entweder die Arbeit aufnimmt oder dem Arbeitgeber die geschuldete Arbeitsleistung vertragsgemäß anbietet. Der Zeitpunkt ist da, wenn der Arbeitgeber in der Lage ist, die Arbeitskraft des Arbeitnehmers zu verwerten. Die Arbeitseinteilung durch den Arbeitgeber, wie auch das Säubern des Arbeitsplatzes, gehört zur Arbeitszeit.

4. Ende der Arbeitszeit

Als »Ende« der Arbeitszeit gilt der Zeitpunkt, in dem der Arbeitnehmer die Arbeit einstellt oder seine Arbeitskraft nicht mehr vertragsgemäß anbietet.

5. Vollarbeit und Zeiten verminderter Arbeitsleistung (Bereitschaftszeiten)

Es gibt keine Zwischenkategorie zwischen Arbeit und Freizeit im Arbeitszeitrecht. Mithin ist Zeit arbeitszeitrechtlich in Arbeit oder Freizeit einzuteilen (strenger Dualismus). Dies führt u. a. bei der Rufbereitschaft zu dogmatischen Problemen und Diskussionen.

Die **Vollarbeit** ist die Zeit, in der der Arbeitnehmer für den Arbeitgeber zu bestimmten Zeiten an einem bestimmten Ort tätig ist, bzw. als Beamter seinen Dienst verrichtet.

Arbeitsbereitschaft ist die wache Achtsamkeit im Zustand der Entspannung, wenn der Arbeitnehmer jederzeit tätig werden kann wie z. B. das

Warten des Kellners auf Gäste, um diese bedienen zu können; also die zeitweise Aufmerksamkeit im Zustand der Entspannung.

Sowohl Vollarbeit als auch Arbeitsbereitschaft sind Arbeitszeit im Sinne des ArbZG als auch im vergütungsrechtlichen und im betriebs- und personalvertretungsrechtlichen Sinne.

Auch **Bereitschaftsdienst** ist Arbeitszeit, bei der der Arbeitnehmer sich im Betrieb oder in unmittelbarer Nähe aufhalten muss, um bei Anweisung oder Bedarf unverzüglich die Arbeit aufzunehmen. Typischerweise findet man Bereitschaftsdienst in Krankenhäusern oder bei der Feuerwehr wie z. B. der Stationsarzt, der im Krankenhaus während der Nacht schläft, im Notfall aber sofort einsatzbereit ist, um ärztliche Dienste vorzunehmen.

Die **Rufbereitschaft** ist dogmatisch umstritten und stellt einen Sonderfall dar. Sie liegt vor, wenn der Arbeitnehmer verpflichtet ist, sich an einem Ort aufzuhalten, an dem er jederzeit für den Arbeitgeber erreichbar ist und die Arbeit nach Aufforderung innerhalb einer vorgegebenen Zeit (etwa in 45 Min.) aufnehmen kann. Die Aufenthaltsbeschränkung ist bei Rufbereitschaft wesentlich lockerer als bei Bereitschaftsdienst. Gleichwohl muss auch bei der Freizeitgestaltung mit Einschränkungen gerechnet werden. Rufbereitschaft ist dennoch keine Arbeitszeit im Sinne des ArbZG; es liegt nach der Rechtsprechung Ruhezeit (Freizeit) vor (BAG: 11.7.2006, ZTR 2007, 137). Erst die Zeit des tatsächlichen Tätigwerdens ist Arbeitszeit, die dann die Ruhezeit unterbricht, und die dann auch vergütet werden muss (ausführlich dazu siehe im Kapitel Rufbereitschaft, S. 123).

Nach der gefestigten Rechtsprechung des EuGH (21.2.2018 – C-518/15 (*Matzak*) und 9.3.2021 – C-344/19 (*Radiotelevizija Slovenija*) sowie C-580/19 (*Stadt Offenbach am Main*)) ist die **Abgrenzung zwischen Rufbereitschaft und Bereitschaftsdienst** anhand der Intensität der Einschränkungen vorzunehmen.

Rufbereitschaft ist dann ausnahmsweise in vollem Umfang als Arbeitszeit im Sinne der Richtlinie 2003/88/EG (und damit des ArbZG) zu qualifizieren, wenn die dem Arbeitnehmer auferlegten Einschränkungen seine Möglichkeiten, seine Freizeit zu gestalten und sich seinen eigenen Interessen zu widmen, **objektiv ganz erheblich beeinträchtigen**. Entscheidend ist hierbei insbesondere die Länge der **Reaktionszeit**: verpflichtet der Arbeitgeber den Arbeitnehmer, die Arbeit innerhalb einer sehr kurzen Zeitspanne (z. B. wenigen Minuten) aufzunehmen, liegt faktisch Bereitschaftsdienst vor, auch wenn der Aufenthalt im Betrieb nicht vorgeschrieben ist.

6. Ruhepausen

Nicht zur Arbeitszeit zählen Ruhepausen (§ 2 Abs. 1 Satz 1 Halbsatz 1 ArbZG, Ausnahme im Bergbau unter Tage, vgl. oben), deren Mindestumfang in § 4 ArbZG geregelt ist. Ruhepausen sind Unterbrechungen der täglichen Arbeitszeit, die vorhersehbar sind, in denen der Arbeitnehmer weder Arbeit leisten noch sich dafür bereithalten muss (BAG 22.7.2003 – 1 ABR 28/02), in denen er frei entscheiden kann, wo und wie er diese Zeit verbringt und welche der Erholung dient (BAG 23.9.1992 – 4 AZR 562/91). Der Arbeitnehmer kann also grundsätzlich z.B. das Betriebsgelände verlassen, er ist nicht zur Arbeit verpflichtet. Der Krankenpfleger muss also bei seiner Pause (vgl. § 4 Ruhepause) grundsätzlich nicht auf Station bleiben und im Stationszimmer Patientenmonitore überwachen. An dieser Stelle sei aber auf die Besonderheit im Bergbau unter Tage gem. § 2 Abs. 1 Satz 2 ArbZG hingewiesen, wo die Ruhepausen unter Tage ausnahmsweise zur Arbeitszeit zählen.
Ausführlich zu den Ruhepausen siehe im entsprechenden Kapitel auf S. 84ff.

7. Ruhezeiten

Nicht zur Arbeitszeit zählen auch **Ruhezeiten** gem. § 5 Abs. 1 ArbZG. Unter Ruhezeit gem. § 5 ArbZG versteht man die Zeit zwischen zwei Arbeitsschichten, soweit der Arbeitnehmer nicht zu Vollarbeit, Arbeitsbereitschaft oder Bereitschaftsdienst herangezogen wird. Es müssen grundsätzlich nach dem Ende der täglichen Arbeitszeit und dem Beginn einer neuen täglichen Arbeitszeit mindestens 11 Stunden ununterbrochene Ruhezeit liegen. Sie kann gem. § 5 Abs. 2–3 ArbZG oder gem. § 7 Abs 1 und 2 ArbZG verkürzt werden. Ausführlich zu den Ruhezeiten siehe im entsprechenden Kapitel auf S. 95ff.

8. Branchenbedingte Sonderfälle

In einigen Beschäftigungsbereichen existieren Sondervorschriften bezüglich des Arbeitszeitbegriffs:

- Beschäftigung in der Luftfahrt (§ 20 ArbZG, 2. DVLuftBO),
- Beschäftigung in der Binnenschifffahrt (§ 21 ArbZG, § 3 Nr. 5 BinSchArbZV – entspricht § 2 Abs. 1 Satz 1 ArbZG),
- Beschäftigung im Straßentransport (§ 21a Abs. 3 ArbZG, § 2 KrFArbZG).

Aufgrund der erheblichen praktischen Bedeutung werden für **Kraftfahrer** im Kapitel Lenkzeiten, S. 175ff., gesonderte Hinweise gegeben.

9. Betriebs- und Personalratstätigkeit

Bei der Wahrnehmung von Betriebs- und Personalratstätigkeiten handelt es sich nicht um Arbeitszeit. Mit § 44 Abs. 1 Satz 2 BetrVG und §§ 50–54 BPersVG bestehen jedoch Regelungen, die finanziellen Nachteilen der Betriebs-/Personalratsmitglieder entgegenwirken (dazu genauer im Kapitel Betriebs- und Personalratstätigkeit und Arbeitszeit auf S. 186ff.).

VI. »Arbeitszeit« im Sinne des BetrVG/BPersVG

Das BAG und andere Literaturstimmen legen den Arbeitszeitbegriff im Sinne des Betriebsverfassungsgesetzes (BetrVG) bzw. des Bundespersonalvertretungsgesetzes (BPersVG) aufgrund von Sinn und Zweck des Mitbestimmungsrechts weiter aus. Das Mitbestimmungsrecht der Betriebs- und Personalräte erstreckt sich nach der Rechtsprechung des Bundesarbeitsgerichts (BAG) und des Bundesverwaltungsgerichts (BVerwG) auch auf die Rufbereitschaft, weil durch die Rufbereitschaft die Freizeitinteressen der Arbeitnehmer beeinträchtigt werden. Es sei zweckmäßig und damit zwingend, dass der Betriebs- und Personalrat auch bei Regelungen über Zeiten, die nicht der Arbeitszeit im Sinne des ArbZG entsprechen, mitbestimmungspflichtig ist (BAG 22.7.2003 – 1 ABR 28/02). Der Begriff wird folglich vom Ziel des Mitbestimmungsrechts her bestimmt – § 87 Abs. 1 Nr. 2, 3 BetrVG / § 80 Abs. 1 Nr. 1, 2 und 3 BPersVG und den einschlägigen Personalvertretungsgesetzen der Länder.
Nach der BAG-Rechtsprechung ist die Arbeitszeit im Sinne des BetrVG die Zeit, während derer der Arbeitnehmer die von ihm in einem zeitlichen Umfang vertraglich geschuldete Leistung tatsächlich erbringen soll (BAG 14.11.2006 – 1 ABR 5/06).
Das Mitbestimmungsrecht erstreckt sich nicht auf die Definition der Arbeitszeit selbst. Es betrifft lediglich die Lage der Arbeitszeit (Festlegung von Beginn und Ende) und damit die Bestimmung der Grenze zwischen Arbeitszeit und Freizeit (BAG 30.6.2015 – 1 ABR 71/13) und die Festlegung der Pausen (Anzahl, Dauer und Lage) (BAG 13.10.1987 – 1 ABR 10/86).

VII. »Arbeitszeit« im Sinne der EU-Arbeitszeitrichtlinie

In Deutschland wurde die EU-Arbeitszeitrichtlinie 2003/88/EG durch das ArbZG, die bundesrechtliche Arbeitszeitverordnung (AZVO) und entsprechende landesrechtliche Vorschriften und die Soldatenarbeitszeitverordnung (SAZV) umgesetzt.
Von den Festlegungen der Europäischen Arbeitszeitrichtlinie darf das deutsche Arbeitszeitgesetz zum Nachteil der Arbeitnehmer nicht abweichen.
Auch das europäische Arbeitszeitrecht kennt nur die Begriffe Arbeitszeit und Ruhezeit (strenger Dualismus).
Gemäß § 2 Nr. 1 der Arbeitszeitrichtlinie ist **Arbeitszeit** *»jede Zeitspanne, während der ein Arbeitnehmer gemäß den einzelstaatlichen Rechtsvorschriften und/oder Gepflogenheiten arbeitet, dem Arbeitgeber zur Verfügung steht und seine Tätigkeit ausübt oder Aufgaben wahrnimmt«*. Ruhezeit ist dann jede Zeitspanne außerhalb der Arbeitszeit. Die einzelnen Definitionsmerkmale sind dabei unabhängig voneinander und müssen nicht kumulativ erfüllt sein.[1] Der Arbeitszeitbegriff im Sinne des ArbZG steht im Einklang mit der europäischen Gesetzeslage und der EuGH-Rechtsprechung – dies gilt insbesondere bezüglich der Einstufung von Arbeitsbereitschaft und Bereitschaftsdienst als Arbeitszeit und bezüglich der Situation, dass der Arbeitgeber in Annahmeverzug gerät, wenn er dem Arbeitnehmer keine Arbeit zuteilt, obwohl dieser seine Arbeitsbereitschaft ordnungsgemäß anbietet.
Ruhezeit ist gemäß § 2 Nr. 2 der Arbeitszeitrichtlinie *»jede Zeitspanne außerhalb der Arbeitszeit«*.

VIII. Aufzeichnungspflicht der Arbeitszeit

Um den Gesundheitsschutz gemäß des Arbeitszeitgesetzes zu gewährleisten, ist es zentral wichtig, dass die gesamte Arbeitszeit erfasst wird. Der Europäische Gerichtshof (EuGH) hat am 14.5.2019 (C-55/18) geurteilt, dass die EU-Mitgliedstaaten die Arbeitgeber verpflichten müssen, die gesamte tägliche Arbeitszeit durch ein entsprechend eingerichtetes System aufzuzeichnen.

1 Buschmann/Ulber, § 2 Rn. 12.

Mit seinem wegweisenden Beschluss (»Paukenschlag aus Erfurt«) vom 13.9.2022 (1 ABR 22/21) hat das Bundesarbeitsgericht (BAG) klargestellt, dass Arbeitgeber bereits heute gesetzlich verpflichtet sind, Beginn, Ende und Dauer der täglichen Arbeitszeit der Arbeitnehmer zu erfassen. Diese Pflicht leitet das BAG aus einer unionsrechtskonformen Auslegung des **§ 3 Abs. 2 Nr. 1 ArbSchG** ab.

Damit ist die Erfassung der gesamten Arbeitszeit nicht mehr nur eine Forderung für die Zukunft, sondern geltendes Recht. Die Aufzeichnungspflicht dient dem Gesundheitsschutz und soll sicherstellen, dass die Höchstarbeitszeiten und Ruhezeiten tatsächlich eingehalten werden. Diese Pflicht gilt grundsätzlich für alle Arbeitgeber, unabhängig von der Betriebsgröße oder Branche, sofern der Gesetzgeber keine spezifischen Ausnahmeregelungen (z. B. für bestimmte Führungskräfte) schafft.

Neben dem für alle geltenden § 3 Abs. 2 Nr. 1 ArbSchG gibt es in Deutschland weitere Normen, die die umfassende Aufzeichnungspflicht für einige Bereiche ausdrücklich vorschreiben.

Beispiele:

- bei Kraftfahrern (§ 21a Abs. 7 ArbZG, siehe auch § 6 Gesetz zur Regelung der Arbeitszeit von selbständigen Kraftfahrern (KrFArbZG));
- bei den in § 2a Schwarzarbeitsbekämpfungsgesetz (SchwarzArbG) genannten Wirtschaftszweigen (§ 17 Abs. 1 Satz 1 Mindestlohngesetz (MiLoG));
- bei geringfügig Beschäftigten (§ 17 Abs. 1 Satz 1 MiLoG);
- bei Offshore-Tätigkeiten (§ 8 Verordnung über die Arbeitszeit bei Offshore-Tätigkeiten (Offshore-ArbZV));
- bezüglich der gesamten Arbeitszeit besteht die Aufzeichnungspflicht, wenn der Arbeitgeber vom Betriebs- oder Personalrat durch dessen Prüfungsrecht (§ 80 Abs. 2 BetrVG / § 62 BPersVG) oder durch die Aufsichtsbehörde (§ 17 Abs. 2 ArbZG) dazu aufgefordert wurde, oder wenn die Geltung beamtenrechtlicher Bestimmungen vereinbart wurde (gem. § 19 ArbZG oder durch Tarifvertrag).

Nach dem EuGH muss jeder Arbeitgeber ein System zur Arbeitszeiterfassung einführen, dass **objektiv**, **verlässlich** und **zugänglich** ist und mit dem die von einem jeden Arbeitnehmer geleistete Arbeitszeit täglich gemessen werden kann. Sofern diese drei Anforderungen erfüllt sind, steht den Mitgliedsstaaten für die genauere Festlegung der konkreten Modalitäten des Zeiterfassungssystems ein Umsetzungsspielraum zu; grundsätzlich sind unterschiedliche Systeme denkbar und sinnvoll (siehe genauer im Kapitel Arbeitszeiterfassung, S. 255 ff.).

Neben der EU-Arbeitszeitrichtlinie 2003/88/EG (vgl. insbesondere Art. 3, 5 und 6) werden die Arbeitnehmer auch durch die EU-Grundrechte-Charta gem. Art 31 Abs. 2 geschützt, die eine Begrenzung der Höchstarbeitszeit auf tägliche und wöchentliche Ruhezeiten und auf bezahlten Jahresurlaub vorsieht.

IX. Reform des ArbZG 2026?

Zwischen Hyperdynamisierung und europäischem Schutzanker: Nicht nur das deutsche Arbeitszeitrecht steht vor einer der umfassendsten Reformen seit Jahrzehnten. Wir erleben eine **Hyperdynamisierung** unserer Gesellschaft: Ein tiefgreifender Wandel, der Wirtschaft, Kultur und Politik erfasst und alle Verästelungen des Lebens betrifft. Die »Wandlungsbeschleuniger« sind u.a. Digitalisierungsprozesse und geopolitische Machtverschiebungen, die zu einer gesteigerten Komplexität, einem gesteigerten Wettbewerb und der Erfahrung von **Entgrenzung** in der Arbeitswelt führen.

Dieser Hintergrund stellt für die 2. Auflage eine Herausforderung dar. Obwohl die konkrete gesetzliche Umsetzung im Arbeitszeitrecht (Stand: Januar 2026) noch aussteht, zeichnen sich durch den aktuellen Koalitionsvertrag und rechtspolitische Debatte Eckpunkte ab, die das Verhältnis von Flexibilität und Gesundheitsschutz neu definieren sollen. Die Neuauflage antizipiert diese Änderungen und setzt sie in Bezug zur zunehmenden Überlagerung des nationalen Rechts durch das Europäische Recht.

1. Die positive Rolle des Europarechts als »Schutzanker«

Die Einwirkung des Unionsrechts – insbesondere durch die Arbeitszeitrichtlinie 2003/88/EG und die Rechtsprechung des EuGH – ist für Arbeitnehmer und Interessenvertretungen ausdrücklich **positiv zu bewerten**:

- **Mindeststandard-Garantie:** Das Unionsrecht verhindert, dass nationale Reformen den Gesundheitsschutz rein wirtschaftlichen Interessen unterordnen. Es setzt eine »rote Linie«, die auch durch Deregulierungspläne nicht unterschritten werden darf.
- **Vollständige Zeiterfassung:** Erst der Rückgriff auf das Unionsrecht ermöglichte die wegweisende Rechtsprechung zur Pflicht der Arbeitszeiterfassung, die als notwendiges Fundament gegen unbezahlte Mehrarbeit und gesundheitliche Überlastung dient.

- **Effektiver Rechtsschutz:** Die europäische Perspektive stärkt die Position der Betriebs- und Personalräte, da nationale Sonderwege (wie etwa weitreichende Ausnahmen vom 8-Stunden-Tag) stets an den hohen Anforderungen des Gesundheitsschutzes der Richtlinie gemessen werden müssen.

2. Übergang zur wöchentlichen Höchstarbeitszeit:

- **Geplante Änderung:** Ablösung des 8-Stunden-Tages durch eine wöchentliche Höchstgrenze von 48 Stunden im Einklang mit der EU-Richtlinie.
- **Diskussionsstand:** Arbeitgeber fordern Flexibilität für moderne Arbeitsformen. Kritiker warnen vor 12-Stunden-Tagen und massiver Belastung jenseits der achten Stunde.
- **Perspektive für Interessenvertretungen:** Da der gesetzliche »Riegel« des 8-Stunden-Tages als unmittelbare Schranke entfallen könnte, wächst die Bedeutung der Mitbestimmung bei der Lage der Arbeitszeit (§ 87 Abs. 1 Nr. 2 BetrVG). Auch bei einem Übergang zur Wochenarbeitszeit bleibt die tägliche Ruhezeit von 11 Stunden der limitierende Faktor. Ein Arbeitstag kann somit rein rechnerisch maximal 13 Stunden umfassen (24h abzüglich 11h Ruhezeit). Dies macht die Ruhezeit zur wichtigsten Interventionsschwelle für die Interessenvertretung.

3. Gesetzliche Neuregelung der Arbeitszeiterfassung

- **Geplante Änderung:** Neufassung des § 16 ArbZG für ein unionsrechtskonformes Messsystem.
- **Kontroverse:** Es besteht die Sorge vor unionsrechtswidrigen Ausnahmen, etwa bei der Vertrauensarbeitszeit.
- **Bedeutung für die Praxis:** Die Neuregelung bietet die Chance, unbezahlte Mehrarbeit (2024 über 600 Millionen unbezahlte Stunden) sichtbar zu machen und Erfassungssysteme aktiv mitzugestalten. Die Interessensvertreter haben nach der BAG-Rechtsprechung ein **Initiativrecht** zur Einführung eines elektronischen Systems, unabhängig davon, was das neue Gesetz vorschreibt.

4. Steuerliche Anreize für Mehrarbeit

- **Instrument:** Steuerfreiheit von Überstundenzuschlägen (»Mehr Netto vom Brutto«).

- **Politische Einordnung:** Die aktuelle Bundesregierung unter Kanzler Merz hat dieses Instrument konkretisiert, um Leistungsanreize zu setzen und den Fachkräftemangel durch eine Ausweitung des Arbeitsvolumens zu bekämpfen.
- **Kritische Einordnung & Benachteiligungsrisiko:** Aus Sicht der Interessenvertretungen ist dieses Modell zweifach kritisch zu bewerten:
- **Gesundheitsschutz:** Finanzielle Anreize können Beschäftigte dazu motivieren, individuelle Belastungsgrenzen zu ignorieren und die (durch die Reform ohnehin gelockerten) täglichen Höchstarbeitszeiten dauerhaft zu überschreiten.
- **Diskriminierungspotenzial:** Die steuerliche Förderung von Überstunden ist faktisch primär für Vollzeitbeschäftigte attraktiv. Teilzeitkräfte – unter denen Frauen mit rund 85 % überproportional repräsentiert sind – profitieren oft nicht im gleichen Maße, da sie Mehrarbeit häufig zunächst bis zur Vollzeitgrenze leisten müssen, bevor steuerbegünstigte »Überstundenzuschläge« greifen.

5. Die neue Verantwortlichkeit

Die Reform verschiebt die Verantwortung vom staatlichen Ordnungsrecht hin zur betrieblichen Ebene. Betriebs- und Personalräte werden zur zentralen »Schutzmacht«:

- **Gefährdungsbeurteilungen** müssen Belastungen durch lange Arbeitstage präzise erfassen. Die Interessenvertretung sollte darauf bestehen, dass bei Ausweitung der täglichen Arbeitszeit über 10 Stunden hinaus zwingend eine arbeitsmedizinische Begutachtung der Schichtfolgen stattfindet.
- **Ruhezeiten (§ 5 ArbZG)** werden bei Wegfall täglicher Höchstgrenzen zur letzten verbleibenden Schutzmauer.
- **Zeitsouveränität** muss aktiv gefördert werden, um einseitige Arbeitgeber-Flexibilisierung zu verhindern.

Das Recht auf Nichterreichbarkeit (Digitaler Feierabend): Mit der geplanten Aufweichung des 8-Stunden-Tages und der zunehmenden Entgrenzung durch mobiles Arbeiten droht die Gefahr einer permanenten Verfügbarkeit. Wenn die tägliche Höchstarbeitszeit als Schutzmauer fällt, wird das Recht auf Nichterreichbarkeit zum entscheidenden Korrektiv für den Gesundheitsschutz.

Das Problem in der Praxis: Häufig wird »Flexibilität« einseitig als Erreichbarkeit des Arbeitnehmers interpretiert. Kurze E-Mails oder WhatsApp-Nachrichten am Abend unterbrechen jedoch rechtlich die Ruhezeit von 11 Stunden. Gemäß § 5 ArbZG muss diese nach jeder Arbeitsleistung – und sei sie noch so kurz – grundsätzlich in voller Länge neu beginnen.

Praxistipp: Strategie für die Interessenvertretung (Stand: 2026)
Da die gesetzliche Reform 2026 hier voraussichtlich nur Rahmenbedingungen schafft, liegt die Verantwortung bei den **Betriebs- und Dienstvereinbarungen.** Diese sollten **Folgendes** rechtssicher regeln:
Technische Sperrzeiten: Servergesteuerte Einschränkungen des E-Mail-Versands nach Feierabend (z. B. keine Zustellung zwischen 20:00 und 06:00 Uhr).
Festlegung von Antwortzeiten: Die ausdrückliche Klarstellung, dass außerhalb der persönlichen Arbeitszeit keine Verpflichtung besteht, mobile Endgeräte zu prüfen oder auf Nachrichten zu reagieren.
Gefährdungsbeurteilung: Psychische Belastungen durch ständige Erreichbarkeit müssen im Rahmen der Gefährdungsbeurteilung (§ 5 ArbSchG) erfasst und durch Schutzmaßnahmen minimiert werden.

Ein »digitaler Feierabend« ist kein Privileg, sondern eine notwendige Voraussetzung, um die Regeneration der Beschäftigten sicherzustellen und Burn-out-Risiken vorzubeugen. Wo das Gesetz Flexibilität zulässt, muss die Mitbestimmung die Grenze zur Selbstausbeutung ziehen.

Info: Muster-Klausel »Recht auf Nichterreichbarkeit«
Um das Recht auf den »digitalen Feierabend« rechtssicher zu verankern, empfiehlt sich folgende Formulierung für eine Betriebs- oder Dienstvereinbarung:
§ X Erreichbarkeit und digitaler Feierabend
Grundsatz: Die Beschäftigten haben das Recht, außerhalb ihrer individuell festgelegten Arbeitszeit sowie während der Pausen, der täglichen Ruhezeit (§ 5 ArbZG), der wöchentlichen Ruhezeit und während des Urlaubs digital nicht erreichbar zu sein.
Leistungsverweigerung: Es besteht keine Verpflichtung, in der Freizeit dienstliche Endgeräte (Smartphone, Laptop etc.) eingeschaltet zu lassen, E-Mails zu lesen oder auf Anrufe/Nachrichten (z. B. WhatsApp, Teams) zu reagieren. Die Nichtbeachtung dienstlicher Kommunikation außerhalb der Arbeitszeit darf nicht zu Nachteilen in der Leistungsbeurteilung oder der beruflichen Entwicklung führen.
Ruhezeit-Schutz: Jede dienstliche Kontaktaufnahme, die eine Arbeitsleistung (auch kurzzeitiges Lesen/Antworten) auslöst, gilt als Unterbrechung der Ruhezeit. In diesem Fall beginnt die gesetzliche Ruhezeit von 11 Stunden gemäß § 5 Abs. 1 ArbZG im Anschluss an die Unterbrechung in voller Länge neu.

Technische Unterstützung: Der Arbeitgeber stellt sicher, dass durch technische Voreinstellungen (z. B. Zeitversetzten E-Mail-Versand, automatisierte Abwesenheitsnotizen) der Erwartungsdruck zur sofortigen Antwort minimiert wird.
Ausnahmen: Eine Erreichbarkeit außerhalb der Arbeitszeit ist nur zulässig, sofern für den betreffenden Zeitraum ausdrücklich Rufbereitschaft oder Bereitschaftsdienst angeordnet und vergütet wird.

Die Position des Betriebs- und Personalrats wird durch die aktuelle Linie des Europäischen Gerichtshofs (EuGH[2]) erheblich gestärkt:

- **Keine »Grauzone« zwischen Arbeits- und Ruhezeit:**
  Der EuGH hat in seinen jüngsten Entscheidungen klargestellt, dass es unionsrechtlich nur zwei Zustände gibt: Arbeitszeit oder Ruhezeit. Eine »Zwischenkategorie« (wie etwa »kurze Erreichbarkeit ohne Arbeitsleistung«) kennt die Arbeitszeitrichtlinie nicht. Sobald ein Arbeitnehmer weisungsgebunden tätig wird – und sei es nur für das Lesen einer dienstlichen Nachricht – endet die Ruhezeit sofort. Diese Rechtsprechung wird in der Kommentarliteratur bestätigt: Die Richtlinie 2003/88/EG kennt keine Zwischenkategorie; jede weisungsgebundene Tätigkeit – auch das Lesen dienstlicher Nachrichten – beendet die Ruhezeit und ist als Arbeitszeit zu werten
- **Der Automatismus des Neustarts (§ 5 ArbZG):**
  Die wegweisende Erkenntnis aus der Rechtsprechung 2025 ist die strikte **Autonomie der Ruhezeit**. Da die Ruhezeit der Regeneration dienen soll, kann sie ihren Zweck nur erfüllen, wenn sie **zusammenhängend** gewährt wird.
- **Die Folge:** Eine Unterbrechung von nur 5 Minuten am Abend (z. B. durch eine WhatsApp-Anweisung) führt dazu, dass die gesamte 11-stündige Ruhezeit rechtlich »entwertet« wurde. Sie muss im Anschluss an diesen 5-Minuten-Einsatz in voller Länge neu beginnen.

---

2 EuGH 9.9.2003 – C-151/02 (Jaeger): Keine Unterbrechung der Ruhezeit durch Arbeitsaufnahme, auch kurze Einsätze führen zum Neubeginn der Ruhezeit; EuGH 9.3.2021 – C-344/19 (»Radiotelevizija Slovenija«), Rn. 29: Die Zeit ist entweder als Arbeitszeit oder als Ruhezeit einzustufen; eine Zwischenkategorie existiert nicht; EuGH 9.9.2021 – C-107/19 (Dopravní podnik hl. m. Prahy): bereits kurze weisungsgebundene Tätigkeiten während der Ruhezeit führen zur Qualifikation als Arbeitszeit; EuGH 14.5.2019 – C-55/18 (CCOO): Verpflichtung zur objektiven, verlässlichen Zeiterfassung.

Beispiel:
Schickt ein Vorgesetzter um 22:00 Uhr eine Nachricht, die der Mitarbeiter liest und kurz beantwortet, darf dieser am nächsten Morgen nicht vor 09:05 Uhr seinen Dienst antreten. Verstößt der Arbeitgeber dagegen, indem er den Mitarbeiter planmäßig um 07:00 Uhr beginnen lässt, begeht er eine Ordnungswidrigkeit, die nach der aktuellen Reform mit bis zu 30 000 € geahndet werden kann.

6. Bußgelder und Haftung (Stand: 2026)

Mit der politisch geplanten Reform des ArbZG wurden nicht nur Flexibilitätsspielräume geschaffen, sondern auch die **Sanktionen bei Verstößen massiv verschärft**. Damit wird verhindert werden, dass die Lockerung der täglichen Höchstarbeitszeit zu Lasten des Gesundheitsschutzes geht.

- **Verdoppelung des Bußgeldrahmens**
  Die Bußgelder für Verstöße gegen das ArbZG (z. B. Überschreitung der täglichen Höchstarbeitszeit, Unterschreitung der Ruhezeiten von 11 Stunden oder fehlende Zeiterfassung) wurden angepasst:
  Bisher: Bis zu 15 000 €.
  Neu: Bis zu **30 000 €** pro Verstoß (§ 22 Abs. 2 ArbZG).
- **Systematische Verstöße als Straftat**
  Arbeitgeber, die vorsätzlich und beharrlich gegen die Ruhezeiten oder Höchstarbeitsgrenzen verstoßen (z. B. durch die Erwartung permanenter Erreichbarkeit), riskieren nicht nur Bußgelder, sondern auch eine Strafverfolgung gemäß **§ 23 ArbZG**. Hier drohen Freiheitsstrafen von bis zu einem Jahr oder Geldstrafen.
- **Beweislastumkehr durch Zeiterfassung**
  Durch die nunmehr im Gesetz festgeschriebene Pflicht zur **lückenlosen Zeiterfassung** hat sich die Position des Arbeitgebers in Haftungsprozessen verschlechtert:
  Kann der Arbeitgeber keine objektive Aufzeichnung vorlegen, die belegt, dass die 11-stündige Ruhezeit eingehalten wurde, wird im Streitfall **vermutet**, dass der Verstoß stattgefunden hat. Dies führt bei Arbeitsunfällen (z. B. Wegeunfällen nach Übermüdung) zu einem erheblichen Regressrisiko durch die Berufsgenossenschaften.

Fazit: Die Kombination aus **EuGH-Strenge**, **Zeiterfassungspflicht** und **hohen Bußgeldern** macht den Gesundheitsschutz zu einem knallharten Wirtschaftsfaktor.

Checkliste: Grundlagen und Verantwortlichkeit

Diese Checkliste dient der systematischen Prüfung, ob das Basisverständnis der Arbeitszeitgestaltung im Betrieb / in der Dienststelle mit den gesetzlichen Anforderungen (Stand: 2026) übereinstimmt.

1. Einordnung der Arbeitszeit (Die 3 Säulen)
   - **Säule 1 (Individualarbeitsrecht):** Ist die arbeitsvertraglich geschuldete Dauer schriftlich fixiert und entspricht sie den Vorgaben des Nachweisgesetzes?
   - **Säule 2 (Kollektivarbeitsrecht):** Wurden Beginn, Ende und Pausen sowie die Verteilung auf die Wochentage mit dem Betriebs-/Personalrat wirksam vereinbart?
   - **Säule 3 (Arbeitsschutz):** Werden die öffentlich-rechtlichen Höchstgrenzen (8 bzw. max. 10 Stunden täglich) strikt eingehalten?
2. Rechtsnatur & Haftung
   - **Normadressat:** Ist der Leitung bewusst, dass allein der Arbeitgeber/Dienstherr für die Einhaltung des Arbeitsschutzes verantwortlich ist?
   - **Verbotsgesetz:** Wurde sichergestellt, dass keine Arbeitsverträge oder Nebenabreden existieren, die gegen zwingendes Recht (z. B. Verzicht auf Pausen) verstoßen? (Solche Klauseln sind gemäß § 134 BGB nichtig).
   - **Sanktionsbewusstsein:** Ist bekannt, dass Bußgelder für Arbeitszeitverstöße ab 2026 auf bis zu **30 000 €** verdoppelt wurden?
3. Arbeitszeiterfassung (Status 2026)
   - **Lückenlosigkeit:** Wird die gesamte tägliche Arbeitszeit (nicht nur die Mehrarbeit) mit Beginn, Ende und Dauer objektiv und verlässlich erfasst?
   - **Zugänglichkeit:** Haben Beschäftigte, die Interessenvertretung und die Aufsichtsbehörde jederzeit Zugriff auf die Zeitdaten?
   - **Beweislast:** Ist dem Arbeitgeber bewusst, dass bei fehlender Dokumentation im Haftungsfall eine **Beweislastumkehr** zu seinen Lasten droht?
4. Digitaler Feierabend & Ruhezeit
   - **Strikter Dualismus:** Wird jede kurze dienstliche Tätigkeit (z. B. E-Mail, WhatsApp) konsequent als Arbeitszeit gewertet, die die Ruhezeit unterbricht?
   - **Ruhezeit-Autonomie:** Ist sichergestellt, dass nach jeder Unterbrechung (auch von nur 5 Minuten) die 11-stündige Ruhezeit in voller Länge neu startet?
   - **Technischer Schutz:** Existieren Betriebs- oder Dienstvereinbarungen zu technischen Sperrzeiten (z. B. Server-Stopp nach Feierabend)?

B. Geltungsbereich des ArbZG

I. Räumlicher Geltungsbereich / Territorialitätsprinzip

1. Wo gilt das deutsche ArbZG?

Das Arbeitszeitgesetz (ArbZG) stellt ein zwingendes öffentlich-rechtliches Arbeitsschutzrecht dar. Aus diesem Grund gilt es im gesamten Hoheitsgebiet der Bundesrepublik Deutschland (sog. Territorialitätsprinzip), einschließlich deutscher Schiffe und Luftfahrzeuge und der ausschließlichen Wirtschaftszone (AWZ), vgl. im Einzelnen unter Frage 3.
Die Bestimmungen des ArbZG gelten unabhängig von Staatsangehörigkeit und Wohnsitz der Beschäftigten, bzw. vom Unternehmenssitz des Arbeitgebers (zum Arbeitnehmerbegriff vgl. S. 63f.). Das deutsche ArbZG gilt grundsätzlich auch für ausländische Arbeitnehmer, die gegebenenfalls auch nur kurzzeitig von ihrem Arbeitgeber mit Sitz im Ausland in der Bundesrepublik Deutschland beschäftigt werden.
Umgekehrt gilt entsprechendes: Für im Ausland beschäftigte Arbeitnehmer eines in Deutschland ansässigen Arbeitgebers ist das deutsche ArbZG nicht zu beachten. Es sei denn, die Arbeitsvertragsparteien haben die Geltung deutscher Arbeitszeitregelungen vertraglich vereinbart.

2. Gilt das deutsche ArbZG auch bei ausschließlich im Ausland erbrachter Arbeitsleistung?

Nein, bei ausschließlich im Ausland erbrachten Arbeitsleistungen ist das deutsche ArbZG nicht zu beachten (BAG 12.12.1990 – 4 AZR 238/90). Etwas anderes gilt nur dann, wenn eine privatrechtliche Vereinbarung existiert, die die Anwendbarkeit deutschen Rechts vorsieht.
Dabei ist zu berücksichtigen, dass ausländische Arbeitszeitvorschriften teilweise strenger und starrer als das deutsche Arbeitszeitgesetz sind. Zum Beispiel geht Art. 34 Abs. 1 des spanischen Estatuto de los Trabajadores

von einer 40-Stunden-Woche aus, wohingegen Art. L 3121-27 des französischen Code de Travail die 35-Stunden-Woche festlegt. Der Bericht der EU-Kommission über die Umsetzung der RL 2003/88/EG in den Mitgliedsstaaten (KOM [2010]) hat für Deutschland einen geringeren arbeitszeitrechtlichen Schutzstandard festgestellt. Vergleichbare deutsche Ausnahmemöglichkeiten gem. § 7 ArbZG, etwa über Tarifverträge bzw. opt-out (engl. für »nicht mitmachen« – meint die Möglichkeit, dass Arbeitgeber und Arbeitnehmer individualvertraglich eine vom ArbZG abweichende Vereinbarung treffen), bestehen nur in einem Teil der Mitgliedsstaaten. Betriebs- und Personalräte bleiben hier aufgefordert, auf der Grundlage von Tarifverträgen wirksame arbeitnehmerschützende Betriebs- und Dienstvereinbarungen zu vereinbaren.

3. Gibt es Ausnahmen vom Territorialitätsprinzip?

Ja. Das ArbZG gilt auch in der ausschließlichen deutschen Wirtschaftszone (AWZ). Diese Ausweitung ist aufgrund des Seerechtsübereinkommens der Vereinten Nationen (Art. 55) möglich. Davon sind Bereiche in der Nordsee und in der Ostsee vor der seewärtigen Grenze des Küstenmeeres betroffen. Die AWZ darf sich nicht weiter als ca. 370 km von den Basislinien erstrecken, von denen aus die Breite des Küstenmeeres (max. 12 Seemeilen) gemessen wird (Art. 57 Seerechtsübereinkommen). Deutschland hat als Küstenstaat unter anderem das souveräne Recht zum Zwecke der Erforschung und Ausbeutung der Gewässer über dem Meeresboden, des Meeresbodens und seines Untergrundes, sowie hinsichtlich anderer Tätigkeiten zur wirtschaftlichen Erforschung und Ausbeutung der Zone wie der Energieerzeugung aus Wasser, Strömung und Wind (Art. 56 Nr. 1 lit. b Seerechtsübereinkommen). Für Offshore-Tätigkeiten, worunter besondere Tätigkeiten zur Errichtung, zur Änderung oder zum Betrieb von Bauwerken, künstlichen Inseln oder sonstigen Anlagen auf See zu verstehen sind, gilt in Deutschland die Verordnung über die Arbeitszeit bei Offshore-Tätigkeiten (Offshore-ArbZV) (§ 15 Abs. 2a ArbZG). Hiernach beträgt die maximal zulässige Arbeitszeit bis zu 12 Stunden täglich (= 84 Std. wöchentlich) bzw. an Tagen mit Transportzeiten, die an dem vom Arbeitgeber festgelegten Sammelpunkt (z. B. am Helikopterlandeplatz) beginnen, sogar bis zu 14 Stunden täglich (§ 9 Abs. 2 Offshore-ArbZV).

Checkliste: Geltungsbereich des ArbZG

Prüfung des räumlichen Anwendungsbereichs (Territorialitätsprinzip).
Mithilfe dieser Checkliste lässt sich schnell feststellen, ob das deutsche ArbZG auf ein Beschäftigungsverhältnis Anwendung findet oder ob ausländische bzw. spezialgesetzliche Normen greifen.

- **Ort der Arbeitsleistung (Grundsatz):** Erfolgt die Arbeit physisch auf dem Hoheitsgebiet der Bundesrepublik Deutschland?
  - *Rechtsfolge:* Falls ja, gilt das ArbZG (Territorialitätsprinzip). Die Staatsangehörigkeit oder der Sitz des Arbeitgebers sind dabei unerheblich.
- **Entsendung nach Deutschland:** Handelt es sich um ausländische Arbeitnehmer, die (kurzzeitig) in Deutschland arbeiten?
  - *Rechtsfolge:* Das deutsche ArbZG ist als zwingendes öffentliches Schutzrecht zwingend zu beachten.
- **Auslandseinsatz (Exterritorialität):** Wird die Arbeitsleistung ausschließlich im Ausland erbracht?
  - *Rechtsfolge:* Das deutsche ArbZG findet grundsätzlich keine Anwendung.
  - *Ausnahme:* Haben die Parteien im Arbeitsvertrag ausdrücklich die Geltung der deutschen Arbeitszeitregelungen vereinbart? (Privatrechtliche Vereinbarung).
- **Prüfung ausländischer Standards:** Falls ausländisches Recht gilt: Wurde geprüft, ob dieses strengere Grenzwerte vorsieht?
  - *Beispiele:* 35-Stunden-Woche in Frankreich oder die starre 40-Stunden-Woche in Spanien.
- **Einsatz in der ausschließlichen Wirtschaftszone (AWZ):** Findet die Tätigkeit in der Nord- oder Ostsee außerhalb des Küstenmeeres statt (z. B. Forschung, Energieerzeugung)?
  - *Rechtsfolge:* Das ArbZG ist gemäß Seerechtsübereinkommen auch hier anwendbar.
- **Spezialfall Offshore-Tätigkeiten: Handelt es sich um Errichtung** oder Betrieb von Anlagen auf See (z. B. Windparks)?
  - *Rechtsfolge:* Es gilt die Offshore-ArbZV (§ 15 Abs. 2a ArbZG).
  - *Kontrolle:* Werden die dortigen Höchstgrenzen (bis zu 12 Std. täglich / 84 Std. wöchentlich bzw. 14 Std. inkl. Transportzeit) eingehalten?
- **Schiffe und Luftfahrzeuge:** Erfolgt die Arbeit auf einem Verkehrsmittel unter deutscher Flagge?
  - *Rechtsfolge:* Das deutsche Recht folgt der Flagge und ist somit anwendbar.

Praxistipp:
Bei Auslandstätigkeiten sollten Betriebs- und Personalräte prüfen, ob der Schutzstandard des Einsatzlandes hinter dem deutschen Niveau zurückbleibt. Da Deutschland im EU-Vergleich (gem. EU-Kommission) teilweise geringere Schutzstandards aufweist (viele Ausnahmen gem. § 7 ArbZG),

ist es sinnvoll, in Betriebs- oder Dienstvereinbarungen auch für Auslandseinsätze Mindeststandards zu definieren, die über das lokale Recht hinausgehen.

II. Persönlicher Geltungsbereich

1. Für wen gilt das ArbZG?

Grundsätzlich gilt das ArbZG für alle Arbeitnehmer.
Beim Arbeitnehmerbegriff kann auf die Definition des § 611a Bürgerliches Gesetzbuch (BGB) zurückgegriffen werden. Hiernach ist Arbeitnehmer, wer »*im Dienste eines anderen zur Leistung weisungsgebundener, fremdbestimmter Arbeit in persönlicher Abhängigkeit verpflichtet*« ist. Arbeitsschutzrechtlich lässt sich Arbeit auch als Negation von Freizeit abgrenzen. Freizeit kann definiert werden als die Zeit, in der der Arbeitnehmer frei von arbeitsbezogenen Bindungen seinen eigenen Interessen, Neigungen und anderen Verpflichtungen nachgehen kann. Arbeit dagegen dient der Befriedigung von fremden Bedürfnissen (BAG 11.10.2000 – 5 AZR 122/99).
Wenn ein Arbeitnehmer auf Weisung des Arbeitgebers Tätigkeiten verrichtet, die er laut Arbeitsvertrag nicht schuldet (z.B. der Kfz-Mechaniker bepflanzt auf Weisung des Arbeitgebers Blumenkübel), so stellt dies gleichwohl Arbeit im Sinne des ArbZG dar. Mithin sind auch Zeiten, in denen unter Verstoß gegen gesetzliche, tarifliche oder betriebsverfassungsrechtliche Arbeitszeitbestimmungen gearbeitet wird, Arbeitszeit im Sinne des ArbZG (im Einzelnen vergleiche S. 46).

2. Gilt das ArbZG für alle Arbeitnehmer?

Einige Arbeitnehmer sind gemäß § 18 Abs. 1 ArbZG ausdrücklich vom Anwendungsbereich des ArbZG ausgeschlossen. Dazu zählen leitende Angestellte im Sinne des § 5 Abs. 3 BetrVG und Chefärzte (Nr. 1), Leiter von öffentlichen Dienststellen und deren Vertreter sowie Arbeitnehmer im öffentlichen Dienst, die zu selbständigen Entscheidungen in Personalangelegenheiten befugt sind (Nr. 2), Personen, die in häuslicher Gemeinschaft Pflege- und Betreuungsleistungen erbringen (Nr. 3) und Mitarbeiter im liturgischen Kirchendienst (nicht in sozialen Diensten) (Nr. 4). Mit der Herausnahme vom Anwendungsbereich des ArbZG soll

den Besonderheiten bei der Arbeitszeit dieser Arbeitnehmergruppen Rechnung getragen werden.
Die pauschale Herausnahme der leitenden Angestellten gemäß § 18 Abs. 1 Nr. 1 ArbZG steht im Spannungsfeld zum Unionsrecht. Nach Art. 17 Abs. 1 der Richtlinie 2003/88/EG dürfen Mitgliedstaaten nur dann von den Arbeitszeitvorgaben abweichen, wenn die Arbeitszeit wegen der besonderen Merkmale der ausgeübten Tätigkeit **nicht gemessen und/oder nicht im Voraus festgelegt** wird oder von den Arbeitnehmern selbst festgelegt werden kann.
In der Literatur[3] wird daher zunehmend gefordert, § 18 ArbZG richtlinienkonform restriktiv auszulegen. Danach wären nur solche Personen vom ArbZG ausgenommen, die über eine tatsächliche, umfassende Autonomie über ihre Arbeitszeit verfügen. Betriebs- und Personalräte sollten daher genau prüfen, ob die als »leitend« eingestuften Personen diese zeitliche Souveränität tatsächlich besitzen (vgl. auch EuGH 14.5.2019 – C-55/18 [*CCOO*]).
Zudem gibt es weitere Personengruppen, für die anstelle des ArbZG abweichend der öffentlich-rechtliche Arbeitszeitschutz gilt. Dazu gehören Personen unter 18 Jahren, für die das Jugendarbeitsschutzgesetz gilt (§ 18 Abs. 2 ArbZG); Leiharbeitnehmer (§ 11 Abs. 6 Satz 1 Arbeitnehmerüberlassungsgesetz – AÜG); Seeleute, für die das Seearbeitsgesetz gilt (§ 18 Abs. 3 ArbZG), und die Besatzung von Flugzeugen (§ 20 ArbZG).

> **Hinweis:**
> Beim Abschluss von Betriebs- bzw. Dienstvereinbarungen sollten sich die Betriebs- und Personalräte im Klaren darüber sein, welcher Arbeitnehmerbegriff zugrunde gelegt wird, und bei der Erstellung ihrer Vereinbarung genau sein. Ansonsten besteht das Risiko, dass bestimmte »Arbeitnehmer« von der Vereinbarung nicht erfasst werden.

3. Wer ist kein Arbeitnehmer im Sinne des ArbZG?

Keine Arbeitnehmer im Sinne des ArbZG sind die aufgrund eines öffentlich-rechtlichen Dienstverhältnisses beschäftigten Personen (z. B.: Beamte, Beamtenanwärter, Richter, Hochschullehrer, Soldaten, Entwicklungshelfer, Fürsorgezöglinge, Strafgefangene, Heiminsassen).
Arbeitgeberähnliche Personen, wie die Organmitglieder juristischer Personen (z. B. Vorstandsmitglieder von Aktiengesellschaften [§ 78 Abs. 1

---

3 Im Einzelnen vgl. *Ulber* in HSI Schriftenreihe 32 »Vorgaben des EuGH zur Arbeitszeiterfassung«, Seite 53f. mit weiteren Nachweisen.

AktG], Geschäftsführer von GmbHs [35 Abs. 1 GmbHG]), unterfallen ebenfalls nicht dem Arbeitnehmerbegriff im Sinne des ArbZG.
Auch Personen, die freiberuflich Dienstleistungen erbringen (z. B. Ärzte, Rechtsanwälte, Steuerberater, andere selbständige Gewerbetreibende [Handelsvertreter] und freie Mitarbeiter [etwa Reporter, Künstler oder nebenamtliche Lehrkräfte]), unterfallen nicht dem Arbeitnehmer-Begriff des ArbZG. Bei Letzteren ist für die Abgrenzung nicht die Bezeichnung, sondern die tatsächliche Ausgestaltung des Vertragsverhältnisses bzw. die tatsächliche Durchführung entscheidend.
Unter Umständen fallen auch in Heimarbeit Beschäftigte nicht unter den Arbeitnehmerbegriff. Zu unterscheiden ist zwischen selbständiger und unselbständiger Heimarbeit. Jemand, der direkt von seinen Kunden beauftragt wird und somit in selbständiger Heimarbeit beschäftigt ist, fällt nicht unter den Arbeitnehmerbegriff des ArbZG. Charakter der Heimarbeit ist es gerade, sich die Arbeitszeit selbst einzuteilen. Anders ist dies bei der unselbständigen Heimarbeit, bei der sich der Beschäftigte in der Regel in einem normalen Arbeitsverhältnis befindet und den Weisungen seines Arbeitnehmers untersteht. Somit unterfallen Beschäftigte, die beispielsweise im Home-Office oder per Telearbeit tätig sind, dem arbeitszeitrechtlichen Arbeitnehmerbegriff, solange es sich nicht um ein Heimarbeitsverhältnis im Sinne des Heimarbeitsgesetz (HAG; selbständige Heimarbeit) handelt.
Des Weiteren sind Personen vom Anwendungsbereich des ArbZG ausgeschlossen, die in karitativer oder religiöser Tätigkeit als Angehörige geistlicher Orden oder Gemeinschaften oder des Roten Kreuzes in einem DRK-Krankenhaus tätig sind.
Helfer in einem freiwilligen sozialen Jahr sind zwar keine Arbeitnehmer, aber nach § 15 Gesetz zur Förderung eines freiwilligen sozialen Jahres (FSJG) ist das ArbZG dennoch auf sie anzuwenden.

4. Wie wird geprüft, ob das ArbZG für einen konkreten Arbeitnehmer gilt?

Die zuständige Aufsichtsbehörde hat zu prüfen, ob Arbeitgeber in unzulässiger Weise von den genannten Ausnahmen des § 18 ArbZG (siehe Frage 2) Gebrauch machen. Die Aufsichtsbehörde kann vom Arbeitgeber Auskunft darüber verlangen, ob und warum er bei konkreten Arbeitnehmern die Vorschriften des ArbZG nicht beachtet (§ 17 Abs. 4 ArbZG). Dieses Recht steht der Aufsichtsbehörde unabhängig davon zu, ob ein Missbrauchsverdacht besteht oder nicht. Liegt ein Verstoß gegen § 18 ArbZG vor, kann dieser geahndet und mittels Anordnung für die

Zukunft durchgesetzt werden (§ 17 Abs. 2 ArbZG). Konkret kann die Behörde dem Arbeitgeber aufgeben, die gesetzlichen Schutzvorschriften vollumfänglich einzuhalten und insbesondere die Arbeitszeiten der betroffenen Mitarbeiter lückenlos zu erfassen.
Wie konsequent dies auch im Bereich hochqualifizierter Dienstleistungen durchgesetzt wird, zeigt eine Entscheidung des **Verwaltungsgerichts Hamburg (Urteil vom 18.7.2025, Az. 21 K 1202/25)**. Im zugrunde liegenden Fall hatte die Arbeitsschutzbehörde einer internationalen Großkanzlei folgende drei Anordnungen auferlegt, die das Gericht bestätigte:

1. **Erfassungspflicht:** Die Pflicht zur Aufzeichnung von Beginn, Ende und Dauer der täglichen Arbeitszeit für alle angestellten Rechtsanwältinnen und -anwälte, die dem ArbZG unterliegen.
2. **Unterweisungspflicht:** Die Verpflichtung, diese Mitarbeitenden über die Notwendigkeit der Aufzeichnungen zu unterweisen und der Behörde entsprechende Belege hierüber vorzulegen.
3. **Organisationspflicht:** Die Mitteilungspflicht, durch welche Maßnahmen die Kanzlei sicherstellt, dass die disziplinarisch verantwortlichen Partner ihrer Führungsverantwortung bei der Gestaltung und Kontrolle der Arbeitszeiten (durch regelmäßige Prüfungen) nachkommen.

Das Gericht stellte klar, dass die Behörde eine solche Arbeitszeiterfassung für Associates anordnen darf, sofern diese nicht die strengen Kriterien für leitende Angestellte nach § 18 ArbZG erfüllen.

5. Vertritt der Betriebsrat auch leitende Angestellte?

Gemäß § 5 Abs. 3 Satz 1 BetrVG findet das BetrVG, soweit nichts anderes ausdrücklich bestimmt ist, keine Anwendung auf leitende Angestellte. Da hinsichtlich der Mitbestimmungsrechte des Betriebsrates (z. B. §§ 87, 91, 92 BetrVG) in Bezug auf leitende Angestellte nichts ausdrücklich bestimmt ist, ist der Betriebsrat insoweit nicht für diese zuständig. Die grundsätzliche Ausgrenzung aus dem Anwendungsbereich des BetrVG entspricht dem Interessensgegensatz zwischen Arbeitgebern und der durch den Betriebsrat repräsentierten Belegschaft.
Eine allgemeingültige Definition des Begriffs des leitenden Angestellten gibt es nicht. Im Sinne des § 5 Abs. 3 Satz 2 BetrVG ist leitender Angestellter, wer nach Arbeitsvertrag und Stellung im Unternehmen oder im Betrieb, die in den Nr. 1–3 näher umschriebenen Funktionen erfüllt, wobei die Erfüllung eines Tatbestandes genügt. Alle Tatbestände sind dadurch gekennzeichnet, dass es sich nicht nur um die Umsetzung der durch andere getroffene Entscheidungen handelt, sondern eigene Ent-

scheidungen getroffen werden können. Es muss eine eigene unternehmerische Tätigkeit erkennbar sein, die das Unternehmen insgesamt oder einen Betrieb betrifft. Um als leitender Angestellter im Sinne des Gesetzes zu gelten, muss die unternehmerische Funktion nach Arbeitsvertrag und Stellung wahrgenommen werden, d. h. der betroffene Arbeitnehmer muss die Funktion auch tatsächlich ausüben.

Checkliste: Rechtssichere Arbeitszeitgestaltung für Betriebs- und Personalräte

Bevor Sie einer Betriebs- oder Dienstvereinbarung zur Arbeitszeit zustimmen oder eine solche initiieren, sollten Sie folgende Punkte prüfen:

- **Besteht eine tarifliche Grundlage für Abweichungen?** Falls die Vereinbarung von gesetzlichen Standards (z. B. mehr als 10 Std. Arbeit, weniger als 11 Std. Ruhezeit) abweichen soll: Erlaubt der einschlägige Tarifvertrag dies explizit durch eine Öffnungsklausel? *(Quelle: § 7 ArbZG; Nichtigkeit bei Fehlen gem. § 134 BGB)*
- **Ist die Arbeitszeiterfassung gewährleistet?** Sieht die Vereinbarung vor, dass Beginn, Ende und Dauer der täglichen Arbeitszeit objektiv und verlässlich dokumentiert werden? Dies gilt zwingend auch für Home-Office und Vertrauensarbeitszeit. *(Quelle: BAG 13. 9. 2022 – 1 ABR 22/21; EuGH 14. 5. 2019, NZA 2019, 683 – CCOO)*
- **Wird die 11-stündige Ruhezeit strikt gewahrt?** Ist sichergestellt, dass jede dienstliche Tätigkeit (auch kurze E-Mails/Telefonate) die Ruhezeit unterbricht und die 11 Stunden danach von vorn beginnen? *(Quelle: § 5 Abs. 1 ArbZG; EuGH C-55/18)*
- **Sind die Pausenregelungen gesetzeskonform?** Wird nach spätestens 6 Stunden eine Pause von mindestens 30 Minuten (bei über 9 Std. Arbeit: 45 Min.) gewährt? Sind Pausen im Voraus festgelegt? *(Quelle: § 4 ArbZG)*
- **Ist die Rufbereitschaft rechtlich korrekt eingeordnet?** Sind die Reaktionszeiten in der Rufbereitschaft so bemessen, dass der Arbeitnehmer seine Freizeit noch weitgehend frei gestalten kann? Bei extrem kurzen Fristen (wenige Minuten) muss die Zeit als Bereitschaftsdienst (Arbeitszeit!) gewertet werden. *(Quelle: EuGH C-518/15 (Matzak))*
- **Wurde der Gesundheitsschutz dokumentiert?** Dient die geplante Regelung primär dem Gesundheitsschutz oder nur betrieblichen Abläufen? Bei Ausweitung der Arbeitszeit muss der Ausgleichszeitraum (8-Stunden-Schnitt) präzise definiert sein. *(Quelle: § 3 ArbZG)*

C. Grundlegende Regelungen zur allgemeinen Arbeitszeit

I. Grundbegriffe der Arbeitszeit

1. Was versteht man unter Arbeitszeit?

Arbeitszeit ist die Zeit, während derer der Arbeitnehmer, die von ihm in einem bestimmten zeitlichen Umfang vertraglich geschuldete, Arbeitsleistung tatsächlich zu erbringen hat.[4]

Abzugrenzen ist die Arbeit von der Nichtarbeit (»Freizeit«) danach, ob die gerade ausgeübte Tätigkeit fremdbestimmt ist, also den Interessen des Arbeitgebers dient, oder selbstbestimmt ist und damit dem Eigeninteresse des Arbeitnehmers dient.

Nach der Rechtsprechung des EuGH (insb. C-110/24) gibt es keine »Zwischenkategorien« zwischen Arbeitszeit und Ruhezeit. Sobald ein Arbeitnehmer während einer Zeitspanne verpflichtet ist, an einem vom Arbeitgeber bestimmten Ort anwesend zu sein und sich zu dessen Verfügung zu halten, um seine Leistungen zu erbringen, liegt Arbeitszeit vor. Dies gilt auch dann, wenn die Intensität der Arbeitsleistung gering ist.

Im Zweifel zählen alle Tätigkeiten, die nicht dem Freizeitbereich zuzuordnen sind, zur Arbeitszeit. Freizeit liegt nur dann vor, wenn der Arbeitnehmer über diese Zeit frei und selbstbestimmt verfügen kann.

Dies ist zunächst wichtig für die arbeitsschutzrechtliche Frage, welche Tätigkeiten auf die Höchstarbeitszeiten nach dem Arbeitszeitgesetz (ArbZG) angerechnet werden. Darüber hinaus spielt es aber auch für die Frage der Vergütung eine entscheidende Rolle, wann die Arbeitszeit beginnt und wann sie endet. Arbeitszeit im Sinne des Arbeitszeitgesetzes und Arbeitszeit im vergütungsrechtlichen Sinne sind jedoch streng voneinander zu trennen und können unterschiedlich zu bewerten sein.

Vgl. hierzu auch S. 342.

---

4 MHdb ArbR, § 3 Rn. 67–68a.

2. Wann beginnt die Arbeitszeit?

Grundsätzlich beginnt die Arbeitszeit dann, wenn der Arbeitnehmer arbeitsbereit an seinem Arbeitsplatz zur Verfügung steht.

3. Welche Tätigkeiten gehören zur Arbeitszeit?

Zur Beantwortung dieser Frage wird im Folgenden auf aufgewendete Zeiten für einzelne Tätigkeiten gesondert eingegangen (für Waschzeiten siehe S. 169):

Wegezeiten

Bei der Strecke vom Wohnort zum Arbeitsplatz handelt es sich in der Regel nicht um Arbeitszeit, da der Arbeitsweg dem Eigeninteresse dient. Auf den Wohnort des Arbeitnehmers hat der Arbeitgeber keinen Einfluss, somit liegt der Arbeitsweg grundsätzlich im Verantwortungsbereich des Arbeitnehmers, wohingegen das Fahren vom Betrieb zu einer auswärtigen Arbeitsstelle im Interesse des Arbeitgebers liegt und somit Arbeitszeit ist. Fährt der Arbeitnehmer direkt von zuhause zu einer auswärtigen Arbeitsstätte, so soll hierauf die Zeit angerechnet werden, die normalerweise für den Weg vom Wohnort zum Arbeitsplatz zurückgelegt werden müsste (keine Arbeitszeit). Nur die darüberhinausgehende Zeit wird als Arbeitszeit gewertet.[5]

Anders verhält es sich, wenn Wegezeiten auf Veranlassung des Arbeitgebers im Betrieb zurückgelegt werden – z. B. wenn vom Werkstor oder von der Umkleide zum eigentlichen Arbeitsplatz noch ein Weg zurückzulegen ist. Diese Wege zählen zur Arbeitszeit und sind sowohl arbeitszeitrechtlich als auch vergütungsrechtlich zu beachten.

Arbeitszeit sind zudem alle betriebsbedingten Wegezeiten vom Betrieb zu außerhalb des Betriebs gelegenen Arbeitsstellen, z. B. zum Bauhof, zur Werkstatt, zum Kunden. Abweichende arbeitsvertragliche oder tarifvertragliche Vereinbarungen sind zulässig.

Neue EuGH-Rechtsprechung – Sammeltransporte ab Stützpunkt (Valencia-Urteil[6]): Ein wichtiger Sonderfall sind Fahrten in Fahrzeugen des Arbeitgebers ab einem festen Sammelpunkt. Muss sich der Arbeitnehmer zu einer festgelegten Uhrzeit an einem vom Arbeitgeber bestimmten Ort (Stützpunkt) einfinden, um von dort gemeinsam mit Kollegen zum Einsatzort zu fahren, stellt bereits diese Fahrtzeit **Arbeitszeit** im Sinne des

5 Schaub-*Linck*, § 45 Rn. 54.

6 Wirlitsch, »Fahrzeit ist auch für Mitfahrer Arbeitszeit«, Der Personalrat, 02/2026, S. 32 ff.

ArbZG dar (EuGH 9.10.2024 – C-110/24). Da der Arbeitgeber die Modalitäten (Zeit, Fahrzeug, Route) vorgibt, kann der Arbeitnehmer nicht frei über seine Zeit verfügen; die Fahrt ist das »notwendige Mittel«, um die geschuldete Leistung zu erbringen.

Reisezeiten

Fährt der Arbeitnehmer auf Veranlassung des Arbeitgebers vom Betrieb zu einem Ort, an dem er dienstliche Tätigkeiten zu erledigen hat, so ist dies »Arbeit«, da es sich um eine primär fremdnützige, den Interessen des Arbeitgebers dienende Tätigkeit handelt (BAG 17.10.2018 – 5 AZR 553/17). Davon zu unterscheiden ist die Frage, ob es sich auch um Arbeitszeit im Sinne des Arbeitszeitgesetzes handelt. Dies betont auch das Bundesarbeitsgericht in seinem Urteil vom 17.10.2018 – 5 AZR 553/17, indem u.a. ausführt wird: Für die Vergütungspflicht von Reisezeiten ist deren arbeitszeitrechtliche Einordnung nach § 2 Abs. 1 Satz 1 ArbZG unerheblich. Denn die Qualifikation einer bestimmten Zeitspanne als Arbeitszeit im Sinne des gesetzlichen Arbeitszeitschutzrechts führt nicht zwingend zu einer Vergütungspflicht, wie umgekehrt die Herausnahme bestimmter Zeiten aus der Arbeitszeit nicht die Vergütungspflicht ausschließen muss.

Die Reisezeit ist immer dann **Arbeitszeit** im Sinne des Arbeitszeitgesetzes, wenn der Arbeitnehmer durch die Reise an sich seine vertraglichen Verpflichtungen erfüllt, das Reisen also die primär geschuldete Tätigkeit ist, z.B. als Taxifahrer, als Lastkraftwagenfahrer oder Außendienstmitarbeiter im selbst gesteuerten PKW.

Arbeitszeit liegt auch dann vor, wenn das Reisen an sich zwar nicht die primär geschuldete Tätigkeit ist, der Arbeitnehmer während der Reise aber Arbeitsleistungen erbringt, z.B. während einer Zugfahrt Akten bearbeitet oder ein Diktat schreibt.

Nicht zur Arbeitszeit zählt allerdings z.B. das Kofferpacken vor einer Dienstreise oder das Duschen, da diese Tätigkeiten vorwiegend dem Eigeninteresse dienen. Arbeitet der Arbeitnehmer tatsächlich nicht (so z.B. am Abend bei Übernachtung im Hotel) liegt keine Arbeitszeit vor.

Reist ein Arbeitnehmer zu einer Fortbildung und wurde vom Arbeitgeber nur die Nutzung öffentlicher Verkehrsmittel angeordnet, so handelt es sich bei der Reisezeit nicht um Arbeitszeit. Nutzt der Arbeitnehmer auf Anordnung des Arbeitgebers einen PKW, stellt die Fahrt wegen der erforderlichen hohen Konzentration auf den Straßenverkehr Arbeitszeit dar. Anders ist dies, wenn der Arbeitnehmer aus freien Stücken den

PKW nutzt, um zeitlich flexibler zu sein. In dem Fall liegt keine Arbeitszeit vor.
Unabhängig davon sind Fahrt- und Reisezeiten grundsätzlich zu **vergüten.**[7] Hierbei ist jedoch strikt zwischen dem Arbeitsschutzrecht (ArbZG) und dem Vergütungsrecht zu trennen. Die Qualifikation als Arbeitszeit im Sinne des ArbZG führt nicht zwingend zur vollen Vergütungspflicht. Es kann (z. B. tariflich) vereinbart werden, dass Reisezeiten geringer vergütet werden, sofern der Mindestlohn gewahrt bleibt.

Wichtig:
Eine Regelung dieser Vergütungsfragen durch Betriebs- oder Dienstvereinbarung ist oft wegen des Tarifvorbehalts (§ 77 Abs. 3 BetrVG bzw. entsprechende Personalvertretungsgesetze) unwirksam, da es sich um eine Kernmaterie der Tarifvertragsparteien handelt. Der Arbeitgeber kann nicht die Bezahlung mit dem Argument verweigern, dass der Arbeitnehmer ja auf der Zugfahrt nicht arbeiten müsse, sondern sich entspannen könne. Ordnet der Arbeitgeber die Dienstreise an, hat er die erforderliche Zeit auch zu vergüten.

Für die **Erforderlichkeit** von Reisezeiten im vergütungsrechtlichen Sinne gilt nach dem BAG (17.10.2018 – 5 AZR 553/17) Folgendes:
Gibt der Arbeitgeber Reisemittel und -verlauf vor, ist diejenige Reisezeit erforderlich, die der Arbeitnehmer benötigt, um entsprechend dieser Vorgaben des Arbeitgebers das Reiseziel zu erreichen. **Überlässt der Arbeitgeber dem Arbeitnehmer die Wahl von Reisemittel und/oder Reiseverlauf,** ist der Arbeitnehmer aufgrund seiner Pflicht zur Rücksichtnahme auf die Interessen des anderen Vertragsteils (§ 241 Abs. 2 BGB) im Rahmen des ihm Zumutbaren verpflichtet, das kostengünstigste Verkehrsmittel bzw. den kostengünstigsten Reiseverlauf zu wählen. Bei einer Flugreise ist deshalb grundsätzlich die Reisezeit erforderlich, die bei einem Direktflug in der Economy-Class anfällt, es sei denn, ein solcher wäre dem Arbeitnehmer wegen besonderer Umstände nicht zumutbar. Nicht zur erforderlichen Reisezeit zählt hingegen rein eigennütziger Zeitaufwand des Arbeitnehmers im Zusammenhang mit der Reise. Dazu gehört z. B. das vom Kläger in seine Berechnung miteinbezogene Kofferpacken und Duschen.
Neben den eigentlichen Beförderungszeiten, gehört zur erforderlichen Reisezeit auch der mit der Beförderung zwingend einhergehende weitere

7 BeckOK-ArbR/*Kock*, ArbZG, § 2 Rn. 21–27.

Zeitaufwand. Bei Flugreisen sind das etwa die Wegezeiten zum und vom Flughafen sowie die Zeiten für Einchecken und Gepäckausgabe (nicht jedoch das Kofferpacken und Duschen, vgl. oben).

Vorbereitungs- und Abschlussarbeiten

Müssen vor Beginn der eigentlichen Tätigkeit vorbereitende Arbeiten erledigt werden (z.B. wenn vor dem Verkauf die Bäckereitheke mit Ware bestückt werden muss) oder abschließende Arbeiten (Versorgen nicht verkaufter Ware und Reinigung der Theke), so handelt es sich hierbei um weisungsgebundene Tätigkeiten, die keinem Eigeninteresse unterliegen, sondern im fremden Interesse des Arbeitgebers durchgeführt werden müssen. Es handelt sich daher um Arbeitszeit sowohl im vergütungsrechtlichen als auch im arbeitszeitrechtlichen Sinne.

Weiterbildungs- und Qualifizierungszeit

Auch bei der Frage, ob es sich bei der Weiterbildungs- und Qualifizierungszeit um Arbeitszeit im Sinne des Arbeitszeitgesetzes handelt, kommt es darauf an, ob diese einem fremden Interesse oder dem eigenen Interesse dient. Bildet sich ein Arbeitnehmer am Wochenende fort, um sich weiterentwickeln zu können, handelt es sich nicht um Arbeitszeit. Nimmt er jedoch an vom Arbeitgeber vorgeschriebenen Fortbildungen teil, so ist diese Teilnahme fremdnützig und somit Arbeitszeit.

Übersichtstabelle: Die »Fahrtzeit-Pyramide«

Die drei Ebenen der Fahrtzeiten:

Fahrt-Typ	Einordnung (ArbZG)	Vergütung
Wohnung ↔ Betrieb	Freizeit	In der Regel nein
Wohnung ↔ Kunde	Arbeitszeit (wenn kein fester Sitz)	Ja (ggf. abweichend)
Sammelplatz ↔ Einsatzort	**Immer Arbeitszeit (C-110/24)**	Ja (ggf. abweichend)

Übersichtstabelle: Höchstarbeitszeiten und Schutzfristen

Die nachfolgende Tabelle bietet einen schnellen Überblick über die zulässigen Arbeitszeiten. Beachte dabei die strikte Trennung zwischen Arbeitszeitrecht (Gesundheitsschutz) und Vergütungsrecht.

Personengruppe	Max. Arbeitszeit (täglich)	Max. Arbeitszeit (wöchentlich)	Besonderheiten
Erwachsene (§ 3 ArbZG)	8 Std. (erweiterbar auf 10 Std.)	ø 48 Std. (max. 60 Std. bei Ausgleich)	Ausgleich auf ø 8 Std. werktäglich innerhalb von 6 Mon. / 24 Wo.
Jugendliche (§ 8 JArbSchG)	8 Std. (bis zu 8,5 Std. bei Ausgleich am selben Tag)	40 Std.	Grundsätzlich nur 5-Tage-Woche zulässig.
Schwangere (§ 4 MuSchG)	8,5 Std. (über 18 J.) / 8 Std. (unter 18 J.)	90 Std. (über 18 J.) / 80 Std. (unter 18 J.) in der Doppelwoche	Nachtarbeitsverbot (20 bis 6 Uhr) und Verbot der Mehrarbeit.
Schwerbehinderte (§ 207 SGB IX)	8 Std. (auf Verlangen)	Gemäß individueller Vereinbarung	Anspruch auf Freistellung von Mehrarbeit (über 8 Std. tägl.).
Mobile Trupps (EuGH C-110/24)	10 Std. (inkl. Sammelfahrt)	48 Std. (inkl. Sammelfahrt)	Fahrten ab/bis Stützpunkt sind zwingend Arbeitszeit.

Info:
Aktuell (1. Quartal 2026) wird politisch eine Flexibilisierung des Arbeitszeitrechts diskutiert, um den 8-Stunden-Tag durch eine Wochenhöchstarbeitszeit von 48 Stunden zu ersetzen. Dies würde theoretisch Arbeitstage von über 10 Stunden ermöglichen, sofern die Wochenbilanz stimmt.

Hinweis:
Solange keine gesetzliche Neuregelung vorliegt, bleiben die täglichen 10 Stunden im ArbZG grundsätzlich die Obergrenze, wenn keine Ausnahmen, z. B. nach § 7 ArbZG, vorliegen.

II. Lage der Arbeitszeit

1. Was versteht man unter Lage der Arbeitszeit?

Unter Lage der Arbeitszeit versteht man den konkreten Beginn und das konkrete Ende der täglichen Arbeitszeit einschließlich der Pausen sowie die Verteilung der Arbeitszeit auf die einzelnen Wochentage. Erst die genaue Festlegung der konkreten Arbeitszeiten am Tag, in der Woche bzw. im Monat macht die Arbeitspflicht für den Arbeitnehmer zur absoluten Fixschuld. D. h., wenn der Arbeitnehmer die festgelegte Arbeitszeit nicht einhält, wird die nicht erbrachte Arbeitsleistung als nicht nachholbar endgültig unmöglich.[8] Dies führt dazu, dass zeitliche Verschiebungen der Arbeit, etwa Verspätungen, Auswirkungen auf die Entgeltpflicht des Arbeitgebers haben können.

2. Wo wird die Lage der Arbeitszeit festgelegt?

Die Lage der Arbeitszeit kann im Arbeitsvertrag geregelt werden, was allerdings selten ist, da sich die Parteien dann für das gesamte Arbeitsverhältnis auf bestimmte Arbeitszeiten festlegen müssten. Auch in Tarifverträgen finden sich selten konkrete Regeln zur Lage der Arbeitszeit, wohl aber in Betriebsvereinbarungen. Ist nichts geregelt, richtet sich die Verteilung der Arbeitszeit üblicherweise nach den betrieblichen Gegebenheiten.

Zu beachten ist, dass eine langjährige Beschäftigung zu bestimmten Zeiten allein noch nicht zu einer Konkretisierung, und damit zu einem Anspruch auf genau diese Arbeitszeiten führt. Hierzu bedarf es weiterer Anhaltspunkte für eine ausdrückliche Vereinbarung. So entschied das BAG im Fall eines Arbeitnehmers, der 30 Jahre lang nie am Sonn- oder Feiertag arbeiten musste, dass der Arbeitgeber dies im Rahmen seines Direktionsrechts anordnen konnte (BAG 15. 9. 2009 – 9 AZR 757/08).

3. Wie kann die Arbeitszeit auf die Wochentage verteilt werden?

Der Arbeitgeber kann verschiedene Arbeitszeitmodelle festlegen. So können feste Arbeitszeiten eingeführt werden (z. B. Montag bis Freitag 8:30 bis 12:30 und 13:30 bis 17:30), aber auch Gleitzeit oder Schichtarbeit kann festgelegt werden.

---

8 MHdb ArbR/*Reichold*, § 40 Rn. 65.

Denkbar ist außerdem sowohl eine gleichmäßige als auch eine ungleichmäßige Verteilung der Arbeitszeit. Die tägliche Arbeitszeit bei gleichmäßiger Verteilung kann bei einer 35-Stunden-Woche z. B. von Montag bis Freitag 7 Stunden betragen. Eine ungleichmäßige Verteilung kann von Montag bis Donnerstag je 7 Stunden vorsehen und am Freitag eine verkürzte Arbeitszeit von 5 Stunden. Im Schichtbetrieb kann z. B. in der ersten Woche fünf Tage lang acht Stunden in der Frühschicht gearbeitet werden, in der zweiten Woche dann fünf Tage lang sechs Stunden in der Spätschicht. In Saisonarbeitsverhältnissen kann ein halbes Jahr lang 30 Stunden und ein halbes Jahr lang 40 Stunden gearbeitet werden.[9]

4. Kann der Arbeitgeber die Lage der Arbeitszeit einseitig festlegen?

Ja, im Gegensatz zur Dauer kann die Lage der Arbeitszeit einseitig durch den Arbeitgeber per Direktionsrecht bestimmt werden – dies allerdings nur in den Grenzen des Arbeitsvertrags und der betrieblichen, tariflichen und gesetzlichen Bestimmungen. Auch hier ist vor allem das Arbeitszeitgesetz zu beachten sowie billiges Ermessen (§ 106 Gewerbeordnung (GewO) i. V. m. § 315 BGB).

5. Besteht ein Mitbestimmungsrecht für den Betriebs- oder Personalrat?

Die Festlegung der Lage der Arbeitszeit unterliegt gem. § 87 Abs. 1 Nr. 2 BetrVG bzw. § 80 Abs. 1 Nr. 1 BPersVG der Mitbestimmung. Davon umfasst sind u. a.

- die Festlegung von Beginn und Ende der Arbeitszeit in Betrieb oder Dienststelle;
- die Verteilung der Arbeitszeit auf die einzelnen Wochentage sowie Tage im Monat oder Jahr, wenn Monats- oder Jahresarbeitszeit vereinbart wird;
- die Entscheidung, ob eine Vier-, Fünf- oder Sechs-Tage-Woche gearbeitet wird;
- die Einführung von Sonntagsarbeit;
- die Einführung von Schichtarbeit;
- die Aufstellung von Dienstplänen oder Schichtplänen;
- die nähere Ausgestaltung des Schichtplans und die Zuordnung einzelner Arbeitnehmer zu dem Schichtplan;

9 Beispiele aus Schumann/Wagner, Kapitel 4.2.2.

- die Festlegung der zeitlichen Lage der einzelnen Schichten;
- die Abgrenzung des Personenkreises, der Schichtarbeit zu leisten hat;
- der Ausgleichszeitraum und die Schwankungsbreite eines Arbeitszeitkontos (BAG 26.9.2017, Az. 1 AZR 65/17, NZA 2018, 194).

Zweck des Mitbestimmungsrechts nach § 87 Abs. 1 Nr. 2 BetrVG ist es, die Interessen der Arbeitnehmer an der Lage ihrer Arbeitszeit und damit zugleich der Freizeit für die Gestaltung ihres Privatlebens zur Geltung zu bringen.

III. Dauer der Arbeitszeit

1. Was ist vertraglich geschuldet?

Ausgangspunkt ist § 611 Bürgerliches Gesetzbuch (BGB), wonach der Arbeitnehmer durch den Dienstvertrag zur Leistung der versprochenen Dienste, der Arbeitgeber zur Gewährung der vereinbarten Vergütung verpflichtet ist. Beim Dienst- oder Arbeitsvertrag wird also eine konkrete Tätigkeit geschuldet. Daraus ergibt sich, dass der Arbeitnehmer eine nach Zeit bemessene Tätigkeit erbringen muss. Die **Arbeitszeit** ist daher einer der wichtigsten Faktoren bei der Hauptleistungspflicht des Arbeitgebers, da sich danach seine Vergütungspflicht bemisst.

Mit dem Begriff der Arbeitszeit im Arbeitsvertrag wird die individuell geschuldete Dauer der Arbeitsleistung (sog. Arbeitszeitdeputat) bezeichnet, d.h. die für die Entlohnung maßgebliche Frage beantwortet, wie viel Arbeit pro Woche, pro Monat oder pro Jahr der Arbeitnehmer zu leisten hat.[10]

2. Wo steht geschrieben, wie lange täglich zu arbeiten ist?

Der im einzelnen Arbeitsverhältnis geschuldete Umfang bzw. die Dauer der Arbeitszeit steht nicht im Arbeitszeitgesetz, sondern wird in aller Regel durch den Arbeitsvertrag bestimmt. Die zwischen den Arbeitsvertragsparteien vereinbarte Arbeitszeit ist zwingend in den Arbeitsvertrag aufzunehmen und am ersten Tag der Arbeitsleistung auszuhändigen (§ 2 Abs. 1 Nr. 8 und Satz 2 Nachweisgesetz (NachweisG)).

§ 2 Abs. 1 Nr. 8 NachweisG macht bezüglich der Arbeitszeit seit dem 1.8.2022 folgende Angaben zur Pflicht: *»die vereinbarte Arbeitszeit, ver-*

10 MHdb ArbR/*Reichold*, § 40 Rn. 63.

einbarte Ruhepausen und Ruhezeiten sowie bei vereinbarter Schichtarbeit das Schichtsystem, der Schichtrhythmus und Voraussetzungen für Schichtänderungen«.

§ 4 NachwG ordnet seit dem 1.8.2022 folgendes an: Wer den Nachweispflichten nicht, nicht vollständig, nicht in der vorgeschriebenen Weise oder nicht rechtzeitig nachkommt, handelt ordnungswidrig. Die Ordnungswidrigkeit kann mit **bis zu zweitausend Euro** geahndet werden. Erforderlich ist hier Vorsatz, Fahrlässigkeit reicht nicht aus (§ 10 OWiG).

Regelungen zur geschuldeten Arbeitszeit finden sich auch in Tarifverträgen – Voraussetzung für ihre Gültigkeit ist allerdings, dass entweder im Arbeitsvertrag auf den Tarifvertrag Bezug genommen wird oder aber beide Parteien tarifgebunden sind. Ist im Arbeitsvertrag nichts geregelt und existiert ein Tarifvertrag, ist von der tarifvertraglich festgelegten Arbeitszeit auszugehen. Gibt es keine Regelung, gilt die betriebsübliche Arbeitszeit. D.h., dass bei Vereinbarung eines Vollzeitarbeitsverhältnisses davon auszugehen ist, dass der Arbeitnehmer genauso lange arbeiten muss wie andere vollzeitbeschäftigte Arbeitnehmer des Betriebs (BAG 15.5.2013 – 10 AZR 345/12). Nach einer neueren Entscheidung des Bundesarbeitsgerichts ist dagegen die arbeitsvertragliche Formulierung »in Vollzeit« so zu verstehen, dass die regelmäßige Dauer der Arbeitszeit – unter Zugrundelegung einer Fünf-Tage-Woche und der in § 3 Abs. 1 ArbZG vorgesehenen 8 Stunden Arbeit täglich – 40 Stunden pro Woche nicht übersteigen soll (BAG 25.3.2015 – 5 AZR 602/13).

3. Wie kann die Dauer der Arbeitszeit geregelt werden?

Rechtspolitischer Hinweis: Aktuell (1. Quartal 2026) wird politisch eine Flexibilisierung des Arbeitszeitrechts diskutiert, insbesondere der Übergang von einem täglichen Acht-Stunden-Limit hin zu einer **wöchentlichen Höchstarbeitszeit von 48 Stunden,** was unionsrechtlich zulässig ist. Während dies theoretisch mehr Spielraum für die Verteilung der Arbeit bieten würde, setzt die neue EuGH-Rechtsprechung (C-110/24) enge Grenzen: da Fahrten ab Sammelpunkten nun zwingend als Arbeitszeit zählen, wird der verfügbare zeitliche Rahmen für die produktive Tätigkeit vor Ort durch diese Anrechnung faktisch eingeschränkt. **Bei der vertraglichen Festlegung der Arbeitszeit besteht grundsätzlich Vertragsfreiheit – ihre Grenze findet diese allerdings im Arbeitszeitgesetz und der AGB-Kontrolle:**

Beschränkung durch das Arbeitszeitgesetz:
Die Vereinbarung einer Arbeitszeit, welche die arbeitszeitrechtlichen Höchstgrenzen überschreitet, ist wegen Verstoßes gegen das ArbZG gem. § 134 BGB nichtig.
Eine Höchstwochenarbeitszeit ist im ArbZG nicht geregelt – anders als in der Arbeitszeitrichtlinie, die eine wöchentliche Höchstarbeitszeit von 48 Stunden vorsieht (Art. 6 lit. b RL 2003/88/EG). Mittelbar ergibt sich aber aus dem ArbZG das Gleiche: In der Regel darf an 6 Werktagen pro Woche täglich nicht mehr als 8 Stunden gearbeitet werden, dies jedenfalls im Durchschnitt von 6 Kalendermonaten oder 24 Wochen.
Die Dauer der geschuldeten Arbeitszeit kann als Wochen-, Monats- oder auch Jahresarbeitszeit geregelt werden – wichtig für die Berechnung von Vergütungsansprüchen während Urlaub oder Krankheit ist dabei, dass auch geregelt wird, wie viele Tage pro Woche gearbeitet werden muss.

Beschränkung durch AGB-Kontrolle:
Die Vertragsfreiheit ist weiterhin eingeschränkt durch die Vorgaben der §§ 305ff. BGB. Arbeitsverträge sind in aller Regel Formulararbeitsverträge. D. h. sie werden vom Arbeitgeber für eine Vielzahl von Arbeitsverträgen vorformuliert, und vom Arbeitnehmer ohne weitere Verhandlungen unterschrieben – daher unterliegen die einzelnen Klauseln der Inhalts- und Billigkeitskontrolle. In Bezug auf die Dauer der Arbeitszeit kann z. B. die folgende Klausel problematisch sein, die eine Durchschnittsarbeitszeit festlegt: Heißt es im Arbeitsvertrag: »*Die monatliche Arbeitszeit beträgt im Durchschnitt 150 Stunden.*«, so ist diese Klausel intransparent und damit eine unzulässige Klausel, da sich daraus nicht der Zeitraum ergibt, der für die Ermittlung des Durchschnitts maßgeblich ist (BAG 21.6.2011 – Az. 9 AZR 238/10).

4. Unterliegt die Dauer der Arbeitszeit dem Direktionsrecht?

Das Direktionsrecht oder Weisungsrecht des Arbeitgebers (§ 106 Gewerbeordnung – GewO) ist ein einseitiges Leistungsbestimmungsrecht des Arbeitgebers. Er kann Inhalt, Ort und Zeit der Arbeitsleistung nach billigem Ermessen näher bestimmen. Da aber die Dauer bzw. der Umfang der geschuldeten Arbeitszeit Bestandteil des Gegenseitigkeits- oder Austauschverhältnisses zweier Leistungen beim Arbeitsvertrag ist, unterfällt sie **nicht** dem Direktionsrecht – d.h. der Arbeitgeber kann nicht einseitig bestimmen, dass der Arbeitnehmer seine Arbeitszeit erhöhen oder verringern muss. Die Veränderung der Dauer bzw. des Umfangs der Arbeitszeit hätte zwingend auch eine Veränderung der Vergütung zur Folge, was gravierende wirtschaftliche Folgen für den Arbeitnehmer haben könnte. Auch wäre damit eine Umgehung des Kündigungsrechts und kündigungsschutzrechtlicher Vorschriften verbunden.[11] Auch für die Anordnung von Kurzarbeit bzw. Mehrarbeit oder Überstunden bedarf es einer vertraglichen Grundlage.

> **Praxishinweis:**
> Das Direktionsrecht ist die »Waffe« des Arbeitgebers. Das TzBfG ist das »Gegenstück« für den Arbeitnehmer.

Während der Arbeitgeber die Dauer nicht einseitig festlegen kann, hat der Gesetzgeber dem Arbeitnehmer mit dem Teilzeit- und Befristungsgesetz (TzBfG) sowie dem Bundeselterngeld- und Elternzeitgesetz (BEEG) unter bestimmten Voraussetzungen eigene Ansprüche auf Verringerung der Arbeitszeit eingeräumt.
Umgekehrt ist die Anordnung von **Überstunden** nur dann vom Direktionsrecht gedeckt, wenn dies im Arbeitsvertrag, in einer Betriebsvereinbarung oder im Tarifvertrag ausdrücklich und hinreichend bestimmt vereinbart wurde. Fehlt eine solche Grundlage, kann der Arbeitnehmer Überstunden (außer in extremen Notfällen) verweigern, da sie eine einseitige Ausweitung der vertraglich geschuldeten Dauer der Arbeitszeit darstellen würden.

5. Unterliegt die Dauer der Arbeitszeit der Mitbestimmung?

Nein. Die Dauer der Arbeitszeit fällt nicht unter § 87 Abs. 2 Satz 2 BetrVG bzw. § 80 Abs. 1 Nr. 1 BPersVG. Diese ist allein Gegenstand der Vereinbarung zwischen Arbeitgeber und Arbeitnehmer. Der Mitbestimmung unterliegt nur die Lage der Arbeitszeit.

IV. Höchstarbeitszeiten und Ausgleichszeiträume

1. Wie viele Stunden darf pro Tag maximal gearbeitet werden?

Die maximal zulässige tägliche Arbeitszeit beträgt grundsätzlich acht Stunden (§ 3 Satz 1 ArbZG). Sie darf allerdings auf bis zu 10 Stunden verlängert werden, sofern innerhalb von sechs Kalendermonaten oder in-

11 BeckOK-BGB/*Baumgärtner*, § 611a Rn. 56ff.

nerhalb von 24 Wochen im Durchschnitt acht Stunden werktäglich nicht überschritten werden (vgl. § 3 Satz 2 ArbZG).

2. Wie viele Stunden darf pro Woche höchstens gearbeitet werden?

Hierzu enthält das Gesetz keine konkrete Aussage. Da es aber von der »werktäglichen Arbeitszeit« spricht und als Werktage alle Wochentage außer dem Sonntag gelten (Sechs-Tage-Woche, vgl. § 3 Abs. 2 BUrlG), kann hieraus eine maximale Wochenarbeitszeit von 48 Stunden errechnet werden.

3. Was ist ein Werktag im Sinne des Gesetzes?

Das Gesetz geht von einer Sechs-Tage-Woche aus. D. h. als Werktage sind alle Wochentage außer dem Sonntag anzusehen.

Der Werktag wird aber anders als ein Kalendertag nicht von 0–24 Uhr gerechnet, sondern zählt ab dem individuellen Arbeitsbeginn. Beginnt die Arbeitszeit also etwa montags um 8:30 Uhr, endet der Werktag am Dienstag um 8:30 Uhr. Die individuelle Lage der Arbeitszeit ist durch das Gesetz nicht geregelt, sondern richtet sich nach dem Arbeitsvertrag oder den geltenden Betriebs- oder Dienstvereinbarungen oder Tarifverträgen.

Es ist aber möglich, bei einem Wechsel des Schichtbeginns die neue Arbeitszeit auch vor Vollendung des individuellen Werktags beginnen zu lassen, sofern die Ruhezeit von 11 Stunden gemäß § 5 ArbZG eingehalten wird. Ist ein Arbeitnehmer z. B. zur Schicht von 9–17:30 Uhr eingeteilt, so beginnt sein Werktag um 9:00 Uhr und endet am Folgetag um 9:00 Uhr. Muss er am nächsten Tag vor 9:00 Uhr in einer anderen Schicht arbeiten, so liegt darin streng genommen eine Überschreitung der werktäglichen Höchstarbeitszeit. Nach herrschender Meinung ist dies jedoch unproblematisch, sofern die Ruhezeit eingehalten wird. Ein Arbeitsbeginn ist im Beispiel somit am Folgetag ab 4:30 Uhr möglich (17:30 Uhr–4:30 Uhr = 11 Stunden).

Die Einordnung (EuGH C-110/24) der Rückfahrt vom Einsatzort zum Stützpunkt als Arbeitszeit, vgl. oben, hat massive Auswirkungen auf die **Ruhezeit**. Die gesetzliche Mindestruhezeit von 11 Stunden (§ 5 ArbZG) beginnt erst nach Abschluss der Rückfahrt am Stützpunkt. Dies kann den frühestmöglichen Arbeitsbeginn am Folgetag erheblich nach hinten verschieben.

4. Wie erfolgt eine Verlängerung der werktäglichen Arbeitszeit?

Eine Verlängerung der täglichen Arbeitszeit ist auf bis zu 10 Stunden möglich. Hierfür müssen keine besonderen Voraussetzungen erfüllt werden, sondern der Arbeitgeber kann dies grundsätzlich dergestalt anweisen. Er ist dann allerdings verpflichtet, binnen des gesetzlich festgelegten Ausgleichszeitraums dafür zu sorgen, dass im Durchschnitt acht Stunden werktäglich nicht überschritten werden.

5. In welchem Zeitraum ist ein Ausgleich möglich?

Das Gesetz gibt vor, dass im Durchschnitt acht Stunden werktäglich nicht überschritten werden dürfen, innerhalb eines Zeitraums von sechs Kalendermonaten oder innerhalb von 24 Wochen. Der Arbeitgeber kann wählen, ob er den Sechs-Monate-Zeitraum oder den 24-Wochen-Zeitraum zugrunde legt. Es ist daher mit dem Arbeitszeitgesetz vereinbar, bis zu 60 Stunden pro Woche zu arbeiten, sofern die Ruhezeiten und die vorgeschriebenen Pausen eingehalten werden. Allerdings muss ein entsprechender Ausgleich im genannten Zeitraum sichergestellt werden. D. h. es ist auch möglich, generell an fünf Tagen pro Woche 9,6 Stunden zu arbeiten und am sechsten Tag (z. B. am Samstag) nicht zu arbeiten. Möglich wäre es auch, 19 Wochen hintereinander 60 Stunden pro Woche zu arbeiten, um dann fünf Wochen gar nicht zu arbeiten. Der Arbeitgeber kann auch einen kürzeren Ausgleichszeitraum wählen, jedoch keinen längeren.

Wann der Ausgleichszeitraum beginnt und endet, wird durch den Gesetzestext nicht vorgegeben. Daher dürfen die Tage mit einer kürzeren Arbeitszeit am Anfang, am Ende oder in der Mitte des Ausgleichszeitraums liegen.

6. Sind freie Tage in den Ausgleichszeitraum einzubeziehen?

Ein arbeitsfreier Werktag wie z. B. der Samstag bei einer Fünf-Tage-Woche, die von Montag bis Freitag dauert, kann zum Ausgleich herangezogen werden.

Nicht in den Ausgleichszeitraum einzubeziehen sind jedoch Sonn- und Feiertage sowie Krankheits- und Urlaubstage (mindestens bis zur Höhe des gesetzlichen Mindesturlaubs). Würde man diese Tage als Ausgleichstage werten, liefe der gesetzliche Zweck der Erholung bzw. Genesung ins Leere.

Praktisch wird dies auf zwei Wegen sichergestellt:

1. **Verlängerung des Zeitraums:** Der Ausgleichszeitraum verlängert sich faktisch um die Fehlzeiten, da diese Tage nicht für eine Kompensation von Mehrarbeit zur Verfügung stehen.
2. **Neutralisierung (Gutschriftmethode):** Die Ausfalltage werden rechnerisch so behandelt, als hätte der Arbeitnehmer an ihnen die für ihn übliche Sollarbeitszeit geleistet. Dies verhindert, dass Fehlzeiten den Durchschnittswert der Arbeitszeit künstlich senken.

Beispiel zur Neutralisierung:
Ein Arbeitnehmer arbeitet von Montag bis Donnerstag jeweils 10 Stunden (insgesamt 40 Stunden). Am Freitag nimmt er einen Tag Urlaub.
Fehlerhafte Rechnung: Würde man den Urlaub mit 0 Stunden ansetzen, ergäbe sich für die Woche (Mo–Sa) ein Schnitt von nur 6,6 Stunden. Die Mehrarbeit der Vortage wäre scheinbar »ausgeglichen«, obwohl der Arbeitnehmer effektiv mehr gearbeitet hat.
Korrekte Rechnung: Der Urlaubstag wird mit der üblichen Sollarbeitszeit (z.B. 8 Stunden) gewertet. In der Bilanz stehen somit 48 Stunden. Geteilt durch 6 Werktage ergibt dies einen Schnitt von exakt 8 Stunden.
Ergebnis: Die Mehrarbeit der ersten vier Tage ist noch nicht ausgeglichen. Der Urlaubstag hat den Durchschnitt nicht nach unten gedrückt.

7. Sind Abweichungen von den Höchstzeiten zulässig?

Abweichungen von § 3 ArbZG (Acht-Stunden- bzw. Zehn-Stunden-Tag) sind zulässig, sofern diese in einem Tarifvertrag oder in einer Betriebs- oder Dienstvereinbarung aufgrund eines Tarifvertrags geregelt werden (§ 7 Abs. 1 ArbZG). Es ist möglich, die Arbeitszeit auf über 10 Stunden werktäglich zu verlängern, wenn in die Arbeitszeit regelmäßig und in erheblichem Umfang Arbeitsbereitschaft oder Bereitschaftsdienst fällt. Weiter kann auch ein anderer Ausgleichszeitraum festgelegt werden, gem. Art. 19 III der Arbeitszeit-Richtlinie (2003/88/EG) allerdings maximal ein Jahr.
§ 7 Abs. 2 ArbZG erlaubt Abweichungen in der Landwirtschaft, bei der Betreuung und Pflege von Personen sowie im öffentlichen Dienst. Das Gesetz spricht hier von einer »Anpassung« der Regelung des § 3 ArbZG, eine Stundenobergrenze wird nicht genannt. Der Gesundheitsschutz der Arbeitnehmer muss dabei durch einen entsprechenden Zeitausgleich gewährleistet werden.
Eine Verlängerung der werktäglichen Arbeitszeit ohne Ausgleich lässt § 7 Abs. 2a ArbZG zu, wenn in die Arbeitszeit regelmäßig und in erheblichem Umfang Bereitschaftsdienst fällt. Auch hier ist eine Regelung in

einem Tarifvertrag oder in einer Betriebs- oder Dienstvereinbarung aufgrund eines Tarifvertrags erforderlich.
Eine abweichende Regelung im Individualarbeitsvertrag ist nicht möglich.

8. Was passiert bei Verstößen gegen die Höchstarbeitszeitgrenzen?

Verstöße gegen die maximal zulässigen Arbeitszeiten nach § 3 ArbZG sind Ordnungswidrigkeiten oder bei vorsätzlichem Verstoß oder bei Wiederholung sogar Straftaten im Sinne des Arbeitszeitgesetzes, die mit Geldbußen oder Freiheitsstrafen geahndet werden können (§§ 22 Abs. 1 Nr. 1; 23 Abs. 1 ArbZG). Um die Einhaltung des ArbZG überprüfen zu können, kann das Gewerbeaufsichtsamt gegenüber dem Arbeitgeber anordnen, Aufzeichnungen zu täglichen Arbeits- und Ruhepausenzeiten, jeweils mit Beginn und Ende, anzufertigen (§ 17 Abs. 2 ArbZG). Die Vorschrift richtet sich an Arbeitgeber sowie Personen, die beauftragt sind, den Betrieb (oder das Unternehmen) ganz oder zum Teil zu leiten oder ausdrücklich beauftragt sind, den Betriebsinhaber treffende Pflichten in eigener Verantwortung zu erfüllen.

9. Bestehen Sonderregeln für bestimmte Personengruppen?

Ja, für folgende Personen bestehen besondere Regelungen:

- **Jugendliche** unter 18 Jahren dürfen am Tag maximal acht Stunden sowie 40 Stunden pro Woche arbeiten.
- Für **Kraftfahrer** gelten grundsätzlich die allgemeinen Regeln, wobei nicht nur Fahr- und Lenkzeiten zur Arbeitszeit zählen, sondern auch Vor- und Abschlussarbeiten, Hilfsarbeiten und Arbeitsbereitschaftszeiten. Besondere Regelungen für Beschäftigte im Straßentransport finden sich in § 21a ArbZG.
- **Schwangere** unter 18 dürfen täglich maximal acht Stunden sowie 80 Stunden in der Doppelwoche beschäftigt werden. Schwangere über 18 Jahren dürfen täglich maximal 8,5 Stunden sowie 90 Stunden in der Doppelwoche beschäftigt werden.
- Für **Schwerbehinderte** besteht keine Verpflichtung zur Mehrarbeit, also zur Leistung von Arbeitszeit über acht Stunden hinaus pro Arbeitstag.

10. Welche Mitbestimmungsrechte haben Betriebsrat und Personalrat?

Die Verlängerung der täglichen Arbeitszeit auf bis zu 10 Stunden sowie die Gestaltung der Ausgleichszeiträume ist eine Frage von Beginn und Ende der Arbeitszeit sowie der Verteilung der Arbeitszeit auf die einzelnen Wochentage, und unterliegt daher der Mitbestimmung des Betriebsrats gemäß § 87 Abs. 1 Nr. 2 BetrVG bzw. des Personalrats gemäß § 80 Abs. 1 Nr. 1 BPersVG. Die Personalvertretungsgesetze der Länder enthalten entsprechende Vorschriften. Die Mitbestimmung erstreckt sich auch auf die Ausgestaltung von Fahrten zu Einsatzorten. Personal- und Betriebsräte sollten darauf achten, dass Sammelfahrten nicht fälschlicherweise als »Pause« oder »Freizeit« deklariert werden.

> **Wichtig:**
> Bei der Formulierung von Pausenregelungen ist extreme Sorgfalt geboten. Bezeichnet eine Dienstvereinbarung eine Unterbrechung als »Pause«, schreibt aber gleichzeitig vor, dass diese »der Förderung des Miteinanders an der Arbeitsstätte« dient, handelt es sich rechtlich nicht um eine Ruhepause nach § 4 ArbZG, sondern um vergütungspflichtige Arbeitszeit. Solche unpräzisen Formulierungen führen bei einseitigen Streichungen durch den Dienstherrn regelmäßig zu gerichtlichen Auseinandersetzungen (vgl. nächstes Kapitel, V. 1).

V. Ruhepausen

1. Was sind Ruhepausen?

Geregelt sind Ruhepausen in § 4 ArbZG, wobei das ArbZG keine Definition enthält. Nach der Rechtsprechung sind Ruhepausen im Voraus festliegende Unterbrechungen der Arbeitszeit, in denen der Arbeitnehmer weder Arbeit zu leisten noch sich dafür bereit zu halten braucht, sondern freie Verfügung darüber hat, wo und wie er diese Zeit verbringen will (BAG 29.10.2002 – 1 AZR 603/01; 25.2.2015 – 5 AZR 886/1). Ebenso gehört zur freien Verfügung das Recht, das **Betriebsgelände zu verlassen**. Ein Verbot, das Gelände während der Pause zu verlassen, macht die Pause zwar nicht automatisch zur Arbeitszeit, bedarf aber einer sachlichen Rechtfertigung (z. B. besondere Sicherheitsanforderungen oder Unfallverhütung).

Diese Anforderungen gelten auch für Pausen während der Arbeitsbereitschaft (BAG 5.5.1988 – 6 AZR 658/85) und während des Bereitschaftsdienstes. Der Arbeitnehmer kann also frei darüber entscheiden, wie er seine Zeit verbringen will und braucht sich auch nicht zum Dienst bereithalten

Exkurs: Freie Verfügbarkeit über die Ruhepause
Die freie Verfügung über die Pausenzeit schließt grundsätzlich die Erreichbarkeit aus. Verlangt der Arbeitgeber, dass der Arbeitnehmer während der Pause per Funk oder Mobiltelefon erreichbar bleibt, um im Bedarfsfall die Arbeit sofort wieder aufzunehmen, liegt keine Ruhepause vor, sondern Arbeitszeit (bzw. Bereitschaftsdienst). Nach der Rechtsprechung des EuGH ist entscheidend, ob die Verpflichtung zur Erreichbarkeit die Möglichkeiten des Arbeitnehmers, seine Zeit frei zu gestalten und sich seinen eigenen Interessen zu widmen, objektiv ganz erheblich einschränkt (EuGH 9.9.2021 - C-107/19).
Da Ruhepausen Unterbrechungen der Arbeitszeit sind, stellen sie folglich keine Arbeitszeit im Sinne des ArbZG dar. In der Regel werden Ruhepausen nicht vergütet (BAG 27.4.2000 – 6 AZR 861/98; 25.2.2015 – 5 AZR 886/12).
Im Voraus festliegen muss zum einen die Lage und zum anderen die Dauer der Pause. Dabei genügt es, wenn Beginn und Dauer der Ruhepause zu Beginn des Arbeitstages mitgeteilt werden (BAG 25.2.2015 – 1 AZR 642/13).
Nach der herrschenden Meinung muss die Lage der Ruhepause nicht konkret festgelegt werden. So reicht es aus, wenn z.B. in einer Betriebs- oder Dienstvereinbarung festgelegt wird, dass die einstündige Mittagspause zwischen 12:00 Uhr und 14:00 Uhr zu nehmen ist.
Da die Ruhepause die Arbeit nach § 4 Satz 1 ArbZG »unterbrechen« muss, darf die Arbeit weder mit der Pause beginnen noch darf sie damit enden. Die Ruhepause setzt also Arbeit davor und danach voraus, mithin darf sie nicht am Anfang oder Ende des Arbeitstages liegen. Für Jugendliche ist gesetzlich festgeschrieben, dass die Ruhepause frühestens eine Stunde nach Beginn und spätestens eine Stunde vor Ende der Arbeitszeit gewährt werden muss (§ 11 Abs. 2 Satz 1 Jugendarbeitsschutzgesetz – JArbSchG).

2. Was ist der Zweck von Ruhepausen?

Ruhepausen dienen zur kurzzeitigen Erholung und geben Gelegenheit zur Nahrungsaufnahme während des Arbeitstages (BAG 29.10.2002 – 1 AZR 603/01). Indem die Arbeitskraft und die Gesundheit erhalten bleiben, soll die Erholung eine Er- und Übermüdung oder Leistungsminderung und Arbeitsunfälle verhindern. Daher dürfen Arbeitnehmer während der festgelegten Pausenzeiten nicht durcharbeiten. Ein Durcharbeiten darf auch nicht vom Arbeitgeber angeordnet oder geduldet werden (ArbG Hamm 30.1.2013 – 3 Ca 1634/11).

Der Arbeitgeber hat kraft seiner Organisationspflicht die ordnungsgemäße Einhaltung der Ruhepausen sicherzustellen (BAG 11.12.2001 – 9 AZR 464/00). Zum einen muss er die Voraussetzungen schaffen, damit die Arbeitnehmer ihre Ruhepause tatsächlich nehmen können (LAG Rheinland-Pfalz 27.4.2018 – 1 Sa 361/17) und zum anderen muss er dafür sorgen, dass sie sie auch tatsächlich nehmen. Die Nichtgewährung einer Ruhepause stellt eine Ordnungswidrigkeit dar (§ 22 Abs. 1 Nr. 2 ArbZG).

3. Wie lang muss eine Ruhepause mindestens sein?

Dem Arbeitnehmer stehen bei einer Arbeitszeit von mehr als sechs bis zu neun Stunden Ruhepausen von insgesamt mindestens 30 Minuten und bei einer Arbeitszeit von mehr als neun Stunden insgesamt mindestens 45 Minuten zu. Länger als 6 Stunden dürfen Arbeitnehmer nicht ohne Pause beschäftigt werden (§ 4 Satz 1 und 3 ArbZG).

Die Ruhepause darf zwar in Zeitabschnitte aufgeteilt werden, diese dürfen aber grundsätzlich nicht weniger als 15 Minuten betragen (§ 4 Satz 2 ArbZG). Arbeitsunterbrechungen von weniger als 15 Minuten (sog. Kurzpausen) stellen somit keine Ruhepause im Sinne des ArbZG dar und gelten folglich als Arbeitszeit (BAG 16.5.1962, BB 1962, 879). Lediglich in Schicht- und Verkehrsbetrieben kann die Ruhepause durch einen Tarifvertrag oder aufgrund eines Tarifvertrags in einer Betriebs- oder Dienstvereinbarung in geringere Zeitabschnitte aufgeteilt werden (§ 7 Abs. 1 Satz 1 Nr. 2 ArbZG). Nach der BAG-Rechtsprechung müssen allerdings auch solche Ruhepausen im Voraus feststehen und sie dürfen 8 Minuten nicht unterschreiten (BAG 13.10.2009 – 9 AZR 139/08).

Übersichtstabelle Ruhepause: § 4 ArbZG

Arbeitszeit (Netto)	Mindestpause (Gesamt)	Stückelung möglich*?
bis 6 Std.	0 Min.	–
> 6 bis 9 Std.	30 Min.	Ja (mind. 15 Min. Segmente)
> 9 Std.	45 Min.	Ja (mind. 15 Min. Segmente)

***Wichtig:** Eine Aufteilung in Zeitabschnitte von weniger als 15 Minuten ist nur in tarifvertraglich geregelten Ausnahmefällen (z. B. Schicht- oder Verkehrsbetriebe, vgl. oben) zulässig und darf 8 Minuten nicht unterschreiten.

Dokumentationspflicht der Pausen

Seit der Grundsatzentscheidung des BAG zur Arbeitszeiterfassung (BAG 13.9.2022 – 1 ABR 22/21) infolge der »Stechuhr-Entscheidung« des EuGH ist der Arbeitgeber gesetzlich verpflichtet, Beginn, Ende und Dauer der täglichen Arbeitszeit zu erfassen. Dies umfasst zwingend auch die Dokumentation der **Ruhepausen**.
Es genügt nicht mehr, pauschal die Netto-Arbeitszeit zu notieren; die tatsächliche zeitliche Lage der Pausenunterbrechung muss aus der Zeiterfassung hervorgehen. Nur so kann die Aufsichtsbehörde prüfen, ob die Pausen spätestens nach sechs Stunden gewährt wurden und die Mindestdauer (15-Minuten-Taktung) eingehalten wurde.

Übersichtstabelle: Gesetzliche Mindestpausendauer ArbZG versus JArbSchG:

(Erwachsene, § 4 ArbZG, versus Jugendliche, § 11 JArbSchG)

Gesamtarbeitszeit (Netto)	Pause (Erwachsene, § 4 ArbZG)	Pause (Jugendliche, § 11 JArbSchG)
bis 4,5 Std.	0 Min.	0 Min.
> 4,5 bis 6 Std.	0 Min.	**30 Min.**
> 6 bis 9 Std.	**30 Min.**	**60 Min.**
über 9 Std.	**45 Min.**	**60 Min.**
Stückelung	mind. 15 Min. pro Abschnitt	mind. 15 Min. pro Abschnitt
Spätestens nach …	6 Std. Arbeit	4,5 Std. Arbeit

4. Was sind keine Ruhepausen nach dem ArbZG?

Keine Pausen im Sinne des § 4 ArbZG sind z. B. **Betriebspausen**. Das sind Unterbrechungen des Betriebsablaufs aus technischen Gründen (z. B. Serverausfall, Stromausfall, sonstiger Maschinenschaden, Arbeitsunterbrechungen zum An- und Ablegen von Arbeitskleidung, Arbeitsunterbrechungen aus Hygienegründen, innerbetriebliche Wegzeiten).
Auch Wartezeiten sind in der Regel keine Pausen (z. B. Abkühlung oder Trocknen eines Arbeitserzeugnisses, Warten auf die Arbeitseinteilung etc.).
Verschnaufpausen oder **Kurzpausen** sind in der Regel ebenfalls keine Pausen im Sinne des § 4 ArbZG, da diese üblicherweise weniger als 15 Minuten betragen (§ 4 Satz 2 ArbZG; vgl. dazu auch Frage 3).
Wichtig: Die nach der ArbStättV (6.1 Allgemeine Anforderungen an Bildschirmarbeitsplätze) vorgesehenen Unterbrechungen der Bildschirmarbeit durch andere Tätigkeiten oder Pausen sind keine Ruhepausen im Sinne des § 4 ArbZG, sondern zählen zur vergütungspflichtigen Arbeitszeit.
Das **Be- und Entladen des LKW,** während dem der Arbeitnehmer den LKW und das Betriebsgelände verlassen darf, aber einem Arbeitsaufruf sofort nachzukommen hat, sind gleichfalls keine Ruhepausen im Sinne des § 4 ArbZG.

5. Was gilt für Raucherpausen?

Raucherpausen stellen keine Arbeitszeit, sondern eine (kurzzeitige) Unterbrechung der Arbeitszeit dar. Ob es nur in der Ruhepause zulässig ist zu rauchen, oder auch während der eigentlichen Arbeitszeit, ist gesetzlich nicht geregelt. Daher sind hier die Vorgaben des Arbeitgebers / des Betriebs entscheidend, wobei dem Betriebs- oder Personalrat ein (beschränktes) Mitbestimmungsrecht zusteht (vgl. Frage 10).
Der Arbeitgeber hat vor allem die Nichtraucher zu schützen (vgl. Bundesnichtraucher-Schutzgesetz). Daneben muss er aber auch die Interessen von Rauchern angemessen berücksichtigen (z. B. durch einen Raucherbereich, der während der Ruhepausen genutzt werden kann). Wenn der Arbeitgeber ein Rauchverbot ausspricht, darf der Arbeitnehmer lediglich während seiner Ruhepause rauchen, da ihm diese zur freien Verfügung steht und er somit auch selbst entscheiden kann, wo er sich aufhält und womit er seine Pause verbringt. Wenn der Arbeitgeber Rauchen während der eigentlichen Arbeitszeit erlaubt, muss die Arbeitszeit jedoch nachgeholt werden, da es sich gerade nicht um Arbeitszeit handelt – der Ar-

beitstag wird also entsprechend länger. Wer die Raucherpausen-Regelung des Arbeitgebers / des Betriebs missachtet, kann zunächst abgemahnt und im Wiederholungsfall verhaltensbedingt ordentlich gekündigt werden.

6. Wie lang darf die Pause höchstens sein?

Eine Begrenzung der Pause nach oben sieht das Gesetz nicht vor. Doch eine zu lange Pause kann für die Beschäftigten von Nachteil sein – etwa wenn die Pause so lang ist, dass die Beschäftigten nach Nahrungsaufnahme und Erholung die Zeit bis zur erneuten Arbeitsaufnahme nicht sinnvoll nutzen können, sondern diese schlicht mit Warten verbringen, was durch ein späteres Arbeitsende zu einer Verkürzung der Freizeit am Abend führt. Arbeitgeber haben wiederum oftmals ein Interesse an den längeren Pausen, um die Beschäftigten entsprechend dem Arbeitsanfall einsetzen zu können (z. B. im ambulanten Pflegedienst, wo eine Tour am Morgen und eine am späten Nachmittag gefahren wird). Man spricht hier von »geteilten Diensten«. Bei extrem langen Pausen (geteilte Dienste) ist darauf zu achten, dass die tägliche Ruhezeit von 11 Stunden (§ 5 ArbZG) zwischen dem Ende des letzten Teil-Einsatzes und dem Beginn des ersten Einsatzes am Folgetag gewahrt bleibt.

7. Welche Sonderregelungen gelten bei besonderen Arbeitnehmergruppen?

Neben § 4 ArbZG bestehen für einige Arbeitnehmergruppen abweichende Sonderregelungen:

- Bei **Minderjährigen in der Berufsausbildung** sind die strengeren Vorgaben des § 11 JArbSchG zu beachten. Die Ruhepausen müssen bei einer Arbeitszeit von mehr als viereinhalb bis zu sechs Stunden mindestens 30 Minuten und bei einer Arbeitszeit von mehr als sechs Stunden mindestens 60 Minuten betragen. Zudem dürfen Jugendliche nicht länger als viereinhalb Stunden hintereinander beschäftigt werden (§ 11 Abs. 1 Satz 2, Abs. 2 JArbSchG).
- Für **stillende Mütter** ergibt sich ein Freistellungsanspruch zum Stillen entweder zweimal täglich je 30 Minuten oder einmal täglich 60 Minuten. Bei einer täglichen Arbeitszeit von mehr als 8 Stunden besteht Anspruch auf eine Stillpause von zweimal 45 Minuten oder einmal 90 Minuten (§ 7 Abs. 2 MuSchG).
- Für **Fahrer im Güter- und Personenverkehr**, die unter den Geltungsbereich der VO (EG) Nr. 561/2006 (Lenkzeiten-Verordnung) fallen, ist bezüglich der Ruhepausen Art. 7 der Verordnung relevant. Danach

hat ein Fahrer nach einer Lenkdauer von viereinhalb Stunden eine ununterbrochene Fahrtunterbrechung von wenigstens 45 Minuten einzulegen, sofern er keine Ruhezeit einlegt. Als Lenkzeitunterbrechung gelten nur Zeiten, in denen der Fahrer weder seiner Fahrtätigkeit noch einer sonstigen anderen Tätigkeit, die im Zusammenhang mit seiner Arbeit steht, nachkommt (z. B. Standzeit vom Taxi-/Busfahrer, in der dieser sich für Fahrgäste bereithält; Ausstellen von Fahrkarten; Kontrolle des Fahrzeugs).

- Bei **Offshore-Tätigkeiten** gilt unbeschadet des § 4 Satz 1 ArbZG, dass bei einer Arbeitszeit von mehr als zehn Stunden die Ruhepause mindestens 60 Minuten betragen muss (§ 4 Offshore-ArbZV).

8. Welche Rechtsmittel stehen bei Verstoß gegen die Ruhepausen zur Verfügung?

Wenn es um die Frage geht, ob ein bestimmter Zeitraum vergütungspflichtige Arbeitszeit oder eine nicht zu vergütende Ruhepause darstellt, kann der Arbeitnehmer eine entsprechende Klage (Vergütungs- oder Feststellungsklage) bei Gericht einreichen.

Wenn der Arbeitgeber während der im Dienstplan festgelegten Pausenzeit Arbeit anordnet oder Arbeitsleistungen entgegennimmt, kann der Betriebsrat beim Arbeitsgericht beantragen, dem Arbeitgeber aufzugeben, dies zukünftig zu unterlassen (§ 23 Abs. 3 BetrVG; BAG 7. 2. 2012 – 1 ABR 77/10).

Neben dem Arbeitnehmer und dem Betriebs- oder Personalrat kann auch die Aufsichtsbehörde tätig werden. Diese kann gemäß § 17 Abs. 2 ArbZG die erforderlichen Maßnahmen anordnen, die der Arbeitgeber zur Erfüllung der sich aus § 4 ArbZG ergebenden Pflichten zu treffen hat.

9. Hat der Betriebs- oder Personalrat bei Ruhepausen ein Mitbestimmungsrecht?

Ja, gemäß § 87 Abs. 1 Nr. 2 BetrVG bzw. § 80 Abs. 1 Nr. 1 BPersVG hat der Betriebs- oder Personalrat bei der Festlegung der Ruhepausen im Sinne des § 4 ArbZG ein erzwingbares Mitbestimmungsrecht (BAG 25. 2. 2015 – 5 AZR 886/12).

Besonderheit Zeiterfassung: Da die Pausen nun zwingend erfasst werden müssen, erstreckt sich das Mitbestimmungsrecht des Betriebsrats gemäß § 87 Abs. 1 Nr. 6 BetrVG auch auf die Einführung und Anwendung der hierfür genutzten technischen Einrichtungen (z. B. elektronische Zeiterfassungssysteme, Apps oder Terminals). Der Betriebsrat kann hier

insbesondere Regelungen zum Datenschutz und zur Kontrolle des Pausenverhaltens fordern.
Dies umfasst die Lage, die Häufigkeit und die Anzahl der Ruhepausen. Da das ArbZG nur einen Mindeststandard festlegt, ist es möglich, durch eine Betriebs- oder Dienstvereinbarung zusätzliche Ruhepausen zu vereinbaren. Auch bei (tariflich geregelten) vergütungspflichtigen Pausen besteht ein Mitbestimmungsrecht – dieses umfasst jedoch nur die zeitliche Lage (BAG 1.7.2003 – 1 ABR 20/02).
Bei Bildschirmarbeit kann der Betriebs- oder Personalrat gemäß § 87 Abs. 1 Nr. 7 BetrVG bzw. § 80 Abs. 1 Nr. 16, 21 BPersVG eine Unterbrechung von Bildschirmarbeit durch andere Tätigkeiten oder Pausen verlangen (siehe zusätzlich Ziff. 6 Anhang der Arbeitsstättenverordnung – ArbStättV).

10. Hat der Betriebs- oder Personalrat bei Raucherpausen ein Mitbestimmungsrecht?

In Bezug auf Raucherpausen ist zu unterscheiden, ob erlaubte Raucherpausen während der eigentlichen Arbeitszeit vergütet werden oder nicht. Bei unbezahlten Raucherpausen (= Regelfall) umfasst das Mitbestimmungsrecht des Betriebs- oder Personalrats die Einführung und die Festlegung der zeitlichen Lage und der Dauer. Bei bezahlten Raucherpausen ist das Mitbestimmungsrecht auf die Festlegung der zeitlichen Lage beschränkt. Die Entscheidung über die Einführung und ggf. die Dauer obliegt bei bezahlten Raucherpausen allein dem Arbeitgeber, da er allein vergütungsrechtliche Aspekte regelt.
Das Mitbestimmungsrecht ist zudem immer dann ausgeschlossen, wenn ein gesetzlich vorgeschriebenes Rauchverbot besteht (in der Regel aus Gründen der Gefahrenabwehr, beispielsweise in feuer- oder explosionsgefährdeten Bereichen).

Info: Initiativrecht des Betriebsrats
Der Betriebsrat hat bei der Ausgestaltung von Raucherpausen nicht nur ein Abwehrrecht, sondern ein echtes Initiativrecht. Er kann von sich aus den Abschluss einer Betriebsvereinbarung verlangen, um beispielsweise Raucherbereiche festzulegen, oder die zeitliche Lage von Pausen für Raucher und Nichtraucher fair zu koordinieren (BAG 17.10.2023 – 1 ABR 24/22).

Wichtig:
Das Mitbestimmungsrecht bei der »Ordnung des Betriebs« (§ 87 Abs. 1 Nr. 1 BetrVG) ermöglicht es, Regelungen zum Verlassen des Arbeitsplatzes für Kurzpausen aufzustellen, solange die Gesamtarbeitszeit davon unberührt bleibt.

Exkurs: Die Gefahr unpräziser Formulierungen in Dienst- oder Betriebsvereinbarungen

Folgendes **Praxisbeispiel** zeigt, wie die rechtliche Qualifizierung einer »Pause« durch die Wortwahl in einer Vereinbarung massiv beeinflusst werden kann. In einer **Dienstvereinbarung der Stadt X** findet sich u. a. folgende **Regelung** unter der Überschrift »Pausen«: *»Zur Förderung des betrieblichen Miteinanders der Mitarbeitenden ist täglich eine zusammenhängende, bis zu 15-minütige Vesper- oder Kaffeepause/Raucherpause während der Arbeitszeit an der jeweiligen Arbeitsstätte akzeptiert, es sei denn, dienstliche Belange würden dies nicht erlauben. Diese Pause muss nicht erfasst/gestempelt werden.«*

Bewertung: Keine Pause im Sinne des § 4 ArbZG. Obwohl die Regelung im Abschnitt »Pausen« steht, handelt es sich bei dieser 15-minütigen Unterbrechung nach arbeitsrechtlichen Maßstäben **nicht** um eine Ruhepause nach dem ArbZG:

Zweckbindung statt Freizeit: Eine Ruhepause im Sinne des BAG (Urteil vom 29.10.2002 – 1 AZR 603/01) setzt voraus, dass die beschäftigte Person frei darüber verfügen kann, wo und wie sie diese Zeit verbringt. Die hier gewählte Formulierung »zur Förderung des betrieblichen Miteinanders« an der »jeweiligen Arbeitsstätte« schränkt diese Freiheit ein.

Qualifizierung als Arbeitszeit: Da die Unterbrechung funktional der Erfüllung betrieblicher Interessen dient (Kommunikation, Informationsfluss, Kollegialität), handelt es sich rechtlich um vergütungspflichtige Arbeitszeit.

Wegfall der Erfassungspflicht: Dass diese Zeit nicht »gestempelt« werden muss, unterstreicht den Charakter als bezahlte Arbeitsunterbrechung (ähnlich einer Kurzpause).

Fazit: Dieses Beispiel verdeutlicht, dass an die korrekte Formulierung von Pausenregelungen in Betriebs- oder Dienstvereinbarungen sehr hohe Anforderungen zu stellen sind.

Vermeidung von Widersprüchen: Wird eine Zeitspanne als »Pause« bezeichnet, aber gleichzeitig an einen betrieblichen Zweck oder einen Ort gebunden, wird sie rechtlich als Arbeitszeit gewertet.

Folgen einseitiger Änderungen: Der vorliegende Fall zeigt, dass eine solche unklare Regelung zu langwierigen gerichtlichen Auseinandersetzungen führt, wenn der Dienstherr versucht, diese vermeintliche Pause, die rechtlich Arbeitszeit ist, aufgrund von Haushaltskürzungen einseitig zu streichen, obwohl es sich um eine mitbestimmungspflichtige Änderung der Arbeitsorganisation handelt.

Formulierungstipp: Soll eine kurze Unterbrechung bezahlt werden (z. B. Vesperpause), sollte sie explizit als **»bezahlte Arbeitsunterbrechung«** deklariert werden. Soll es eine echte, unbezahlte Pause nach dem ArbZG sein, darf der Arbeitgeber keine Vorgaben zur Gestaltung oder zum Verbleib am Arbeitsplatz machen. Es muss strikt zwischen der unbezahlten Ruhepause (§ 4 ArbZG) und der bezahlten Arbeitsunterbrechung unterschieden werden.
Beispiel, wie es besser geht: Die bezahlte Kurzunterbrechung (Vesperpause) Wenn das Ziel die Förderung des Miteinanders ist, sollte die Regelung so formuliert werden: *»Den Beschäftigten wird täglich eine bezahlte Arbeitsunterbrechung von bis zu 15 Minuten zur gemeinsamen Vesper und zum Austausch gewährt. Diese Zeit gilt als Arbeitszeit im Sinne des ArbZG und wird nicht auf die gesetzlichen Ruhepausen nach § 4 ArbZG angerechnet. Eine Erfassung (Stempeln) dieser Zeit entfällt.«*
Vorteil: Es entstehen keine Missverständnisse darüber, ob es sich um Freizeit handelt. Der Arbeitgeber behält das Direktionsrecht (z. B. Ort der Unterbrechung).
Zum Unfallschutz: Da die Kurzunterbrechung als Arbeitszeit deklariert wird, besteht im Gegensatz zur echten Ruhepause (Freizeit) ein lückenloser Versicherungsschutz durch die gesetzliche Unfallversicherung, auch während des Austauschs.

Übersicht: Höchstarbeitszeiten und Ruhepausen

In der täglichen Praxis müssen sowohl die Grenzen der Belastung (Arbeitszeit) als auch die Phasen der Regeneration (Pausen) beachtet werden. Die folgende Tabelle fasst die wichtigsten gesetzlichen Parameter zusammen.

Personengruppe	Max. Arbeitszeit (täglich)	Mindestpause (bei Arbeitszeit von …)	Besonderheiten & Pausenregeln
Erwachsene (§§ 3, 4 ArbZG)	8 Std. (bis 10 Std.)	**30 Min.** (> 6 bis 9 Std.) **45 Min.** (> 9 Std.)	Pause muss mind. 15 Min. lang sein; spätestens nach 6 Std. Arbeit.

Personengruppe	Max. Arbeitszeit (täglich)	Mindestpause (bei Arbeitszeit von …)	Besonderheiten & Pausenregeln
Jugendliche (§§ 8, 11 JArbSchG)	8 Std. (bis 8,5 Std.)	**30 Min.** (> 4,5 bis 6 Std.) **60 Min.** (> 6 Std.)	Pause frühestens nach 1 Std. und spätestens nach 4,5 Std. Arbeit.
Schwangere (§§ 4, 7 MuSchG)	8,5 Std. (über 18 J.)	Gemäß ArbZG (s. o.) [10]	**Zusätzlich:** Bezahlte Freistellung für Stillpausen (2x 30 Min. oder 1x 60 Min.).
Mobile Trupps (EuGH C-110/24)	10 Std. (inkl. Sammelfahrt)	Gemäß ArbZG (s. o.)	**Fahrtzeit = Arbeitszeit:** Pausen müssen ggf. während der Fahrtzeit am Stützpunkt genommen werden.
Bildschirmarbeit (ArbStättV)	Gemäß ArbZG (s. o.)	Gemäß ArbZG (s. o.)	**Zusätzlich:** Regelmäßige Tätigkeitswechsel oder bezahlte Kurzunterbrechungen.

Grundsätzliches zur »Ruhepause«:

- **Die Stückelung der Pausen**
  Erwachsene dürfen ihre Pause in Abschnitte von jeweils mindestens **15 Minuten** aufteilen. Kürzere Unterbrechungen (sog. Kurz- oder Verschnaufpausen) gelten rechtlich nicht als Ruhepause und sind somit als Arbeitszeit zu vergüten. Lediglich in Schicht- oder Verkehrsbetrieben können per Tarifvertrag kürzere Abschnitte (mind. 8 Min.) vereinbart werden.
- **Das Verbot des »Durcharbeitens«**
  Der Arbeitgeber ist verpflichtet, die Einhaltung der Pausen sicherzustellen. Ein Verzicht des Arbeitnehmers auf die Pause (z. B. um früher nach Hause zu gehen) ist rechtlich unwirksam und stellt für den Arbeitgeber eine Ordnungswidrigkeit dar.
- **Besonderheit Sammeltransporte (EuGH C-110/24)**
  Da die Fahrten ab dem Stützpunkt nun als Arbeitszeit gewertet werden, muss die Pausenplanung oft schon am Stützpunkt oder unmittelbar nach Ankunft am Einsatzort beginnen, um die 6-Stunden-Grenze nicht zu überschreiten.

- **Rechtliche Stolperfalle: »Die bezahlte Pause«**
  Wie im Praxisfall der **Stadt X** (vgl. oben) deutlich wurde, führt die Verknüpfung von Pausen mit betrieblichen Zwecken (z. B. »Förderung des Miteinanders«) dazu, dass diese Zeiten rechtlich als Arbeitszeit gewertet werden müssen. In solchen Fällen sollten Betriebs- und Personalräte auf eine klare begriffliche Trennung zwischen **unbezahlter Ruhepause** und **bezahlter Arbeitsunterbrechung** achten.

VI. Ruhezeit

1. Was ist unter Ruhezeit zu verstehen?

Arbeitnehmer müssen *»nach Beendigung der täglichen Arbeitszeit eine ununterbrochene Ruhezeit von mindestens elf Stunden haben«* (§ 5 Abs. 1 ArbZG). Die Ruhezeit zählt nicht zur Arbeitszeit.
Ruhezeit ist die Zeit zwischen zwei Arbeitsschichten, in der der Arbeitnehmer nicht zur Vollarbeit, zur Arbeitsbereitschaft oder zum Bereitschaftsdienst herangezogen wird. Die Ruhezeit muss nach Beendigung der täglichen Arbeitszeit gewährt werden.
Ruhezeit ist also der Zeitraum, der dem Arbeitnehmer die Gelegenheit zur Ruhe und Erholung gibt und für den Gesundheitsschutz des Arbeitnehmers von besonderer Bedeutung ist. Mithin darf sie nicht in Zeitabschnitte unterteilt werden. Damit soll sichergestellt werden, dass Arbeitnehmer *»nicht wegen Übermüdung oder eines unregelmäßigen Arbeitsrhythmus sich selbst, ihre Kollegen oder sonstige Personen verletzen und weder kurzfristig noch langfristig ihre Gesundheit schädigen«* (Art. 2 Nr. 9 der Arbeitszeitrichtline [RL 2003/88/EG]). Die Ruhezeit soll den Arbeitnehmern auch die Möglichkeit bieten, persönliche Angelegenheiten in einem zeitlich beschränkten Rahmen von im Grundsatz elf Stunden innerhalb der Arbeitswoche zu erledigen. Ferner muss gesehen werden, dass zusammen mit anderen freien Zeiten (z. B. Sonn- und Feiertage) die Arbeitnehmer auch persönlichen Interessen (z. B. Hobbies oder Treffen mit Freunden) nachgehen sollen, sich ihrer Familie und ihren Kindern widmen können, sowie am gesellschaftlichen, kulturellen, politischen und religiösen Leben teilnehmen sollen.[12]
Nach neuerer europarechtlicher Rechtsprechung (u. a. EuGH 9. 3. 2021 – C-344/19 [*Radiotelevizija Slovenija*]) kann Rufbereitschaft ausnahms-

12 ErfK-*Roloff*, ArbZG § 5 Rn. 1.

weise als Arbeitszeit gewertet werden. Dies ist der Fall, wenn die dem Arbeitnehmer auferlegten Einschränkungen (z. B. extrem kurze Reaktionszeiten) seine Möglichkeit, seine Freizeit frei zu gestalten, objektiv ganz erheblich beeinträchtigen.

2. Welche Auswirkungen hat eine (kurzzeitige) Ruhezeitunterbrechung? Gibt es eine »Bagatellgrenze«?

Sollte die Ruhezeit z. B. durch die geschäftliche Emailbearbeitung am späten Abend zu Hause unterbrochen werden, so beginnt danach die 11-stündige Ruhezeit erneut.
Auch eine kurzfristige oder geringfügige Unterbrechung, wie sie in Zeiten der sog. ständigen Erreichbarkeit von Arbeitnehmern häufig vorkommt, verstößt gegen § 5 ArbZG mit der Folge, dass die elf Stunden ununterbrochene Ruhezeit erneut gewährt werden muss, sie fangen also neu zu laufen an. Eine Bagatellgrenze sieht das Gesetz nicht vor. Auch das kurze Lesen oder Schreiben der Emails auf dem Handy für nur 15 Minuten abends um 23:00 Uhr führt also dazu, dass erst um 10:15 Uhr am nächsten Tag der Arbeitsbeginn möglich ist. Moderne Informations- und Kommunikationstechnologien führen zu einem solchen Verhalten und es besteht möglicherweise hierfür auch ein praktisches Bedürfnis. Jedoch lässt sich die in der Literatur vertretene Auffassung, dies sei keine Arbeitszeit, mit der Gesetzeslage nicht in Einklang bringen. Nur der Gesetzgeber kann hier eine Änderung herbeiführen, was bislang jedoch nicht erfolgt ist.
Durch die allgemeine Pflicht zur Arbeitszeiterfassung (BAG, Beschluss vom 13. 9. 2022 – 1 ABR 22/21) müssen auch solche nächtlichen Unterbrechungen dokumentiert werden. Dies macht Verstöße gegen die ununterbrochene Ruhezeit für Aufsichtsbehörden deutlich leichter nachvollziehbar.

3. Welche Ausnahmen von der Ruhezeit von mindestens 11 Stunden gibt es?

Das Arbeitszeitgesetz lässt mehrere Ausnahmen zu:
- branchenbezogene Ausnahmen (§ 5 Abs. 2 und 3 ArbZG) → siehe Frage 4 und 5;
- Ausnahme für Fahrer oder Beifahrer im Straßenverkehr (§ 21a Abs. 5 ArbZG), für das fahrende Personal im grenzüberschreitenden Eisenbahnverkehr (EU-Richtlinie 2005/47/EG) und das fliegende Personal der Zivilluftfahrt (EU-Richtlinie 2000/79/EG);

- tarifvertragliche Ausnahmen oder Ausnahmen in einer Betriebs- oder Dienstvereinbarung aufgrund eines Tarifvertrags (§ 7 Abs. 1 Nr. 3, Abs. 2, 2a und 3 ArbZG) → siehe Frage 6;
- Ausnahmen bei Kirchen und öffentlich-rechtlichen Religionsgemeinschaften (§ 7 Abs. 4 ArbZG);
- Ausnahmen aufgrund einer Bewilligung der Aufsichtsbehörde (§ 7 Abs. 5 ArbZG) → siehe Frage 7;
- Ausnahmen in außergewöhnlichen Fällen (§ 14 ArbZG) → siehe Frage 8;
- Sonderregelung im Jugendarbeitsschutzgesetz (JArbSchG) → siehe Frage 9;
- Sonderregelung im Mutterschutzgesetz (MuSchG) → siehe Frage 10.

4. Welche branchenbezogenen Ruhezeitverkürzungen sieht das ArbZG vor?

Nach § 5 Abs. 2 ArbZG ist in einigen Branchen eine Verkürzung der Ruhezeit auf 10 Stunden möglich. Dies gilt jedoch nur, wenn die Verkürzung innerhalb eines Kalendermonats oder innerhalb von vier Wochen durch Verlängerung einer anderen Ruhezeit auf mindestens 12 Stunden ausgeglichen wird (§ 5 Abs. 2 ArbZG).
Zu den betroffenen Branchen gehören:

- Krankenhäuser und andere Einrichtungen zur Behandlung, Pflege und Betreuung von Personen, für welche Abs. 3 die Ausnahme noch erweitert (siehe Frage 5);
- Gaststätten und andere Einrichtungen zur Bewirtung und Beherbergung;
- Verkehrsbetriebe;
- Rundfunk;
- Landwirtschaft und Tierhaltung.

Strittig ist, wie mit kurzen Ruhezeitverkürzungen umzugehen ist. Teilweise wird eine Art »Gesamtabrechnung« gefordert. Das heißt, die Verkürzungen werden minutiös erfasst und zusammengerechnet. Sobald sie in Summe 60 Minuten ergeben, wird eine andere Ruhezeit auf 12 Stunden verlängert, womit die kurzen Verkürzungen ausgeglichen sein sollen.[13] Diese Vorgehensweise entspricht jedoch weder dem klaren Wortlaut des § 5 Abs. 2 ArbZG noch dem Sinn und Zweck der Norm, welcher im Arbeits- und Gesundheitsschutz der Beschäftigten besteht. Es ist daher davon auszugehen, dass jede einzelne Verkürzung – unabhängig von ihrer

13 ErfK-*Roloff*, ArbZG § 5 Rn. 6.

Dauer – durch die Verlängerung einer anderen Ruhezeit auf 12 Stunden ausgeglichen werden muss.[14]
Betriebs- und Personalräte sollten bei Dienstvereinbarungen darauf achten, dass Ausgleichsruhezeiten von 12 Stunden zeitnah und im Dienstplan erkennbar gewährt werden, um die Belastung der Verkürzung tatsächlich zu kompensieren.

5. Welche Besonderheiten gelten für Krankenhäuser und andere Behandlungs-, Pflege- und Betreuungseinrichtungen?

Krankenhäuser und Einrichtungen zur Behandlung, Pflege und Betreuung von Personen können im Anschluss an die normale tägliche Arbeitszeit eine Rufbereitschaft anordnen. Sollte es während der Rufbereitschaft zu einem Einsatz kommen, dessen Dauer nicht mehr als die Hälfte der Ruhezeit beträgt, kann der betroffene Arbeitnehmer für die nachfolgende Schicht eingeteilt werden (§ 5 Abs. 3 ArbZG). Sollte die Einsatzzeit während der Rufbereitschaft jedoch mehr als 5½ Std betragen, so ist er von der nachfolgenden Schicht vollständig freizustellen.
Wichtig ist, dass die tatsächliche Inanspruchnahme während der Rufbereitschaft im Krankenhaus bzw. in den anderen Einrichtungen trotz § 5 Abs. 3 ArbZG Arbeitszeit ist. Die Zeiten der Inanspruchnahme sind auf die gesetzlich zulässigen Höchstarbeitszeiten des § 3 ArbZG anzurechnen. Ist die höchstzulässige Arbeitszeit von 10 Stunden täglich bzw. 60 Std. wöchentlich vollständig ausgeschöpft, so muss für weitere Inanspruchnahmen eine abweichende Regelung nach § 7 ArbZG vorliegen (also eine im Tarifvertrag oder aufgrund eines Tarifvertrags in einer Betriebs- oder Dienstvereinbarung geregelte Abweichung).
Hintergundwissen: Abgrenzung von Rufbereitschaft und Bereitschaftsdienst: In der Praxis wird in Behandlungs- und Pflegeeinrichtungen häufig Rufbereitschaft angeordnet, um die Ruhezeitvorgaben des § 5 Abs. 3 ArbZG nutzen zu können. Hierbei ist jedoch die aktuelle Rechtsprechung des EuGH zur **Intensität der Einschränkungen** zu beachten (EuGH 9. 3. 2021 – C-344/19 und C-580/19).
Verlangt der Arbeitgeber vom Arbeitnehmer eine so kurze Reaktionszeit (z. B. Erscheinen am Einsatzort innerhalb von wenigen Minuten), dass dieser seine Freizeit faktisch nicht mehr selbst gestalten kann, so liegt rechtlich kein Ruheraum (Rufbereitschaft), sondern **Bereitschaftsdienst** vor. In diesem Fall gilt die Privilegierung des § 5 Abs. 3 ArbZG (Verkürzung der Ruhezeit bei Inanspruchnahme) nicht, da Bereitschaftsdienst

14 So auch Anzinger/Koberski, § 5 Rn. 31.

in vollem Umfang als Arbeitszeit zählt und die 11-stündige Ruhezeit erst **nach** dessen Ende beginnen kann.

Der EuGH hat klargestellt, dass nicht die Bezeichnung der Zeit (Rufbereitschaft), sondern die tatsächliche Belastung zählt.

Viele Kliniken versuchen Bereitschaftsdienste als Rufbereitschaften zu »etikettieren«, um Ruhezeiten zu umgehen.

6. Kann die Ruhezeit durch Tarifverträge oder Betriebs- und Dienstvereinbarungen verkürzt werden?

Ja. So bestimmt z. B. § 8 Abs. 4 des Tarifvertrags Versorgungsbetriebe (TV-V) in der Fassung vom 18. 4. 2018, dass »*aus dringenden betrieblichen Gründen (z. B. Revision, Störungen, außergewöhnliche Reparaturarbeiten) auf der Grundlage einer Betriebs- oder Dienstvereinbarung im Rahmen der §§ 7 und 12 ArbZG von den Vorschriften des Arbeitszeitgesetzes abgewichen werden kann*«. Betriebs- und Personalräte müssen dann mit dem Arbeitgeber eine entsprechende Vereinbarung abschließen, wobei hier der Gesundheitsschutz unter den konkreten betrieblichen Gegebenheiten von den Betriebsparteien besonders zu berücksichtigen ist. So wurde auf dieser Grundlage in einem großen kommunalen Stadtwerk in einer Betriebsvereinbarung u. a. im Zusammenhang mit Rufbereitschaft geregelt: »*Geschäftsführung und Betriebsrat vereinbaren, dass für Mitarbeiter im Rufbereitschaftsdienst die Verkürzung der gesetzlichen Ruhezeit auf 8 Stunden (Mindestruhezeit) erfolgen kann. Die tägliche Ruhezeit darf acht zusammenhängende Stunden nicht unterschreiten.*«

Grundsätzlich ist es möglich, in einem Tarifvertrag oder aufgrund eines Tarifvertrags in einer Betriebs- oder Dienstvereinbarung die Ruhezeit auf neun zusammenhängende Stunden zu verkürzen, sofern die Art der Arbeit dies erfordert und die Kürzung der Ruhezeit innerhalb eines festzulegenden Ausgleichszeitraums ausgeglichen wird (§ 7 Abs. 1 Nr. 3 ArbZG).

In bestimmten abschließend genannten Branchen ist eine weitergehende Verkürzung zulässig, wenn der Gesundheitsschutz der Arbeitnehmer durch einen entsprechenden Zeitausgleich gewährleistet wird (§ 7 Abs. 2 ArbZG). In welcher Höhe eine Verkürzung maximal zulässig ist (also wieviel Ruhezeit mindestens gewährleistet sein muss), ist gesetzlich nicht vorgeschrieben. Das BAG hat festgestellt, dass einem Arbeitnehmer eine ununterbrochene Ruhezeit von mindestens sechs Stunden zur Verfügung stehen muss (BAG 24. 2. 1982 – 4 AZR 223/80).

Nicht tarifgebundene Betriebe können Regelungen aus denjenigen Tarifverträgen übernehmen, die bei einer Tarifbindung für sie gelten würden. In diesem Fall ist die gesamte tarifvertragliche Regelung zur Arbeitszeit zu übernehmen. Erforderlich ist außerdem eine Betriebs- oder Dienstvereinbarung mit dem Betriebs- oder Personalrat oder, falls dieser nicht vorhanden ist, eine schriftliche Vereinbarung mit den Beschäftigten (§ 7 Abs. 3 ArbZG).

7. Kann die Ruhezeit durch eine Behörde verkürzt werden?

In Bereichen, in denen üblicherweise keine Regelungen durch Tarifvertrag getroffen werden, können Aufsichtsbehörden Ausnahmen, die gemäß § 7 Abs. 1–2a ArbZG in einem Tarifvertrag vereinbart werden könnten, bewilligen (§ 7 Abs. 5 ArbZG). Die Bewilligung ist jedoch nur zulässig, wenn die Ruhezeitverkürzung aus betrieblichen Gründen erforderlich ist und die Gesundheit der Arbeitnehmer nicht gefährdet wird.

8. Kann die Ruhezeit in Notfällen verkürzt werden?

Ja. Nach § 14 Abs. 1 ArbZG darf der Arbeitgeber die elfstündige Mindestruhezeit in Notfällen und in außergewöhnlichen Fällen, die unabhängig vom Willen der Betroffenen eintreten und deren Folgen nicht auf andere Weise zu beseitigen sind, einseitig verkürzen. Ein Notfall liegt nur ausnahmsweise bei ungewöhnlichen, unvorhersehbaren und plötzlich eintretenden Ereignissen vor, die die Existenz des Betriebs bedrohen (z. B. Umweltkatastrophe, Brand, Überschwemmung).

9. Welche Besonderheiten gelten für Jugendliche?

Jugendliche dürfen nach Beendigung der täglichen Arbeitszeit nicht vor Ablauf einer ununterbrochenen Ruhezeit von mindestens 12 Stunden beschäftigt werden (§ 13 JArbSchG). Während der 12 Stunden gilt ein absolutes Beschäftigungsverbot – das bedeutet, dass der Arbeitgeber den Jugendlichen weder zur Vollarbeit noch zu Arbeitsbereitschaft, Bereitschaftsdienst oder Rufbereitschaft einteilen darf. Etwas anderes gilt für die Berufsschule, diese kann auch vor Beendigung der 12-stündigen Ruhezeit beginnen.

10. Welche Besonderheiten gelten für werdende und stillende Mütter?

Nach § 4 Abs. 2 MuSchG muss der Arbeitgeber schwangeren oder stillenden Frauen eine ununterbrochene Ruhezeit von mindestens elf Stunden gewähren, was der allgemeinen Regelung nach § 5 Abs. 1 ArbZG entspricht. Die Besonderheit besteht darin, dass die branchenbezogenen Ausnahmen (§ 5 Abs. 2 und 3 ArbZG) nicht gelten. Das speziellere Mutterschutzgesetz verdrängt für werdende und stillende Mütter die Regelungen im Arbeitszeitgesetz.

Checkliste: Ruhezeitprüfung

Prüfschritt	Rechtliche Grundlage
• **11 Stunden gewährt?**	Wurden nach dem letzten Arbeitsende (inkl. E-Mails/Telefonaten) volle 11 Stunden Ruhezeit eingehalten?
• **Bei Unterbrechung:**	Wurden nach einer nächtlichen Störung die 11 Stunden wieder komplett von vorn begonnen? (Keine Bagatellgrenze!)
• **Ausgleichsprüfung:**	Wurde bei einer Verkürzung auf 10 Std. (§ 5 Abs. 2) innerhalb von 4 Wochen ein 12-Stunden-Ausgleich gewährt?
• **Dokumentation:**	Wurden Ruhezeitunterbrechungen gemäß der allgemeinen Erfassungspflicht (BAG 2022) lückenlos dokumentiert?
• **Tarifbasis:**	Liegt für Abweichungen (z. B. Kürzung auf 9 Std.) ein gültiger Tarifvertrag oder eine Öffnungsklausel vor?

VII. Krankheit und Arbeitszeit

Während der Krankheit arbeitet ein Arbeitnehmer nicht, sodass sich hier an sich keine arbeitszeitrechtlichen Fragen stellen. Dies gilt jedenfalls im Hinblick auf die Arbeitszeit im Sinne des Arbeitszeitgesetzes. Die Frage der Arbeitszeit im vergütungsrechtlichen Sinne stellt sich allerdings durchaus. In der Praxis bereitet die Frage, welche Arbeitszeit im Fall von Krankheit zu vergüten ist, regelmäßig Probleme.

1. Wie wird die Entgeltfortzahlung im Krankheitsfall berechnet?

Seit der Einführung der **elektronischen Arbeitsunfähigkeitsbescheinigung (eAU)** im Jahr 2023 ist der Arbeitgeber verpflichtet, die Daten bei den Krankenkassen abzurufen. Für die Zeiterfassung im Betrieb bedeutet dies, dass die Fehlzeit systemseitig erst dann korrekt als »Entgeltfortzahlung« verbucht werden kann, wenn die eAU vorliegt. Die Arbeitnehmer sind jedoch weiterhin verpflichtet, die Arbeitsunfähigkeit und deren voraussichtliche Dauer unverzüglich anzuzeigen. Die Höhe des fortzuzahlenden Arbeitsentgelts ergibt sich aus § 4 Abs. 1 Entgeltfortzahlungsgesetz (EntgFG). Es gilt das Entgeltausfallprinzip. Danach ist dem Arbeitnehmer das bei der für ihn maßgebenden regelmäßigen Arbeitszeit zustehende Arbeitsentgelt fortzuzahlen. Dem Arbeitnehmer ist also das zu bezahlen, was er als Arbeitsentgelt bekommen hätte, wenn er nicht arbeitsunfähig gewesen wäre, sondern gearbeitet hätte. Die Berechnung des Arbeitsentgelts im Krankheitsfall setzt sich zusammen aus dem **Geld**faktor (was ist für die geleistete Arbeitszeit geschuldet?) und dem **Zeit**faktor (wie viel Arbeitszeit ist ausgefallen?). Im Folgenden soll hier nur der Zeitfaktor beschrieben werden, da die Frage des Entgelts keine arbeitszeitrechtliche Frage ist.

2. Was ist die »maßgebende regelmäßige Arbeitszeit« im Sinne des EntgFG?

Sofern die Arbeitszeit immer gleichbleibt und das Entgelt als Monatsvergütung bezahlt wird, entstehen keine Probleme. Das Monatsentgelt wird insgesamt bis zu 6 Wochen wegen der gleichen Erkrankung unverändert weitergezahlt.
Falls eine Stundenvergütung vereinbart ist, ist der Stundensatz mit den ausgefallenen Stunden zu multiplizieren.

> **Beispiel:**
> Ein Arbeitnehmer arbeitet regelmäßig 8 Stunden pro Tag für einen Stundenlohn von 14,10 €. Für jeden Krankheitstag sind somit 8 x 14,10 € = 112,80 € zu zahlen.

Unproblematisch ist diese Rechnung, wenn die Arbeitszeit keinerlei Schwankungen unterliegt. Bei einer schwankenden Arbeitszeit ist zunächst der Arbeitsvertrag heranzuziehen, um zu ermitteln, was die regelmäßige Arbeitszeit ist. Letztlich ausschlaggebend ist allerdings das gelebte Arbeitsverhältnis. Es kommt also darauf an, wie viele Stunden pro Tag durchschnittlich tatsächlich gearbeitet werden bzw. in der Vergangenheit wurden. Zur Ermittlung der regelmäßigen Arbeitszeit kann dabei nach der Rechtsprechung des Bundesarbeitsgerichtes auf einen zurückliegenden Zeitraum von 12 Monaten zurückgegriffen werden, um die regelmäßige Arbeitszeit zu ermitteln (BAG 21.11.2001 – 5 AZR 296/00).

3. Was ist zu Grunde zu legen, wenn immer mehr gearbeitet wurde als im Vertrag vorgesehen?

Durch Betrachtung eines Zeitraums von bis zu 12 Monaten kann rückwirkend ermittelt werden, wie hoch die regelmäßige Arbeitszeit im Durchschnitt gewesen ist. Dabei kann das Ergebnis sein, dass die ursprünglich vertraglich geschuldete Arbeitszeit sich stillschweigend erhöht hat. In dem Fall ist die erhöhte Arbeitszeit auch im Krankheitsfall zu vergüten. Davon abzugrenzen ist die Ableistung von Überstunden, die wegen besonderer Umstände vorübergehend zusätzlich geleistet werden. Diese sind nach § 4 Abs. 1a EntgFG bei der Ermittlung des fortzuzahlenden Entgelts nicht zu berücksichtigen.
Werden Überstunden jedoch über einen längeren Zeitraum so regelmäßig geleistet, dass sie die tatsächliche regelmäßige Arbeitszeit prägen, müssen sie nach dem Entgeltausfallprinzip auch im Krankheitsfall berücksichtigt werden. Maßgeblich ist hierbei, ob der Arbeitnehmer ohne die Erkrankung mit an Sicherheit grenzender Wahrscheinlichkeit zur Mehrarbeit herangezogen worden wäre.

4. Was gilt bei Schichtarbeit?

Hier gilt der Grundsatz, dass Freischichten oder arbeitsfreie Ausgleichstage bei der Berechnung der fortzuzahlenden Vergütung unberücksichtigt bleiben. War der Arbeitnehmer schon zur Arbeit an einem Sonn- oder Feiertag eingeteilt und erkrankt er an diesem Tag, ist das ausgefallene Entgelt für diesen Tag zu bezahlen.
In der Praxis bereitet die Frage, welches Entgelt im Rahmen von Schichtplänen fortgezahlt wird, immer wieder Probleme. Viele verwendete Zeiterfassungssysteme berechnen für einen wegen Krankheit ausfallenden Tag einen Durchschnittswert. Dies kann insbesondere bei Teilzeitkräften mit täglich wechselnden Arbeitszeiten zu ungerechten Ergebnissen führen. Arbeitet ein Arbeitnehmer montags vier Stunden und dienstags acht Stunden und wird in dem Zeiterfassungssystem nur die durchschnittliche tägliche Arbeitszeit von sechs Stunden berechnet, so wird dem Arbeitnehmer bei Erkrankung an seinem kurzen Montag zu viel, bei Erkrankung am langen Dienstag zu wenig Zeit gutgeschrieben und damit vergütet.
Grundsätzlich gilt, dass nach dem Entgeltausfallprinzip die Arbeitszeit gutzuschreiben ist, die an dem Tag tatsächlich ausfällt. Bei Dienst- und Schichtplänen ist so vorzugehen, dass, solange die Krankheit im bereits durch den Dienstplan geregelten Zeitraum eintritt, die tatsächlich ausfallende Arbeitszeit vergütet werden muss. Ist ein Arbeitnehmer länger

erkrankt und wird deshalb gar nicht mehr in den Dienstplan eingeteilt, so ist ein Durchschnittswert zu Grunde zu legen. Waren Einsätze an Feiertagen geplant (und schon im Dienstplan festgelegt), so gilt die geplante Arbeitszeit, wenn sie wegen Krankheit ausfällt, als erbracht (§ 4 Abs. 2 EntgFG).
Die durch das BAG (BAG 13. 9. 2022 – 1 ABR 22/21) bestätigte Pflicht zur lückenlosen Arbeitszeiterfassung stärkt hier die Position der Arbeitnehmer. Da der Arbeitgeber Beginn und Ende der Arbeitszeit dokumentieren muss, lässt sich im Streitfall präziser nachweisen, welche konkrete Schicht (Zeitfaktor) durch die Erkrankung ausgefallen ist.

5. Wie wird der Entgeltausfall bei Gleitzeit bestimmt?

Arbeitet die beschäftigte Person in Gleitzeit und bestimmt sie innerhalb gewisser Vorgaben selbst, wie lange sie an welchem Tag arbeitet, gilt als regelmäßige täglich Arbeitszeit bei einer Fünf-Tage-Woche ein Fünftel der vereinbarten Wochenarbeitszeit. Das gleiche gilt bei Vertrauensarbeitszeit.

6. Was geschieht bei saisonalen Schwankungen?

Falls in der Sommersaison mehr Stunden gearbeitet werden und in der Wintersaison weniger (z. B. in der Gastronomie), ist diejenige Arbeitszeit zu vergüten, die tatsächlich ausgefallen ist.

7. Was gilt bei Erkrankung während eines geteilten Dienstes?

Erkrankt ein Arbeitnehmer während der ersten Schichthälfte eines geteilten Dienstes, ist für den Rest des Tages die gesamte noch ausstehende Arbeitszeit (inklusive des zweiten Dienstabschnitts) gutzuschreiben.
Auch hier gilt: Es darf kein Nachteil gegenüber der Zeit entstehen, in der der Arbeitnehmer gesund gearbeitet hätte.

Checkliste: Prüfung des Zeitfaktors bei Entgeltfortzahlung/Krankheit

Prüfschritt	Rechtliche Vorgabe
• **Entgeltausfallprinzip gewahrt?**	Wird genau diejenige Zeit gutgeschrieben, die der Arbeitnehmer an diesem Tag laut Dienstplan tatsächlich gearbeitet hätte?
• **Durchschnittsberechnung korrekt?**	Wird bei schwankender Arbeitszeit (ohne festen Plan) ein Referenzzeitraum von 12 Monaten herangezogen?
• **Feiertage berücksichtigt?**	Wird bei Erkrankung an einem geplanten Feiertagseinsatz die volle Feiertagsarbeitszeit gutgeschrieben?
• **Zeiterfassungssystem geprüft?**	Berechnet das System bei Teilzeitkräften unzulässige Pauschalwerte statt der realen Schichtausfälle?

VIII. Urlaub

1. Hat jeder Arbeitnehmer Anspruch auf Urlaub?

Ja, jeder Arbeitnehmer hat in jedem Kalenderjahr Anspruch auf bezahlten Erholungsurlaub (§ 3 Abs. 1 Bundesurlaubsgesetz – BUrlG). Im Rahmen des BUrlG gelten Arbeiter und Angestellte sowie die zu ihrer Berufsausbildung Beschäftigten und arbeitnehmerähnliche Personen als Arbeitnehmer (§ 2 BUrlG).
Von dem gesetzlichen Urlaubsanspruch kann arbeits- und kollektivvertraglich abgewichen werden, allerdings nur zugunsten des Arbeitnehmers (vgl. § 13 Abs. 1 BUrlG). Für den zusätzlichen vertraglichen Urlaub können abweichende Regeln getroffen werden.

2. Wie lang ist der gesetzliche Mindesturlaub?

Der jährliche Mindesturlaub beträgt 24 Werktage (§ 3 Abs. 1 BUrlG). Werktage sind alle Kalendertage, die nicht Sonn- oder gesetzliche Feiertage sind (§ 3 Abs. 2 BUrlG), d. h. in einer üblichen Woche ohne Feiertagsunterbrechung die sechs Tage von Montag bis Samstag. Bei der Festlegung des gesetzlichen Mindesturlaubs geht das BUrlG also von einer 6-Tage-Woche aus. Das bedeutet, wenn vertraglich eine kürzere Arbeitswoche vereinbart ist, ist der gesetzliche Mindesturlaubsanspruch entsprechend zu kürzen. Wie viele Arbeitsstunden an einem Werktag geleistet werden, ist unerheblich.

Berechnungsformel:
(durchschnittliche) Anzahl der wöchentlichen Werktage x 4 = gesetzliche Mindestanzahl an Urlaubstagen

Das bedeutet konkret:
- bei 6-Tage-Woche = 24 Urlaubstage
- bei 5-Tage-Woche = 20 Urlaubstage
- bei 4-Tage-Woche = 16 Urlaubstage
- bei 3-Tage-Woche = 12 Urlaubstage
- bei 2-Tage-Woche = 8 Urlaubstage
- bei 1-Tage-Woche = 4 Urlaubstage

Jugendliche und schwerbehinderte Menschen haben gemäß § 19 Abs. 2 JArbSchG bzw. § 208 Abs. 1 SGB IX einen gesetzlichen Anspruch auf bezahlte zusätzliche Urlaubstage.

3. Wie wird der Urlaubsanspruch bei unregelmäßiger Verteilung auf die Wochentage berechnet?

Von einer ungleichmäßigen Verteilung der Arbeitszeit spricht man z. B., wenn von Montag bis Donnerstag je sieben Stunden und am Freitag nur fünf Stunden gearbeitet werden. Oder wenn im Wechsel eine Woche an vier Tagen, die andere Woche an fünf Tagen gearbeitet wird.

Bei einer solchen unregelmäßigen Verteilung sind für die Urlaubsberechnung zwei Dinge zu ermitteln:
- der Zeitraum, auf den anstelle einer Woche abzustellen ist (dieser kann zwischen zwei Wochen und einem Jahr liegen) und
- ob ein rollierendes Arbeitszeitsystem oder ein statisches Arbeitszeitsystem vorliegt.

Im Fall eines rollierenden Arbeitszeitsystems arbeitet der Arbeitnehmer zwar nicht in jeder Woche an gleich vielen Tagen, der Rhythmus wiederholt sich jedoch nach einem gewissen Zeitraum. Arbeitet ein Arbeitnehmer z. B. in einer Woche an vier und in der anderen an fünf Tagen, so ist der Umrechnungszeitraum zwei Wochen.

Arbeitet der Arbeitnehmer in einem statischen Arbeitszeitsystem, das sich nicht regelmäßig wiederholt, ist die Berechnung auf ein gesamtes Jahr zu beziehen. Das BAG (BAG 19. 1. 2016 – 9 AZR 608/14) geht in diesem Fall von einer Arbeitsverpflichtung an 260 Werktagen in der 5-Tage-

Woche (52 x 5) und von 312 Werktagen in der 6-Tage-Woche (52 x 6) aus. Der Urlaubsanspruch errechnet sich dann nach der folgenden Formel:

> **Berechnung:**
>
> $$\frac{\text{Urlaubstage im Jahr x Arbeitstage im Jahr bei abweichender Verteilung}}{\text{Arbeitstage im Jahr bei einer 5-Tage-Woche (= 260)}}$$

Als Urlaubstage im Jahr ist die Zahl einzusetzen, die vertraglich vereinbart ist (z. B. 30). Als Arbeitstage im Jahr bei abweichender Verteilung sind die Kalendertage gemeint, an denen eine Arbeitspflicht tatsächlich bestand.

> **Beispiel:**
> Ein Arbeitnehmer hat bei einer regelmäßigen Arbeitswoche von 5 Arbeitstagen einen Urlaubsanspruch von 28 Tagen im Jahr. Da er im Schichtdienst arbeitet und laut Schichtplan zu 212 Schichten pro Jahr eingeteilt wurde, berechnet sich die Formel wie folgt:
> 28 Urlaubstage x 212 Arbeitstage : 260 = 22,83

Gemäß § 5 Abs. 2 BUrlG sind Bruchteile von Urlaubstagen, die mindestens einen halben Tag ergeben, auf volle Urlaubstage aufzurunden. Der Urlaubsanspruch im Beispiel beträgt daher 23 Tage.

4. Wie berechnet sich der Urlaub für Teilzeitbeschäftigte?

Die in Frage 3 genannte Formel kann auch bei der Umrechnung des Urlaubsanspruches bei Teilzeitbeschäftigten zur Anwendung kommen.
Bei einem Wechsel von Vollzeit auf Teilzeit während des Kalenderjahrs bzw. Veränderungen der Anzahl der Arbeitstage pro Woche ist für jede Beschäftigungsphase der Urlaubsanspruch gesondert zu berechnen.

> **Beispiel: Umrechnung des Urlaubsanspruchs bei Wechsel des Modells**
> Wechselt ein Arbeitnehmer unterjährig seine Verteilung der Arbeitstage, muss der Urlaubsanspruch zeitanteilig berechnet werden:
> **1. Halbjahr (5-Tage-Woche):** Bei einem Jahresanspruch von 30 Urlaubstagen entfallen auf den Zeitraum vom 1. 1. bis 30. 6. rechnerisch 15 Urlaubstage (30 Tage / 12 Monate × 6 Monate).
> **2. Halbjahr (4-Tage-Woche):** Ab dem 1. 7. reduziert sich der Gesamtjahresanspruch aufgrund der neuen 4-Tage-Woche auf 24 Tage. Für das zweite Halbjahr entstehen somit anteilig 12 Urlaubstage (24 Tage / 12 Monate × 6 Monate).

> **Ergebnis:** Dem Mitarbeiter stehen für das Kalenderjahr insgesamt 27 Urlaubstage zu (15 Tage aus dem ersten und 12 Tage aus dem zweiten Halbjahr).

Ist der Urlaubsanspruch aus dem ersten Halbjahr noch nicht genommen worden, bleiben die hier entstandenen Urlaubsansprüche bestehen und werden nicht gekürzt. Hatte der Beschäftigte im oben genannten Beispiel zum 30.6. drei Urlaubstage noch nicht genommen, so kann er für das zweite Halbjahr noch fünfzehn Tage verplanen. Das Gleiche gilt bei einem Wechsel in die umgekehrte Richtung, also von der Teilzeit in die Vollzeit.

Übersicht: Urlaubsanspruch bei Wechsel des Arbeitszeitmodells

Bei einer Änderung der wöchentlichen Arbeitstage während des Kalenderjahres muss der Urlaubsanspruch für die Zeiträume vor und nach dem Wechsel getrennt berechnet und addiert werden.

Szenario	**Berechnungsschritte**	**Beispiel (30 Tage Urlaub bei 5-Tage-Woche)**
Phase 1: Vollzeit (z. B. Jan. – Juni)	Monatlicher Anspruch x Monate in Vollzeit	2,5 Tage x 6 Monate = 15 Tage
Phase 2: Teilzeit (z. B. Juli – Dez.)	Monatlicher Anspruch (angepasst an neue Tage) x Monate in Teilzeit	Bei 4 Tagen/Woche: 2,0 Tage x 6 Monate = 12 Tage
Gesamtanspruch	Summe aus Phase 1 und Phase 2	12 = 27 Tage

Wichtige Grundsätze:
Keine rückwirkende Kürzung: Bereits entstandene Urlaubsansprüche aus der Vollzeitphase dürfen bei einem Wechsel in Teilzeit nicht nachträglich gekürzt werden, wenn der Urlaub noch nicht genommen wurde.
Gutschrift auf dem Zeitkonto: Bei Urlaub ist genau die Arbeitszeit gutzuschreiben, die an den jeweiligen Tagen laut Dienstplan tatsächlich ausgefallen ist. Ein Nacharbeiten von urlaubsbedingten Ausfallzeiten ist unzulässig.
EuGH-Konformität: Nach der aktuellen Rechtsprechung darf der gesetzliche Mindesturlaub nur verfallen, wenn der Arbeitgeber den Arbeitnehmer rechtzeitig und nachweislich darauf hingewiesen hat, den Urlaub zu nehmen.

5. Welche Arbeitszeit wird bei Urlaub auf dem Arbeitszeitkonto gutgeschrieben?

Es ist genau die Arbeitszeit gutzuschreiben, die wegen des Urlaubs ausgefallen ist.
Ist im Voraus festgelegt, an welchen Wochentagen der Arbeitnehmer wie viele Stunden arbeitet, so sind diese Stunden im Arbeitszeitkonto gutzuschreiben. Wenn zum Zeitpunkt des Urlaubsantritts noch nicht feststand, welche Arbeitszeit an den entsprechenden Tagen zu leisten gewesen wäre, ist gemäß § 11 BUrlG ein Durchschnitt aus den letzten dreizehn Wochen vor dem Urlaubsantritt zu bilden. Keinesfalls muss ein Arbeitnehmer die Arbeitszeit nacharbeiten, die wegen seines Urlaubs ausfällt.

6. Ab wann kann der Arbeitnehmer seinen gesetzlichen Urlaubsanspruch geltend machen?

Der volle Urlaubsanspruch wird erstmalig nach sechs Monaten erworben (= Wartezeit, § 4 BUrlG). Wenn der Arbeitnehmer die Wartezeit noch nicht erfüllt hat oder das Arbeitsverhältnis vor Ablauf der Wartezeit endet, hat er lediglich einen Anspruch auf Teilurlaub im Umfang von einem Zwölftel des Jahresurlaubs für jeden vollen Monat des Bestehens des Arbeitsverhältnisses (§ 5 Abs. 1 BUrlG).

7. Wer darf die zeitliche Lage des Urlaubs festlegen?

Die zeitliche Festlegung erfolgt durch den Arbeitgeber, der jedoch die Urlaubswünsche der Arbeitnehmer berücksichtigen muss (§ 7 Abs. 1 Satz 1 BUrlG). Nur wenn dringende betriebliche Belange oder Urlaubswünsche anderer Arbeitnehmer, die unter sozialen Gesichtspunkten den Vorrang verdienen, entgegenstehen, hat der Arbeitgeber ein Verweigerungsrecht. Betriebliche Belange können beispielsweise die fristgerechte Erfüllung eines Auftrags und u. U. erhöhtes Arbeitsvolumen sein. Wenn der Arbeitnehmer seinen Urlaub im Anschluss an eine Maßnahme der medizinischen Vorsorge oder Rehabilitation verlangt, steht dem Arbeitnehmer kein Verweigerungsrecht zu (§ 7 Abs. 1 Satz 2 BUrlG).

8. Was kann der Arbeitnehmer tun, wenn der Arbeitgeber den Urlaubsantrag ablehnt?

Der Arbeitnehmer hat kein Recht zur Selbstbeurlaubung. Er kann seinen Urlaubsanspruch vor Gericht einklagen oder eine einstweilige Verfügung beantragen.
Eine mit dem Arbeitgeber nicht abgesprochene Selbstbeurlaubung ist hingegen ein Abmahnungsgrund, wenn nicht sogar ein Grund für eine ordnungsgemäße verhaltensbedingte Kündigung oder eine außerordentliche Kündigung.

9. Kann der Arbeitgeber bereits gewährten Urlaub vor Urlaubsantritt widerrufen?

Nein, grundsätzlich darf er das nicht. Mit der Gewährung des Urlaubs und somit mit dessen zeitlicher Festlegung übt der Arbeitgeber sein Weisungsrecht aus. Dies ist grundsätzlich abschließend, weshalb ein einseitiger Widerruf des gewährten Urlaubs nur in gewichtigen Ausnahmefällen möglich ist. Ein solcher Ausnahmegrund kann nur dann angenommen werden, wenn die Situation für das Unternehmen existenzbedrohend ist und nicht vorhersehbar war. Zulässige Widerrufsgründe sind beispielsweise akuter Personalausfall, der die Produktion gefährden würde oder ein wichtiger Großauftrag, der unerwartet bearbeitet werden muss. Bloßer Personalmangel rechtfertigt einen Widerruf hingegen nicht (LAG Köln 27.9.2012 – 6 Sa 449/12).
Neben dem grundsätzlich unzulässigen einseitigen Widerruf des Arbeitgebers besteht allerdings die Möglichkeit, dass sich Arbeitgeber und Arbeitnehmer darüber einigen, den Urlaub zu streichen. Dies bedarf der ausdrücklichen Zustimmung des Arbeitnehmers und einer Begründung, weshalb die Urlaubsbewilligung aufgehoben werden soll.

10. Was kann der Arbeitnehmer tun, wenn der Arbeitgeber einen gewährten Urlaub einseitig widerruft?

Obwohl der Widerruf in den meisten Fällen unzulässig sein wird, führt er dazu, dass der Arbeitnehmer seinen Urlaub vorerst nicht antreten darf. Tut er dies dennoch, handelt es sich um eine unzulässige Selbstbeurlaubung. Wenn der Arbeitnehmer seinen gewährten Urlaubsanspruch durchsetzen möchte, muss er ihn gerichtlich einklagen.

11. Kann der Arbeitgeber Beschäftigte aus dem Urlaub zurückrufen?

Nein, grundsätzlich geht das nicht. Dies ist nur ganz ausnahmsweise denkbar und setzt voraus, dass ein bestimmter Arbeitnehmer für einen bestimmten Zeitraum – z. B. zur Verhinderung des Zusammenbruchs eines Unternehmens – benötigt wird und es für den Arbeitgeber schlechthin unzumutbar wäre, an der Urlaubsgewährung festzuhalten. Eine andere Frage ist hingegen, ob der Arbeitnehmer den Rückruf überhaupt mitbekommt, denn er ist nicht verpflichtet, während des Urlaubs erreichbar zu sein (siehe dazu Frage 12). Auch bei zunehmender Verantwortung im Betrieb kann eine 24/7-Erreichbarkeit nicht eingefordert werden – auch wenn sie u. U. erwartet wird.
Eine arbeitsvertragliche Vereinbarung, in der sich der Arbeitnehmer verpflichtet, seinen gesetzlichen Mindesturlaub unter bestimmten Umständen abzubrechen, ist unzulässig (BAG 20.6.2000 – 9 ARZ 405/99). Eine derartige Vereinbarung würde gegen zwingendes Urlaubsrecht (§ 13 Abs. 1 BurlG) verstoßen. Für zusätzliche vertragliche Urlaubsansprüche, die über den gesetzlichen Mindesturlaub nach BUrlG hinausgehen, kann hingegen eine wirksame Rückrufvereinbarung getroffen werden.
Wenn dem Arbeitnehmer durch den Rückruf zusätzlich Kosten entstehen (z. B. Stornierungs-, Rückreise-, Umbuchungskosten), sind diese vom Arbeitgeber zu tragen. Hinzu kommt, dass dem Arbeitnehmer die Tage des nicht genommenen Resturlaubs nicht als Urlaubstage angerechnet werden, sodass er den »widerrufenen« Urlaub zu einem anderen Zeitpunkt nachholen kann.

12. Muss der Arbeitnehmer während des Urlaubs erreichbar sein?

Nein. Würde während des Urlaubs eine (ständige) Erreichbarkeit verlangt werden, würde der Urlaubszweck – die Erholung – nicht erreicht werden. Eine Erholung von der Arbeit ist nur dann möglich, wenn der Arbeitnehmer vollkommen Abstand von der Arbeit gewinnen kann. Dies gilt sowohl für einfache Beschäftigte als auch für Führungskräfte. Auch das Vorhandensein eines Diensthandys ändert nichts daran, dass der Arbeitnehmer während seines Urlaubs nicht erreichbar sein muss.
Wenn die (ständige) Erreichbarkeit während des Urlaubs vertraglich festgeschrieben ist, gilt das Gleiche wie bei der Möglichkeit, einen Arbeitgeber aus dem Urlaub zurückzurufen: Während eine solche Vereinbarung in Bezug auf den gesetzlichen Mindesturlaub unzulässig ist (BAG

20.6.2000 – 9 AZR 405/99), ist sie in Bezug auf zusätzlichen vertraglichen Urlaubsanspruch grundsätzlich denkbar.

13. Gibt es einen zeitlichen Rahmen, in dem der Urlaub zu verbrauchen ist?

Zweck des gesetzlichen Urlaubsanspruchs ist es, dem Arbeitnehmer zur Erhaltung seiner Gesundheit und Leistungsfähigkeit entsprechende Erholung zu gewähren.

Aus diesem Grund ist der Urlaub grundsätzlich zusammenhängend und im laufenden Kalenderjahr zu gewähren und zu nehmen (§ 7 Abs. 2, 3 BUrlG). Eine Übertragung auf das nächste Kalenderjahr ist nach dem Gesetz nur eingeschränkt möglich (§ 7 Abs. 3 Satz 2, 3 BUrlG, § 17 Satz 2 MuSchG). Nach aktueller deutscher Gesetzeslage verfällt ein nicht rechtzeitig genommener Urlaubsanspruch automatisch zum 31. 12. – und zwar ersatzlos.

Dies entspricht allerdings nicht der aktuellen EuGH-Rechtsprechung (EuGH 6. 11. 2018 – C-684/16; 6. 11. 2018 – C-619/16). Diese hat grundsätzlich Vorrang vor dem nationalen Recht. Das bedeutet: Nationale Gerichte müssen europarechtskonform entscheiden und entgegenstehendes nationales Recht »unangewendet« lassen. Mittlerweile wurden die Vorgaben des EuGH bereits vom BAG umgesetzt (BAG 19.2.2019 – 9 AZR 541/15). Danach können Urlaubsansprüche nun nur noch dann verfallen, wenn der Arbeitgeber den Arbeitnehmer tatsächlich in die Lage versetzt hat, seinen Urlaub rechtzeitig zu nehmen. Das bedeutet: Der Arbeitgeber muss den Arbeitnehmer rechtzeitig darauf hinweisen, dass dieser seinen Jahresurlaub in den nächsten Monaten bis spätestens zum 31. 12. nehmen sollte und dass andernfalls der Urlaubsanspruch (und ggf. Urlaubsabgeltungsansprüche, falls das Arbeitsverhältnis enden sollte) mit Ablauf des 31. 12. ersatzlos untergeht. Dies sollte aus Beweisgründen schriftlich erfolgen.

14. Muss der Urlaubsanspruch in Form von Freizeit gewährt und genommen werden?

Da der Zweck des Urlaubs in der Erholung besteht, ist er grundsätzlich »in Natur« (= bezahlter Freizeitausgleich) zu gewähren und zu nehmen. Nur wenn der Urlaub wegen Beendigung des Arbeitsverhältnisses ganz oder teilweise nicht mehr gewährt werden kann, ist er in Form eines finanziellen Ausgleichs abzugelten (§ 7 Abs. 4 BUrlG). Der Arbeitnehmer sollte bei der Beendigung des Arbeitsverhältnisses darauf achten, ob eine

Erledigungsklausel vereinbart wird. Sollte er einer solchen Klausel zustimmen, kann er dadurch auf die Abgeltung eines noch offenen Urlaubsanspruchs verzichten (BAG 14. 5. 2013 – 9 AZR 844/11).

15. Wie hoch ist das Urlaubsentgelt und wann muss es gezahlt werden?

Das Urlaubsentgelt bemisst sich nach dem durchschnittlichen Arbeitsverdienst, den der Arbeitnehmer in den letzten dreizehn Wochen vor Beginn des Urlaubs erhalten hat, mit Ausnahme des zusätzlich für Überstunden gezahlten Arbeitsverdienstes (§ 11 Abs. 1 BUrlG). Bei Verdiensterhöhungen nicht nur vorübergehender Natur, die während des Berechnungszeitraums oder während des Urlaubs eintreten, ist von dem erhöhten Verdienst auszugehen. Verdienstkürzungen, die im Berechnungszeitraum infolge von Kurzarbeit, Arbeitsausfällen oder unverschuldeter Arbeitsversäumnis eintreten, bleiben für die Berechnung des Urlaubsentgelts außer Betracht. Wenn zum Arbeitsentgelt Sachbezüge gehören, die während des Urlaubs nicht weitergewährt werden, sind diese für die Dauer des Urlaubs angemessen in bar abzugelten. Auszuzahlen ist das Urlaubsentgelt vor Antritt des Urlaubs (§ 11 Abs. 2 BUrlG). Dies wird in der Praxis allerdings regelmäßig missachtet, indem das Urlaubsentgelt mit der übrigen Vergütung für den Abrechnungszeitraum – meist nachträglich am Monatsende – ausgezahlt wird.

16. Darf der Arbeitnehmer während seines Urlaubs einer Erwerbstätigkeit nachgehen?

Der Arbeitnehmer darf während des Urlaubs keine dem Urlaubszweck widersprechende Erwerbstätigkeit leisten (§ 8 BUrlG). Damit sind Tätigkeiten gemeint, die nach Art und / oder Umfang einer Erholung zuwiderlaufen. Dies ist letztlich in jedem Einzelfall gesondert festzustellen.

17. Was ist, wenn der Arbeitnehmer während seines Urlaubs erkrankt?

Die durch ärztliches Zeugnis nachgewiesenen Tage der Arbeitsunfähigkeit werden nicht auf den Jahresurlaub angerechnet (§ 9 BUrlG). Der Arbeitgeber muss den verbliebenen Resturlaub folglich erneut gewähren. Dabei ist darauf hinzuweisen, dass sich zwar der Urlaubsanspruch automatisch um die Krankheitstage verlängert, aber nicht der bereits angetretene Urlaub. Wenn der Arbeitnehmer seinen Resturlaub einfach an

seine Krankheitstage »dranhängt«, handelt es sich um eine unzulässige Selbstbeurlaubung.
Auch während des gewährten Urlaubs ist der Arbeitnehmer entsprechend § 5 Abs. 1 Entgeltfortzahlungsgesetz (EntgFG) verpflichtet, dem Arbeitgeber die Arbeitsunfähigkeit und deren voraussichtliche Dauer unverzüglich mitzuteilen und eine Arbeitsunfähigkeitsbescheinigung vom Arzt vorzulegen. Sollte die Erkrankung im Ausland eintreten, ist der Arbeitnehmer verpflichtet, dem Arbeitgeber die Arbeitsunfähigkeit, deren voraussichtliche Dauer und die Adresse am Aufenthaltsort in der schnellstmöglichen Art der Übermittlung mitzuteilen. Wenn der Arbeitgeber Mitglied einer gesetzlichen Krankenkasse ist, muss er auch dieser die Arbeitsunfähigkeit und deren voraussichtliche Dauer unverzüglich anzeigen. Wenn ein arbeitsunfähig erkrankter Arbeitnehmer in das Inland zurückkehrt, so muss auch die Rückkehr unverzüglich dem Arbeitgeber und der Krankenkasse angezeigt werden (§ 5 Abs. 2 EntgFG).

18. Hat der Betriebs- bzw. Personalrat beim Urlaub ein Mitbestimmungsrecht?

Nach § 87 Abs. 1 Nr. 5 BetrVG hat der Betriebsrat ein Mitbestimmungsrecht bei der Aufstellung allgemeiner Urlaubsgrundsätze und des Urlaubsplans sowie der Festsetzung der zeitlichen Lage des Urlaubs für einzelne Arbeitnehmer, wenn zwischen dem Arbeitgeber und den beteiligten Arbeitnehmern kein Einverständnis erzielt wird. Allgemeine Urlaubsgrundsätze sind Richtlinien, an die sich der Arbeitgeber bei der Gewährung des Urlaubs zu halten hat. Dazu gehören beispielsweise die Urlaubsverteilung im Kalenderjahr, der Umgang mit konkurrierenden Urlaubsanträgen der Arbeitnehmer, das Genehmigungsverfahren, die Festlegung von Urlaubsvertretungen und ggf. die Vereinbarung von Betriebsferien. Im Urlaubsplan sind die beantragten Urlaube ersichtlich. Hinsichtlich dieses Plans kann der Betriebsrat bei dessen Aufstellung und generellen Änderungen mitbestimmen.
Auch die Personalvertretung hat gem. § 80 Abs. 1 Nr. 6 BPersVG mitzubestimmen bei der Aufstellung allgemeiner Urlaubsgrundsätze und des Urlaubsplanes sowie der Festsetzung der zeitlichen Lage des Erholungsurlaubs für einzelne Beschäftigte, wenn zwischen der Dienststelle und den beteiligten Beschäftigten kein Einverständnis erzielt wird.
Bezüglich der abschließenden Genehmigung eines Urlaubs, der Dauer eines Urlaubs und der Berechnung und Höhe des Urlaubsentgelts hat der Betriebs- bzw. Personalrat hingegen kein Mitbestimmungsrecht.

Checkliste: Urlaubsprüfung

Prüfschritt	Rechtliche Vorgabe
• **Umrechnungsfaktor korrekt?**	Wird der Mindesturlaub bei weniger als 5 Arbeitstagen pro Woche korrekt prozentual angepasst?
• **Wartezeit beachtet?**	Wird der volle Urlaubsanspruch erstmals nach sechs Monaten Bestehen des Arbeitsverhältnisses gewährt?
• **Hinweispflicht erfüllt?**	Wurden die Beschäftigten individuell und rechtzeitig über den drohenden Verfall von Resturlaub informiert?
• **Mitbestimmung gewahrt?**	Wurde der Urlaubsplan oder allgemeine Urlaubsgrundsätze mit dem Betriebs-/Personalrat abgestimmt?

D. Abweichende Regelungen zur allgemeinen Arbeitszeit

I. Mehrarbeit und Überstunden

1. Was ist Mehrarbeit und was sind Überstunden?

Eine gesetzliche Definition der beiden Begriffe gibt es nicht. In der Praxis wird in der Regel die Abgrenzung wie folgt vorgenommen:
Von **Mehrarbeit** wird normalerweise gesprochen bei Überschreitung einer tarifvertraglichen oder gesetzlichen Grenze der täglichen Höchstarbeitszeit, die **allgemein für alle Arbeitnehmer** gilt, die in den Geltungsbereich des Tarifvertrags oder Gesetzes fallen.
Die gesetzliche Grenze befindet sich in § 3 ArbZG. Danach ist grundsätzlich die Arbeitszeit, die über die tägliche Regelarbeitszeit von acht Stunden hinausgeht, Mehrarbeit. Dies gilt allerdings nur für Arbeitnehmer, die in den Geltungsbereich des ArbZG fallen (vgl. § 18 ArbZG).
Überstunden liegen im allgemeinen Sprachgebrauch bei Überschreitung der vom **konkret betroffenen Arbeitnehmer** individualvertraglich oder tarifrechtlich geschuldeten regelmäßigen Arbeitszeit vor, sofern diese Überschreitung vom Vorgesetzten entweder angeordnet oder zumindest geduldet wurde. Auch bei Überstunden müssen die Vorgaben des ArbZG zur zulässigen Höchstarbeitszeit und zur Ruhezeit eingehalten werden.

2. Wie viel Mehrarbeit ist und wie viele Überstunden sind erlaubt?

Das ArbZG geht von einer täglichen Regelarbeitszeit von acht Stunden aus (§ 3 Satz 1 ArbZG). Darüber hinaus sind täglich zwei weitere Arbeitsstunden als Mehrarbeit zulässig. Dies gilt allerdings nur dann, wenn die geleistete Mehrarbeit innerhalb von sechs Monaten oder 24 Wochen so ausgeglichen wird, dass im Durchschnitt die acht Stunden tägliche Höchstarbeitszeit eingehalten werden (§ 3 Satz 2 ArbZG).

Daneben gibt es auch kürzere Ausgleichsfristen: bei Sonntagsarbeit zwei Wochen (§ 11 Abs. 3 Satz 1 ArbZG), bei Nachtarbeit vier Wochen (§ 6 Abs. 2 Satz 2 ArbZG) und bei Arbeit an einem Feiertag acht Wochen (§ 11 Abs. 3 Satz 2 ArbZG). Zudem ist auch auf die Einhaltung der gesetzlichen Ruhepause von elf Stunden zwischen zwei Arbeitstagen (§ 5 Abs. 1 ArbZG) zu achten. Eine Überschreitung der Höchstarbeitszeit ist nur unter den Voraussetzungen in §§ 7, 14, 15 ArbZG zulässig.
Durch Tarifvertrag oder Betriebs- bzw. Dienstvereinbarung können Regelungen getroffen werden, die in Bezug auf Mehrarbeit zu Gunsten der Arbeitnehmer von der gesetzlichen Regelung abweichen. In Tarifverträgen kann beispielsweise explizit geregelt werden, in welchen Fällen Mehrarbeit überhaupt zulässig ist.[15]

3. Darf jeder Mehrarbeit oder Überstunden leisten?

Nein. Für einige Arbeitnehmergruppen gilt eine von § 3 ArbZG abweichende Höchstarbeitszeit.
Jugendliche dürfen täglich maximal acht Stunden und wöchentlich maximal 40 Stunden beschäftigt werden (§ 8 Abs. 1 JArbSchG). Schwangere und stillende Frauen dürfen nur in einem begrenzten Umfang Mehrarbeit leisten. Sie dürfen maximal achteinhalb Stunden täglich oder 20 Stunden in einer Doppelwoche arbeiten (§ 4 Abs. 1 Satz 1 MuSchG).

4. Kann der Arbeitgeber Mehrarbeit oder Überstunden einseitig anordnen?

Nein, grundsätzlich kann er das nicht. Der Arbeitgeber hat zwar ein Weisungsrecht (§ 106 Satz 1 Gewerbeordnung – GewO). Dieses berechtigt ihn allerdings nur zu Weisungen innerhalb der vertraglichen und gesetzlichen Grenzen (hier: arbeitsvertraglich festgelegter Arbeitsumfang) und gibt ihm keine vertragserweiternde Weisungsbefugnis.
Nur in Not- und Katastrophenfällen kann Mehrarbeit einseitig angeordnet werden. Ein Notfall liegt nur ausnahmsweise bei ungewöhnlichen, unvorhersehbaren und plötzlich eintretenden Ereignissen vor, die die Existenz des Betriebes bedrohen (z. B. Umweltkatastrophe, Brand, Überschwemmung).[16] Keine Notfälle in diesem Sinne sind unerwartete Großaufträge oder verspätete Lieferungen.

---

15 Buschmann/Ulber, Einleitung Rn. 58.
16 Buschmann/Ulber, § 14 Rn. 7.

5. Wie kann Mehrarbeit vereinbart werden?

Als **individualrechtliche Grundlage** kommt eine mündliche oder schriftliche Vereinbarung für einen konkreten Einzelfall oder die Vereinbarung einer Überstundenklausel im Arbeitsvertrag in Betracht. Diesbezüglich ist zu beachten, dass Schwerbehinderte und ihnen gleichgestellte Beschäftigte gem. § 207 SGB IX auf ihr Verlangen hin von Mehrarbeit freizustellen sind.

Überstundenregelungen können auch in **kollektivrechtlichen Vereinbarungen** (z. B. Tarifvertrag, Betriebsvereinbarung) enthalten sein, wobei die Regelung von Überstunden in einer Betriebsvereinbarung zwar vom BAG als ausreichende Grundlage für die Anordnung von Überstunden angesehen wurde (BAG 3.6.2003 – 1 AZR 349/02), dies jedoch in der Literatur nicht unumstritten ist.[17] Soweit auf diese Weise nicht zu Lasten der Arbeitnehmer in gesicherte individualrechtliche Positionen und Ansprüche eingegriffen wird, kann eine Betriebsvereinbarung die individuellen Arbeitsverträge auch hinsichtlich der Dauer der Arbeitszeit ohne Rücksicht auf den Willen der Arbeitnehmer vorübergehend ändern.[18] In einer entsprechenden Vereinbarung müssen die gesetzlichen Vorgaben (insbesondere §§ 3, 5 ArbZG) eingehalten werden.[19]

Werden Mehrarbeit oder Überstunden angeordnet auf Grundlage einer individual- oder kollektivrechtlichen Vereinbarung, ist dennoch das sogenannte billige Ermessen zu beachten (§ 106 GewO). D. h., dass der Arbeitgeber bei der Anordnung auch die Interessen der Arbeitnehmer zu beachten hat. Muss ein Beschäftigter z. B. pünktlich sein Kind abholen, so kann die Anordnung von Mehrarbeit billigem Ermessen widersprechen.

6. Besteht bei der Anordnung von Mehrarbeit oder Überstunden ein Mitbestimmungsrecht?

Gemäß § 87 Abs. 1 Nr. 3 BetrVG hat der Betriebsrat bei *»vorübergehende[r] […] Verlängerung der betriebsüblichen Arbeitszeit«* ein Mitbestimmungsrecht. Nicht mitbestimmt sind dagegen Abgeltung und Abbau von Überstunden.[20]

Dieses bezieht sich u. a. auf die Frage, unter welchen Umständen der Arbeitgeber überhaupt Überstunden anordnen darf.

---

17 Buschmann/Ulber, Einl. Rn. 69.

18 Schaub-*Linck*, Rn. 45.

19 Buschmann/Ulber, Einl. Rn. 59.

20 ErfK-*Kania*, BetrVG § 87 Rn. 34.

Checkliste: Ist die Anordnung von Überstunden rechtmäßig?

Die nachstehende Checkliste hilft bei der Prüfung, ob der Arbeitgeber im Einzelfall überhaupt berechtigt ist, Mehrarbeit zu verlangen.

- **Rechtsgrundlage vorhanden?** Besteht eine ausdrückliche Vereinbarung im Arbeitsvertrag (Überstundenklausel), ein Tarifvertrag oder eine Betriebs-/Dienstvereinbarung? Einseitige Anordnungen allein per Direktionsrecht sind grundsätzlich unzulässig.
- **Notfallprüfung:** Liegt ein echter Notfall vor (unvorhersehbar, existenzbedrohend), der eine einseitige Anordnung ausnahmsweise rechtfertigt?
- **Mitbestimmung gewahrt?** Hat der Betriebsrat (§ 87 Abs. 1 Nr. 3 BetrVG) bzw. Personalrat (§ 80 Abs. 1 Nr. 1 BPersVG) der vorübergehenden Verlängerung zugestimmt?
- **Billiges Ermessen?** Wurden die privaten Interessen des Arbeitnehmers (z. B. Kinderbetreuung, Pflege) gegen die betrieblichen Belange abgewogen?
- **Sonderschutzgruppen beachtet?** Wurde geprüft, ob die betroffene Person Mehrarbeit leisten *darf* (z. B. Schwangere, Jugendliche) oder auf Verlangen davon freizustellen ist (Schwerbehinderte)?

7. Muss Mehrarbeit vergütet werden?

Mehrarbeit ist nur im Rahmen des arbeitsschutzrechtlichen Arbeitszeitbegriffs im Sinne des ArbZG relevant. Hinsichtlich vergütungsrechtlicher Fragen ist die Einstufung als Mehrarbeit daher nicht von Bedeutung.

8. Müssen Überstunden vergütet werden?

Eine allgemeine gesetzliche Grundlage, dass jede Überstunde zu vergüten ist, gib es nicht (BAG 21.9.2011 – 5 AZR 629/10; 27.6.2012 – 5 AZR 530/11). Die Vergütungspflicht kann sich allerdings aus einer ausdrücklichen vertraglichen Vereinbarung ergeben oder aus dem Bestehen einer berechtigte Vergütungserwartung (§ 612 Abs. 1 BGB), was bei zusätzlicher Arbeit in der Regel der Fall ist. Eine zumindest anteilige Vergütungspflicht besteht auch dann, wenn der Arbeitnehmer die Höchstarbeitszeit nach § 3 ArbZG überschreitet (BAG 28.9.2005 – 5 AZR 52/05; 24.8.2016 – 5 AZR 129/16).

Lediglich bei Beamten führt die Leistung von Überstunden in der Regel nicht zu einem Anspruch auf zusätzliche Vergütung, da für sie nicht der arbeitsrechtliche Grundsatz »Arbeit gegen Lohn« (Austauschprinzip) gilt, sondern das Alimentationsprinzip (= Anspruch auf eine vom Umfang der Arbeitsleistung unabhängigen amtsangemessenen Vergütung).

Bei Auszubildenden normiert § 17 Abs. 7 BBiG ausdrücklich eine Vergütungspflicht bei Überstunden.
Hinsichtlich der Art der Vergütung gibt es keine gesetzliche Vorschrift. In der Regel werden Überstunden in Geld ausgezahlt, sie können aber bei einer entsprechenden Vereinbarung auch durch Freizeit ausgeglichen werden. Aus § 3 ArbZG ergibt sich, dass Mehrarbeit als regelmäßige Arbeitszeit anzusehen ist.[21] Anders als in der außer Kraft getretenen Arbeitszeitordnung (§ 15 Abs. 2 Arbeitszeitordnung [AZO] a. F. – Mehrarbeitszuschlag von 15 %) enthält § 3 ArbZG keinen gesetzlichen Mehrarbeitszuschlag. Daher entspricht die Vergütung grundsätzlich dem normalen Lohn – d. h., für eine Überstunde erhält der Arbeitnehmer den gleichen Lohn wie für eine normale Arbeitsstunde bzw. eine Stunde Freizeit. Die Zahlung eines Überstundenzuschlags kann aber sowohl individualvertraglich als auch kollektivrechtlich vereinbart werden. § 87 Abs. 1 Nr. 3 BetrVG ermöglicht es dem Betriebsrat zwar nicht, einen Überstundenzuschlag zu erzwingen, er führt aber dazu, dass der Arbeitgeber die Zustimmung des Betriebsrates benötigt, sodass der Betriebsrat einen gewissen Druck ausüben kann, indem er seine Zustimmung nur dann erteilt, wenn ein Zuschlag vereinbart wird.[22]

9. Können Überstunden pauschal abgegolten werden?

Teilweise wird vertraglich vereinbart, dass Überstunden mit dem üblichen Monatsgehalt oder mit einem monatlichen Pauschalbetrag abgegolten werden oder dass sie nur dann vergütet werden, wenn eine gewisse Anzahl an Überstunden geleistet wurde (z. B. mind. 15 Überstunden im Monat). Eine automatische Abgeltung mit dem üblichen Monatsgehalt ist aber nur in Ausnahmefällen möglich. Denkbar ist eine solche Abgeltung in der Regel nur bei leitenden Angestellten oder Führungskräften, die ein herausgehobenes Entgelt beziehen (»Besserverdiener«). Bei anderen Arbeitnehmern ist eine solche Abgeltung schwer mit § 612 Abs. 1 BGB in Einklang zu bringen. Eine pauschale Abgeltung könnte daneben auch wegen Verstoßes gegen anzuwendendes Tarifrecht unwirksam sein (BAG 17.4.2002 – 5 AZR 644/00).
Häufig handelt es sich bei den Abgeltungsregelungen um allgemeine Geschäftsbedingungen (AGB). Damit eine derartige Überstundenklausel wirksam ist, darf sie den Arbeitgeber nicht unangemessen benachteiligen und muss klar und verständlich (»transparent«) sein. Dies ist nur der

21 Buschmann/Ulber, § 3 Rn. 14.
22 Buschmann/Ulber, § 7 Rn. 38.

Fall, wenn der Arbeitnehmer erkennen kann, welche Arbeitsleistung in welchem zeitlichen Umfang in welcher Höhe vergütet wird – wenn er also bereits bei Vertragsschluss absehen kann, »was auf ihn zukommt« (BAG 22.2.2012 – 5 AZR 765/10; 17.8.2011 – 5 AZR 406/10). Das gilt sowohl für die Abgeltung von Vollarbeit als auch für die Abgeltung bei den Bereitschaftsformen (BAG 18.11.2015 – 5 AZR 751/13). Die Formulierung *»Erforderliche Überstunden des Arbeitnehmers sind mit … abgegolten.«* entspricht diesen Voraussetzungen nicht, weshalb sie gem. § 307 Abs. 1 Satz 2 BGB unwirksam ist und für die Ableistung von Überstunden eine Vergütung zu erwarten ist (BAG 1.9.2010 – 5 AZR 517/09). Die Klausel darf zudem nicht gegen den betriebsverfassungsrechtlichen Gleichbehandlungsgrundsatz gem. § 75 BetrVG verstoßen (BAG 6.6.2019 – 5 AZR 452/18). Die AGB-Kontrolle gem. §§ 305ff. BGB ist auch bei leitenden Angestellten und Führungskräften durchzuführen. Eine Pauschalabgeltung ist im Übrigen immer dann unwirksam, wenn durch die geleisteten Überstunden der rechnerische Stundenlohn unter den aktuellen gesetzlichen Mindestlohn fällt.

Checkliste: Prüfung von Pauschalabgeltungsklauseln

- **Transparenzgebot:** Ist im Arbeitsvertrag klar definiert, wie viele Überstunden (z.B. »bis zu 10 Stunden im Monat«) mit dem Gehalt abgegolten sind? Pauschale Formulierungen wie »alle Überstunden sind abgegolten« sind in Formularverträgen in der Regel unwirksam.
- **Mindestlohn-Check:** Unterschreitet der effektive Stundenlohn (Monatsgehalt geteilt durch Summe aus Regelstunden + geleisteten Überstunden) den gesetzlichen Mindestlohn? Wenn ja, ist die Klausel unwirksam.
- **Vergütungserwartung:** Gehört der Arbeitnehmer zur Gruppe der »Besserverdiener« (Einkommen oberhalb der Beitragsbemessungsgrenze)? Nur dann kann eine Abgeltung ohne explizite Klausel vorausgesetzt werden.
- **Beweissicherung:** Verfügt der Arbeitnehmer trotz Pauschalabgeltung über eigene Aufzeichnungen oder Quittierungen durch Vorgesetzte, um die Mehrarbeit im Streitfall nachweisen zu können?

10. Wie kann der Arbeitnehmer die Vergütung von Überstunden einklagen?

Der Arbeitnehmer kann die Vergütung mittels einer Lohnklage einklagen. Für das Bestehen seines Lohnanspruchs muss der Arbeitnehmer jede einzelne Überstunde konkret nachweisen und belegen, dass er die Überstunden aufgrund einer Weisung des Arbeitgebers geleistet hat oder dass der Arbeitgeber die Erbringung der Arbeitsleistung wissentlich und willentlich geduldet hat.[23] Als Beweismittel kann insbesondere ein Stundenzettel (mit Datum, Uhrzeit und erbrachter Arbeitsleistung) dienen, der vom Arbeitgeber oder einem Vorgesetzten unterschrieben wurde. Nach der aktuellen Rechtsprechung des BAG (Beschluss vom 13.9.2022) ist der Arbeitgeber gemäß § 3 Abs. 2 Nr. 1 ArbSchG nunmehr verpflichtet, Beginn, Ende und Dauer der **gesamten** täglichen Arbeitszeit aller Beschäftigten objektiv, verlässlich und zugänglich zu erfassen. Diese umfassende Aufzeichnungspflicht geht weit über die bloße Dokumentation von Mehrarbeit nach § 16 Abs. 2 ArbZG hinaus. Für den Arbeitnehmer bedeutet dies im Falle einer Lohnklage eine erhebliche Erleichterung, da der Arbeitgeber zur Vorlage dieser Aufzeichnungen verpflichtet werden kann. Kommt er dem nicht nach, begeht er eine Ordnungswidrigkeit (§ 21 ArbZG) oder u.U. eine Straftat (§ 22 ArbZG). Allerdings müsste der Arbeitnehmer auch dafür erstmal den Beweis erbringen, dass es sich bei seiner Arbeitsleistung um Mehrarbeit im Sinne des § 3 Satz 2 ArbZG handelt. Zusätzlich ist ggf. auf die Einhaltung arbeitsvertraglicher und kollektivrechtlicher Ausschlussfristen zu achten.

Checkliste: Rechtssichere Überstunden-Dokumentation

Seit der Grundsatzentscheidung des BAG zur Arbeitszeiterfassung ist die Dokumentation kein »Good-will« mehr, sondern gesetzliche Pflicht.

- **Vollerfassung:** Werden Beginn, Ende und Dauer der **gesamten** täglichen Arbeitszeit erfasst, nicht nur die Mehrarbeit?
- **Objektivität & Verlässlichkeit:** Ist das System manipulationssicher und beruht es auf tatsächlichen Zeitstempeln statt auf pauschalen Soll-Vorgaben?
- **Transparenz:** Haben die Beschäftigten jederzeit unkomplizierten Zugriff auf ihr Zeitkonto, um Mehrarbeit zeitnah kontrollieren zu können?
- **Dokumentation von Pausen:** Werden die Ruhepausen im System so ausgewiesen, dass die Netto-Arbeitszeit und die Einhaltung der 6-Stunden-Grenze prüfbar sind?
- **Aufbewahrung:** Ist sichergestellt, dass die Nachweise mindestens zwei Jahre lang für Prüfungen der Aufsichtsbehörden oder für Rechtsstreitigkeiten vorgehalten werden?

23 Buschmann/Ulber, § 3 Rn. 16.

II. Sonn- und Feiertagsarbeit

1. Welche Tage gelten als Feiertage?

Nur gesetzliche und nicht kirchliche Feiertage sind vom Beschäftigungsverbot erfasst (§ 9 Abs. 1 ArbZG). Die gesetzlichen Feiertage müssen bundes- oder landesrechtlich festgelegt sein. Der einzige bundesrechtlich festgelegte gesetzliche Feiertag ist der Tag der Deutschen Einheit (3. 10.). Die weiteren gesetzlichen Feiertage sind dem einschlägigen Feiertagsgesetz des jeweiligen Landes zu entnehmen.

Übersicht: Feiertage

Gesetzlicher Feiertag	Bundesland
Neujahr (1.1.)	alle Bundesländer
Heilige Drei Könige (6.1.)	Baden-Württemberg, Bayern, Sachsen-Anhalt
Frauentag (8.3.)	Berlin
Karfreitag, Ostersonntag und Ostermontag	alle Bundesländer
Tag der Arbeit (1.5.)	alle Bundesländer
Tag der Befreiung (8.5.)	Berlin
Christi Himmelfahrt	alle Bundesländer
Pfingstsonntag und Pfingstmontag	alle Bundesländer
Fronleichnam	Baden-Württemberg, Bayern, Hessen, Nordrhein-Westfalen, Rheinland-Pfalz, Saarland, Sachsen (nur in Gemeinden der Landkreise Bautzen und Westlausitz), Thüringen (nur in Gemeinden mit überwiegend katholischer Bevölkerung)
Maria Himmelfahrt (15.8.)	Bayern (nur in Gemeinden überwiegend katholischer Bevölkerung), Saarland
Weltkindertag (20.9.)	Thüringen
Tag der Deutschen Einheit (3.10.)	(bundesrechtlich) alle Bundesländer
Reformationstag (31.10.)	– Brandenburg, Bremen, Hamburg, Mecklenburg-Vorpommern, Niedersachsen, Sachsen, Sachsen-Anhalt, Schleswig-Holstein, Thüringen

Gesetzlicher Feiertag	Bundesland
	– kein gesetzlicher Feiertag, aber schulfrei in Baden-Württemberg
Allerheiligen (01.11.)	Baden-Württemberg, Bayern, Nordrhein-Westfalen, Rheinland-Pfalz, Saarland
Buß- & Bettag	– Sachsen – kein gesetzlicher Feiertag, aber schulfrei für alle Schüler in Bayern und für evangelische Schüler in Berlin
1. und 2. Weihnachtsfeiertag (25. und 26.12.)	alle Bundesländer

Wichtig: Ersatzruhe:
Werden Beschäftigte an einem Feiertag eingesetzt, der auf einen Werktag fällt, steht ihnen gemäß § 11 Abs. 3 Satz 2 ArbZG ein Ersatzruhetag zu. Dieser muss innerhalb eines Zeitraums von acht Wochen gewährt werden. **Für die Praxis sind dabei zwei Punkte entscheidend:**

- **Werktagsregelung:** Da das Gesetz den Samstag als Werktag ansieht, kann der Ersatzruhetag auch auf einen Samstag fallen – selbst wenn an diesem Tag im Betrieb ohnehin nicht gearbeitet wird. Ein Anspruch auf einen zusätzlich arbeitsfreien Montag bis Freitag besteht nur, wenn dies explizit im Tarifvertrag oder in einer Betriebs-/Dienstvereinbarung geregelt ist.
- **Vergütung:** Der Ersatzruhetag dient dem Gesundheitsschutz (Ruhepause) und muss nicht zwingend bezahlt freigestellt werden, sofern der Lohnausfall bereits durch die Entgeltfortzahlung am Feiertag oder durch Feiertagszuschläge ausgeglichen wurde. Das Ziel ist die Einhaltung der wöchentlichen Mindestruhezeit, nicht zwingend eine zusätzliche bezahlte Freizeit.

2. Ist Sonn- und Feiertagsarbeit erlaubt?

Eine Beschäftigung an Sonn- und Feiertagen ist grundsätzlich verboten (§ 9 Abs. 1 ArbZG).[24] Dieses Beschäftigungsverbot umfasst sowohl Tätigkeiten in Betrieb oder Dienststelle als auch außerhalb des Betriebs (z. B. Home-Office, Kundenbesuche). Bereitschaftsdienst, Rufbereitschaft, Fort- und Weiterbildungen und Arbeitsvorbereitungsmaßnahmen sind ebenfalls von dem Verbot erfasst. Die Ruhezeit im Rahmen eines

24 Wirlitsch/Deusch, AiB 2013, 63ff.

Sonn- oder Feiertags beträgt insgesamt 35 Stunden (§ 9 Abs. 1 i.V.m. § 5 ArbZG). Einseitige Arbeitsanordnungen des Arbeitgebers oder Verstöße gegen das Verbot in Arbeitsvertrag, Tarifvertrag oder Betriebsvereinbarung sind nichtig (§ 134 BGB) und stellen eine Ordnungswidrigkeit (§ 22 Abs. 1 Nr. 5) dar.

§ 10 ArbZG enthält eine abschließende Aufzählung von Ausnahmen, an denen Sonn- und Feiertagsarbeit erlaubt ist. Die Ausnahmen gelten für bestimmte Branchen, wie etwa für Not- und Rettungsdienste, Feuerwehr, Polizei, Krankenhäuser und Pflegeeinrichtungen, Gaststätten und Hotels. Wenn Sonn- oder Feiertagsarbeit rechtmäßig ist, dann muss sie vom Arbeitnehmer zu den geltenden betrieblichen Arbeitszeiten erbracht werden. Unabhängig davon, ob diese branchenüblich sind oder nicht.

Ersatzruhetag und Zeiterfassung – Der Schutzwall für die Erholung: Wird an einem Sonntag gearbeitet, muss dem Arbeitnehmer innerhalb eines Zeitraums von zwei Wochen ein Ersatzruhetag gewährt werden. Bei Arbeit an einem auf einen Werktag fallenden Feiertag beträgt dieser Zeitraum acht Wochen.

Wichtig für die Praxis: Dieser Ersatzruhetag muss an einem Werktag (Montag bis Samstag) gewährt werden und dient dem Gesundheitsschutz, um die ununterbrochene Wochenruhezeit sicherzustellen.

Verschärfte Sanktionen: Verstöße gegen die Bestimmungen zur Sonn- und Feiertagsarbeit sind keine Kavaliersdelikte. Der Gesetzgeber hat den Bußgeldrahmen deutlich angehoben: Gemäß § 22 Abs. 2 ArbZG können unzulässige Beschäftigungen an diesen Tagen nun mit einer Geldbuße von bis zu **30 000 €** geahndet werden.

Dokumentationspflicht: Im Lichte der BAG-Rechtsprechung (2022) ist der Arbeitgeber verpflichtet, die gesamte Arbeitszeit an Sonn- und Feiertagen lückenlos und objektiv zu erfassen. Nur so kann die Einhaltung der gesetzlichen Mindestruhezeit von insgesamt 35 Stunden (24 Stunden Sonntagsruhe plus 11 Stunden tägliche Ruhezeit) effektiv kontrolliert werden.

3. Darf man an rein kirchlichen Feiertagen aus religiösen Gründen der Arbeit fernbleiben?

Kirchliche Feiertage sind nicht vom Feiertagsbeschäftigungsverbot des § 9 Abs. 1 ArbZG erfasst. Allerdings gewähren die meisten Landesgesetze den Arbeitnehmern das Recht, zum Zwecke des Besuchs von Gottesdiensten ihrer Arbeit fernzubleiben (z.B.: § 4 Feiertagsgesetz Baden-Württemberg [FeiertagsG BW], § 3 Thüringer Feier- und Gedenktagsgesetz [ThürFGtG]).

4. Ist freiwillige Sonn- und Feiertagsarbeit erlaubt?

Das Verbot nach § 9 Abs. 1 ArbZG ist zwingend. Die freiwillige Leistung von Arbeit durch den Arbeitnehmer stellt somit eine unzulässige Beschäftigung dar, die der Arbeitgeber weder zulassen noch dulden darf.

5. Für wen gilt die Sonn- und Feiertagsruhe?

Die Vorschriften des ArbZG (Bundesrecht) gelten für Arbeitnehmer im Sinne des ArbZG (§ 9 Abs. 1 ArbZG). Dazu gehören nicht der Arbeitgeber, Selbständige und Personen im Sinne des § 18 Abs. 1 ArbZG (u. a. leitende Angestellte, Chefärzte, Leiter von öffentlichen Dienststellen). Die Vorschriften in den landesrechtlichen Sonn- und Feiertagsgesetzen beziehen sich hingegen auf jedermann, also beispielsweise auch auf den Arbeitgeber und leitende Angestellte. Folglich können sich aus dem Landesrecht Einschränkungen ergeben.

6. Hat der Arbeitnehmer einen Anspruch auf Vergütung, wenn er wegen eines Feiertags nicht arbeitet?

Die Vergütung von Feiertagsarbeit ist meist im Arbeitsvertrag, Tarifvertrag oder in einer Betriebs- oder Dienstvereinbarung geregelt. Im Rahmen einer Betriebsvereinbarung sind Regelungen diesbezüglich nur dann zulässig, wenn die Tarifsperre nach § 77 Abs. 3 BetrVG nicht entgegensteht. Falls keine Vereinbarung besteht, richtet sich der Anspruch nach der betrieblichen Übung. Wenn auch eine solche nicht existiert, ist der Entgeltanspruch dennoch nach § 616 BGB zu bejahen. Der Anspruch nach § 616 BGB kann allerdings vertraglich ausgeschlossen werden.

Grundsätzlich richtet sich der Anspruch nach dem Entgelt, welches der Arbeitnehmer ohne den Arbeitsausfall erhalten hätte (Lohnausfallprinzip). Während die Feststellung der üblichen Arbeitszeit bei regelmäßigen Arbeitszeiten unproblematisch ist, ist sie bei unregelmäßigen Arbeitszeiten durch Anhaltspunkte und hypothetische Annahmen zu ermitteln. Wenn an dem Feiertag Überstunden geleistet worden wären oder wenn es Zulagen, Zuschläge, Provisionen oder Prämien gegeben hätte, die keinen reinen Aufwendungsersatzcharakter haben, sind auch diese vom Arbeitgeber zu zahlen.

7. Hat der Arbeitnehmer einen Anspruch auf einen Sonn- oder Feiertagszuschlag?

Aus dem ArbZG ergibt sich kein Anspruch auf einen Sonn- oder Feiertagszuschlag (BGH 11.1.2006 – 5 AZR 97/06). Aber in einigen Tarif- und Arbeitsverträgen ist die Zahlung eines Zuschlags vereinbart.
Wurde der Beginn oder das Ende der Sonn- oder Feiertagsruhe zulässig gemäß § 9 Abs. 2 ArbZG verschoben, bezieht sich ein möglicher Anspruch auf Sonn- oder Feiertagszuschlag nur auf die Zeit von 0–24 Uhr des Sonn- oder Feiertags.
Wenn ein Tarifvertrag Feiertagszuschläge erst ab einer bestimmten Stundenzahl (Vollzeit) vorsieht, könnte dies nach der neuen Logik des BAG eine unzulässige Diskriminierung von Teilzeitkräften darstellen. Seit dem BAG-Urteil vom 26.11.2025 (5 AZR 118/23) steht fest: Auch Minijobber und Teilzeitkräfte haben Anspruch auf tarifliche Mehrarbeitszuschläge, sobald sie ihre **individuell vereinbarte** Arbeitszeit überschreiten. Ein Tarifvertrag darf diesen Zuschlag nicht erst ab Überschreiten der Vollzeitgrenze (z.B. 40 Std.) gewähren. Als Betriebs- oder Personalrat sollte man prüfen, ob Mehrarbeit bei Teilzeitkräften bisher »zuschlagsfrei« blieb – dies wäre eine unzulässige Diskriminierung, vgl. im Einzelnen F. Kapitel IV Nr. 9.
Bei Rufbereitschaft an einem Sonn- oder Feiertag muss differenziert werden. Falls es während der Rufbereitschaft nicht zum Einsatz kam, gibt es keinen Zuschlag, denn Rufbereitschaft gilt nicht als Arbeitszeit (vgl. Kapitel »Rufbereitschaft«). Kam es hingegen zu einem Einsatz, so gilt dies als Arbeitszeit und der betroffene Arbeitnehmer hat Anspruch auf einen ggf. vereinbarten Zuschlag.
Wenn der Arbeitnehmer tatsächlich einen Anspruch auf Sonn- oder Feiertagszuschlag hat, dann ist dieser bis zu den in § 3b Einkommensteuergesetz (EstG) festgesetzten Grenzen steuerfrei.

8. Hat der Betriebs- oder Personalrat ein Mitbestimmungsrecht bei Sonn- und Feiertagsarbeit?

Bei der Entscheidung über die Anordnung von Sonn- und Feiertagsarbeit hat der Betriebs- oder Personalrat ein Mitbestimmungsrecht hinsichtlich des »Ob« und des »Wie« der Sonn- und Feiertagsarbeit (§ 87 Abs. 1 Nr. 2 BetrVG / § 80 Abs. 1 Nr. 1 BPersVG). Das Mitbestimmungsrecht besteht auch bezüglich des in § 11 ArbZG geregelten Ausgleichs für Sonn- und Feiertagsarbeit. Sollte der Arbeitgeber ohne Zustimmung oder ohne Zustimmungsersetzung Arbeit anordnen, hat der Betriebs- oder Personalrat einen Unterlassungsanspruch (BAG 3.5.1994 – 1 ABR 24/93).

Checkliste: Sonn- und Feiertagsarbeit

Diese Checkliste dient Betriebs- und Personalräten als Prüfschema für die tägliche Überwachungsaufgabe:

- **Rechtsgrundlage:** Fällt die geplante Tätigkeit unter eine der gesetzlichen Ausnahmen des § 10 ArbZG (z.B. Notdienste, Gastronomie, Krankenhäuser)?
- **Mitbestimmung:** Wurde der Betriebsrat (§ 87 Abs. 1 Nr. 2 BetrVG) bzw. Personalrat (§ 80 Abs. 1 Nr. 1 BPersVG) bei der Anordnung der Arbeit beteiligt? Ohne Zustimmung besteht ein Unterlassungsanspruch.
- **Mindestanzahl freier Sonntage:** Ist sichergestellt, dass mindestens 15 Sonntage im Jahr für den Arbeitnehmer beschäftigungsfrei bleiben (§ 11 Abs. 1 ArbZG)?
- **Ersatzruhetage:** Sind die gesetzlichen Fristen für den Ersatzruhetag (2 Wochen bei Sonntag, 8 Wochen bei Feiertag) im Dienstplan konkret eingeplant?
- **Sonderschutz:** Wurde die Freiwilligkeit und ärztliche Unbedenklichkeit bei schwangeren oder stillenden Frauen geprüft (§ 6 MuSchG)?
- **Zeiterfassung:** Wird die Arbeitszeit an diesen Tagen objektiv und verlässlich dokumentiert, um die Einhaltung der 35-stündigen Mindestruhezeit nachzuweisen?
- **Vergütungs-Check:** Werden vereinbarte Sonn- oder Feiertagszuschläge korrekt berechnet und dabei die steuerfreien Grenzen des § 3b EStG beachtet?

III. Nacht- und Schichtarbeit

1. Warum ist Nacht- und Schichtarbeit im ArbZG ein zentrales Anliegen?

§ 6 ArbZG enthält spezielle Schutzvorschriften in Bezug auf Nacht- und Schichtarbeit, da diese besonders gesundheitsschädliche Folgen haben. Nach dem Weißbuch Arbeiten 4.0 des Bundesministeriums für Arbeit und Soziales[25] arbeitet jede/jeder vierte Erwerbstätige inzwischen abends, jede/jeder zehnte nachts. Im Vergleich zum Jahr 1992 ist der Anteil von Erwerbstätigen, die abends, nachts und am Wochenende arbeiten, insgesamt deutlich gestiegen. Gestiegen sind auch die Gesundheitsbeschwerden in der Schichtarbeit (vgl. unten).

---

25 Vgl. Weißbuch Arbeiten 4.0 des Bundesministeriums für Arbeit und Soziales, S. 73ff. m.w.N.

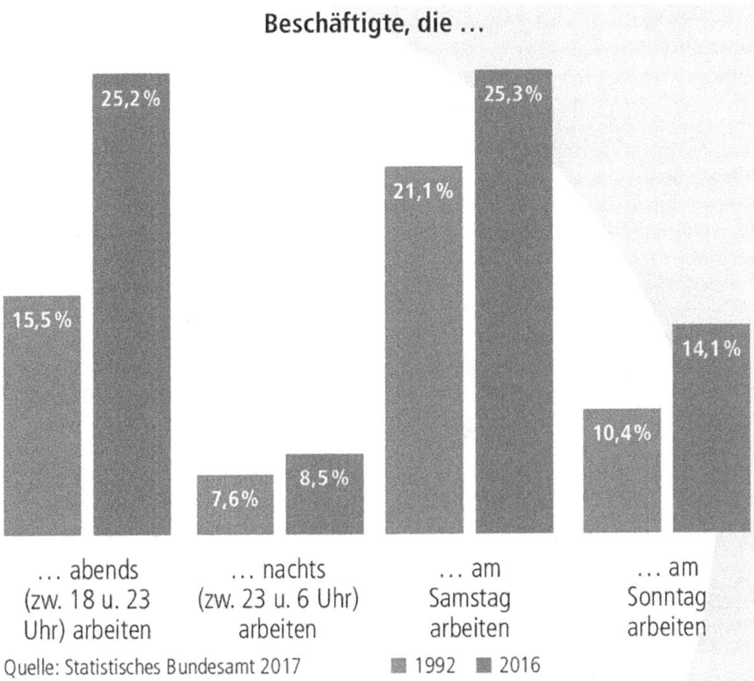

Wissenschaftliche Langzeitstudien der letzten Jahre verdeutlichen, dass Nachtarbeit gegen die »innere Uhr« (zirkadiane Rhythmik) des Menschen verstößt. Dies führt nicht nur zu kurzfristigen Schlafstörungen, sondern erhöht signifikant das Risiko für chronische Herz-Kreislauf-Erkrankungen, Diabetes Typ 2 und psychische Belastungen. Besonders kritisch wird heute die soziale Desynchronisation bewertet: Die Entkoppelung von familiären und sozialen Rhythmen führt bei Schichtarbeitern häufiger zu Einsamkeit und familiären Spannungen, was den Gesundheitsschutz zu einer gesellschaftspolitischen Aufgabe macht.
Gleichzeitig gibt es die Anforderungen der modernen Arbeitswelt: Veränderte Kundenbedürfnisse und beschleunigte Wertschöpfungsprozesse fordern eine ständige Erreichbarkeit. Dank moderner Netzwerktechnologien und mobiler Endgeräte sind Arbeitsgegenstände und -inhalte heute zeitunabhängig mobil verfügbar.
Diese permanente Verfügbarkeit (»Arbeit rund um die Uhr«) macht die Schutzvorschriften des § 6 ArbZG wichtiger denn je, um eine Grenze zwischen wirtschaftlicher Flexibilität und dem notwendigen Gesundheitsschutz der Arbeitnehmer zu ziehen.

Das primäre Ziel des § 6 ArbZG liegt im Gesundheitsschutz der Arbeitnehmer (insb. Abs. 1–3). Die potenzielle Gesundheitsgefahr von Nachtarbeit wurde u. a. vom Bundesverfassungsgericht anerkannt (BVerfG 28. 1. 1992 – 1 BvR 1025/82). Daneben regelt § 6 ArbZG auch den Schutz vor bzw. Ausgleich von negativen sozialen Auswirkungen (insb. Abs. 4–6).

Schichtarbeit und Gesundheitsbeschwerden

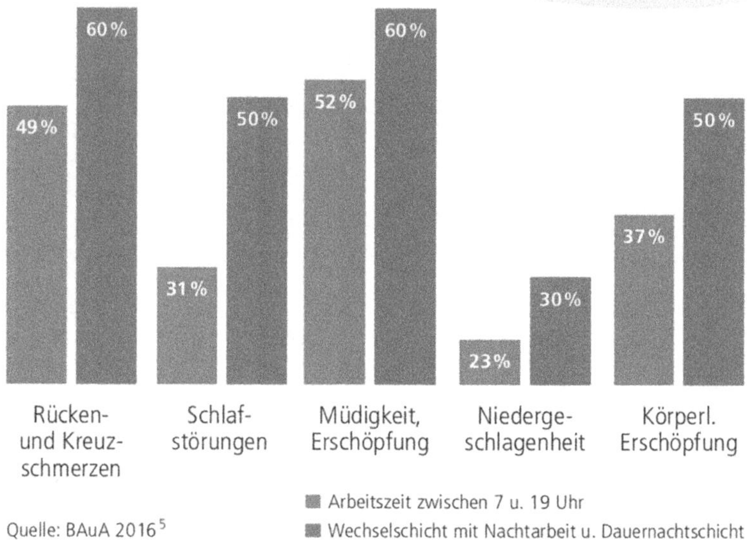

Quelle: BAuA 2016[5]

2. Was sagt das EU-Recht zu Nacht- und Schichtarbeit?

Die EU-Arbeitszeitrichtlinie (Richtlinie 2003/88/EG) enthält in Art. 8–13 Schutzvorschriften bezüglich Nacht- und Schichtarbeit. Die Begriffe Nachtzeit, Nachtarbeiter, Schichtarbeit und Schichtarbeiter werden in Art. 2 Nr. 3–6 der Richtlinie definiert. Zusätzlich beziehen sich die Erwägungsgründe 6–10 auf diese Thematik.
Die EU-Normen wurden durch folgende Paragrafen in nationales Recht umgesetzt:

- Art. 8 RL durch § 6 Abs. 2 ArbZG,
- Art. 9 RL durch § 6 Abs. 3 und 4 ArbZG,
- Art. 10 RL durch § 8 ArbZG,
- Art. 11 RL durch § 17 Abs. 4 ArbZG,

- Art. 12 RL durch deutsche Arbeitsschutzgesetze (insb. ASiG, ArbStättV und GefStoffV),
- Art. 13 RL durch § 6 Abs. 1 ArbZG.

3. Was ist Nachtarbeit und wer gilt als Nachtarbeitnehmer?

Die Begriffe werden in § 2 Abs. 4 und 5 ArbZG definiert.
Nachtarbeit ist jede Arbeit, die mehr als zwei Stunden der Nachtzeit umfasst (§ 2 Abs. 4 ArbZG).
Als Nachtzeit gilt grundsätzlich die Zeit von 23–6 Uhr (§ 2 Abs. 3 ArbZG). Lediglich für Bäckereien und Konditoreien gilt eine abweichende Nachtzeit von 22–5 Uhr (§ 2 Abs. 3 ArbZG).
Als Nachtarbeitnehmer gilt, wer entweder aufgrund seiner Arbeitszeitgestaltung normalerweise Nachtarbeit in Wechselschicht zu leisten hat oder Nachtarbeit an mindestens 48 Tagen im Kalenderjahr leistet (§ 2 Abs. 5 ArbZG).

4. Darf jeder Arbeitnehmer Nachtarbeit leisten?

Nein, denn für bestimmte Beschäftigtengruppen gilt ein Nachtarbeitsverbot.

Jugendliche (15–18 Jahre):

Jugendliche dürfen nur in der Zeit von 6–20 Uhr beschäftigt werden (§ 14 Abs. 1 Jugendarbeitsschutzgesetz [JArbSchG]). Dabei handelt es sich um ein zwingendes Verbot, von dem nur in den gesetzlich geregelten Ausnahmen des § 14 Abs. 2–7 ArbSchG und nur in dem dort genannten Zeitrahmen abgewichen werden darf. Sowohl vorsätzlich als auch fahrlässig begangene Verstöße des Arbeitgebers können als Ordnungswidrigkeit mit einer Geldbuße bis zu 30 000 € geahndet werden (§ 58 Abs. 1 Nr. 11 i. V. m. Abs. 4 JArbSchG). Bei Erfüllung der Voraussetzungen des § 58 Abs. 5 JArbSchG kann es sich sogar um eine Straftat handeln, bei der eine Freiheits- oder Geldstrafe droht.

Werdende oder stillende Mütter:

Auch bei diesen besteht ein grundsätzliches zwingendes Nachtarbeitsverbot für die Zeit von 20–6 Uhr. Dies gilt auch für Schülerinnen und Studentinnen (§ 5 Abs. 1, 2 Mutterschutzgesetz [MuSchG]). Allerdings kann die Aufsichtsbehörde, wenn die Voraussetzungen des § 28 Abs. 1 MuSchG erfüllt sind, eine Beschäftigung von 20–22 Uhr genehmigen. In besonders begründeten Einzelfällen kann sogar eine Beschäftigung zwischen 22–6 Uhr bewilligt werden (§ 29 Abs. 3 Satz 2 Nr. 1 MuSchG). Darf eine Frau aufgrund von § 5 MuSchG ganz oder teilweise nicht beschäftigt werden, hat sie nach § 18 MuSchG einen Anspruch auf Mutterschutzlohn. Zur Vermeidung eines Beschäftigungsverbots/-ausfalls kann der Arbeitgeber der Arbeitnehmerin zumutbare Ersatztätigkeiten zuweisen. Unter anderem auch solche, die sonst nicht von seinem Direktionsrecht gedeckt wären (BAG 21.4.1999 – 5 AZR 174/99; 15.11.2000 – 5 AZR 365/99). Ein Verstoß durch den Arbeitgeber kann auch hier eine Ordnungswidrigkeit (§ 32 MuSchG) oder Straftat (§ 33 MuSchG) darstellen.

Schwerbehinderte:
Ein ausdrückliches Nachtarbeitsverbot existiert zwar nicht, aber nach § 164 Abs. 4 Satz 1 Nr. 4 Sozialgesetzbuch Neuntes Buch (SGB IX) haben schwerbehinderte Arbeitnehmer einen Anspruch auf behinderungsgerechte Gestaltung ihrer Arbeitszeit. Wenn der Arbeitnehmer durch ärztliches Attest nachweist, dass er aus gesundheitlichen Gründen, die mit der Schwerbehinderung in Zusammenhang stehen, keine Nachtarbeit mehr verrichten kann und dem Arbeitgeber nach den Gegebenheiten des Betriebs die Zuweisung einer anderen Beschäftigung möglich und zumutbar ist, kann sich aus § 164 SGB IX ergeben, dass der Arbeitgeber verpflichtet ist, den schwerbehinderten Arbeitnehmer vorübergehend oder dauerhaft von Nachtarbeit zu befreien (BAG 3.12.2002 – 9 AZR 462/01; LAG Köln 28.6.2006 –7 Sa 1506/05).

5. Was ist Schichtarbeit?

Bezüglich der Schichtarbeit enthält das **ArbZG keine Definition.** Nach **BAG-Rechtsprechung** liegt Schichtarbeit vor, wenn eine bestimmte Arbeitsaufgabe über einen erheblich längeren Zeitraum als die tägliche Arbeitszeit eines Arbeitnehmers hinaus erfüllt und daher von mehreren Arbeitnehmern (oder Arbeitnehmergruppen) in einer geregelten zeitlichen Reihenfolge erbracht wird.
Bei der Schichtarbeit arbeiten nicht sämtliche Beschäftigte eines Betriebes zur selben Zeit, sondern ein Teil arbeitet, während der andere Teil arbeitsfreie Zeit hat, wobei sich – zwei oder mehr – Beschäftigtengruppen regelmäßig nach einem feststehenden und überschaubaren Schichtplan ablösen. Dabei muss eine übereinstimmende Arbeitsaufgabe von untereinander austauschbaren Arbeitnehmern erfüllt werden (BAG 20.6.1990 – 4 AZR 5/90; 12.3.2008 – 4 AZR 616/06).
Für mehrschichtige Betriebe enthält das ArbZG eine Sonderregelung in Bezug auf die Sonn- und Feiertagsruhe. Gemäß § 9 Abs. 2 ArbZG kann

bei diesen Betrieben Beginn und Ende der Sonn- und Feiertagsruhe um bis zu sechs Stunden vor- oder zurückverlegt werden.

6. Wer gilt als Schichtarbeitnehmer?

Bezüglich des **Schichtarbeitnehmers** existiert im ArbZG ebenfalls keine Definition, weshalb umstritten ist, ob nur solche Arbeitnehmer, die Wechselschichten leisten, oder auch die, die dauerhaft in einer bestimmten Schicht eingesetzt werden, Schichtarbeitnehmer sind. Nach europäischem Recht ist jeder Arbeitnehmer, der in einem Schichtarbeitsplan eingesetzt ist, ein Schichtarbeitnehmer (Art. 2 Nr. 5 RL).

7. Ist der Arbeitnehmer verpflichtet, Schicht- oder Nachtarbeit zu leisten?

Zunächst kann sich eine Verpflichtung aus dem Arbeitsvertrag, dem Tarifvertrag oder der Betriebs- oder Dienstvereinbarung ergeben. Ist in diesen nichts festgelegt, kann der Arbeitgeber aufgrund seines Weisungsrechts (§ 106 Satz 1 Gewerbeordnung [GewO]) Nacht- oder Schichtarbeit anordnen. Die Anordnung hat allerdings nach billigem Ermessen zu erfolgen (§ 315 Bürgerliches Gesetzbuch [BGB]), weshalb die Interessen beider Parteien hinreichend zu berücksichtigen sind (BAG 19.6.1985 – 5 AZR 57/84).

8. Hat der Arbeitnehmer einen Anspruch auf Beschäftigung in Nacht- und Schichtarbeit?

Ein solcher Anspruch besteht grundsätzlich nur bei einer entsprechenden Vereinbarung im Arbeitsvertrag. Ein gewohnheitsrechtlicher Anspruch, nur noch in Nacht- oder Schichtarbeit eingesetzt zu werden, ergibt sich in der Regel auch dann nicht, wenn der Arbeitnehmer über einen längeren Zeitraum in einem Nacht- oder Schichtarbeitssystem eingeteilt wurde (BAG 10.12.2014 – 10 AZR 63/14; 29.9.2004 – 5 AZR 559/03).

9. Hat der Arbeitnehmer einen Anspruch auf eine bestimmte Gestaltung seiner Schichten?

Bei der Auslegung der **menschengerechten Gestaltung** nach § 6 Abs. 1 ArbZG haben sich **folgende arbeitswissenschaftliche Leitlinien als Standard** etabliert (vgl. Empfehlungen der BAuA):

- **Vorwärtsrotation:** Schichtfolgen sollten im Uhrzeigersinn wechseln (Früh → Spät → Nacht), da dies dem natürlichen Rhythmus eher entspricht als eine Rückwärtsrotation.
- **Begrenzung der Nachtfolgen:** Es sollten maximal zwei bis drei Nachtschichten hintereinander geleistet werden. Lange Nachtschichtblöcke führen zu einem massiven Schlafentzug, der durch freie Tage kaum noch kompensiert werden kann.
- **Ausreichende Erholungsphasen:** Nach einer Nachtschichtphase sollte die Ruhezeit nicht nur die gesetzlichen 11 Stunden, sondern idealerweise mindestens 24 bis 48 Stunden betragen, um den Schlafrhythmus zu stabilisieren.
- **Vermeidung sehr frühen Beginns:** Die Frühschicht sollte nach Möglichkeit nicht vor 6:00 Uhr beginnen, da ein Arbeitsbeginn um 4:00 oder 5:00 Uhr die letzte, wertvollste Tiefschlafphase unterbricht.

Betriebs- und Personalräte können die Einhaltung dieser Kriterien über ihr Mitbestimmungsrecht bei der Schichtplangestaltung (§ 87 Abs. 1 Nr. 2 BetrVG / § 80 Abs. 1 Nr. 1 BPersVG) erzwingen. Ein Schichtplan, der grob gegen diese gesicherten Erkenntnisse verstößt, ist rechtlich unzulässig.

Das ArbZG verpflichtet den Arbeitgeber zur menschengerechten Gestaltung der Arbeitszeit (§ 6 Abs. 1 ArbZG). Dabei sind arbeitspsychologische und -medizinische Erkenntnisse einzubeziehen. Aufsichtsbehörden können die Einhaltung der zumutbaren Arbeitszeitgestaltung überprüfen und ggf. nach § 17 Abs. 2 ArbZG durchsetzen. Da ein Verstoß weder als Ordnungswidrigkeit (§ 22 ArbZG) noch als Straftat (§ 23 ArbZG) eingestuft wird, sind die Folgen eines Verstoßes umstritten.

Ebenso strittig ist, ob und was für individuelle Arbeitnehmerrechte und -ansprüche aus § 6 Abs. 1 ArbZG hergeleitet werden können. Ein individueller Anspruch auf die Festlegung einer menschengerechten Arbeitszeit entsprechend den aktuellen wissenschaftlichen Erkenntnissen wird grundsätzlich bejaht (= Erfüllungsanspruch). Allerdings gibt es Schwierigkeiten hinsichtlich der Durchsetzung dieser Verpflichtung. § 6 Abs. 1 ArbZG räumt dem Arbeitgeber nur einen Handlungs- und Beurteilungsspielraum ein und enthält keine zwingenden Vorgaben für die Arbeitszeit- und Schichtplangestaltung. Aufgrund dieses Spielraums wird der Arbeitnehmer nur in Ausnahmefällen vom Arbeitgeber verlangen können, dass seine Arbeitszeit nach bestimmten, arbeitnehmerseitig vorgegebenen Kriterien festgelegt wird. Neben dem Erfüllungsanspruch käme unter Umständen auch ein Zurückbehaltungsrecht hinsichtlich der Arbeitsleistung (§ 273 BGB) oder ein Schadensersatzanspruch (§§ 280 ff.

BGB) in Betracht. Allerdings dürften auch diese in der Praxis an der Durchsetzbarkeit scheitern.

10. Wie hoch ist die werktägliche Höchstarbeitszeit von Nachtarbeitnehmern?

Dies ist in § 6 Abs. 2 ArbZG geregelt. Danach darf die werktägliche Arbeitszeit der Arbeitnehmer acht Stunden nicht überschreiten. Dabei ist nicht auf einen Kalendertag von 0–24 Uhr abzustellen, sondern auf den 24-stündigen Arbeitstag des konkreten Arbeitnehmers. Die Verlängerung der täglichen Arbeitszeit auf bis zu zehn Stunden ist auch für Nachtarbeitnehmer möglich, allerdings gilt für diese ein kürzerer Ausgleichszeitraum. § 6 Abs. 2 Satz 2 ArbZG verkürzt den üblichen Ausgleichszeitraum aus § 3 ArbZG von sechs Kalendermonaten / 24 Wochen auf einen Kalendermonat / 4 Wochen. Für den Zeitraum, in dem ein Nachtarbeitnehmer nicht zur Nachtarbeit herangezogen wird, gelten allerdings die längeren Ausgleichszeiträume von sechs Monaten bzw. 24 Wochen (§ 6 Abs. 2 Satz 3 ArbZG). Gemäß § 7 Abs. 1–2a ArbZG kann jedoch in einem Tarifvertrag oder aufgrund eines Tarifvertrags in einer Betriebs- oder Dienstvereinbarung von § 6 Abs. 2 ArbZG abgewichen werden.

11. Haben Nachtarbeitnehmer einen Anspruch auf eine arbeitsmedizinische Untersuchung?

Ja, Nachtarbeitnehmer haben ein Recht auf eine Erstuntersuchung vor Beginn der Beschäftigung mit Nachtarbeit und auf weitere Nachuntersuchungen in regelmäßigen Zeitabständen von nicht weniger als drei Jahren (§ 6 Abs. 3 Satz 1 ArbZG). Arbeitnehmern, die das 50. Lebensjahr vollendet haben, stehen regelmäßige Nachuntersuchungen im Abstand von einem Jahr zu (§ 6 Abs. 3 Satz 2 ArbZG). Die Untersuchung muss von einem fachkundigen Arzt durchgeführt werden. Daher kann die Untersuchung nur von einem Facharzt für Arbeitsmedizin oder von einem Facharzt mit Zusatzbezeichnung »Betriebsmedizin« vorgenommen werden. Das Ergebnis der Untersuchung unterliegt der ärztlichen Schweigepflicht (Art. 9 Abs. 2 RL 2003/88/EG, Berufsordnung-Ärzte, § 203 Abs. 1 Nr. 1 StGB).

Der Betriebsarzt fungiert hierbei nicht mehr nur als Gutachter für die Tauglichkeit, sondern als **Präventionsberater**. Im Rahmen der Pflicht- oder Angebotsvorsorge nach der ArbMedVV ist es seine Aufgabe, Schichtarbeitnehmer individuell zu Themen wie Schlafhygiene, Ernährung (Vermeidung schwerer Kost während der Nachtzeit) und Lichtexposition zu beraten, um die negativen Folgen der Nachtarbeit zu minimieren.

12. Können Nachtarbeitnehmer verpflichtet werden, sich untersuchen zu lassen?

Grundsätzlich nicht, da es sich um ein verzichtbares Recht handelt. Allerdings kann sich aus dem Arbeits- oder Tarifvertrag eine entsprechende Verpflichtung ergeben.

13. Wer trägt die Kosten der Untersuchung?

Die Kosten der Untersuchung hat der Arbeitgeber zu tragen, sofern er die Untersuchungen den Nachtarbeitnehmern nicht kostenlos durch einen Betriebsarzt oder einen überbetrieblichen Dienst von Betriebsärzten anbietet (§ 6 Abs. 3 Satz 3 ArbZG). Zu diesen Kosten zählen die unmittelbaren Untersuchungskosten und erforderliche und angemessene Nebenkosten (z. B. Fahrtkosten).

14. Kann ein Nachtarbeitnehmer die Umsetzung auf einen Tagesarbeitsplatz verlangen?

Ja. Es gibt drei Fälle, in denen unter den genannten Voraussetzungen ein gesetzlicher Anspruch auf Umsetzung auf einen Tagesarbeitsplatz (normalerweise zwischen 6–23 Uhr) besteht (§ 6 Abs. 4a)–c) ArbZG).
Zum einen, wenn nach arbeitsmedizinischer Feststellung die weitere Verrichtung von Nachtarbeit den Arbeitnehmer in seiner Gesundheit gefährdet. Des Weiteren wenn im Haushalt des Arbeitnehmers ein Kind unter zwölf Jahren lebt, dass nicht von einer anderen im Haushalt lebenden Person betreut werden kann oder der Arbeitnehmer einen schwerpflegebedürftigen Angehörigen zu versorgen hat, der nicht von einem anderen im Haushalt lebenden Angehörigen versorgt werden kann.
Die Umsetzungspflicht entsteht erst nachdem der Arbeitnehmer sein Umsetzungsverlangen gegenüber dem Arbeitgeber geäußert hat. Der Anspruch bezieht sich auf die Umsetzung auf einen für den konkreten Arbeitnehmer geeigneten Tagesarbeitsplatz. Dies ist allerdings nur dann möglich, wenn ein geeigneter Tagesarbeitsplatz existiert. Der Arbeitgeber ist insofern nicht verpflichtet, extra einen neuen Tagesarbeitsplatz zu schaffen. Durchgesetzt werden kann der Umsetzungsanspruch mittels einer Leistungsklage. Ein sehr eingängiges Beispiel, bei dem Nachlesen lohnenswert ist, stellt die Entscheidung des BAG vom 9. 4. 2014 – 10 AZR

637/13 dar, welche den Fall einer Krankenschwester behandelt, die nicht mehr im Nachtdienst eingeteilt werden möchte.
Wenn grundsätzlich alle Voraussetzungen für einen Umsetzungsanspruch vorliegen, aber der Arbeitgeber die Auffassung vertritt, dass der Umsetzung dringende betriebliche Erfordernisse entgegenstehen, muss der Arbeitgeber den Betriebs- oder Personalrat anhören. Dieser kann dann Vorschläge für eine Umsetzung des Arbeitnehmers unterbreiten (§ 6 Abs. 4 Satz 2 und 3 ArbZG). Der Arbeitgeber ist jedoch nicht verpflichtet den Vorschlägen zu folgen. Er muss sie aber entsprechend dem Grundsatz der vertrauensvollen Zusammenarbeit (vgl. § 2 Abs. 1 BetrVG) auf ihre Realisierbarkeit überprüfen und sein Ergebnis mitteilen und begründen.

15. Ist der Arbeitgeber verpflichtet, Zuschläge für Nachtarbeit zu zahlen?

Ja, es besteht eine gesetzliche Ausgleichspflicht für die Arbeit während der Nachtzeit (§ 6 Abs. 5 ArbZG). Hinsichtlich der Art des Ausgleichs steht dem Arbeitgeber ein Wahlrecht zu. Er kann dem Arbeitnehmer entweder eine angemessene Zahl bezahlter freier Tage (Freizeitausgleich) oder einen angemessenen Zuschlag auf das Bruttoarbeitsentgelt (Geldausgleich) gewähren. Das Wahlrecht des Arbeitgebers entfällt, wenn eine arbeits- oder tarifvertragliche Regelung existiert.
Die Ausgleichspflicht bezieht sich auch auf während der Nachtzeit geleistete Bereitschaftsdienste (BAG 15.7.2009 – 5 AZR 867/08; 23.3.2011 –10 AZR 661/09).
In Betrieben oder Dienststellen, in denen ein Tarifvertrag einschlägig ist, besteht indes keine Wahlmöglichkeit zwischen Freizeit- und Geldausgleich, sondern es greift die Regelung im Tarifvertrag.

16. Wie hoch ist der Freizeit- bzw. Geldausgleich?

Bezüglich der Höhe des Ausgleiches existieren keine konkreten gesetzlichen Angaben. § 6 Abs. 5 ArbZG besagt lediglich, dass der Ausgleich »angemessen« sein muss. Die Angemessenheit bemisst sich nach der Art der während der Nachtarbeit geleisteten Arbeit (BAG 5.9.2002 – 9 AZR 202/01).
Wie viele bezahlte freie Tage als Ausgleich angemessen sind, ist nicht einheitlich zu beantworten und unterliegt in der Praxis Aushandlungsprozessen. Helfen kann aber eine Orientierung am ursprünglichen Referentenentwurf zum ArbZG. Danach müssten Nachtarbeitnehmer für

etwa 90 während der Nachtzeit geleistete Arbeitsstunden einen bezahlten freien Tag erhalten.[26]

In der Regel ist ein Zuschlag von 25 % des Bruttostundenlohns bzw. eine entsprechende Anzahl bezahlter freier Tag angemessen (BAG 27. 5. 2003 – 9 AZR 180/02; 1. 2. 2006 – 5 AZR 422/04). Bei Dauernachtarbeit gelten regelmäßig 30 % als angemessen (BAG 25. 5. 2022 – 10 AZR 230/19; 9. 12. 2015 – 10 AZR 423/14; 5. 9. 2002 – 9 AZR 202/01). Beim Bereitschaftsdienst hielt das BAG aufgrund des geringeren Arbeitsaufwands u. U. auch schon 5 % für angemessen (BAG 15. 7. 2009 – 5 AZR 867/08; 12. 12. 2012 – 10 AZR 192/11).

Sowohl die Parteien eines Arbeitsvertrags als auch die eines Tarifvertrags können auf eine gesonderte Zuschlagsregelung verzichten und stattdessen den Grundlohn entsprechend der vereinbarten Nachtarbeit erhöhen. Im Rahmen eines Arbeitsvertrags kann von einer pauschalen Abgeltung des Nachtarbeiterzuschlags durch einen erhöhten Grundlohn allerdings nur dann ausgegangen werden, wenn konkrete Anhaltspunkte für eine Pauschalierung im Arbeitsvertrag enthalten sind (BAG 5. 9. 2002 –9 AZR 202/01; 31. 8. 2005 – 5 AZR 545/04). Bei einem Tarifvertrag ist durch Auslegung zu ermitteln, ob eine pauschale Abgeltung vereinbart wurde.

17. Wie kann der Ausgleichsanspruch geltend gemacht werden?

Der Arbeitnehmer kann seinen Ausgleichsanspruch mittels einer Leistungsklage vor Gericht geltend machen. Der Anspruch verjährt innerhalb der regelmäßigen Verjährungsfrist von 3 Jahren (§ 195 BGB).

18. Haben Nachtarbeitnehmer einen Anspruch auf betriebliche Weiterbildungen und aufstiegsfördernde Maßnahmen?

Ein unmittelbarer Anspruch auf betriebliche Weiterbildungen und aufstiegsfördernde Maßnahmen besteht nicht. Da der Arbeitgeber aber nach § 6 Abs. 6 ArbZG sicherstellen muss, dass Nachtarbeitnehmer den gleichen Zugang zur betrieblichen Weiterbildung und zu aufstiegsfördernden Maßnahmen haben wie die übrigen Arbeitnehmer, haben Nachtarbeitnehmer einen Anspruch auf gleiche Teilhabe. Dies umfasst alle Maßnahmen der beruflichen Fortbildung im Sinne des § 1 Abs. 4 Berufsbildungsgesetz (BBiG).

---

26 Buschmann/Ulber, § 6 Rn. 29.

19. Steht dem Betriebs- oder Personalrat ein Mitbestimmungsrecht bezüglich der Einführung von Schicht- und Nachtarbeit zu?

Dem Betriebs- oder Personalrat steht gem. § 87 Abs. 1 Nr. 2 und 3 BetrVG / § 80 Abs. 1 Nr. 1 BPersVG ein umfassendes Mitbestimmungsrecht in diesem Bereich zu. Sollte der Betriebs- oder Personalrat die Einführung von Schichtarbeit oder die Umwandlung eines Zwei-Schicht-Systems in ein Drei-Schicht-System ablehnen (Frage des »Ob«), liegt die Entscheidung bei der Einigungsstelle (§ 87 Abs. 2 BetrVG / § 74 Abs. 3 BPersVG).
Sind sich der Arbeitgeber und der Betriebs- oder Personalrat über das »Ob« von Schichtarbeit einig, so hat der Betriebs- oder Personalrat in allen Fragen der Schichtarbeit mitzubestimmen (Fragen des »Wie«) (BAG 28.10.1986 – 1 ABR 11/85). Dabei können sämtliche Einzelheiten des Schichtplans geregelt werden oder es können lediglich Grundsätze und Kriterien festgelegt werden. Bei der Festlegung darf nicht gegen arbeitswissenschaftliche Erkenntnisse verstoßen werden. Gegen diese darf auch dann nicht verstoßen werden, wenn sich der Arbeitgeber und Betriebs- oder Personalrat über einen solchen unrechtmäßigen Schichtplan einig wären.

20. Steht dem Betriebs- oder Personalrat ein Mitbestimmungsrecht bezüglich der arbeitsmedizinischen Untersuchung zu?

In diesem Bereich ergibt sich das Mitbestimmungsrecht des Betriebs- bzw. Personalrats aus § 87 Abs. 1 Nr. 7 BetrVG bzw. § 80 Abs. 1 Nr. 16 BPersVG. Das Mitbestimmungsrecht umfasst insbesondere die Fragen, ob das Untersuchungsangebot von einem betriebsinternen Arzt oder einem außenstehenden Arzt durchgeführt werden soll und wie das Angebot hinsichtlich Zeit, Ort etc. ausgestaltet sein soll. Die Bestellung oder Abberufung von im Betrieb angestellten Betriebsärzten kann gemäß § 9 Abs. 3 Arbeitssicherheitsgesetz (ASiG) nur mit der Zustimmung des Betriebsrates erfolgen. Außerdem haben zuständige Betriebsärzte mit dem Betriebsrat zusammenzuarbeiten (§ 9 Abs. 1 ASiG).

Exkurs: Die Rolle des Betriebsarztes als strategischer Berater
Viele Gremien nutzen den Betriebsarzt bisher nur reaktiv (wenn ein Kollege »nicht mehr kann«). Diese Ergänzung zeigt auf, dass der Arzt **präventiv** in die Gestaltung der Arbeitszeit einbezogen werden muss. Das wertet die Position des Betriebsrats/Personalrats in Verhandlungen massiv auf, da er sich auf »ärztliche Expertise« berufen kann.
Über die Durchführung der arbeitsmedizinischen Untersuchungen hinaus kommt dem Betriebsarzt eine zentrale Rolle bei der **Gefährdungsbeurteilung der Nacht- und Schichtarbeit** gemäß § 5 ArbSchG zu.
Der Betriebs- oder Personalrat sollte den Betriebsarzt aktiv dazu auffordern, die spezifischen Belastungsprofile der im Betrieb genutzten Schichtmodelle medizinisch zu bewerten. Dies betrifft insbesondere:
Gefährdungsanalyse: Der Betriebsarzt kann objektiv feststellen, ob bestimmte Schichtfolgen (z. B. Dauernachtarbeit oder Rückwärtsrotation) zu einer Häufung von Schlafstörungen oder Erschöpfungssyndromen führen.
Präventionsberatung: Er berät die Betriebsparteien nicht nur zur Schichtfolge, sondern auch zu begleitenden Maßnahmen wie einer schichtgerechten Kantinenverpflegung oder optimierten Lichtkonzepten am Arbeitsplatz, die den biologischen Rhythmus unterstützen.
Schnittstelle zur Mitbestimmung: Die Erkenntnisse des Betriebsarztes dienen dem Betriebs- oder Personalrat als fachliche Begründung, um bei Verhandlungen über Schichtpläne eine menschengerechte Gestaltung (§ 6 Abs. 1 ArbZG) rechtssicher einzufordern.
Um diese Zusammenarbeit zu institutionalisieren, empfiehlt es sich, den Betriebsarzt regelmäßig zu den Sitzungen des Arbeitsschutzausschusses (ASA) einzuladen und dort die Auswertungen der arbeitsmedizinischen Vorsorge (in anonymisierter Form) als Grundlage für Schichtplanoptimierungen zu nutzen.

21. Kann der Betriebs- oder Personalrat den Nachtarbeitnehmer zu einer arbeitsmedizinischen Untersuchung verpflichten?

Nein, Nachtarbeitnehmer können nicht durch eine Betriebs- oder Dienstvereinbarung zur Teilnahme an der Untersuchung verpflichtet werden.

22. Steht dem Betriebs- oder Personalrat ein Mitbestimmungsrecht bezüglich der Umsetzung auf einen Tagesarbeitsplatz zu?

Grundsätzlich nicht, da es beim Umsetzungsverlangen eines einzelnen Arbeitnehmers am betrieblichen Anlass und am notwendigen kollektiven Interesse fehlt. Erst wenn durch den Anspruch des Nachtarbeitnehmers andere Arbeitnehmer in die Nachtschicht wechseln müssen, handelt es sich bei den anderen Arbeitnehmern um einen Schichtumsetzung aus betrieblichem Anlass. Erst in diesem Fall sind die Kollektivinteressen berührt. Die Wahl, welcher Arbeitnehmer die Schicht wechseln soll, unterliegt dann dem Mitbestimmungsrecht (§ 87 Abs. 1 Nr. 2 BetrVG / § 80 Abs. 1 Nr. 1 BPersVG) (BAG 27.6.1989 – 1 ABR 33/88).

23. Steht dem Betriebs- oder Personalrat ein Mitbestimmungsrecht bezüglich des Ausgleichs für die Nachtarbeit zu?

Hinsichtlich des Umfangs steht dem Betriebs- oder Personalrat kein Mitbestimmungsrecht zu, da es insoweit um eine Frage der Angemessenheit bzw. der Billigkeit geht (= Rechtsfrage). Hinsichtlich der Art des Ausgleichs (Freizeit- oder Geldausgleich) besteht ein Mitbestimmungsrecht nach § 87 Abs. 1 Nr. 7 und Nr. 10 BetrVG bzw. § 80 Abs. 1 Nr. 8 BPersVG, solange nicht eine vorrangige tarifliche Regelung besteht.

24. Steht dem Betriebs- oder Personalrat ein Mitbestimmungsrecht bezüglich der betrieblichen Weiterbildung und Aufstiegsförderung zu?

Der Betriebs- oder Personalrat hat mittels seines Mitbestimmungsrechts nach § 98 Abs. 1 BetrVG / § 78 Abs. 1 Nr. 13, § 80 Abs. 1 Nr. 9 BPersVG darauf hinzuwirken, dass tatsächlich angebotene Maßnahmen allen Arbeitnehmern gleichermaßen zur Verfügung stehen.

Checkliste: Gesunde Schichtplangestaltung

Diese Checkliste hilft Betriebs- und Personalräten dabei, Schichtpläne nicht nur auf rechtliche Mindeststandards, sondern auch auf ihre **menschengerechte Gestaltung** (§ 6 Abs. 1 ArbZG) hin zu prüfen:

- **Rotationsrichtung:** Erfolgt der Schichtwechsel in der Vorwärtsrotation (Früh → Spät → Nacht)? *Rückwärtsrotationen belasten den Körper deutlich stärker.*
- **Anzahl der Nachtschichten:** Sind maximal 2 bis 3 Nachtschichten hintereinander geplant? *Längere Phasen führen zu chronischem Schlafmangel.*
- **Ruhezeiten nach der Nachtschicht:** Folgt auf einen Nachtschichtblock eine ausreichend lange Erholungsphase (idealerweise mindestens 48 Stunden)?
- **Frühschichtbeginn:** Beginnt die Frühschicht nicht vor 6:00 Uhr? *Ein sehr früher Beginn (z. B. 4:30 Uhr) ist physiologisch ähnlich belastend wie Nachtarbeit.*
- **Planbarkeit:** Ist der Schichtplan für die Beschäftigten langfristig vorhersehbar (Vermeidung von kurzfristigem »Einspringen«)?
- **Einbeziehung des Betriebsarztes:** Wurde der Betriebsarzt bei der Erstellung des Schichtmodells fachlich gehört, insbesondere zur Gefährdungsbeurteilung der Nachtarbeit?
- **Vorsorge-Check:** Ist sichergestellt, dass alle Nachtarbeitnehmer über ihr Recht auf die arbeitsmedizinische Untersuchung (§ 6 Abs. 3 ArbZG) informiert wurden und dieses unbürokratisch wahrnehmen können?
- **Sonderschutz:** Werden individuelle Einschränkungen (z. B. durch Atteste nach § 6 Abs. 4 ArbZG oder Schwerbehinderung) bei der Einteilung sofort berücksichtigt?
- **Gleichberechtigte Teilhabe:** Haben die Nachtarbeiter tatsächlich den gleichen Zugang zu Kantinenverpflegung, Fortbildungen und Informationen wie die Tagbelegschaft?

IV. Arbeit auf Abruf

1. Was bedeutet Arbeit auf Abruf?

Arbeit auf Abruf liegt vor, wenn Arbeitgeber und Arbeitnehmer vereinbart haben, dass der Arbeitnehmer seine Arbeitsleistung entsprechend dem Arbeitsanfall zu erbringen hat (§ 12 Abs. 1 Satz 1 Teilzeitbefristungsgesetz – TzBfG). Derartige Arbeitszeitregelungen werden auch als KAPOVAZ (kapazitätsorientierte variable Arbeitszeit) oder BAVAZ (bedarfsabhängige variable Arbeitszeit) bezeichnet. Nach überwiegender Ansicht unter Juristen ist Abrufarbeit nur bei Teilzeitkräften und nicht bei Vollzeitkräften möglich.

Fazit: Abrufarbeit ist rechtlich nur bei **Teilzeitkräften** zulässig. Versuche, Vollzeitkräfte ohne festes Stundenkontingent »auf Abruf« zu beschäftigen, verstoßen gegen das Transparenzgebot und das Wirtschaftsrisiko des Arbeitgebers.

2. Ist eine Kombination von Mindestarbeitsdauer und zusätzlich abrufbarer Arbeitszeit zulässig?

Nach BAG-Rechtsprechung ist die Vereinbarung eines Flexibilisierungsanteils zulässig, der maximal 25 % der geschuldeten Mindestarbeitszeit beträgt (BAG 7.12.2005 – 5 AZR 535/04).

> **Beispiel:**
> Vereinbarung einer Mindestarbeitszeit von 30 Stunden pro Woche und darüber hinaus eine Vereinbarung, dass der Arbeitgeber weitere 7,5 Stunden (die maximalen 25 % gemäß § 12 Abs. 2 Satz 1 TzBfG) abrufen kann, aber nicht muss.

Zumindest bei Arbeitsverhältnissen mit arbeitszeitabhängiger Vergütung wird dies allerdings unter Heranziehung von älterer BAG-Rechtsprechung (BAG 12.12.1984 – 7 AZR 509/83; 31.1.1985 – 2 AZR 393/83) kritisiert. Nach dieser Rechtsprechung sind bei Arbeitsverhältnissen mit vergütungsabhängiger Arbeitszeit Vereinbarungen, die den Arbeitgeber berechtigen, die Dauer der Arbeitszeit einseitig zu verändern, nach § 134 BGB nichtig.

3. Wie hoch ist die wöchentliche bzw. tägliche Arbeitszeit derartiger Arbeitsverhältnisse?

Arbeitgeber und Arbeitnehmer müssen in ihrer Vereinbarung eine bestimmte Dauer der wöchentlichen und täglichen Arbeitszeit festlegen (§ 12 Abs. 1 Satz 2 TzBfG). Statt der Wochenarbeitszeit kann auch ein monatlicher oder jährlicher Arbeitszeitrahmen vereinbart werden. Die Vereinbarung kann zwar mündlich erfolgen, allerdings muss der Arbeitgeber die wesentlichen Arbeitsbedingungen (u.a. die Dauer der Arbeitszeit) schriftlich niederlegen und dem Arbeitnehmer aushändigen (§ 2 Abs. 1 Nachweisgesetz – NachwG). Seit dem 1.8.2022 sind die Voraussetzungen bei Arbeit auf Abruf gem. § 2 Abs. 1 NachwG nach § 12 des TzBfG verschärft worden. In der Niederschrift sind folgende Punkte zu regeln:

> **§ 2 Abs. 1 Nr. 9 NachwG**
> »a) die Vereinbarung, dass der Arbeitnehmer seine Arbeitsleistung entsprechend dem Arbeitsanfall zu erbringen hat,
> b) die Zahl der mindestens zu vergütenden Stunden,
> c) der Zeitrahmen, bestimmt durch Referenztage und Referenzstunden, der für die Erbringung der Arbeitsleistung festgelegt ist, und
> d) die Frist, innerhalb derer der Arbeitgeber die Lage der Arbeitszeit im Voraus mitzuteilen hat …«

Wurde eine Mindestzeit vereinbart, darf der Arbeitgeber nur bis zu 25 % der wöchentlichen Arbeitszeit zusätzlich abrufen (§ 12 Abs. 2 Satz 1 TzBfG). Wurde hingegen eine Höchstarbeitszeit vereinbart, darf der Arbeitgeber nur bis zu 20 % der wöchentlichen Arbeitszeit weniger abrufen (§ 12 Abs. 2 Satz 2 TzBfG).
Wenn keine ausdrückliche Vereinbarung getroffen wurde, ist zu prüfen, ob sich aus schlüssigem Verhalten eine konkludente Vereinbarung ergibt. Dafür kann es genügen, dass der Arbeitnehmer in einem bestimmten Umfang eingesetzt wird und ein verstetigtes Entgelt bekommt, welches auf der Basis eines in diesem Rahmen Beschäftigten berechnet wird.[27]
Sollte sich weder dem Arbeitsvertrag noch der einvernehmlichen Vertragshandhabung eine festgelegte Arbeitszeit entnehmen lassen, gilt bei Teilzeitarbeitsverhältnissen eine fingierte Vereinbarung einer wöchentlichen Arbeitszeit von 20 Stunden (§ 12 Abs. 1 Satz 3 TzBfG) und einer täglichen Arbeitszeit von mindestens drei aufeinanderfolgenden Stunden (§ 12 Abs. 1 Satz 4 TzBfG). Beachtet der Arbeitgeber die Mindesteinsatzzeit von drei aufeinanderfolgenden Stunden nicht, liegt es beim Arbeitnehmer, ob er der Arbeitsanordnung nachkommt oder ob er sie zulässigerweise verweigert.
Auf Vollzeitarbeitsverhältnisse ist § 12 TzBfG weder direkt noch analog anwendbar. Dies ist aber auch nicht notwendig, da bei Vollzeitarbeitsverhältnissen eine Arbeitnehmergefährdung durch übermäßig flexible Arbeitszeiteinteilung nach §§ 138, 242 BGB bzw. § 307 BGB unwirksam sein kann.
Da der Umfang der Arbeitszeit somit in jedem Fall auf irgendeine Weise festgelegt ist, kann sich das Direktionsrecht des Arbeitgebers lediglich auf die Lage der zusammenhängenden Arbeitszeit beziehen. Diesbezüglich bedarf der Arbeitnehmer keines Schutzes, weil er sich auf die vereinbarte Arbeitszeit einstellen kann und die kurzen Arbeitszeiten bei Vertragsschluss kannte.

27 NK-ArbZR, TzBfG § 12 Rn. 14.

4. Erhält der Arbeitnehmer ein regelmäßiges Arbeitsentgelt?

Da ein Abrufarbeitsverhältnis ein Dauerarbeitsverhältnis ist, erhält der Arbeitnehmer grundsätzlich ein regelmäßiges Arbeitsentgelt. Dieses bemisst sich nach dem auf den Vergütungszeitraum anteilig entfallenen Arbeitszeitkontingent.[28] Es steht den Parteien aber offen, ein unregelmäßiges Arbeitsentgelt zu vereinbaren. Voraussetzung ist, dass eine Mindestarbeitszeit und eine arbeitszeitabhängige Vergütung festgelegt wurden (BAG 7.12.2005 – V AZR 535/04).

5. Hat der Arbeitnehmer eines Abrufarbeitsverhältnisses Anspruch auf Entgeltfortzahlung im Krankheitsfall?

Ja. Da im Rahmen der Abrufarbeit eine kontinuierliche Vergütung erfolgt, gelten bezüglich der Entgeltfortzahlung im Krankheitsfall die allgemeinen Regeln (§§ 2ff. Entgeltfortzahlungsgesetz [EntgFG]). Für den Arbeitnehmer besteht die Pflicht, Erkrankungen sofort mitzuteilen und nicht erst bei Arbeitsabruf.

6. Hat der Arbeitnehmer eines Abrufarbeitsverhältnisses Anspruch auf Feiertags- und Urlaubsvergütung?

Auch diesbezüglich gelten grundsätzlich die allgemeinen Regeln.
Bei der Urlaubsberechnung gilt das Bundesurlaubsgesetz (BUrlG), welches bei einer Sechs-Tage-Woche einen Mindesturlaub von 24 Tagen festlegt (§ 3 Abs. 1 BUrlG). Bei weniger Arbeitstagen pro Woche muss der Umfang des Anspruchs entsprechend umgerechnet werden. Zugunsten des Arbeitgebers gilt, dass Urlaub nur für ganze Arbeitstage genommen werden kann und nicht nur stundenweise oder für halbe Tage. Zugunsten des Arbeitnehmers gilt, dass Urlaub nur für solche Tage genommen werden muss bzw. kann, an denen eigentlich gearbeitet worden wäre.
Ein Anspruch auf Feiertagsvergütung besteht nur, wenn die Erbringung der Arbeitsleistung allein aufgrund des Feiertags ausbleibt. Insoweit gilt das Lohnausfallprinzip. Die Feststellung, dass der Arbeitnehmer an dem Feiertag eigentlich gearbeitet hätte, ist in der Regel nur bei einem bestimmten wöchentlichen Arbeitsrhythmus möglich. Die Beweislast diesbezüglich liegt beim Arbeitnehmer (BAG 24.10.2001 – 5 AZR 245/00).

---

28 So auch NK-ArbZR, TzBfG § 12 Rn. 12.

7. Wie weit im Voraus muss der Arbeitgeber den Arbeitseinsatz festlegen?

Der Arbeitgeber muss die Mindestankündigungsfrist nach § 12 Abs. 4 TzBfG einhalten. Demnach muss der Arbeitgeber dem Arbeitnehmer die Lage seiner Arbeitszeit jeweils mindestens vier Tage im Voraus mitteilen. Wenn die Frist nicht eingehalten wurde, kann der Arbeitnehmer die Arbeit verweigern – sowohl zu dem angeordneten Termin als auch zu einem anderen Termin, für den die Anordnung fristgerecht wäre, da eine Umdeutung in eine zulässige Frist unwirksam ist. Eine individualvertragliche Vereinbarung einer kürzeren Ankündigungsfrist ist ebenfalls unwirksam. Allerdings ist die Abruffrist tarifdispositiv. Ansonsten ist ein kurzfristigerer Abruf nur im Rahmen von Rufbereitschaft oder Bereitschaftsdienst zulässig. Für die Fristberechnung gelten die §§ 186ff. BGB. Daraus ergeben sich folgende Ankündigungsfristen:[29]

Geplanter Arbeitstag	Letztmöglicher Mitteilungstag
Montag	Mittwoch der Vorwoche
Dienstag	Donnerstag der Vorwoche
Mittwoch	Freitag der Vorwoche
Donnerstag	Freitag der Vorwoche (§ 193 BGB)
Freitag	Freitag der Vorwoche (§ 193 BGB)
Samstag	Montag
Sonntag	Dienstag

Sollte der letztmögliche Mitteilungstag ein Feiertag sein, muss die Mitteilung am vorhergehenden Tag (Sonntag und Samstag ausgenommen) erfolgen.

Hinweis:
Bei Arbeit auf Abruf ist die psychische Belastung durch die ständige Abrufbereitschaft und die mangelnde Planbarkeit des Privatlebens besonders hoch. Der Betriebsarzt sollte im Rahmen der Gefährdungsbeurteilung psychischer Belastungen (§ 5 ArbSchG) prüfen, ob die Abrufarbeit zu chronischem Stress oder Schlafstörungen führt. Er kann dem Betriebs- oder Personalrat empfehlen, Ankündigungsfristen durch Betriebsvereinbarungen über das gesetzliche Mindestmaß hinaus zu verlängern, um die gesundheitliche Belastung zu senken.

29 NK-ArbZR, TzBfG § 12 Rn. 18.

8. Kann der Arbeitsabruf nach Zugang beim Arbeitnehmer einseitig vom Arbeitgeber geändert oder widerrufen werden?

Beim Abruf übt der Arbeitgeber sein Direktionsrecht aus. Der Arbeitsabruf kann daher auch jederzeit einseitig vom Arbeitgeber geändert oder widerrufen werden. Allerdings ist dabei der Rechtsgedanke des § 12 Abs. 4 TzBfG zu berücksichtigen, weshalb auch bei einer Änderung (= Neuankündigung) und bei einem Widerruf eine Mindestankündigungsfrist von vier Tagen eingehalten werden muss (ArbG Berlin 5.10.2012 - 28 Ca 10243/12). Bei einem verspäteten Widerruf gilt der ursprünglich angeordnete Termin.

9. Kann durch Arbeitsvertrag von § 12 TzBfG abgewichen werden?

Nein, durch Arbeitsvertrag kann nicht von § 12 TzBfG abgewichen werden.

10. Hat der Betriebs- oder Personalrat ein Mitbestimmungsrecht bezüglich Arbeit auf Abruf?

Der Betriebs- oder Personalrat hat ein Mitbestimmungsrecht bezüglich der Einführung und Abschaffung der Arbeitszeit (§ 87 Abs. 1 Nr. 2 BetrVG / § 80 Abs. 1 Nr. 1 BPersVG). Nach BAG-Rechtsprechung erstreckt sich das Mitbestimmungsrecht bei Teilzeitkräften auch auf die Frage, ob diese zu festen Zeiten oder nach Bedarf beschäftigt werden sollen (BAG 28.9.1988 – 1 ABR 41/87). Somit kann Abrufarbeit bei Teilzeitkräften durch Betriebs- oder Dienstvereinbarung verhindert werden. Wenn sie jedoch nach der Betriebs- oder Dienstvereinbarung zulässig ist, kann nicht durch eine Vereinbarung von § 12 TzBfG abgewichen werden. Weder bezüglich der Mindesteinsatzdauer noch bezüglich der Ankündigungsfrist.

11. Kann im Tarifvertrag von § 12 TzBfG abgewichen werden?

Wenn der Tarifvertrag Regelungen zur täglichen und wöchentlichen Arbeitszeit vorsieht und die (unter Umständen verlängerte oder verkürzte) Vorankündigungsfrist regelt, kann durch Tarifvertrag von § 12 Abs. 1 und 3 TzBfG abgewichen werden (§ 12 Abs. 6 Satz 1 TzBfG). Wenn ein solcher Tarifvertrag existiert, können auch nicht tarifgebundene Arbeitsvertragsparteien diesen in Bezug nehmen und damit die vom TzBfG abweichenden Regelungen zur Geltung bringen (§ 12 Abs. 6 Satz 2 TzBfG).

Checkliste: »Arbeit auf Abruf« für Betriebs- und Personalräte

- **Schriftlichkeit:** Liegt eine Niederschrift nach dem Nachweisgesetz vor, die Referenztage und Referenzstunden explizit nennt? *Ohne diesen Zeitrahmen ist der Abruf unzulässig.*
- **20-Stunden-Fiktion:** Wenn im Vertrag steht »Arbeit nach Bedarf ohne Stundenzahl«, hat der Beschäftigte Anspruch auf Bezahlung von 20 Wochenstunden. Wird das ausgezahlt?
- **Lohnfortzahlung:** Wird im Krankheitsfall und an Feiertagen der Durchschnitt der letzten 13 Wochen (Referenzprinzip) gezahlt? *Oft wird hier fälschlicherweise »Null« abgerechnet.*
- **25 %-Grenze:** Übersteigt der Abruf regelmäßig die vereinbarte Mindestzeit um mehr als 25 %? Falls ja, kann dies zu einer dauerhaften Erhöhung der vertraglichen Arbeitszeit führen.
- **Mitbestimmung (§ 87 Abs. 1 Nr. 2 BetrVG / § 80 Abs. 1 Nr. 1 BPersVG):** Hat das Gremium der Einführung von Abrufarbeit zugestimmt? Das »Ob« und das »Wie« (Dienstplangestaltung) unterliegen der vollen Mitbestimmung.
- **Zeiterfassung:** Wird auch bei Abrufarbeit die gesamte Arbeitszeit dokumentiert, um die Einhaltung der Ruhezeiten (11 Std.) zwischen den Abrufen zu prüfen?

V. Arbeitsbereitschaft und Bereitschaftsdienst

1. Welche Formen der »Bereitschaft« gibt es?

Von der Vollarbeit, in der der Arbeitnehmer durch die Arbeit voll beansprucht wird, werden die drei Bereitschaften Arbeitsbereitschaft, Bereitschaftsdienst und Rufbereitschaft (vgl. Kapitel »Rufbereitschaft«, S. 157) arbeitszeitrechtlich abgegrenzt. Es gibt keine Zwischenkategorien zwischen Arbeitszeit (Arbeit) und Nichtarbeit (Freizeit). Mithin ist die Zeit arbeitszeitrechtlich einzuteilen in Arbeit oder Freizeit (Ruhezeit bzw. Ruhepause). Man bezeichnet dies als strengen Dualismus. Dies führt insbesondere bei der Rufbereitschaft zu rechtlichen Problemen (vgl. unten).

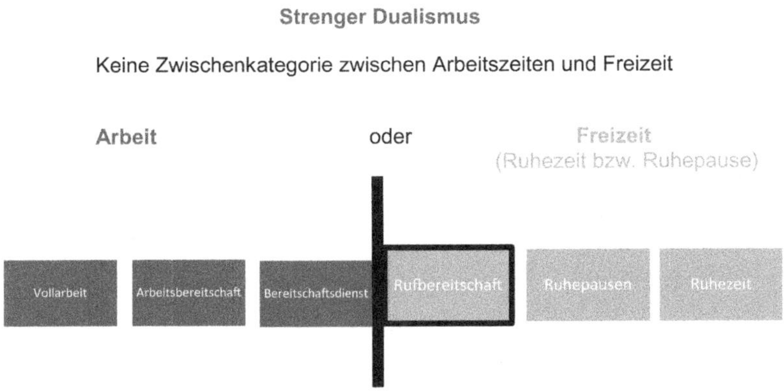

2. Was ist Arbeitsbereitschaft und ist dies Arbeitszeit?

Die Arbeitsbereitschaft wird häufig als »Zeit der wachen Achtsamkeit im Zustand der Entspannung« definiert, wobei das Bundesarbeitsgericht bereits die reine Präsenz am Ort der Arbeitsaufnahme genügen lässt (BAG 14.4.1966 – 2 AZR 503/63). Nach der Beanspruchungstheorie bedeutet das einen deutlich geringeren Grad der Beanspruchung als bei der Vollarbeit. Der Umfang ist im Einzelfall anhand einer umfassenden Gesamtwürdigung der körperlichen und geistigen Belastung des Arbeitnehmers festzustellen. Splitterzeiten von wenigen Minuten, die keine ins Gewicht fallende Entspannung ermöglichen, sind jedoch lediglich als »Verschnaufpausen« zu werten und sind keine Arbeitsbereitschaft. Ein Arbeitnehmer, der den Lauf von Maschinen unmittelbar beaufsichtigt und ständig beobachtet, leistet Vollarbeit, wenn seine Aufmerksamkeit durchgehend gefordert ist. Muss der Arbeitnehmer hingegen lediglich bei einem bestimmten Ton reagieren, so ist die Zeit zwischen den Tönen, in denen der Arbeitnehmer wartet und eine Entspannung ermöglicht wird, Arbeitsbereitschaft.

Arbeitsbereitschaft ist arbeitszeitrechtlich als Arbeitszeit zu werten. Dies wird durch § 7 Abs. 1 Nr. 1a ArbZG bestätigt.

3. Was ist Bereitschaftsdienst und ist dies Arbeitszeit?

Bereitschaftsdienst ist die Zeitspanne, während derer sich der Arbeitnehmer, ohne dass er unmittelbar am Arbeitsplatz anwesend sein müsste, für Zwecke des Betriebes bereitzuhalten hat, damit er erforderlichenfalls seine volle Arbeitstätigkeit sofort oder zeitnah aufnehmen kann. Der Ort

kann eine vom Arbeitgeber bestimmte Stelle innerhalb oder außerhalb des Betriebes sein. Der entscheidende Unterschied zur Arbeitsbereitschaft ist, dass beim Bereitschaftsdienst der Arbeitnehmer die Tätigkeit nur auf Anordnung des Arbeitgebers aufnehmen muss. Ein typischer Bereitschaftsdienst liegt bei Ärzten und beim Pflegepersonal vor, wenn sie in den für sie zur Verfügung gestellten Zimmern ihre Zeit frei nutzen können und bei Notfällen ihre Arbeit aufnehmen müssen.
Diese Zeit ist infolge der Umsetzung der EG-Arbeitszeitrichtlinie arbeitsschutzrechtlich vollumfänglich als Arbeitszeit zu werten. Dies folgt auch aus § 7 Abs. 1 Nr. 1a ArbZG.

Exkurs: Wann »kippt« die Rufbereitschaft zur Arbeitszeit?
In der Beratungspraxis stellt sich oft die Frage, wo genau die Grenze zwischen der (meist geringer vergüteten) Rufbereitschaft und dem (voll zu vergütenden) Bereitschaftsdienst verläuft. Die aktuelle Rechtsprechung des EuGH gibt hierfür einen klaren Rahmen vor:
Zeitliche Vorgaben: Muss der Arbeitnehmer innerhalb einer sehr kurzen Zeitspanne (z. B. **weniger als 20 Minuten**) am Arbeitsplatz erscheinen oder die Arbeit am Laptop aufnehmen, ist die Zeit als Arbeitszeit (Bereitschaftsdienst) zu werten. Eine echte Erholung ist in solch kurzen Intervallen faktisch **nicht möglich**.
Frequenz der Inanspruchnahme: Wird die Ruhezeit während der Rufbereitschaft regelmäßig unterbrochen (z. B. durch häufige kurze Telefonate oder Systemmeldungen), führt dies dazu, dass der Arbeitnehmer sich nicht mehr entspannen kann. Auch hier ist die gesamte Zeit als Arbeitszeit einzustufen.
Örtliche Gebundenheit: Auch wenn kein fester Ort vorgeschrieben ist, die Reaktionszeit aber so kurz ist, dass der Arbeitnehmer seinen Aufenthaltsort de facto nicht frei wählen kann (da er sich stets in unmittelbarer Nähe zum Einsatzort/Laptop befinden muss), liegt Arbeitszeit vor.
Fazit für die Mitbestimmung: Betriebs- und Personalräte sollten bei der Prüfung von Betriebs- oder Dienstvereinbarungen darauf achten, dass Rufbereitschaften mit extrem kurzen Reaktionszeiten oder hoher Abruffrequenz als **Bereitschaftsdienst** deklariert und entsprechend der Höchstarbeitszeitgrenzen (§ 3 ArbZG) sowie der Mindestlohnvorgaben behandelt werden.

4. Werden Arbeitsbereitschaft und Bereitschaftsdienst vergütet?

Klare gesetzliche Regelungen für die Vergütung gibt es nicht. Das BAG geht davon aus, dass Bereitschaftsdienst vergütungspflichtige Arbeitszeit im Sinne des § 611 BGB ist. Da allerdings in den meisten Fällen Bereitschaftsdienste gegenüber der normalen Vollarbeit mit deutlich weniger intensiven Belastungen verbunden sind, ist es zulässig, dass die Vergütung geringer ausfällt. Das sehen viele Tarifverträge so vor. Das ist zulässig, solange der Mindestlohn eingehalten wird (BAG 29.6.2016 – 5 AZR 716/15).

Der Tarifvertrag für den öffentlichen Dienst sieht beispielsweise für die Vergütung spezifischer Bereitschaftszeiten eine sog. Faktorisierung vor (§ 9 TVöD). Im Tarifvertrag für den Dienstleistungsbereich Krankenhäuser (TVöD-K) steht Arbeitnehmern für den geleisteten Bereitschaftsdienst ein sogenanntes Bereitschaftsdienstentgelt zu (§ 8.1 TVöD-K).

Ist die Vergütung allerdings weder im Tarif- noch im Arbeitsvertrag geregelt, muss man davon ausgehen, dass die »übliche Vergütung« der Normalarbeitszeit (§ 612 Abs. 2 BGB) zu zahlen ist.

Exkurs: Die Mindestlohn-Garantie bei Bereitschaftszeiten

In der Praxis herrscht oft die Fehlvorstellung, dass für Bereitschaftszeiten aufgrund der geringeren Beanspruchung der Mindestlohn unterschritten werden darf. Das Bundesarbeitsgericht (BAG) hat hierzu jedoch eine klare Grenze gezogen (Leitentscheidung vom 29.6.2016 – 5 AZR 716/15); der Mindestlohnanspruch besteht für alle Stunden, in denen der Arbeitnehmer die nach § 611 BGB geschuldete Arbeit erbringt, und die gesetzliche Vergütungspflicht differenziert nicht nach dem Grad der tatsächlichen Inanspruchnahme. Eine Unterschreitung des Mindestlohns für Bereitschaftszeiten ist unzulässig:

Vergütungshöhe: Zwar ist es weiterhin zulässig, Bereitschaftsdienste geringer zu vergüten als Vollarbeit (z. B. durch eine prozentuale Faktorisierung in Tarifverträgen), doch darf die daraus resultierende Vergütung pro Stunde niemals den gesetzlichen Mindestlohn unterschreiten.

Durchschnittsprinzip: Entscheidend ist, dass der Arbeitnehmer für jede Stunde, in der er dem Arbeitgeber zur Verfügung steht (Vollarbeit + Bereitschaftsdienst), im Durchschnitt des jeweiligen Abrechnungsmonats mindestens den gesetzlichen Mindestlohn erhält.

Unwirksamkeit von Pauschalen: Pauschalvergütungen für Bereitschaftsdienste sind rechtsunwirksam, wenn sie bei Division durch die tatsächlich geleisteten Bereitschaftsstunden rechnerisch zu einem Stundenlohn führen, der unter der Mindestlohngrenze liegt. In diesem Fall kann der Arbeitnehmer eine Nachzahlung auf den vollen Mindestlohnsatz verlangen.

5. Gelten für die Arbeitsbereitschaft und den Bereitschaftsdienst die Vorschriften des ArbZG?

Sowohl die Arbeitsbereitschaft als auch der Bereitschaftsdienst sind als Arbeitszeit im Sinne des ArbZG zu werten. Demnach sind alle Vorschriften des ArbZG, wie die Höchstarbeitszeit von 8 bzw. 10 Stunden (§ 3 ArbZG), die Pausenzeiten (§ 4 ArbZG) und Ruhezeiten von grundsätzlich 11 Stunden (§ 5 Abs. 1, 2 ArbZG) einzuhalten.
Arbeitsbereitschaft und Bereitschaftsdienst sind gegenüber der Vollarbeit allerdings mit geringeren gesundheitlichen Belastungen verbunden. Der Gesetzgeber hat daher mit der Öffnungsklausel gem. § 7 ArbZG die Möglichkeit geschaffen, unter Einhaltung des Gesundheitsschutzes der Arbeitnehmer von den ArbZG-Vorschriften abzuweichen. Abweichungen durch Betriebsvereinbarungen ohne tarifvertragliche Grundlage kommen nur unter den Voraussetzungen des § 7 Abs. 3 ArbZG in Betracht.

6. Kann mittels Tarifvertrag oder Betriebs- oder Dienstvereinbarung von den Vorschriften des ArbZG abgewichen werden?

Ja, bei Bereitschaftsdienst und Arbeitsbereitschaft können die in § 7 Abs. 1, 2, 2a genannten Abweichungen vom ArbZG in einem Tarifvertrag zugelassen werden. Insoweit ist das ArbZG ein tarifdispositives Gesetz (siehe Frage 7–10). Die Tarifparteien können auch vereinbaren, dass Abweichungen von den Betriebsparteien in einer Betriebsvereinbarung oder auch im Rahmen der im öffentlichen Dienst abgeschlossenen Dienstvereinbarungen zugelassen werden können.

7. Gelten für Bereitschaftsdienste und Rufbereitschaft Höchstarbeitsgrenzen? Dürfen diese verlängert werden?

Ja, grundsätzlich sind auch hier Höchstgrenzen von acht oder zehn Stunden täglich zu beachten.
Allerdings ist es zulässig, durch Tarifvertrag oder Betriebsvereinbarung von den Höchstarbeitszeiten abzuweichen.
So ermöglicht es § 7 Abs. 1 Nr. 1 ArbZG, die Arbeitszeit über 10 Stunden zu verlängern, wenn in die Arbeitszeit regelmäßig und in erheblichem Umfang Bereitschaftsdienst oder Arbeitsbereitschaft fällt.
Der Bereitschaftsdienst oder die Arbeitsbereitschaft fallen **regelmäßig** an, wenn sich Vollarbeit und Bereitschaftsdienst (bzw. Arbeitsbereitschaft) in bestimmten Zeitabständen, auch in unbestimmter Folge abwechseln. Dabei muss nur erfahrungsgemäß mit einem Wechsel zu rechnen sein.
Problematischer ist die Frage, wann Bereitschaftsdienst/Arbeitsbereitschaft **in erheblichem Umfang** vorliegt. Im Grundsatz müssen die Zeiten des Bereitschaftsdienstes bzw. der Arbeitsbereitschaft einen Umfang erreichen, der die Verlängerung der Arbeitszeit arbeitsschutzrechtlich unbedenklich erscheinen lässt und die Gesundheit der Arbeitnehmer durch die Einstufung als Bereitschaftsdienst bzw. Arbeitsbereitschaft nicht gefährdet ist. Ein erheblicher Umfang liegt jedenfalls dann vor, wenn der Bereitschaftsdienst bzw. die Arbeitsbereitschaft die Vollarbeit überwiegt. Die Frage nach einer Untergrenze ist umstritten. Angesichts der wiederholenden Rechtsprechung wird hier von einer Untergrenze von ca. 30 % ausgegangen.
Als nächstes stellt sich die Frage nach der **maximal möglichen Verlängerung**. Nur dann, wenn die tägliche Arbeitszeit gesundheitlich unbedenklich erscheint, ist eine Verlängerung möglich. Die obere zeitliche Grenze hängt daher im einzelnen Regelungsfall von der Gesamtbelastung der Arbeitnehmer ab. Bei der Ermittlung der Obergrenze sind Punkte wie die Art, Schwere und Dauer der Vollarbeit und des Bereitschaftsdienstes, Häufigkeit, Regelmäßigkeit und Vorhersehbarkeit des Wechsels von Vollarbeit und Bereitschaftsdienst, Art des Arbeits- und Bereitschaftsraumes, Belastung durch Umwelteinflüsse, sowie die Möglichkeit zur Erledigung persönlicher Angelegenheiten zu beachten.

8. Ist eine Verlängerung der Arbeitszeit auszugleichen?

Ja, das regeln § 7 Abs. 8 und 9 ArbZG.
So fordert die Öffnungsklausel nach § 7 Abs. 1 Nr. 1 ArbZG eine wöchentliche Höchstarbeitszeit. Danach darf die wöchentliche Arbeitszeit im

Durchschnitt von 12 Monaten 48 Stunden nicht überschreiten (Abs. 8). Wird also eine Verlängerung auf über 10 Stunden angestrebt, so ist dies unbedingt zu beachten. Durch Tarifvertrag bzw. Dienstvereinbarung kann eine Vereinbarung über Art und Dauer des Ausgleichszeitraums nur im Rahmen der durch Abs. 8 gezogenen Grenzen entschieden werden.
Nach Abs. 9 muss bei einer werktäglichen Arbeitszeit über 12 Stunden im unmittelbaren Anschluss an die Beendigung der Arbeitszeit eine Ruhezeit von mindestens 11 Stunden folgen.

9. Gibt es auch Arbeitszeitverlängerungen ohne Zeitausgleich?

Ja, § 7 Abs. 2a ArbZG ermöglicht Abweichungen von der Höchstarbeitszeit von 8 Stunden, der Ruhezeit und von den Beschränkungen der Nachtarbeitszeit auch ohne Ausgleichszeiten. Hierfür muss die Arbeitszeit allerdings ebenfalls regelmäßig und in erheblichem Umfang aus Arbeitsbereitschaft bzw. Bereitschaftsdienst bestehen.
Des Weiteren muss durch besondere Regelungen sichergestellt werden, dass die Gesundheit der Arbeitnehmer nicht gefährdet wird. Dafür reichen allgemeine Vorgaben des Arbeitsschutzrechts, wie etwa die Erstellung einer Gefährdungsanalyse gem. § 5 ArbSchG, nicht aus. **In der Gesetzesbegründung werden beispielhaft folgende Maßnahmen genannt:**

- die Begrenzung der Verlängerung auf einen bestimmten Personenkreis,
- die Vereinbarung verlängerter Ruhezeiten,
- besondere arbeitsmedizinische Betreuung,
- die Vereinbarung von Höchstgrenzen,
- zusätzliche Pausen,
- periodische arbeitsmedizinische Untersuchungen der Betroffenen.

§ 7 Abs. 7 ArbZG setzt für eine Abweichung nach § 7 Abs. 2a ArbZG eine vorherige schriftliche Einwilligung des Arbeitnehmers voraus, welche dieser mit einer Frist von 6 Monaten widerrufen kann. Das Einverständnis kann weder durch Tarifvertrag noch durch Dienst- bzw. Betriebsvereinbarungen ersetzt werden.
Schließlich muss bei einer werktäglichen Arbeitszeit über 12 Stunden im unmittelbaren Anschluss an die Beendigung der Arbeitszeit eine Ruhezeit von mindestens 11 Stunden folgen.
Die Bedeutung der **Freiwilligkeit** und das damit verbundene **Maßregelungsverbot** soll hier noch deutlicher hervorgehoben werden:

- **Strikte Freiwilligkeit:** Die Entscheidung für das Opt-Out liegt allein beim Arbeitnehmer. Er darf zu keinem Zeitpunkt – weder bei der Einstellung noch während des laufenden Arbeitsverhältnisses – zur Abgabe dieser Erklärung gedrängt werden.

- **Maßregelungsverbot:** Gemäß § 7 Abs. 7 ArbZG darf ein Arbeitnehmer nicht benachteiligt werden, weil er die Einwilligung nicht abgibt oder eine bereits erteilte Einwilligung widerruft. Ein Widerruf ist jederzeit mit einer Frist von sechs Monaten möglich. Jede Form der Benachteiligung (z. B. Versagung von Beförderungen, Zuweisung unbeliebter Schichten oder Drohung mit Kündigung) ist rechtswidrig.
- **Rechtsproblem »Einstellungsvoraussetzung«:** In der Praxis versuchen Arbeitgeber vermehrt, die Opt-Out-Erklärung bereits als Anlage zum Arbeitsvertrag oder gar als Bedingung für den Vertragsschluss zu fordern. Eine solche Koppelung ist rechtlich höchst zweifelhaft und verstößt in der Regel gegen das Transparenzgebot sowie den Schutzzweck des Arbeitszeitgesetzes. Eine Einwilligung, die unter dem Druck der Nicht-Einstellung abgegeben wurde, ist im Ernstfall oft als unwirksam zu bewerten.

Praxistipp: Betriebs- und Personalräte sollten im Rahmen ihrer Überwachungsfunktion stichprobenartig prüfen, ob Opt-Out-Erklärungen tatsächlich individuell und freiwillig abgegeben wurden. Werden diese Erklärungen bereits standardmäßig mit den Einstellungsunterlagen vorgelegt, sollte das Gremium dies im Arbeitsschutzausschuss (ASA) thematisieren und auf die Einhaltung der gesetzlichen Schutzvorschriften pochen.

10. Welche Besonderheiten gelten bei den Abweichungen für die Kirchen?

Die Kirche kann die in § 7 Abs. 1, 2, 2a ArbZG genannten Abweichungen in ihren Regelungen vorsehen (§ 7 Abs. 4 ArbZG). Dass ist aufgrund des verfassungsrechtlich garantierten Selbstbestimmungsrechts der Kirchen und Religionsgesellschaften gemäß Art. 140 Grundgesetz (GG) i. V. m. Art. 137 Abs. 3 Weimarer Reichsverfassung (WRV) erforderlich. Dadurch werden die kircheneigenen Arbeitsrechtsregelungen den Tarifverträgen gleichgestellt. Für den Inhalt der Abweichungen gilt das Gleiche wie für den Inhalt der tarifvertraglichen Abweichungen.
Die Vorschrift findet nicht nur für die verfasste Kirche, sondern auch auf den karitativ-diakonischen und erzieherischen Bereich der Kirche Anwendung. Den Religionsgemeinschaften sind nach Art. 140 GG i. V. m. Art. 137 Abs. 7 WRV die Weltanschauungsgemeinschaften gleichgestellt.

11. Warum ist zwischen der Arbeitszeit im vergütungsrechtlichen Sinne und der Arbeitszeit im arbeitszeitrechtlichen Sinne zu unterscheiden?

Das BAG unterscheidet zwischen der Arbeitszeit im vergütungsrechtlichen Sinne und der Arbeitszeit im arbeitszeitrechtlichen Sinne. Der vergütungsrechtliche Arbeitszeitbegriff knüpft an die Vergütungspflicht für die Leistung der versprochenen Dienste an.
Der arbeitszeitrechtliche Arbeitszeitbegriff ist hingegen die Zeitspanne, während der ein Arbeitnehmer arbeitet, dem Arbeitgeber zur Verfügung steht und seine Tätigkeit ausübt. Aus einer vergütungspflichtigen Arbeitszeit ist auf keine arbeitszeitrechtliche Arbeitszeit zu folgern und umgekehrt. Damit können Zeiten der Bereitschaftsformen (z. B. Rufbereitschaft) dennoch zu vergüten sein, selbst wenn sie keine Arbeitszeit im arbeitszeitrechtlichen Sinne darstellen.

12. Steht dem Betriebs- oder Personalrat ein Mitbestimmungsrecht bezüglich der Arbeitsbereitschaft und des Bereitschaftsdienstes zu?

Die Einführung von Bereitschaftsdiensten außerhalb der regelmäßigen Arbeitszeit ist eine vorübergehende Verlängerung der betriebsüblichen Arbeitszeit und damit bestehen Mitbestimmungsrechte gem.§ 87 Abs. 1 Nr. 2 und 3 BetrVG / § 80 Abs. 1, 2 BPersVG. Zu beachten ist unbedingt, dass Betriebs- und Personalräte ohne tarifliche Grundlage nur unter den Voraussetzungen des § 7 Abs. 3 ArbZG, also durch die Übernahme von abweichenden tariflichen Regelungen Betriebs- bzw. Dienstvereinbarungen, treffen können.
Die Mitbestimmungsrechte bei Arbeitsbereitschaft und Bereitschaftsdienst sind nicht nur Abwehrrechte, sondern aktive Gestaltungsinstrumente. Hierbei ist insbesondere die Überwachungsfunktion der Interessenvertretung hervorzuheben:

- **Prüfung der Einverständniserklärungen:** Der Betriebs- oder Personalrat hat im Rahmen seines allgemeinen Überwachungsrechts (§ 80 Abs. 1 Nr. 1 BetrVG / BPersVG) das Recht, Einsicht in die Liste der abgegebenen Opt-Out-Erklärungen zu verlangen. Nur so kann geprüft werden, ob die gesetzlichen Höchstgrenzen (§ 7 Abs. 7 ArbZG) tatsächlich eingehalten werden und ob die Freiwilligkeit gewahrt bleibt.
- **Initiativrecht zur Zeiterfassung:** Nach der aktuellen Rechtsprechung des BAG (Urteil vom 13. 9. 2022) hat das Gremium ein Initiativrecht zur Einführung eines Zeiterfassungssystems. Dies ist bei Bereitschafts-

formen essenziell, um die »Grauzone« zwischen Vollarbeit und Bereitschaft transparent zu machen und sicherzustellen, dass jede Inanspruchnahme korrekt dokumentiert wird.

- **Gefährdungsbeurteilung als Hebel:** Gemäß § 87 Abs. 1 Nr. 7 BetrVG bzw. § 80 Abs. 1 Nr. 16 BPersVG (Gesundheitsschutz) muss das Gremium darauf bestehen, dass für Arbeitsbereitschaft und Bereitschaftsdienst spezifische Gefährdungsbeurteilungen erstellt werden. Zeigt sich hierbei eine übermäßige psychische oder physische Belastung (z. B. durch zu häufige Inanspruchnahme), kann der Rat eine Anpassung des Personalschlüssels oder die Einführung eines Schichtmodells fordern.

Checkliste: Bereitschaftsdienst rechtssicher gestalten

- **Einordnung:** Ist die Inanspruchnahme so hoch (> 50 %), dass eigentlich Vollarbeit (Schichtdienst) vorliegen müsste?
- **Mitbestimmung:** Wurde das Gremium vor Einführung der Bereitschaftsmodelle beteiligt? (Ohne Zustimmung keine Anordnung möglich!).
- **Ruhezeiten:** Ist sichergestellt, dass im Anschluss an einen Bereitschaftsdienst von über 12 Stunden zwingend 11 Stunden Ruhezeit folgen? (§ 7 Abs. 9 ArbZG).
- **Mindestlohn:** Liegt die faktorisierte Vergütung (z. B. 25 % Bezahlung) pro Stunde immer noch über dem aktuellen gesetzlichen Mindestlohn?
- **Opt-Out:** Liegen die schriftlichen Einverständniserklärungen aller betroffenen Mitarbeiter für Zeiten über 10 Stunden vor?
- **Dokumentation:** Werden Beginn, Ende und die tatsächliche Inanspruchnahme während des Dienstes revisionssicher erfasst?

VI. Rufbereitschaft

1. Was ist Rufbereitschaft?

Von der Vollarbeit werden die drei Bereitschaften Arbeitsbereitschaft, Bereitschaftsdienst und Rufbereitschaft abgegrenzt.

Rufbereitschaft liegt vor, wenn sich der Arbeitnehmer auf Anordnung des Arbeitgebers außerhalb der regelmäßigen Arbeitszeit an einer dem Arbeitgeber anzuzeigenden Stelle aufzuhalten hat, um auf Abruf die Arbeit aufzunehmen. Im Unterschied zum Bereitschaftsdienst muss der Arbeitnehmer sich nicht an einer vom Arbeitgeber bestimmten Stelle aufhalten. Er muss lediglich jederzeit erreichbar sein und auf Abruf die Arbeit alsbald aufnehmen können. Dafür muss er seinen Aufenthaltsort also derart wählen, dass dieser dem Sinn und dem Zweck der Rufbereitschaft entspricht.

Die Abgrenzung zum Bereitschaftsdienst erfolgt also über das Merkmal der »**freien Ortswahl**«. Diese fehlt bereits, wenn der Arbeitgeber zwar nicht den Ort vorgibt, aber eine zeitlich sehr kurze Frist festlegt, innerhalb derer der Arbeitnehmer zur Aufnahme der Arbeit erscheinen muss. Die Erreichbarkeit und Vorgaben durch den Arbeitgeber haben ihre Grenzen also dort, wo die Vorgaben den Arbeitnehmer unangemessen einschränken. Diese ist betriebstypisch festzustellen. So liegt beispielsweise keine Rufbereitschaft, sondern ein Bereitschaftsdienst vor, wenn der Arbeitnehmer innerhalb von 8 Minuten nach Anordnung seine Arbeit aufnehmen muss.

Ein typischer Fall der Rufbereitschaft liegt bei Service- oder Kundendienstmonteuren vor, die, sofern eine Rufbereitschaft vereinbart worden ist, in der Nacht oder am Wochenende im Falle einer Störung zu Kunden fahren, um die Störung zu beseitigen. Es ist nicht von Bedeutung wie die Arbeit abgerufen wird. Sie kann durch Arbeitsaufnahme im Betrieb, durch Erläuterungen und Arbeitsanweisungen am Telefon oder am Computer erfolgen.

Der Maßstab der »erheblichen Beeinträchtigung«:

Nach aktueller EuGH-Linie (vgl. EuGH 9.3.2021 – C-344/19 [DJ ./. Radiotelevizija Slovenija]) liegt Arbeitszeit auch dann vor, wenn der Arbeitnehmer zwar nicht an einem bestimmten Ort präsent sein muss, ihm aber durch den Arbeitgeber Einschränkungen auferlegt werden, die seine Fähigkeit, die Zeit für seine eigenen Interessen zu nutzen, **erheblich beeinträchtigen**.

Zeitfaktor (Reaktionszeit): Eine Rufbereitschaft »kippt« rechtlich in vollen Bereitschaftsdienst (und damit in Arbeitszeit), wenn die Frist zur Aufnahme der Arbeit so kurz bemessen ist (z. B. unter 15–20 Minuten), dass eine sinnvolle Freizeitgestaltung oder soziale Teilhabe faktisch unmöglich ist. Wer innerhalb weniger Minuten am Laptop oder im Betrieb sein muss, kann weder Sport treiben noch ein Restaurant besuchen.

Häufigkeit der Abrufe: Eine hohe Frequenz an Einsätzen führt dazu, dass keine echte Erholung mehr eintritt. Werden die Ruhephasen während der Rufbereitschaft systematisch durch kurze Abrufe zerstückelt, ist die gesamte Zeitspanne als Arbeitszeit zu werten.

> **Merksatz:** Die »Freiheit« der Rufbereitschaft ist eine qualitative Frage. Sobald die Vorgaben des Arbeitgebers dazu führen, dass der Arbeitnehmer de facto nur noch auf den nächsten Abruf wartet, ohne seinen privaten Interessen nachgehen zu können, handelt es sich arbeitszeitrechtlich um Bereitschaftsdienst.

2. Ist Rufbereitschaft Arbeitszeit?

Die Rufbereitschaft ist grundsätzlich keine Arbeitszeit im Sinne des ArbZG. Nur die Zeit, in der es tatsächlich zu einem Einsatz kommt, wird als Arbeitszeit gewertet.
Kommt es nicht zu einem Einsatz, stellt sich die Frage, ob es sich bei der Rufbereitschaft ohne Arbeitseinsatz auch um Ruhezeit handelt. Für Beschäftigte im Straßentransport etwa ist ausdrücklich geregelt, dass es sich bei den Zeiten, in denen sich die Beschäftigten zur Arbeitsaufnahme bereithalten müssen, nicht um Ruhezeit handelt (§ 21a Abs. 3 Satz 3 ArbZG). Diese Regelung ist jedoch nicht auf andere Beschäftigte zu übertragen. Damit stellt die Rufbereitschaft ohne Arbeitseinsatz Ruhezeit im Sinne des ArbZG dar. Dennoch ist zu beachten, dass die freie Verfügbarkeit des Arbeitnehmers während der Rufbereitschaft nicht mit der während der Ruhezeit identisch ist. Wird der Arbeitnehmer während der Rufbereitschaft jedoch in Anspruch genommen, liegt Arbeitszeit vor. Dabei ist insbesondere die ununterbrochene Mindestruhezeit gem. § 5 Abs. 1 ArbZG zu beachten, denn jeder auch nur kurzzeitige Arbeitseinsatz unterbricht die Ruhezeit. Nach jeder Unterbrechung beginnt die Mindestruhezeit von Neuem. Geringfügige Arbeitsleistung (wie das Abschließen der Türen oder das Ein- und Ausschalten von Beleuchtungen) sind nicht nennenswert und somit muss sich daran keine Ruhezeit von 11 Stunden anschließen.

> **Wichtig: Wann »kippt« die Rufbereitschaft rechtlich zur Arbeitszeit?**
> Die Rechtsprechung (EuGH/BAG) stellt zunehmend auf die Qualität der Zeitsouveränität des Arbeitnehmers ab. Eine Rufbereitschaft gilt nur dann als Ruhezeit, wenn der Beschäftigte in der Lage ist, seine Freizeit weitgehend selbstbestimmt zu gestalten.
> **Der kritische Faktor (Reaktionszeit):** Tendenziell stuft die Rechtsprechung Rufbereitschaften mit einer Reaktionszeit von unter 20 Minuten als Bereitschaftsdienst (Arbeitszeit) ein.
> **Die Begründung:** Innerhalb einer solch kurzen Frist kann ein Arbeitnehmer keine sinnvolle private Aktivität (z. B. Sport, Kinobesuch, soziale Treffen) aufnehmen oder ungestört fortführen. Die Zeitsouveränität wird durch den ständigen Erwartungsdruck und die geografische Bindung an den Einsatz-

ort faktisch aufgehoben. Bedeutung für die Interessenvertretung: Fordert der Arbeitgeber extrem kurze Reaktionszeiten, ist die Zeit rechtlich als Arbeitszeit zu werten. Sie muss dann auf die Höchstarbeitszeit angerechnet und wie Vollarbeit vergütet werden. Betriebs- und Dienstvereinbarungen sollten daher klare Mindestfristen vorsehen, um die Erholungsfunktion der Ruhezeit zu sichern.

3. Wird Rufbereitschaft vergütet?

Bei der Vergütung ist zwischen dem tatsächlichen Einsatz und dem Bereithalten zur Arbeitsaufnahme zu unterscheiden. Der tatsächliche Einsatz ist wie Arbeitszeit zu werten und dementsprechend mit dem normalen Entgelt zu vergüten. Die Zeit des Bereithaltens wird oft pauschal abgegolten.

4. Hat Rufbereitschaft Auswirkungen auf die elfstündige Ruhezeit?

Probleme entstehen bei der Rufbereitschaft vor allem dann, wenn im Anschluss der Rufbereitschaft oder am nächsten Tag der Rufbereitschaft ein regulärer Arbeitstag folgt und die Arbeitsleistung des Arbeitnehmers während der Rufbereitschaft in Anspruch genommen wurde. Dann muss nämlich nach dem Einsatz eine Ruhezeit von 11 Stunden gem. § 5 Abs. 1 ArbZG folgen. Dies kann dazu führen, dass der Arbeitnehmer seine Arbeit am nächsten Tag nicht wie geplant antreten kann, sondern dass sich der Arbeitsbeginn nach hinten verschiebt. Das kann dann meistens durch kurzzeitige Einsätze in der Rufbereitschaft nicht ausgeglichen werden, sodass es zu Minusstunden auf dem Arbeitszeitkonto des betroffenen Arbeitnehmers kommt. Nach der Rechtsprechung des BAG hat der Arbeitgeber die Minusstunden nicht zu vergüten, obwohl damit das unternehmerische Risiko zu einseitig auf den Arbeitnehmer übertragen wird. Entsprechende Betriebs- oder Dienstvereinbarungen könnten diesen Nachteilen entgegenwirken.

Exkurs: Regelung zur Vermeidung von Minusstunden
Um zu verhindern, dass das unternehmerische Risiko auf den Arbeitnehmer übertragen wird, wenn dieser aufgrund einer Ruhezeitunterbrechung den regulären Dienst nicht rechtzeitig antreten kann, empfiehlt sich folgende Klausel für eine Betriebs- oder Dienstvereinbarung:

Muster-Klausel: Sicherung des Entgelts bei Ruhezeitverschiebungen
Muss der Arbeitnehmer aufgrund eines Arbeitseinsatzes während der Rufbereitschaft die gesetzliche Ruhezeit von 11 Stunden gemäß § 5 Abs. 1 ArbZG einhalten und kann er deshalb seinen regulären Dienst nicht oder erst verspätet antreten, so gilt die Zeit des Arbeitsausfalls als geleistete Arbeitszeit.
Die ausgefallenen Stunden werden dem Arbeitszeitkonto gutgeschrieben, so als hätte der Arbeitnehmer seinen planmäßigen Dienst verrichtet.
Ein Abzug von Entgelt oder der Aufbau von Minusstunden für die Zeit, in der der Arbeitnehmer aufgrund zwingender gesetzlicher Ruhezeitbestimmungen an der Arbeitsleistung gehindert ist, ist ausgeschlossen.
Der Arbeitnehmer ist verpflichtet, den Arbeitgeber unverzüglich über die Verschiebung des Arbeitsbeginns zu informieren.
Rechtlicher Hintergrund: Bisher vertritt das BAG die Auffassung, dass der Arbeitgeber die Stunden, die wegen der Ruhezeit ausfallen, nicht bezahlen muss (Prinzip: »Ohne Arbeit keinen Lohn«). Dies wird jedoch zunehmend als unbillig empfunden, da der Arbeitnehmer zur Arbeitsleistung bereit wäre, aber durch die Inanspruchnahme des Arbeitgebers (Rufbereitschaft) gesetzlich gehindert ist. Mit der oben genannten Klausel schaffen Betriebs- und Personalräte eine **Schutzregelung**, die sicherstellt, dass die Flexibilität des Arbeitgebers nicht zu Lasten des Geldbeutels der Beschäftigten geht.

5. Wann kann der Arbeitgeber vom Arbeitnehmer die Rufbereitschaft verlangen?

Die Leistung einer Rufbereitschaft kann der Arbeitgeber nur dann verlangen, wenn es eine arbeitsrechtliche Grundlage gibt. Diese Grundlage kann ein individualrechtlicher Arbeitsvertrag zwischen dem Arbeitgeber und dem Arbeitnehmer, aber auch ein Tarifvertrag oder eine Betriebs- bzw. Dienstvereinbarung sein. Ohne arbeitsrechtliche Grundlage darf der Arbeitnehmer die Rufbereitschaft verweigern.

6. Kann die Ruhezeit bei Bereitschaftsdienst verkürzt werden?

Ja, nach § 7 Abs. 2 Nr. 1 ArbZG kann in einem Tarifvertrag oder durch Betriebs- oder Dienstvereinbarung die Ruhezeit bei der Rufbereitschaft angepasst werden. »Anpassen« meint, dass die Tarifparteien bzw. Betriebs- oder Personalräte aufgrund von Tarifverträgen die Ruhezeit bei Vorliegen von Rufbereitschaft reduzieren können und/oder durch Arbeitseinsätze unterbrechen lassen können. Damit kann die Problematik der Minusstunden der Arbeitnehmer bei Arbeitseinsätzen in der Rufbereitschaft und anschließend regulärem Arbeitstag gelöst werden (siehe Frage 4).
Zu beachten ist, dass durch § 7 Abs. 2 Nr. 1 ArbZG lediglich die Anpassung der Ruhezeit, nicht jedoch eine Verlängerung der Arbeitszeit gewährt wird. Die äußerste Grenze der Anpassung der Ruhezeit ist auch hier der Gesundheitsschutz der Arbeitnehmer. Nach der Rechtsprechung des BAG sind Vereinbarungen unwirksam, welche dem Arbeitnehmer ein die allgemeine menschliche Leistungsfähigkeit und die Zumutbarkeit überschreitendes Arbeitspensum abverlangen.

7. Muss eine Kürzung der Ruhezeit ausgeglichen werden?

Ja, es ist ein entsprechender Zeitausgleich zu gewähren. Dabei ist die Kürzung der Ruhezeit durch eine entsprechende Verlängerung der Ruhezeit zu einer anderen Zeit auszugleichen. Dabei sollen die Dauer und Lage des Zeitausgleichs so bemessen sein, dass hierdurch der Gesundheitsschutz des Arbeitnehmers gewährleistet wird.

8. Was sollte im Falle der Verkürzung der Rufbereitschaft noch geregelt werden?

Die abweichenden Regelungen sollten hinreichend bestimmt sein. Dazu gehört die genaue Bezeichnung der Rufbereitschaft, Höchstdauer und Lage der Rufbereitschaft, Mindestdauer und Lage der Ruhezeit sowie Höchstzahl der Rufbereitschaften in bestimmten Zeiträumen. Weitere ergänzende Erwägungen über die Schwere der Beeinträchtigung der Arbeitnehmer durch die Rufbereitschaft sind zu empfehlen. So sind beispielsweise Nacht- oder Wochenendrufbereitschaften im Gegensatz zu Rufbereitschaft unter der Woche und am Tag anders zu bewerten.

Checkliste: Rufbereitschaft rechtssicher gestalten

Bevor eine Rufbereitschaft eingeführt oder eine bestehende Regelung überprüft wird, sollten Interessenvertretungen folgende Punkte klären:

- **Rechtsgrundlage:** Gibt es eine wirksame Grundlage im Arbeitsvertrag, Tarifvertrag oder in einer Betriebs-/Dienstvereinbarung? *Ohne Grundlage keine Anordnungspflicht!*
- **Abgrenzung geprüft:** Ist die Reaktionszeit (Zeit bis zur Arbeitsaufnahme) länger als 20 Minuten? *Falls kürzer Verdacht auf Bereitschaftsdienst/Vollarbeit.*
- **Erreichbarkeit:** Ist geklärt, wie der Abruf erfolgt (Mobiltelefon, App, Laptop)? Wer trägt die Kosten für die technische Ausstattung?
- **Ruhezeit-Sicherung:** Ist sichergestellt, dass nach jedem Einsatz (auch Telefonaten) die 11-stündige Ruhezeit gemäß § 5 ArbZG neu startet, sofern keine tarifliche Öffnungsklausel (§ 7 ArbZG) vorliegt?
- **Vergütungscheck:** Ist die Pauschale für das »Bereithalten« angemessen? Wird im Monatsdurchschnitt (inkl. Vollarbeit) der gesetzliche Mindestlohn 2026 erreicht?
- **Dokumentationspflicht:** Existiert ein System zur lückenlosen Erfassung auch kleinster Einsätze (z.B. 5-Minuten-Support am Telefon)?
- **Schutz vor Entgeltverlust:** Regelt die Betriebs-/Dienstvereinbarung, dass durch den verschobenen Arbeitsbeginn nach einem nächtlichen Einsatz (wegen der 11h-Ruhezeit) keine Minusstunden oder Lohnabzüge entstehen?
- **Höchstgrenzen:** Ist die Anzahl der Rufbereitschaften pro Monat/Jahr limitiert, um eine dauerhafte psychische Belastung zu verhindern?

VII. Notfälle

1. Gibt es eine Regelung für Notfälle?

In Notfällen und außergewöhnlichen Fällen darf von bestimmten Vorschriften des ArbZG abgewichen werden. Das betrifft die Regelungen zu den täglichen Höchstarbeitszeiten, Pausen und Ruhezeiten (§§ 3 bis 5), Nachtarbeitszeiten (§ 6 Abs. 2), Sonn- und Feiertagsarbeit (§§ 7, 9 bis 11). Das legt die Ausnahmeregelung des § 14 ArbZG fest. Obwohl die Aufzählung abschließend ist, handelt es sich um eine sehr weitgehende Ausnahmeregelung, deren Anwendungsbereich streng auszulegen und restriktiv anzuwenden ist.

> **Hinweis:**
> Die Besonderheiten in der Corona-Pandemie werden im Kapitel »Kurzarbeit« behandelt.

2. Was ist der Zweck der Notfallregelung?

Sie gestattet dem Arbeitgeber, Arbeitnehmer in außergewöhnlichen Ausnahmefällen ohne vorherige Zustimmung der Aufsichtsbehörde abweichend von den allgemeinen Regeln zu beschäftigen. Wenn der Arbeitgeber bei einem Notfall zulässigerweise von den ArbZG-Vorschriften abweicht, ist das seine private Entscheidung, für die er die Verantwortung und das einhergehende Risiko trägt. Für den Fall, dass die Voraussetzungen des § 14 ArbZG tatsächlich nicht vorlagen, trägt der Arbeitgeber die verwaltungs- und strafrechtliche Verantwortung. Er muss das Vorliegen der Voraussetzungen beweisen.
Mittels § 14 ArbZG soll sichergestellt werden, dass das Unternehmen in den erfassten Fällen erhebliche Schäden vermeidet.

3. Wann liegt ein Notfall im Sinne des ArbZG vor?

Ein Notfall ist ein ungewöhnliches, unvorhersehbares und plötzlich eintretendes Ereignis, dass die Gefahr eines erheblichen Schadenseintritts mit sich bringt. Der Arbeitgeber muss nicht unmittelbar vom Notfall betroffen sein. Es genügt, wenn er mittelbar vom Notfall eines Dritten (etwa eines Kunden) betroffen ist (BVerwG 23.6.1992 – 1 C 29/90). Ein Ereignis ist unvorhersehbar, wenn auch ein sorgfältig agierender Arbeitgeber es nicht hätte vorhersehen können. Schwierigkeiten, die regelmäßig auftreten, sind vorhersehbar und müssen daher eingeplant werden, sodass es gar nicht erst zu einer Notsituation kommt (BayVGH 28.10.1993 – 22 B 90.3225).
Der Notfall muss unabhängig vom Willen der Betroffenen eintreten und seine Folgen dürfen nicht auf andere Weise zu beseitigen sein (§ 14 Abs. 1 ArbZG). Die Unabhängigkeit ist gegeben, sofern der Notfall nicht vorsätzlich oder fahrlässig herbeigeführt wurde. Da die Abweichung vom ArbZG nur zulässig ist, wenn der Notfall nicht anders beseitigt werden kann, ist die Abweichung nur als allerletzte Möglichkeit zulässig. Fehlerhafte Entscheidungen des Arbeitgebers und von ihm verursachte Organisationsmängel schließen die Anwendung des § 14 Abs. 1 ArbZG aus. Somit sind lediglich solche Arbeiten zulässig, die nicht aufgeschoben und nicht anders organisiert werden können (z. B. Umverteilung der Arbeitnehmer im rechtlich zulässigen Rahmen, vorübergehende Ver-

stärkung der Belegschaft, Ablehnung von Aufträgen). Zusätzlich zu den genannten Voraussetzungen muss im Rahmen des § 14 Abs. 1 ArbZG eine Güterabwägung vorgenommen werden. Eine Abweichung von den in § 14 Abs. 1 ArbZG genannten Normen ist nur dann zulässig, wenn das beeinträchtigte betriebliche Interesse das geschützte Interesse an der Einhaltung des Arbeitsschutzes (Schutz von Leben und Gesundheit des Arbeitnehmers) wesentlich überwiegen.

4. Was sind Beispiele für einen Notfall?

In der Regel liegt ein Notfall nur in Fällen höherer Gewalt vor:

- unabwendbare Naturereignisse (z. B. Erdbeben, Deichbruch, Überschwemmung, Stürme),
- unabwendbare und zufällige Unfälle (z. B. Explosion, Gebäudeeinsturz, Rohrbruch),
- andere unabwendbare Zufälle (z. B. Totalausfall von Maschinen, ungewöhnliche Todesfälle und Erkrankungen, unerwartete erhebliche Verkehrsstörung).

5. Wann liegt kein Notfall vor?

Folgende Beispiele sind **keine Notfälle** oder außergewöhnlichen Fälle:

- vermehrter Arbeitsanfall vor Feiertagen (OLG Bremen 16. 2. 1955, BB 1955, 225);
- dringender Wunsch der Belegschaft nach Mehrarbeit (OLG Hamburg 4. 7. 1956, BB 1956, 818);
- verspätetes Eintreffen von Transportmitteln (außer wegen Verkehrsstörung) (LAG Hamm 17. 2. 1956, BB 1956, 500);
- Auftragsballung wegen mangelnder Kapazität (OLG Düsseldorf 13. 4. 1992, DB 1992, 2148);
- üblicher Ausfall von Arbeitskräften durch Tod oder Krankheit (OLG Karlsruhe 22. 5. 1981, GewA 1981, 268);
- Streik und Aussperrung sind, sofern sie rechtmäßig sind, keine außergewöhnlichen Fälle.

Hinweis: Chronischer Personalmangel
Auch wenn der Personalmangel zu einer Gefährdung des Betriebsablaufs führt, ist dies kein Notfall im Sinne des § 14 ArbZG. Ein Notfall muss »unvorhersehbar« sein. Wenn ein Arbeitgeber sehenden Auges eine zu knappe Personaldecke plant, handelt es sich um einen Organisationsmangel. Die Folgen eines solchen Mangels dürfen nicht durch die Aufhebung von Ar-

beitsschutzrechten auf dem Rücken der verbleibenden Belegschaft kompensiert werden.

6. Wann sind Arbeiten unaufschiebbar?

In § 14 Abs. 2 Nr. 2 ArbZG wird die Unaufschiebbarkeit der Arbeiten ausdrücklich normiert. In Abs. 1 lässt sich diese Voraussetzung aus den Worten *»deren Folge nicht auf andere Weise zu beseitigen sind«* herleiten. Arbeiten sind unaufschiebbar, wenn sie sofort vorgenommen werden müssen und nicht auf einen anderen Zeitpunkt verschoben werden können, um ein drohendes Ereignis abzuwenden. Zu Schäden durch drohende Ereignisse zählen:
- die Vernichtung der Ernte durch Unwetter,
- drohender Schaden durch das Stehen lassen von Tieren in überfluteten Stallungen.

7. Bestehen zeitliche Beschränkungen?

§ 14 Abs. 1 ArbZG erfasst nur vorübergehende notfallbedingte Arbeiten. Als vorübergehend sind nur solche Arbeiten anzusehen, die lediglich einige Stunden oder Tage beanspruchen. Abweichungen, die mehrere Wochen andauern, sind nicht von § 14 ArbZG gedeckt.
Liegt ein Notfall vor, darf die Arbeitszeit auch in der Zeit während des Notfalls nicht mehr als 48 Stunden wöchentlich im Durchschnitt von 6 Kalendermonaten bzw. 24 Wochen betragen (§ 14 Abs. 3 ArbZG).

8. Gibt es Arbeitnehmer, die von der Notfallregelung ausgenommen sind?

Zum einen dürfen Jugendliche in Notfällen nur eingesetzt werden, wenn kein erwachsener Beschäftigter zur Verfügung steht (§ 21 JArbSchG). Zum anderen stehen Schwerbehinderte bzw. Gleichgestellte nur so lange für Notarbeit zur Verfügung, wie die tägliche Höchstarbeitszeit von 8 Stunden (§ 124 SGB IX) eingehalten wird (LAG Hamm 30.3.2006 – 8 Sa 1992/04).

9. Muss der Arbeitnehmer in einem Notfall arbeiten?

§ 14 ArbZG sagt diesbezüglich nichts. Sofern der Arbeitsvertrag, ein Tarifvertrag oder eine Betriebs- oder Dienstvereinbarung keine Verpflichtung enthalten, ist der Arbeitnehmer nach der überwiegenden

Literaturansicht grundsätzlich nur auf freiwilliger Basis zur Ableistung der abweichenden Arbeitszeit verpflichtet (a. A. BAG 3. 12. 1980 – 5 AZR 477/78; 15. 9. 2009 – 9 AZR 757/08). Allerdings kann sich aus der Treuepflicht des Arbeitnehmers ergeben, dass er einen ihm zumutbaren Beitrag zur Schadensprävention oder -minderung leisten muss.
Im Bereich der Personenpflege und -betreuung trifft den Arbeitnehmer allerdings auch ohne ausdrückliche oder konkludente Vereinbarung eine arbeitsvertragliche Hauptpflicht, unaufschiebbare Arbeiten zum Schutz der anvertrauten Person zu erfüllen.

10. Gibt es für die Arbeit während eines Notfalls Zuschläge?

Auch hierzu enthält das Arbeitszeitgesetz keine Regelung. Ein Anspruch des Arbeitnehmers kann sich zunächst wieder aus seinem Arbeitsvertrag, einem Tarifvertrag oder einer Betriebs- oder Dienstvereinbarung ergeben. Wenn dem nicht so ist, kann der Anspruch im Zweifel aus der Fürsorgepflicht des Arbeitgebers hergeleitet werden. Lediglich für Auszubildende existiert mit § 10 Abs. 3 BBiG eine spezielle Norm, welche besagt, dass eine über die vereinbarte regelmäßige Ausbildungszeit hinausgehende Beschäftigung besonders zu vergüten ist.
Da die Beweislast für das Vorliegen eines Notfalls beim Arbeitgeber liegt, sollte die Interessenvertretung auf eine zeitnahe schriftliche Dokumentation bestehen. Diese muss den konkreten Anlass, die Unaufschiebbarkeit und die vorgenommene Güterabwägung (betriebliches Interesse versus Gesundheitsschutz) enthalten.

11. Hat der Betriebs- oder Personalrat ein Mitbestimmungsrecht in Notfällen?

Ja, das Mitbestimmungsrecht des Betriebs- oder Personalrats (§ 87 Abs. 1 Nr. 2, 3 BetrVG bzw. § 80 Abs. 3 Nr. 1 BPersVG) entfällt grundsätzlich weder in Not- noch in Eilfällen. Es kann höchstens in extremen Notfällen, in denen sofort gehandelt werden muss (z. B.: bei Brand, Überschwemmung) und der Betriebsrat nicht erreicht werden kann, eingeschränkt sein (BAG 19. 2. 1991, DB 91, 2043). In einem solchen Fall ist der Betriebsrat jedoch unverzüglich nachträglich von der getroffenen Abweichung zu unterrichten (BAG 17. 11. 1998 – 1 ABR 12/98). Verstößt der Arbeitgeber gegen das Mitbestimmungsrecht, steht dem Betriebsrat ein Unterlassungsanspruch zu (ArbG Marburg 18. 12. 1998 – 2 BV 15/98).
Im öffentlichen Dienst kann der Dienststellenleiter bei Maßnahmen, die der Natur der Sache nach keinen Aufschub dulden, vorläufige Re-

gelungen treffen (§ 71 Abs. 6 in Verbindung mit § 76 BPersVG). Das Mitbestimmungsrecht umfasst auch die Fragen, ob Maßnahmen aufgeschoben werden können oder nicht und ob andere Vorkehrungen im Sinne des § 14 Abs. 2 ArbZG zumutbar sind. Wenn allerdings nur einzelne Arbeitnehmer von der Arbeitszeitabweichung betroffen sind, besteht kein Mitbestimmungsrecht, denn in diesem Fall fehlt es am kollektiven Tatbestand.

Aus der Natur des Notfalls ergibt sich, dass der Arbeitgeber von den Arbeitszeitabweichung nach § 14 ArbZG auch dann Gebrauch machen kann, wenn diesbezüglich keine Betriebs- oder Dienstvereinbarung und kein Tarifvertrag besteht. Sollte eine Rahmenbetriebsvereinbarung bestehen, ist für deren Wirksamkeit mindestens die Festlegung abstrakter Vorgaben erforderlich, die das Direktionsrecht des Arbeitgebers begrenzen (BAG 9.7.2013 – 1 ABR 19/12).

Gerade nach extremen Notfalleinsätzen (z. B. 14 Stunden Arbeit wegen eines Rohrbruchs) ist die medizinische Nachsorge wichtig.

Nach Beendigung der Notfallmaßnahmen hat der Betriebs- oder Personalrat darauf hinzuwirken, dass den betroffenen Arbeitnehmern zusätzliche Erholungszeiten gewährt werden, die über die gesetzliche Ruhezeit hinausgehen können, um die akute Überlastung abzufedern. Hierbei sollte der Betriebsarzt beratend hinzugezogen werden.

Checkliste: Prüfung von Notfall-Arbeit (§ 14 ArbZG)

Diese Checkliste hilft Betriebs- und Personalräten, die Rechtmäßigkeit einer angeordneten »Notfall-Arbeit« schnell zu bewerten:

- **Unvorhersehbarkeit:** War das Ereignis wirklich nicht planbar? *Ein Sturm ist ein Notfall; eine Urlaubszeit oder eine bekannte Krankheitswelle in der Grippesaison nicht.*
- **Erheblicher Schaden:** Droht ohne die Mehrarbeit tatsächlich ein unverhältnismäßiger Schaden (z. B. Verderben von Waren, Zerstörung von Anlagen)? *Reine Gewinnmaximierung oder das Einhalten von Lieferfristen reichen meist nicht aus.*
- **Unaufschiebbarkeit:** Müssen die Arbeiten jetzt erfolgen oder könnten sie auch am nächsten Werktag innerhalb der normalen Arbeitszeit erledigt werden?
- **Alternativlosigkeit:** Wurden alle anderen Mittel ausgeschöpft (z. B. Einsatz von Leiharbeitnehmern, Umverteilung von Aufgaben, Freiwilligenabfrage)?
- **Güterabwägung:** Ist die Belastung für den Arbeitnehmer zumutbar? *Vorsicht bei bereits extrem erschöpften Mitarbeitern oder Alleinerziehenden.*

- **Mitbestimmung:** Wurde das Gremium unverzüglich informiert? *Auch wenn in der ersten Minute des Brands gelöscht werden muss, muss die Information erfolgen, sobald die unmittelbare Gefahr unter Kontrolle ist.*
- **Dokumentation:** Wurden Beginn, Ende und Grund der Abweichung für die Aufsichtsbehörde dokumentiert?

VIII. Umkleide- und Waschzeiten

1. Gehören Waschzeiten zur Arbeitszeit?

Waschen oder Duschen liegt in aller Regel im Eigeninteresse des Beschäftigten. Die Körperhygiene nach der Arbeit gehört grundsätzlich zum privaten Bereich. Das gilt zumindest dann, wenn das Waschen lediglich aus »ästhetischen« und nicht aus gesundheitlichen Gründen erfolgt. In diesen Fällen ist es keine fremdnützige (also im Interesse des Arbeitgebers liegende) Tätigkeit und damit keine vom Arbeitgeber zu vergütende oder auf die Höchstarbeitszeiten anzurechnende Arbeitszeit. Vielmehr liegt diese allein oder überwiegend im Interesse des Beschäftigten.
Ist aus hygienischen Gründen (z. B. Hände-Desinfektion vor dem Betreten des OP) die Reinigung vorgeschrieben, ist dies allerdings Arbeitszeit. Ähnliches kann auch gelten, wenn durch die Arbeit eine starke Verschmutzung eintritt, die durch »normales Waschen« nicht behoben werden kann.

> **Hinweis:**
> Bei den Waschzeiten gibt es eine Tendenz zur Ausweitung, wenn es um den Gesundheitsschutz geht.

Wenn der Arbeitnehmer mit Gefahrstoffen (z. B. Asbest, Chemikalien, biologische Stoffe) arbeitet, ist das Duschen im Betrieb keine private Hygiene mehr, sondern eine zwingende arbeitsschutzrechtliche Maßnahme zur Dekontamination. In diesen Fällen ist die Waschzeit **zwingend Arbeitszeit** (und keine Freizeit).
Die Grenzen sind hier fließend, die Entscheidung erfolgt einzelfallabhängig.

2. Ist das An- und Umkleiden vor bzw. nach der Arbeit als Arbeitszeit zu werten?

Grundsätzlich liegt das An- oder Umkleiden vor bzw. nach der Arbeit im Eigeninteresse und ist demnach grundsätzlich nicht als Arbeitszeit zu werten.
Etwas anderes gilt, wenn aus **gesundheitlichen** oder **hygienischen Gründen** das Tragen von Schutzkleidung (siehe Frage 3) vorgeschrieben wird und diese erst im Betrieb angelegt werden darf (z. B. OP-Kittel). Dann ist die Umkleidezeit als Arbeitszeit zu betrachten.
Falls die Arbeitnehmer vom Arbeitgeber vorgeschriebene Arbeitskleidung tragen müssen, die bereits auf dem Arbeitsweg getragen werden kann, dient dies auch einem eigenen Bedürfnis und ist nicht nur fremdnützig. Insofern liegt hier grundsätzlich keine Arbeitszeit vor.
Anders kann es sein, wenn die zu tragende Dienstkleidung **so auffällig** ist, dass ihr Tragen auf dem Arbeitsweg dem Beschäftigten nicht zumutbar ist, z. B. wegen auffälliger Farben (z. B. IKEA Blau-Gelb) oder eines auffällig aufgebrachten Emblems des Arbeitgebers (z. B. Aufschrift »Polizei«). An einer damit zwangsläufig verbundenen Offenlegung des Arbeitgebers gegenüber Dritten besteht kein objektives eigenes Interesse des Arbeitnehmers. Vielmehr stellt es einen Eingriff in die private Lebensführung des Arbeitnehmers dar, zu dem der Arbeitgeber den Arbeitnehmer nicht verpflichten kann. Aufgrund der Möglichkeit der Identifizierung des Arbeitnehmers durch die Kleidung ist der Arbeitnehmer damit auffällig gekleidet. Wenn Arbeitnehmer die Kleidung aus diesem Grund nicht bereits zuhause anziehen möchten, so sind die Umkleidezeiten durch den Arbeitgeber zu erstatten, da es sich hier um Arbeitszeit im vergütungsrechtlichen Sinne handelt.

Exkurs: BAG-Rechtsprechung
Das **BAG hat mit Urteil vom 25. 4. 2018 (5 AZR 245/17, Rn. 22–24)** entschieden, dass es sich bei Umkleidezeiten dann um vergütungspflichtige Arbeitszeit nach § 611 Abs. 1 BGB handelt, wenn es sich um auffällige Dienstkleidung handelt. Im Einzelnen hat es ausgeführt:
Die gesetzliche Vergütungspflicht des Arbeitgebers knüpft nach § 611 Abs. 1 BGB an die Leistung der versprochenen Dienste an. Zu den »versprochenen Diensten« im Sinne des § 611 BGB zählt nicht nur die eigentliche Tätigkeit, sondern jede vom Arbeitgeber im Synallagma verlangte sonstige Tätigkeit oder Maßnahme, die mit der

eigentlichen Tätigkeit oder der Art und Weise ihrer Erbringung unmittelbar zusammenhängt. »Arbeit« als Leistung der versprochenen Dienste im Sinne des § 611 Abs. 1 BGB ist jede Tätigkeit, die als solche der Befriedigung eines fremden Bedürfnisses dient (BAG 6.9.2017 – 5 AZR 382/16). Um vergütungspflichtige Arbeit handelt es sich bei dem An- und Ablegen einer besonders auffälligen Dienstkleidung. An der Offenlegung der von ihm ausgeübten beruflichen Tätigkeit gegenüber Dritten hat der Arbeitnehmer außerhalb seiner Arbeitszeit kein objektiv feststellbares eigenes Interesse. Die Notwendigkeit des An- und Ablegens der Dienstkleidung und der damit verbundene Zeitaufwand des Arbeitnehmers beruhen auf der Anweisung des Arbeitgebers zum Tragen der Dienstkleidung während der Arbeitszeit. Daher schuldet der Arbeitgeber Vergütung für die durch den Arbeitnehmer hierfür im Betrieb aufgewendete Zeit (BAG 6.9.2017 – 5 AZR 382/16). Das Ankleiden mit einer vorgeschriebenen Dienstkleidung ist nicht lediglich fremdnützig und damit keine Arbeitszeit, wenn sie zu Hause angelegt und – ohne besonders auffällig zu sein – auf dem Weg zur Arbeitsstätte getragen werden kann. Gleiches gilt, wenn es dem Arbeitnehmer gestattet ist, eine an sich besonders auffällige Dienstkleidung außerhalb der Arbeitszeit zu tragen, und er sich entscheidet, diese nicht im Betrieb an- und abzulegen. Dann dient das Umkleiden außerhalb des Betriebs nicht nur einem fremden Bedürfnis, weil der Arbeitnehmer keine eigenen Kleidungsstücke auf dem Arbeitsweg einsetzen muss oder sich aus anderen, selbstbestimmten Gründen gegen das An- und Ablegen der Dienstkleidung im Betrieb entscheidet (BAG 6.9.2017 – 5 AZR 382/16).

Das BAG hat klargestellt, dass nicht nur das Umkleiden selbst, sondern auch die **innerbetrieblichen Wege** vom Umkleideraum zum eigentlichen Arbeitsplatz (und zurück) Arbeitszeit sind, sofern das Umkleiden im Betrieb zwingend erforderlich ist (BAG 26.10.2016 – 5 AZR 168/16).

Wichtig: Dies gilt auch dann, wenn der Arbeitgeber vorschreibt, dass erst nach dem Umkleiden »eingestempelt« werden darf. Solche Anweisungen sind rechtswidrig, da die Arbeitszeit mit dem Rüstvorgang beginnt.

3. Was versteht man unter Schutzkleidung, Dienstkleidung, Berufskleidung und Arbeitskleidung?

Schutzkleidung ist Kleidung, die bei bestimmten Tätigkeiten an bestimmten Arbeitsplätzen anstelle oder über der sonstigen Kleidung zum Schutz gegen Witterung und andere gesundheitliche Gefahren oder außergewöhnliche Verschmutzung getragen werden muss.
Dienstkleidung ist Kleidung, die zur besonderen Kenntlichmachung im dienstlichen Interesse an Stelle anderer Kleidung während der Arbeit getragen wird.
Berufskleidung ist Kleidung, die sich für bestimmte Berufe als zweckmäßig erwiesen hat oder für sie üblich geworden ist (z. B. Zimmerleute, Kellner, Friseure).
Arbeitskleidung im engeren Sinne ist Kleidung, die von Arbeitnehmern zur Schonung der Privatkleidung getragen wird.[30]

4. Wer trägt die Kosten für persönliche Schutzkleidung?

Persönliche Schutzkleidung, die aufgrund von Unfallverhütungsvorschriften für den Arbeitnehmer bereitzustellen ist, hat der Arbeitgeber auf seine Kosten anzuschaffen und zu unterhalten. Dies gilt für die Erst- bzw. Ersatzbeschaffung und die Unterhaltung von Dienstkleidung.
Der Arbeitgeber bleibt Eigentümer der Schutzkleidung und der Arbeitnehmer hat sie bei Beendigung des Arbeitsverhältnisses oder wenn er sie nicht mehr benötigt, zurückzugeben. Der Arbeitnehmer haftet für schuldhaft verursachte Beschädigungen. Soweit der Arbeitgeber verpflichtet ist, Schutzkleidung zu beschaffen, muss er sie auf seine Kosten auch reinigen lassen.

5. Wer trägt die Kosten für die Beschaffung von sonstiger Arbeitskleidung, die keine Schutz- oder Dienstkleidung darstellt?

Für die Beschaffung von anderer als Schutz- oder Dienstkleidung muss der Arbeitgeber die Kosten nur übernehmen, wenn dies besonders vereinbart worden ist.

30 Schaub-*Koch*, Rn 13.

6. Besteht ein Mitbestimmungsrecht bei der Einführung von Arbeitskleidung durch den Betriebs- oder Personalrat?

Bei der Einführung von Arbeitskleidung hat der Betriebsrat regelmäßig nach § 87 Abs. 1 Nr. 1 bzw. Nr. 7 BetrVG ein Mitbestimmungsrecht. Das Mitbestimmungsrecht des Personalrats ergibt sich aus § § 80 Abs. 1 Nr. 16 BPersVG.

7. Können die Kosten für die Bereitstellung der Arbeitskleidung und die Reinigung / Instandhaltung durch Betriebs- oder Dienstvereinbarung den Arbeitnehmern zumindest teilweise auferlegt werden?

Nein, das ist nicht zulässig. Zum besseren Verständnis ist hier etwas auszuholen. In der Entscheidung des Bundesarbeitsgerichtes (1. 12. 1992 – 1 AZR 260/92) wurde entschieden, dass die Festlegung einer Kleiderordnung eine Frage der Ordnung des Betriebs betrifft und deshalb dem Mitbestimmungsrecht des Betriebsrats gemäß § 87 Abs. 1 Satz 1 BetrVG unterliegt. Diese Entscheidung ist auf die Personalräte gemäß § 80 Abs. 3 Nr. 18 BPersVG entsprechend zu übertragen. Damit ist die Festlegung von einheitlicher Arbeitskleidung im Rahmen einer Dienst- oder Betriebsvereinbarung zwar mitbestimmungspflichtig. Von dieser Frage ist jedoch zu trennen, ob auch die Kostentragungspflicht in einer Betriebs- oder Dienstvereinbarung hier mitgeregelt werden kann. Grundsätzlich gilt, dass wenn eine Regelung eines mitbestimmungspflichtigen Tatbestands zusätzliche betriebliche Kosten verursacht, so hat diese Kosten (wie alle Betriebskosten) grundsätzlich der Arbeitgeber zu tragen. In der Literatur[31] wird vertreten, dass Regelungen über die Kostenbeteiligung der Arbeitnehmer eine zulässige Annexregelung zu der nach § 87 Abs. 1 Nr. 1 BetrVG mitbestimmungspflichtigen Einführung der einheitlichen Arbeitskleidung darstellen würden. Diese Literaturansicht überzeugt aus den nachfolgenden Gründen allerdings nicht und steht auch nicht im Einklang mit der o. g. BAG-Rechtsprechung. Grundsätzlich kommt eine individualrechtlich nicht vorgegebene Kostentragungspflicht der Arbeitnehmer über die oben genannten Mitbestimmungsrechte nicht in Betracht. Wenn die Pflicht zum Tragen der Arbeitskleidung nach den Vorstellungen vom Betriebs- oder Personalrat und vom Arbeitgeber nicht in erster Linie den Arbeitnehmern dient, sondern der Verbesserung des äußeren Erscheinungsbildes und des Images des Arbeitgebers dient, ist

31 Zum Beispiel von *Hanau*, RdA 1973, S. 281 ff. (283).

eine auch anteilmäßige Kostentragungspflicht der Arbeitnehmer nicht zulässig. Dienst- oder Betriebsvereinbarungen können nicht die den Arbeitnehmern zustehende Freiheit, über ihren Lohn nach freiem Belieben zu verfügen, einschränken. Eine solche Lohnverwendungsbestimmung ist unzulässig.[32] Ob und wie der Arbeitnehmer seinen Lohn verwenden will, entscheidet er selbst. Die Einschränkung der Verfügungsbefugnis über sein Entgelt ist zumindest immer dann eine ungünstige Regelung, wenn die Gegenleistung des Arbeitgebers (hier die Gestellung der Arbeitskleidung) allein in dessen Interessen erfolgt.

Checkliste: Umkleide-, Wasch- und Rüstzeiten

Diese Checkliste hilft Ihnen, bestehende Betriebsvereinbarungen oder betriebliche Übungen auf den Prüfstand zu stellen:

- **Tragezwang:** Ist das Tragen einer bestimmten Kleidung ausdrücklich angeordnet oder durch Hygiene-/Sicherheitsvorschriften zwingend?
- **Auffälligkeit:** Ist die Dienstkleidung so markant (Farben, Logos), dass ein Tragen auf dem Weg zur Arbeit unzumutbar ist?
- **Umkleideort:** Schreibt der Arbeitgeber vor, dass die Kleidung im Betrieb gewechselt werden muss (z. B. aus hygienischen Gründen oder wegen des Verlustrisikos)?
- **Wegestrecken:** Werden die Wege von der Umkleidekabine zum Arbeitsplatz als Arbeitszeit gezählt und vergütet?
- **Waschpflicht:** Bestehen Gefährdungen durch Schmutz oder Gefahrstoffe, die eine Reinigung im Betrieb aus Arbeitsschutzgründen unumgänglich machen?
- **Erfassungsort:** Steht das Zeiterfassungs-Terminal **vor** dem Umkleidebereich? *Falls nein: Werden die Umkleidezeiten durch Pauschalen abgegolten?*
- **Pauschalierung:** Falls Rüstzeiten pauschal vergütet werden (z. B. 10 Min. pro Tag): Entspricht diese Pauschale der realen durchschnittlichen Dauer? *Pauschalen dürfen die tatsächliche Zeit nicht systematisch unterschreiten.*
- **Reinigungskosten:** Wer trägt die Kosten für die Reinigung von Schutzkleidung? *Hinweis: Bei PSA ist dies zwingend der Arbeitgeber!*
- **Mitbestimmung:** Wurde die Lage und Dauer der Umkleidezeiten mit dem Betriebs- oder Personalrat vereinbart?

---

32 Vgl. hierzu auch BAG AP § 399 BGB Nr. 1 oder auch aus der Literatur Stoffels/Lembke, S. 191.

IX. Lenkzeiten

1. Weshalb gelten für Berufsfahrer besondere Regelungen?

Um Unfälle, die durch Übermüdung und Erschöpfung der Fahrer verursacht werden, zu verhindern, ist es besonders wichtig, die Begriffe und die Dauer der Lenk- und der darauffolgenden Ruhezeiten genau zu bestimmen. Die gesetzlichen Grundlagen bzgl. des Nah- und Fernverkehrs finden sich sowohl im Gemeinschaftsrecht der EU-Mitgliedstaaten als auch im nationalen Recht.

2. Wann und wo findet die Lenkzeit-Verordnung Anwendung?

In der Lenkzeit-Verordnung ([EG] Nr. 561/2006) werden die Regeln für Lenkzeiten, Fahrtunterbrechungen und Ruhezeiten für Fahrer von Lieferwagen und Bussen festgelegt, um Arbeitsbedingungen und Straßenverkehrssicherheit zu verbessern.
Der Geltungsbereich der Verordnung erstreckt sich grundsätzlich auf alle Beförderungen innerhalb der Mitgliedsstaaten und im grenzüberschreitenden Verkehr zwischen den Mitgliedsstaaten, sowie den EWR-Mitgliedsstaaten Island, Liechtenstein und Norwegen. Diese EU-Verordnung kommt unmittelbar in Deutschland zur Anwendung, ohne dass es einer weiteren Umsetzung bedarf.
Anwendung findet die Verordnung für Güterbeförderung mit Fahrzeugen deren zulässiges Gesamtgewicht einschließlich Anhänger 3,5 t übersteigt und für Personenbeförderung beim Einsatz von Fahrzeugen, die zur Beförderung von mehr als 9 Personen einschließlich dem Fahrer bestimmt sind.

3. Was regelt die Lenkzeit-Verordnung?

Die Verordnung **enthält** in Art. 4 **folgende Begriffserläuterungen:**

Fahrer	Ist jede Person, die das Fahrzeug, sei es auch nur kurze Zeit, selbst lenkt oder sich in einem befindet, um es – als Bestandteil seiner Pflichten – gegebenenfalls lenken zu können.
Fahrtunterbrechung	Ist jeder Zeitraum, in dem der Fahrer keine Fahrtätigkeit ausüben und keine anderen Arbeiten ausführen darf und der ausschließlich zur Erholung genutzt wird.
Lenkdauer	Ist die Gesamtlenkzeit zwischen dem Zeitpunkt, zu dem ein Fahrer nach einer Ruhezeit oder einer Fahrtunterbrechung beginnt, ein Fahrzeug zu lenken, und dem Zeitpunkt, zu dem er eine Ruhezeit oder Fahrtunterbrechung einlegt. Die Lenkdauer kann ununterbrochen oder unterbrochen sein. **Hinweis:** Der Fahrer hat nach einer Lenkdauer von 4,5 Stunden eine Lenkzeitunterbrechung von mindestens 45 Minuten einzulegen, die er ausschließlich zur Erholung nutzen muss. Zwei Teilunterbrechungen von mindestens 15 und 30 Minuten innerhalb der 4,5 Stunden Lenkdauer sind ebenfalls möglich (Art. 7 der Verordnung).
Lenkzeit	Ist die Dauer der Lenktätigkeit.
Tageslenkzeit	Ist die summierte Gesamtlenkzeit zwischen dem Ende einer täglichen Ruhezeit und dem Beginn der darauffolgenden täglichen Ruhezeit oder zwischen einer täglichen und einer wöchentlichen Ruhezeit. **Hinweis:** Die tägliche Lenkzeit darf 9 Stunden grundsätzlich nicht überschreiten, jedoch höchstens zweimal die Woche auf maximal 10 Stunden verlängert werden (Art. 6 Abs. 1 der Verordnung).
Wochenlenkzeit	Ist die summierte Gesamtlenkzeit innerhalb einer Woche. **Hinweis:** Sie darf 56 Stunden nicht überschreiten, wobei zu beachten ist, dass die summierte Gesamtlenkzeit während zweier aufeinander folgender Wochen nicht über 90 Stunden liegen darf (Art. 6 Abs. 2 und 3 der Verordnung).

Ruhepause	Ist jeder ununterbrochene Zeitraum, in dem ein Fahrer frei über seine Zeit verfügen kann.
Tägliche Ruhezeit	Ist der tägliche Zeitraum, in dem ein Fahrer frei über seine Zeit verfügen kann und der eine »regelmäßige tägliche Ruhezeit« und eine »reduzierte tägliche Ruhezeit« umfasst.
Regelmäßige tägliche Ruhezeit	Ist eine Ruhepause von mindestens 11 Stunden. Diese regelmäßige tägliche Ruhezeit kann auch in zwei Teilen genommen werden, wobei der erste Teil einen ununterbrochenen Zeitraum von mindestens 3 Stunden und der zweite Teil einen ununterbrochenen Zeitraum von mindestens 9 Stunden umfassen muss.
Reduzierte tägliche Ruhezeit	Ist eine Ruhepause von mindestens 9 Stunden, aber weniger als 11 Stunden.
Wöchentliche Ruhezeit	Meint den wöchentlichen Zeitraum, in dem ein Fahrer frei über seine Zeit verfügen kann und der eine »regelmäßige wöchentliche Ruhezeit« und eine »reduzierte wöchentliche Ruhezeit« umfasst.
Regelmäßige wöchentliche Ruhezeit	Umfasst eine Ruhepause von mindestens 45 Stunden.
Reduzierte wöchentliche Ruhezeit	Ist eine Ruhepause von weniger als 45 Stunden, die vorbehaltlich der Bedingungen des Artikels 8 Abs. 6 auf eine Mindestzeit von 24 aufeinander folgenden Stunden reduziert werden kann.
Woche	Ist der Zeitraum zwischen Montag 00:00 Uhr und Sonntag um 24:00 Uhr.

4. Was ist das Mobilitätspaket I und was regelt es?

Das Mobilitätspaket I wurde durch die EU-Verordnung 2020/1054 eingeführt und bezweckt unter anderem, dass Voraussetzungen für einen künftig sicheren, effizienteren und sozial verantwortlichen Straßentransportsektor geschaffen werden.
Die wichtigsten, die Arbeitszeit betreffenden Regelungen dieser Verordnung werden nachfolgend zusammengefasst:

- **Verbot, die reguläre Wochenruhezeit im Fahrzeug zu verbringen:** Es wird nunmehr unmissverständlich festgelegt, dass die reguläre Wochenruhezeit nicht im Fahrzeug verbracht werden darf, sondern in geeigneten und geschlechtergerechten Unterkünften mit angemessenen Schlafgelegenheiten zu erfolgen hat. Die Kosten der Unterbringung hat der Arbeitgeber zu tragen.

- **Möglichkeit der Fahrer, regelmäßig an ihren Wohnsitz oder die Betriebsstätte des Unternehmens zurückzukehren:** Innerhalb eines jeden 4-Wochenzeitraums soll der Arbeitgeber den Arbeitnehmern mindestens einmal ermöglichen, an deren Wohnsitz oder an die Betriebsstätte des Arbeitgebers zurückzukehren, um dort eine Wochenruhezeit von mindestens 45 Stunden einzulegen.
- **Verkürzung der Wochenruhezeit:** Unter bestimmten Voraussetzungen können Fahrer im grenzüberschreitenden Güterverkehr außerhalb des Niederlassungsmitgliedsstaat ihres Unternehmens künftig zwei aufeinanderfolgende reduzierte Wochenruhezeiten einlegen.

5. Wann findet das Fahrpersonalgesetz und wann die Fahrpersonalverordnung Anwendung und wer ist für die Überwachung zuständig?

Das Fahrpersonalgesetz (FPersG) und die Fahrpersonalverordnung (FPersV) gelten ausschließlich im nationalen Kontext, also im Inland. Das Fahrpersonalgesetz gilt für die Beschäftigung und Tätigkeit des Fahrpersonals von Kraftfahrzeugen und Straßenbahnen, soweit sie am öffentlichen Verkehr teilnehmen (§ 1 Satz 1 FPersG). Mitglieder des Fahrpersonals sind Fahrer, Beifahrer und Schaffner (§ 1 Satz 2 FPersG). § 2 FPersG ermächtigt zum Erlass einer Rechtsverordnung, wovon mit dem Erlass der FPersV Gebrauch gemacht wurde.

Die Fahrpersonalverordnung regelt die Lenk- und Ruhezeiten für Fahrer zur Güterbeförderung mit Fahrzeugen, deren zulässige Höchstmasse (einschließlich Anhänger) mehr als 2,8 t und nicht mehr als 3,5 t beträgt und zur Personenbeförderung mit Fahrzeugen, die zur Beförderung von mehr als 8 Personen bestimmt sind und im Linienverkehr mit einer Linienlänge von bis zu 50 km eingesetzt sind (§ 1 FPersV).

Das Bundesamt für Güterverkehr überwacht die Einhaltung des Fahrpersonalrechts, insbesondere die Lenk- und Ruhezeiten. Es ist auch zuständig für die diesbezüglichen Bußgeldverfahren gegen ausländische Betroffene. Sofern sich der Wohn- oder Betriebssitz des Betroffenen in Deutschland befindet, erteilen die Verwaltungsbehörden der jeweiligen Bundesländer Auskünfte über die geltenden Bestimmungen, vgl. *www.bag.bund.de/DE/Themen/Rechtsentwicklung/Rechtsvorschriften/Rechtsvorschriften/Fahrpersonalrecht/fahrpersonalrecht_node.html.*

6. Findet das ArbZG bei Berufskraftfahrern Anwendung?

Für abhängig beschäftigte Kraftfahrer bildet das ArbZG auf nationaler Ebene den arbeitsrechtlichen Rahmen.

Von § 21a ArbZG werden Fahrer und Beifahrer von Fahrzeugen zur Güterbeförderung von mehr als 3,5 t sowie zur Personenbeförderung mittels Bussen mit mehr als 8 Fahrgastsitzplätzen erfasst. In einem Zeitraum von 4 Monaten darf die durchschnittliche Arbeitszeit des Fahrpersonals 48 Wochenstunden nicht überschreiten. Damit ist es also möglich, mehrere Wochen jeweils 60 Stunden zu arbeiten und dies durch entsprechende Freizeit wieder auszugleichen.

Unter den Begriff der Arbeitszeit im Sinne des ArbZG fällt jedoch nicht nur die reine Lenktätigkeit, sondern sie umfasst nach § 2 ArbZG die Zeit von Beginn bis Ende der Arbeit ohne Ruhepause, wozu dann auch administrative Tätigkeiten oder das Be- bzw. Entladen des Fahrzeugs zählen (siehe dazu Frage 7).

Nicht zur Arbeitszeit zählt gem. § 21a Abs. 3 ArbZG:

- die Zeit, während derer sich ein Arbeitnehmer am Arbeitsplatz bereithalten muss, um seine Tätigkeit aufzunehmen;
- die Zeit, während derer sich ein Arbeitnehmer bereithalten muss, um seine Tätigkeit auf Anweisung aufnehmen zu können, ohne sich an seinem Arbeitsplatz aufhalten zu müssen;
- für Arbeitnehmer, die sich beim Fahren abwechseln, die während der Fahrt neben dem Fahrer oder in einer Schlafkabine verbrachte Zeit.

7. Sind Wartezeiten beim Be- und Entladen Arbeitszeit bzw. sind sie zumindest zu vergüten?

Die Wartezeit beim Be- und Entladen ist zwar arbeitsschutzrechtlich gemäß § 21 Abs. 3 ArbZG keine Arbeitszeit, jedoch stellt sie **vergütungsrechtlich** Arbeitszeit dar (BAG 21. 12. 2016 – 5 AZR 362/16; 21. 12. 2016 – 5 AZR 363/16; 16. 5. 2012 – 5 AZR 347/11). Nämlich dann, wenn der Kraftfahrer während des Be- und Entladens durch Dritte nicht frei über seine Zeit verfügen kann, sondern sich etwa in einer Warteschlage zum Aufrücken bereithalten muss. Er leistet dann vergütungspflichtige Arbeit, die der Arbeitgeber bezahlen muss.

Für den Anspruch auf Arbeitsvergütung reicht der Vortrag des Kraftfahrers im Prozess aus, an welchen Tagen er welche Tour wann begonnen und wann beendet hat. Damit behauptet der Arbeitnehmer zugleich, während der genannten Zeiten die vertraglich geschuldete Arbeitsleistung erbracht zu haben.

Will der Arbeitgeber dies erfolgreich bestreiten, muss er substantiiert gemäß der Aufzeichnungen nach § 21a Abs. 7 Satz 1 ArbZG darlegen, an welchen Tagen der Arbeitnehmer aus welchen Gründen im geringeren zeitlichen Umfang als von ihm behauptet gearbeitet hat. Es reicht nicht, wenn der Arbeitgeber die Richtigkeit der Bedienung des digitalen Kontrollgeräts bezweifelt. Es obliegt dem Arbeitgeber durch geeignete organisatorische Maßnahmen oder Erkundigungen sicherzustellen, dass er z. B. weiß, bei welchem Auftrag wie lange Wartezeiten bei Be- und Entladen angefallen sind.

8. Welches Gesetz / welche Verordnung hat Vorrang?

Grundsätzlich gilt der Vorrang des Unionsrecht (Gemeinschaftsrechts) gegenüber den nationalen Regelungen. Das betrifft insbesondere die EU-Verordnungen (bspw. EG Nr. 561/2006, EG Nr. 2020/1054; siehe Frage 2–4), welche unmittelbar und ohne weitere Umsetzung zur Anwendung kommen. Damit haben sie gegenüber FPersG, FPersV und auch dem ArbZG Vorrang.

Auf nationaler Ebene ist eine abgrenzende Anwendung der Vorschriften ebenfalls notwendig, da die Arbeits- bzw. Ruhezeiten des ArbZG nicht mit den Lenk- und Ruhezeiten für Kraftfahrer übereinstimmen. Um Widersprüche der Vorschriften auf nationaler Ebene zu vermeiden, müssen sie aufeinander abgestimmt werden. Dies wird dadurch erreicht, dass den Vorschriften des ArbZG eine nachrangige Wirkung zugeschrieben wird, solange der Anwendungsbereich der anderen Gesetze eröffnet ist. So bestimmt § 1 Abs. 1 Satz 3 FPersG ausdrücklich, dass das FPersG dem ArbZG vorgeht. Des Weiteren regelt § 21a Abs. 1 Satz 2, Abs. 5 ArbZG das Vorrangverhältnis des Gemeinschaftsrechts.

Zu beachten sind Aufbewahrungs- und Dokumentationspflichten. Bei einem Verstoß gegen diese Pflichten oder sonstigen Verstößen drohen Bußgelder.

Exkurs: Der Vorrang des Unionsrechts (Gemeinschaftsrecht) am Beispiel der EU-Richtlinie und der EU-Verordnung

EU-Richtlinie im Arbeitszeitrecht:
Was ist eine EU-Richtlinie?
EU-Richtlinien wie die Arbeitszeitrichtlinie 2003/88/EG geben den Mitgliedstaaten verbindliche Ziele vor, etwa Mindeststandards für Arbeitszeit und Gesundheitsschutz. Anders als EU-Verordnungen gelten sie nicht direkt, sondern müssen durch nationale Gesetze umgesetzt werden – in Deutschland vor allem durch das ArbZG.
Warum gibt es die Arbeitszeitrichtlinie?
Ihr Ziel ist, europaweit Mindeststandards für die Sicherheit und Gesundheit der Beschäftigten zu schaffen. Sie schützt vor überlangen Arbeitszeiten und sorgt für ausreichend Ruhezeiten und Urlaub.
Was regelt die Richtlinie konkret?

- Maximal 48 Stunden Arbeitszeit pro Woche (inklusive Überstunden);
- Mindestens 11 Stunden Ruhezeit pro Tag;
- Anspruch auf bezahlten Mindestjahresurlaub von vier Wochen;
- Regelungen zu Pausen, Nacht- und Schichtarbeit.

Was bedeutet das für die Arbeit von Betriebs- und Personalräten?

- Die deutschen Gesetze (z. B. ArbZG) müssen diese Mindeststandards erfüllen. Betriebs- und Personalräte achten darauf, dass die Vorgaben eingehalten werden.
- Gerichte müssen deutsche Vorschriften so auslegen, dass sie den Zielen der Richtlinie entsprechen (richtlinienkonforme Auslegung). Das kann bedeuten, dass bei Zweifeln zugunsten der Beschäftigten entschieden wird.
- Wird die Richtlinie nicht richtig umgesetzt, können sich Beschäftigte im öffentlichen Dienst direkt auf die günstigeren EU-Regeln berufen (unmittelbare Wirkung). Im privaten Bereich ist dies meist nur über die Auslegung möglich.

Merke:
Die EU-Richtlinie legt den Mindestschutz fest. Das deutsche Recht muss mindestens diese Standards garantieren – mehr Schutz ist immer erlaubt. Betriebs- und Personalräte können sich darauf berufen, wenn sie die Interessen der Beschäftigten vertreten.
Meinungsstand: Die Literatur und Rechtsprechung sind sich einig, dass die Arbeitszeitrichtlinie 2003/88/EG verbindliche Mindeststandards für alle Beschäftigten schafft und bei der Auslegung des

deutschen Arbeitszeitrechts stets zu berücksichtigen ist. Die Gerichte betonen, dass die Richtlinie nicht zu Lasten der Arbeitnehmer ausgelegt werden darf und im Zweifel Vorrang vor nationalem Recht hat.

EU-Verordnungen im Arbeitszeitrecht:
Was ist eine EU-Verordnung?
EU-Verordnungen wie die VO (EG) Nr. 561/2006 gelten unmittelbar und einheitlich in allen EU-Staaten – sie müssen nicht erst in nationales Recht umgesetzt werden. Das heißt: Die Vorschriften sind für Unternehmen und Beschäftigte direkt verbindlich, z. B. im Bereich der Lenk- und Ruhezeiten für Fahrer im Straßenverkehr.
Beispiel: VO (EG) Nr. 561/2006 zu Lenk- und Ruhezeiten
Diese Verordnung regelt für Fahrer von Lkw und Bussen u. a.:

- Maximale Lenkzeiten: Täglich höchstens 9 Stunden (zweimal pro Woche bis zu 10 Stunden), wöchentlich maximal 56 Stunden, in zwei Wochen zusammen höchstens 90 Stunden;
- Pflichtpausen: Nach spätestens 4,5 Stunden Lenkzeit muss eine Pause von mindestens 45 Minuten eingelegt werden;
- Ruhezeiten: Täglich mindestens 11 Stunden (kann auf 9 Stunden verkürzt werden), wöchentlich mindestens 45 Stunden (mit Ausnahmen).

Mobilitätspaket I
Mit dem Mobilitätspaket I wurden die Vorschriften der VO (EG) Nr. 561/2006 ab 2020/2021 weiterentwickelt, z. B. durch strengere Rückkehrpflichten für Fahrer und neue Regeln für Ruhezeiten im internationalen Verkehr.
Was bedeutet das für Betriebs- und Personalräte?

- Die Vorschriften der EU-Verordnung gelten direkt und gehen nationalen Arbeitszeitregelungen (wie dem ArbZG) im Anwendungsbereich vor. Sie sind also bei der Arbeitszeitgestaltung für das Fahrpersonal zwingend zu beachten;
- Betriebs- und Personalräte achten darauf, dass die Lenk- und Ruhezeiten eingehalten werden – Verstöße können zu Bußgeldern führen und die Sicherheit gefährden;
- Die Verordnung enthält auch Dokumentationspflichten für Unternehmen und Fahrer; diese sind regelmäßig zu kontrollieren.

Merke:
EU-Verordnungen wie die VO (EG) Nr. 561/2006 setzen **verbindliche Mindeststandards** für Lenk- und Ruhezeiten. Sie gelten

unmittelbar und sind bei der Mitbestimmung und Kontrolle im Betrieb vorrangig zu beachten.
Nationale Regeln dürfen nur dann daneben angewendet werden, wenn sie nicht im Widerspruch zur EU-Verordnung stehen oder zusätzliche Schutzstandards setzen.

9. Inwiefern haben Tarifvertragsparteien oder Betriebs- und Personalräte Mitbestimmungsrechte?

§ 21a Abs. 6 ArbZG räumt den Tarifvertragsparteien Abweichungsbefugnisse ein. Bei Vorliegen von Öffnungsklauseln im Tarifvertrag können dann auch Betriebs- bzw. Dienstvereinbarungen abgeschlossen werden.
Tarifvertragsparteien, Betriebsräte und Personalräte können:
- Zu den Zeiten des Bereithaltens nach § 21a Abs. 3 Satz 1 Nr. 1 und 2 abweichende Regelungen treffen.
- Die Arbeitszeit abweichend (verlängernd) von § 21a Abs. 4 sowie §§ 3 und 6 Abs. 2 ArbZG festlegen. Nach richtlinienkonformer Auslegung ist das nur insoweit möglich, wenn objektive, technische oder arbeitszeitorganisatorische Gründe vorliegen und auch dann darf die Arbeitszeit 48 Wochenstunden im Durchschnitt von 6 Kalendermonaten nicht überschritten werden (vgl. Art. 8 Fahrpersonal-Richtlinie).

10. Wie sind Sammeltransporte von einem Stützpunkt zum Einsatzort arbeitszeitrechtlich zu bewerten? (EuGH 9.10.2025 – C-110/24)

Der Europäische Gerichtshof (EuGH) hat mit dem sog. »**Valencia Urteil**« (Az. C-110/24) klargestellt, dass Fahrten in Fahrzeugen des Arbeitgebers ab einem vorgegebenen **Sammelpunkt (Stützpunkt)** zum Einsatzort zwingend als **Arbeitszeit** im Sinne des Arbeitsschutzrechts einzustufen sind. **Die wesentlichen Punkte der Neuregelung/Rechtsprechung:**
- **Kriterium der Fremdbestimmung:** Entscheidend ist nicht, ob der Arbeitnehmer während der Fahrt eine aktive Lenktätigkeit ausübt oder nur Mitfahrer ist. Maßgeblich ist allein, ob der Arbeitnehmer dem Arbeitgeber zur Verfügung steht. Da der Arbeitgeber bei Sammeltransporten den Ort des Zusammentreffens, die Route und das Transportmittel vorgibt, kann der Arbeitnehmer nicht frei über seine Zeit verfügen. Er unterliegt der Weisungsgewalt des Arbeitgebers.
- **Auswirkung auf die Ruhezeit:** Diese Einordnung hat massive Auswirkungen auf die gesetzliche Ruhezeit (§ 5 ArbZG). Da die Rückfahrt

vom Einsatzort zum Stützpunkt nun als Arbeitszeit zählt, beginnt die 11-stündige Mindestruhezeit erst mit der Ankunft am Stützpunkt (bzw. nach dem Abstellen des Fahrzeugs). Ein vorzeitiger Arbeitsbeginn am nächsten Tag kann somit einen Verstoß gegen den Gesundheitsschutz darstellen.

- **Differenzierung zwischen Schutz und Vergütung:** Es muss strikt zwischen der **Arbeitszeitqualität** (Gesundheitsschutz) und der **Vergütungspflicht** unterschieden werden.
  - **Arbeitszeitrechtlich** zählt die Fahrt voll (Schutz vor Überlastung).
  - **Vergütungsrechtlich** kann durch Tarifvertrag oder Einzelarbeitsvertrag eine geringere Entlohnung für reine Fahrzeiten (als Mitfahrer) vereinbart werden, sofern der gesetzliche Mindestlohn im Durchschnitt gewahrt bleibt.
- **Dokumentationspflicht:** Im Rahmen der allgemeinen Zeiterfassungspflicht müssen diese Fahrzeiten lückenlos dokumentiert werden, um die Einhaltung der täglichen Höchstarbeitszeit und der Ruhezeiten für die Aufsichtsbehörden nachweisbar zu machen.

> **Praxishinweis für Betriebs- und Personalräte:**
> Bestehende Dienst- oder Betriebsvereinbarungen, die solche Sammelfahrten pauschal als »Ruhezeit« oder »Privatvergnügen« werten (oder erst ab dem Einsatzort zählen), sind rechtlich hinfällig und müssen dringend angepasst werden, um Haftungsrisiken für den Arbeitgeber und Gesundheitsrisiken für die Beschäftigten zu vermeiden.

Checkliste: Lenkzeiten und Fahrpersonal

Diese Checkliste dient Betriebs- und Personalräten zur Prüfung der betrieblichen Praxis und von Vereinbarungen:

- **Sammelpunkt-Check:** Werden Fahrten von einem vorgegebenen Stützpunkt zum Einsatzort vollumfänglich als Arbeitszeit im Sinne des ArbZG gewertet?
- **Ruhezeit-Kontrolle:** Ist sichergestellt, dass die 11-stündige Ruhezeit erst nach der Rückkehr zum Sammelpunkt beginnt?
- **Höchstarbeitszeit:** Werden sämtliche Fahrten ab Stützpunkt sowie Vor- und Abschlussarbeiten korrekt in die tägliche 10-Stunden-Grenze eingerechnet?
- **Wartezeiten:** Werden Wartezeiten beim Be- und Entladen vergütungsrechtlich als Arbeitszeit behandelt, sofern der Fahrer sich zum Aufrücken Bereithalten muss?
- **Wochenruhezeit (Mobilitätspaket I):** Wird das Verbot eingehalten, die reguläre Wochenruhezeit von 45 Stunden im Fahrzeug zu verbringen?

- **Dokumentation:** Erfolgt die Zeiterfassung objektiv, verlässlich und zugänglich für die gesamte tägliche Arbeitszeit (nicht nur Lenkzeiten)?
- **Vergütungs-Mindeststandard:** Wird bei einer (zulässigen) geringeren Vergütung von Fahr- oder Bereitschaftszeiten im Monatsdurchschnitt dennoch der gesetzliche Mindestlohn erreicht?
- **Mitbestimmung:** Wurden abweichende Regelungen zu Bereithaltezeiten oder Arbeitszeitverlängerungen auf Basis einer gültigen tariflichen Öffnungsklausel vereinbart?

Exkurs: Muster-Klausel für Dienst- und Betriebsvereinbarungen (Sammelfahrten und Arbeitszeitqualität):
§ X Arbeitszeit bei Sammelfahrten und mobilen Einsätzen
Grundsatz: Für Beschäftigte ohne festen täglichen Arbeitsort (z. B. mobile Trupps, Bauhof, Forsten) beginnt die tägliche Arbeitszeit am vom Arbeitgeber/Dienstherrn vorgegebenen Sammelpunkt (Stützpunkt).
Einordnung als Arbeitszeit: Fahrten in Fahrzeugen des Arbeitgebers/Dienstherrn vom Stützpunkt zu wechselnden Einsatzorten sowie die Rückfahrt zum Stützpunkt gelten vollumfänglich als Arbeitszeit im Sinne des § 2 Abs. 1 ArbZG. Da Zeit, Route und Transportmittel vorgegeben sind, stehen die Beschäftigten unter der Kontrolle des Arbeitgebers/Dienstherrn und können nicht frei über ihre Zeit verfügen.
Ruhezeit: Die gesetzliche Mindestruhezeit von 11 Stunden gemäß § 5 Abs. 1 ArbZG beginnt erst nach der tatsächlichen Rückankunft am Stützpunkt bzw. nach Beendigung der letzten weisungsgebundenen Tätigkeit. Höchstarbeitszeit: Die Fahrten ab/bis Stützpunkt werden auf die tägliche Höchstarbeitszeit (gemäß § 3 ArbZG max. 10 Stunden) angerechnet. Dies gilt auch für Mitfahrer.
Vergütung: Die Einordnung als Arbeitszeit im Sinne des Gesundheitsschutzes (ArbZG) führt nicht zwingend zu einer vollen Vergütungspflicht als Vollarbeit. Die Vergütung dieser Fahrzeiten richtet sich nach den einschlägigen tarifvertraglichen Regelungen.
In jedem Fall ist sichergestellt, dass die Vergütung für die gesamte Zeit der Inanspruchnahme (inkl. Fahrzeit) im Monatsdurchschnitt den gesetzlichen Mindestlohn nicht unterschreitet.
Dokumentation: Beginn, Ende und Dauer der Fahrten sind lückenlos im betrieblichen Zeiterfassungssystem zu dokumentieren.

Checkliste: Verhandlung von Vereinbarungen zu Lenkzeiten

Diese Liste hilft Betriebs- und Personalräten, die Anforderungen des ArbZG und der aktuellen Rechtsprechung systematisch abzuprüfen:

- **Geltungsbereich:** Sind alle mobilen Beschäftigten ohne festen Sitz erfasst?
- **»Valencia-Prüfung«:** Wird die Fahrt ab Sammelpunkt als Arbeitszeit gewertet, auch wenn der Beschäftigte nur Mitfahrer ist?
- **Ruhezeit-Sicherung:** Verhindert die Vereinbarung einen Schichtbeginn am Folgetag, der die 11-stündige Ruhezeit nach Rückkehr zum Stützpunkt unterschreitet?
- **Kappungsverbot:** Ist sichergestellt, dass Fahrzeiten bei Erreichen einer täglichen Stundengrenze nicht einfach »gekappt« werden (Dokumentationspflicht)?
- **Wartezeiten:** Werden Wartezeiten beim Be- und Entladen korrekt erfasst und vergütet?
- **Tarifvorbehalt:** Wurde geprüft, ob für Vergütungsabreden zu Fahrzeiten eine tarifliche Öffnungsklausel vorliegt?
- **Mindestlohn-Garantie:** Ist bei faktorisierter (geringerer) Bezahlung der Fahrzeit die Einhaltung des Mindestlohns im Monatsmittel gewährleistet?

X. Betriebs- und Personalratstätigkeit und Arbeitszeit

1. Wie ist das Verhältnis der Betriebsrats- bzw. Personalratstätigkeit zur Arbeitszeit?

Gemäß § 37 Abs. 1 BetrVG ist das Amt des Betriebsratsmitglieds ein unentgeltliches Ehrenamt. Dies basiert auf der Vorstellung, dass Betriebsratsmitglieder ihr Amt mit innerer und äußerer Unabhängigkeit ausüben und weder Vor- noch Nachteile erhalten sollen. Jedoch ist die Betriebsratstätigkeit keineswegs mit einem Ehrenamt gleichzusetzen, das ein Beschäftigter außerhalb seiner Arbeitszeit in seiner Freizeit verrichtet (BAG 18.1.2017 – 7 AZR 224/15). Die Betriebsratsarbeit weist einen unmittelbaren Bezug zum Arbeitsverhältnis auf und die Aufgaben werden im Interesse des Betriebs und der Belegschaft wahrgenommen. Weiterhin sind die Betriebsratsmitglieder zur Wahrnehmung ihrer Aufgaben verpflichtet, welche in der Regel im Betrieb ausgeübt werden. Damit ist klar erkennbar, dass die Betriebsratstätigkeit kein vom Betrieb unabhängiges Ehrenamt ist.

In § 50 BPersVG ist geregelt, dass die Mitglieder des Personalrats ihr Amt als Ehrenamt führen. Außerdem bestimmt § 38 Abs. 1 Satz 1 BPersVG, dass die Personalratssitzungen während der Arbeitszeit stattzufinden haben. Damit entsprechen sich die Regelungen bzgl. der Personalratstätigkeit im BPersVG und der Betriebsratstätigkeit in BetrVG inhaltlich. In den Landespersonalvertretungsgesetzen der einzelnen Bundesländer können sich aber eventuell abweichende oder ergänzende Vorschriften finden.

2. Haben Betriebs- oder Personalratsmitglieder einen Freistellungs- und Lohnanspruch?

Da die Betriebsratstätigkeit kein vom Betrieb unabhängiges Ehrenamt ist, gewährt § 37 Abs. 2 BetrVG den Betriebsratsmitgliedern folgerichtig einen Freistellungsanspruch von der Arbeit, soweit dies für die Durchführung der Betriebsratsarbeit notwendig ist. Vorausgesetzt wird hierfür, dass die Arbeitsbefreiung der Durchführung der dem Betriebsrat obliegenden Aufgaben dient. Die Arbeitsbefreiung muss zur ordnungsgemäßen Durchführung dieser Aufgaben erforderlich sein.
Das gilt gemäß § 52 Abs. 1 BPersVG ebenso für die Personalratstätigkeit. Die Betriebs- oder Personalratsarbeit ist dabei grundsätzlich während der Arbeitszeit zu erledigen. Zwar sollen Gremienmitglieder keine Vorteile aus der Betriebs- oder Personalratstätigkeit ziehen, aber sie sollen auch keine Lohn- oder Entgelteinbußen erleiden. Aufgrund dessen steht jedem Mitglied ein Anspruch auf den Lohn zu, den es bei regulärer Arbeit erhalten hätte (Lohnausfallprinzip). Sowohl die Bestimmung der Arbeitszeit, während derer die Betriebs- oder Personalratstätigkeit stattfinden soll, als auch die Höhe der Vergütung richtet sich nach der individuellen Arbeitszeit bzw. -lohn des jeweiligen Mitglieds und nicht etwa nach den Betriebsöffnungszeiten.
Doch nicht in allen Fällen können Betriebs- oder Personalratsmitglieder ihre Aufgaben innerhalb ihrer Arbeitszeit wahrnehmen. Um zu verhindern, dass Gremienmitglieder, die aus betriebsbedingten Gründen ihre Betriebs- oder Personalratstätigkeit nicht während der Arbeitszeit durchführen können, durch einen Verlust persönlicher Freizeit benachteiligt werden, enthält § 37 Abs. 3 BetrVG bzw. § 51 BPersVG eine Ausnahmeregelung. Danach soll ein Ausgleichsanspruch auf entsprechende Arbeitsbefreiung ohne Minderung des Arbeitsentgelts bzw. hilfsweise auf Abgeltung der aufgewandten Zeit bestehen. Betriebsbedingte Gründe sind solche, die sich aus der Eigenart des Betriebs oder der Gestaltung seines Arbeitsablaufs (z. B. Schichtbetrieb) ergeben. Es muss ein im Be-

trieb selbst vorhandener Sachzwang dazu führen, dass die Betriebs- oder Personalratstätigkeit nicht während der Arbeitszeit durchgeführt werden kann (BAG 28.5.2014 – 7 AZR 175/12).
Ein betriebsbedingter Grund liegt beispielsweise bei einem Zeitungszusteller vor, der seine Arbeit in den frühen Morgenstunden zu erledigen hat und die Betriebsratstätigkeit erst in der Normalarbeitszeit ausübt (BAG 19.3.2014 – 7 AZR 480/12). Auch im Schichtbetrieb liegt ein betriebsbedingter Grund vor, wenn aufgrund unterschiedlicher Arbeitszeiten die Betriebs- oder Personalratstätigkeit nicht innerhalb der persönlichen Arbeitszeit erfolgen kann. Kein betriebsbedingter Grund ist hingegen, wenn sich der Vorgesetzte regelmäßig über die Abwesenheit vom Arbeitsplatz beschwert, denn nach § 37 BetrVG bzw. § 52 BPersVG genießt die Betriebs- oder Personalratstätigkeit Vorrang.
Da bezüglich des Ausgleichsanspruchs Gesundheits- und Arbeitsschutz im Vordergrund stehen, hat der Ausgleich grundsätzlich durch Freizeit zu erfolgen. Ausgleich in Form von Geld ist nur zulässig, wenn ein Freizeitausgleich aus betriebsbedingten Gründen nicht möglich ist. Demnach steht weder dem Arbeitgeber noch dem Betriebsrats- oder Personalmitglied ein Bestimmungsrecht bezüglich der Form des Ausgleichs zu.

3. Stellt Betriebs- oder Personalratstätigkeit Arbeitszeit im Sinne des ArbZG dar?

Dafür spräche zunächst, dass die Tätigkeiten häufig innerhalb der regulären Arbeitszeit anfallen bzw. anfallen sollten (vgl. § 37 Abs. 2 BetrVG; § 60 BPersVG), weshalb Betriebs- und Personalräten auch der Schutz der ArbZG-Vorschriften zukommen sollte. Ehrenamtlich tätige Arbeitnehmer sollen durch ihre außervertragliche Leistungsbereitschaft weder einen wirtschaftlichen (vgl. Anspruch auf Entgeltfortzahlung) noch einen gesundheitlichen Nachteil erleiden. Auch die Tatsache, dass der Betriebs- oder Personalrat im Prinzip im Rahmen und zugunsten des Betriebs bzw. der Dienststelle tätig ist, spricht für die Bewertung als Arbeitszeit im Sinne des ArbZG (oder der Arbeitszeitverordnung hinsichtlich der Beamten).
Gegen die Einstufung der Betriebs- oder Personalratstätigkeit als Arbeitszeit im Sinne des ArbZG spricht zum einen, dass der Gesetzgeber die Betriebs- oder Personalratstätigkeit bewusst als Ehrenamt ausgestaltet hat (§ 37 Abs. 1 BetrVG; § 50 BPersVG). Würde man Betriebs- oder Personalratszeit und Arbeitszeit gleichstellen, würde diese Wertung umgangen werden. Zum anderen sind Gremienmitglieder nicht an die Weisungen des Arbeitgebers gebunden. Die Weisungsgebundenheit ist jedoch ein zentraler Aspekt des ArbZG. Einem Arbeitgeber ohne Weisungsbefug-

nis die Einhaltung und ggf. Durchsetzung der ArbZG-Vorschriften aufzuerlegen, wäre nicht sachgerecht.
So haben diverse Landesarbeitsgerichte entschieden, dass Betriebsratstätigkeit keine Arbeitszeit im Sinne des ArbZG ist (LAG Hamm 20.2.2015 – 13 Sa 1386/14; LAG Niedersachen 20.4.2015 – 12 TaBV 76/14).

4. Ist das ArbZG im Rahmen der Betriebs- oder Personalratstätigkeit dennoch von Bedeutung?

Zwar haben Landesarbeitsgerichte entschieden, dass die ArbZG-Vorschriften nicht unmittelbar angewendet werden können, die Wertungen und Maßstäbe des ArbZG sind aber trotzdem zu berücksichtigen.
Das LAG Hamm etwa entschied, dass § 5 Abs. 1 ArbZG nicht gilt, aber dem Betriebsrat eine angemessene Ruhezeit nach § 37 Abs. 2 BetrVG zusteht, wenn die Erbringung der Arbeitsleistung ansonsten unzumutbar ist (LAG Hamm 20.2.2015 – 13 Sa 1386/14). Das LAG Niedersachsen erklärte, dass sich aus § 37 Abs. 2 BetrVG unter Umständen ein Anspruch auf bezahlte Arbeitsbefreiung ergeben könne, wenn die Erbringung der Arbeitsleistung ansonsten unzumutbar sei (LAG Niedersachen 20.4.2015 – 12 TaBV 76/14). Bei der Unzumutbarkeitsabwägung stellten beide Gerichte darauf ab, ob bei der Zusammenrechnung der Arbeitsstunden im Rahmen der vertraglich geschuldeten Arbeit und der Stunden der Betriebsratsarbeit die Grenzen des ArbZG überschritten würden. Wenn eine Überschreitung vorliegt, ist die Erbringung der Arbeitsleistung grundsätzlich unzumutbar. Folglich ist das ArbZG, obwohl es nicht direkt anwendbar ist, für die Bewertung der Unzumutbarkeit von Bedeutung.
Laut dem BAG liegt eine derartige **Unzumutbarkeit** vor, wenn ein Betriebsratsmitglied bei normaler Durchführung seiner Arbeit keine durchgehende Erholungszeit von elf Stunden hat (BAG 18.1.2017 – 7 AZR 224/15).
Zwar handelt es sich bei der Betriebs- bzw. Personalratstätigkeit nach herrschender Meinung **nicht um Arbeitszeit im Sinne des ArbZG** – zum einen, weil der Gesetzgeber dies vorgibt, indem er die Betriebs- bzw. Personalratstätigkeit bewusst als Ehrenamt ausgestaltet hat, und zum anderen, weil mit der Weisungsungebundenheit der Gremienmitglieder ein zentraler Aspekt des ArbZG (das Weisungsrecht des Arbeitgebers) fehlt. Allerdings stellt die Regel zur allgemeinen Mindestruhezeit nach § 5 Abs. 1 ArbZG eine grundsätzliche Wertung dar, welche bei der Beurteilung der Unzumutbarkeit zu berücksichtigen ist.
Das bedeutet, wenn eine Betriebs- oder Personalratssitzung zwischen zwei Nachtschichten außerhalb der Arbeitszeit stattfindet, darf das Be-

triebs- oder Personalratsmitglied die Nachtschicht davor früher beenden. Dieser Arbeitsbefreiung muss der Arbeitgeber auch nicht zustimmen. Das Betriebs- oder Personalratsmitglied kann einfach gehen. Es hat dem Arbeitgeber jedoch so früh wie möglich die Arbeitsbefreiung mitzuteilen und sich vor dem Verlassen des Arbeitsplatzes abzumelden. Bei jedem berechtigten Anspruch auf Freistellung von der Arbeit hat das Betriebsratsmitglied natürlich Anspruch auf Fortzahlung der Vergütung.
Ordnet der Arbeitgeber trotz Unzumutbarkeit Arbeit an, steht dem betroffenen Betriebsratsmitglied ein Unterlassungsanspruch zu. Auch das BAG griff dieses Unzumutbarkeitskriterium auf und entschied, dass in dem Moment, in dem Betriebsratstätigkeit mit der Einteilung des Mitarbeiters in weisungsgebundene Arbeits- und Leistungserbringung kollidiert, § 37 Abs. 2 BetrVG vollumfänglich anzuwenden sei. Der Freistellungsanspruch gemäß § 37 Abs. 2 BetrVG wird wirksam, sobald die Betriebsratstätigkeit die Arbeitsleistung unmöglich oder unzumutbar gemacht hat. Somit wirkt sich die Schutzfunktion des ArbZG auch nach BAG-Rechtsprechung aus (BAG 18.1.2017 – 7 AZR 224/15). Die Ausführungen dürften entsprechend auch für die Personalratstätigkeit gelten.

5. Hat der Betriebs- oder Personalrat ein Mitbestimmungsrecht bei der Arbeitszeit der Gremienmitglieder?

Der Betriebs-/Personalrat hat Mitbestimmungsrechte bzgl. des Beginns und des Endes der Arbeitszeit, einschließlich der Pausen (§ 87 Abs. 1 Nr. 2 BetrVG / § 80 Abs. 1 Nr. 1 BPersVG). Darunter fällt ebenso die Arbeitszeit der Betriebsrats- bzw. Personalratsmitglieder. Allerdings dürfen die Mitglieder aufgrund ihres Amtes weder benachteiligt noch bevorteilt werden. Demnach ist eine abweichende Regelung der Arbeitszeit der Personalvertretungsmitglieder wohl kaum denkbar.

6. Müssen freigestellte Betriebs- und Personalräte ihre Zeit erfassen?

Hier besteht ein Spannungsverhältnis zwischen der neuen Zeiterfassungspflicht nach der Rechtsprechung des BAG/EuGH und der Vertraulichkeit der Betriebs- bzw. Personalratsarbeit. Während das ArbZG den Schutz bietet, darf die Erfassung nicht zur Leistungs- oder Verhaltenskontrolle des Gremiums missbraucht werden. Freigestellte und teilfreigestellte Betriebsräte und Personalräte sollten nach einer aktuellen Auffassung in

der Literatur[33] zumindest von der **Arbeitszeiterfassung ausgenommen** werden. Rechtsprechung zu dieser Frage besteht hierzu bislang nicht.
Begründung: Das BetrVG und vergleichbar das PersVG garantiert die Unabhängigkeit. Eine detaillierte Erfassung (»wann wurde welche Betriebsrats-/Personalratstätigkeit verrichtet«) würde dem Arbeitgeber ein Kontrollinstrument in die Hand geben, das der Unabhängigkeit des Amtes widerspricht.
Differenzierung: Nichtfreigestellte Betriebsrats- und Personalratsmitglieder müssen sich hingegen bei Beginn der Betriebsrats-/Personalratstätigkeit abmelden und danach wieder anmelden, da bei ihnen das Arbeitsverhältnis im Vordergrund steht.

33 Einzelheiten vgl. Klimpe-Auerbach, Der Personalrat 2023, 22ff. und Wirlitsch/Geiger, AiB 2024, 7ff.

E. »Auszeiten«

I. Pflegezeiten

1. Wozu dienen Pflegezeiten und welche gibt es?

Viele Beschäftigte pflegen neben dem Beruf ihre nahen Angehörigen in häuslicher Umgebung. Das führt häufig zu einer erheblichen Doppelbelastung.
Um Pflege und Beruf besser vereinbaren zu können, haben Beschäftigte verschiedene Möglichkeiten zur Freistellung von der Arbeit: die kurzfristige Arbeitsverhinderung (max. 10 Arbeitstage), die Pflegezeit (max. sechs Monate), und die Familienpflegezeit (max. 24 Monate).
Geregelt werden diese Möglichkeiten im Pflegezeitgesetz (PflegeZG) oder im Familienpflegezeitgesetz (FPfZG).
Egal welche der Formen gewählt wird, dem Arbeitnehmer steht gem. § 5 PflegeZG stets ein Sonderkündigungsschutz zu.

2. Was ist die kurzfristige Arbeitsverhinderung und wer kann sie beantragen?

In einer akut aufgetretenen Pflegesituation haben Beschäftigte einen Anspruch, für maximal 10 Tage von der Arbeitsleistung ganz oder teilweise freigestellt zu werden, wenn dies erforderlich ist, um für einen pflegebedürftigen Angehörigen eine pflegerische Versorgung zu organisieren oder in dieser Zeit sicherzustellen (§ 2 Abs. 1 PflegeZG).
»Akut« ist die Pflegesituation dann, wenn sie nicht vorhersehbar war. Der Anspruch scheidet also aus, wenn bereits seit längerer Zeit eine Pflegebedürftigkeit besteht oder diese zu erwarten ist/war. In diesen Fällen ist der Arbeitnehmer auf die Arbeitsbefreiung nach § 616 BGB beschränkt.
Der Angehörige muss pflegebedürftig (mindestens Pflegegrad 1) sein. Es genügt aber auch die hinreichende Wahrscheinlichkeit für eine Pflegebedürftigkeit (§ 7 Abs. 4 Satz 2 PflegeZG).

»Erforderlich« im Sinne der Vorschrift ist die Freistellung, wenn der akut aufgetretene Pflegefall ursächlich für die kurzzeitige Arbeitsverhinderung ist. Daran fehlt es beispielsweise dann, wenn eine andere Person sich um die pflegerische Versorgung im Akutfall kümmern kann und hierzu – ebenso wie die zu pflegende Person – bereit ist.
Jeder Beschäftigte hat Anspruch auf die kurzzeitige Arbeitsverhinderung, unabhängig von der Betriebsgröße. Die Freistellungspflicht trifft also jeden Arbeitgeber, auch in Kleinbetrieben.

3. Wie muss die kurzfristige Arbeitsverhinderung beantragt werden?

Der Beschäftigte muss dem Arbeitgeber lediglich die Verhinderung und die voraussichtliche Dauer unverzüglich mitteilen. Die Schriftform ist dafür nicht vorgesehen. Die Freistellung muss vom Beschäftigten also nicht beantragt werden und er braucht auch keine Einverständnis- oder Freistellungserklärung vom Arbeitgeber. Beschäftigte müssen auch keine bestimmten Fristen zwischen der Mitteilung und der Inanspruchnahme der Freistellung einhalten, die es dem Arbeitgeber ermöglichen würden, sich auf die Freistellung organisatorisch einzustellen.
Obwohl es sich um einen Rechtsanspruch des jeweiligen Beschäftigten handelt, ist die kurzfristige Arbeitsverhinderung also eigentlich eher als einseitiges Leistungsverweigerungsrecht anzusehen, da durch die Erklärung die Rechtsfolgen der kurzzeitigen Arbeitsverhinderung unmittelbar eintreten. Einer gesonderten Handlung seitens des Arbeitgebers bedarf es gerade nicht.
Auf Verlangen des Arbeitgebers müssen Beschäftigte aber die Pflegebedürftigkeit des nahen Angehörigen durch Vorlage einer ärztlichen Bescheinigung nachweisen.

4. Werden Arbeitnehmer während der kurzfristigen Arbeitsverhinderung bezahlt?

Für die kurzzeitige Arbeitsverhinderung ist der Arbeitgeber zur Fortzahlung der Vergütung nur verpflichtet, soweit sich eine solche Verpflichtung aus anderen gesetzlichen Vorschriften oder aufgrund einer Vereinbarung ergibt (§ 2 Abs. 3 PflegeZG).
Im außertariflichen Arbeitsverhältnis kann sich aus § 616 BGB ein Anspruch auf Entgeltfortzahlung ergeben, wenn der Arbeitnehmer »für eine verhältnismäßig nicht erhebliche Zeit durch einen in seiner Person liegenden Grund ohne sein Verschulden an der Dienstleistung ver-

hindert wird«. Dabei ist immer zu beachten, dass die Vergütungspflicht nach § 616 BGB durch Arbeitsvertrag oder Tarifvertrag ausgeschlossen werden kann. Im Bereich des TVöD bzw. TV-L ist hierzu eine Regelung in § 29 getroffen und insbesondere Abs. 1 Satz 1 lit. e) beachtlich. Hiernach haben Beschäftigte einen Anspruch auf Entgeltfortzahlung für maximal fünf Arbeitstage im Kalenderjahr im Falle einer schweren Erkrankung von Angehörigen im selben Haushalt oder Kindern, sofern eine andere Person zur Pflege oder Betreuung nicht sofort zur Verfügung steht und eine ärztliche Bescheinigung über die Notwendigkeit vorliegt.

Nachweis und elektronischen Arbeitsunfähigkeitsbescheinigung (eAU):

Während bei der Pflege von Erwachsenen weiterhin eine Papierbescheinigung des Arztes vorzulegen ist, hat die Einführung der **elektronischen Arbeitsunfähigkeitsbescheinigung (eAU)** den Prozess bei erkrankten Kindern verändert.

Abruf durch Arbeitgeber: Bei einer Freistellung nach § 29 TVöD aufgrund eines erkrankten Kindes rufen Arbeitgeber die eAU-Daten direkt bei den Krankenkassen ab.

Mitwirkungspflicht: Die Beschäftigten müssen die Verhinderung und deren voraussichtliche Dauer dennoch unverzüglich anzeigen.

Systemseitige Erfassung: In der Zeiterfassung kann die Fehlzeit erst dann rechtssicher als »Entgeltfortzahlung gemäß § 29 TVöD« verbucht werden, wenn der eAU-Datensatz vorliegt.

> **Praxistipp für die Interessenvertretungen:** Achten Sie in Dienstvereinbarungen darauf, dass bei technischen Störungen des eAU-Abrufs keine unberechtigten Minusstunden aufgebaut werden, solange der Beschäftigte seiner Anzeigepflicht nachgekommen ist.

In Unternehmen ohne Tarifvertrag richtet sich der Zahlungsanspruch nach **§ 616 BGB**.

Voraussetzung: Der Arbeitnehmer ist für eine »verhältnismäßig nicht erhebliche Zeit« (meist bis zu 5 Tage) unverschuldet verhindert.

Achtung: § 616 BGB kann im Arbeitsvertrag rechtssicher ausgeschlossen werden. In diesem Fall ist die kurzzeitige Arbeitsverhinderung zwar ein Freistellungsanspruch, bleibt aber unbezahlt.

Die **Nachweispflichten** (z. B. ärztliche Bescheinigung, eAU) und innerbetriebliche Regelungen zur Zeiterfassung können individuell vereinbart werden; sie sind nicht gesetzlich vorgegeben, sondern unterliegen der betrieblichen Praxis.

5. Was ist Pflegezeit und wer kann sie beantragen?

Beschäftigte sind für maximal sechs Monate vollständig oder teilweise von der Arbeit freizustellen, wenn sie einen pflegebedürftigen nahen Angehörigen in häuslicher Umgebung pflegen (§ 3 Abs. 1 PflegeZG).
Pflegezeit kann nur beantragen, wer in einem Betrieb mit mehr als 15 Beschäftigten arbeitet. Hier gilt also eine Ausnahme für Kleinbetriebe. Dabei zählen jedoch nicht nur Arbeitnehmer, sondern alle Beschäftigten, also auch die zu ihrer Berufsbildung Beschäftigten und solche Personen, die wegen ihrer wirtschaftlichen Unselbstständigkeit als arbeitnehmerähnliche Personen anzusehen sind (§ 7 Abs. 1 PflegeZG). Im Gegensatz zur Bestimmung der regelmäßig Beschäftigten nach Arbeitszeitanteilen gem. § 23 Abs. 1 Satz 4 KSchG kommt es hier allein auf die Kopfzahl an. Ebenfalls beachtlich ist, dass gem. § 7 Abs. 2 PflegeZG allein auf den Arbeitgeber und nicht auf einen Betriebsbegriff abzustellen ist.

6. Was sind nahe Angehörige im Sinne der Pflegezeit?

Erforderlich für einen Anspruch auf Pflegezeit ist, dass der Anspruchsteller einen pflegebedürftigen nahen Angehörigen in häuslicher Umgebung pflegt. Der Begriff des nahen Angehörigen ist weit gefasst und wird in § 7 Abs. 3 PflegeZG definiert. Hierzu zählen Großeltern, Eltern, Schwiegereltern, Stiefeltern, Ehegatten, Lebenspartner und Partner im weiteren Sinn, sogar Ehegatten und Lebenspartner der Geschwister oder Geschwister des Ehegatten oder Lebenspartners, sowie eigene Kinder, Adoptiv- oder Pflegekinder oder solche des Ehegatten oder Lebenspartners und Schwieger- und Enkelkinder.

7. Wann sind Angehörige pflegebedürftig?

Die Pflegebedürftigkeit richtet sich nach §§ 14, 15 SGB XI. Erfasst sind Personen, die gesundheitlich bedingte Beeinträchtigungen der Selbstständigkeit oder der Fähigkeiten aufweisen und deshalb der Hilfe durch andere bedürfen. Die Person muss körperliche, kognitive oder psychische Beeinträchtigungen oder gesundheitlich bedingte Belastungen oder Anforderungen nicht selbstständig kompensieren oder bewältigen können. Wichtig ist, dass die Pflegebedürftigkeit zum Zeitpunkt der gewünschten Freistellung tatsächlich vorliegen muss und es unschädlich ist, wenn die Feststellung erst später rückwirkend auf diesen Zeitpunkt festgestellt wird.[34]

34 ErfK-Bubach, PflegeZG § 3 Rn. 1.

8. Wie muss Pflegezeit beantragt werden?

Um Pflegezeit in Anspruch zu nehmen, muss spätestens zehn Arbeitstage vor Beginn eine schriftliche Ankündigung erfolgen. Diese muss die Erklärung enthalten, für welchen Zeitraum und in welchem Umfang die Freistellung von der Arbeitsleistung in Anspruch genommen werden soll (§ 3 Abs. 3 Satz 1 PflegeZG). Der Anspruchsteller muss mit dem Antrag auch die Pflegebedürftigkeit durch Vorlage einer Bescheinigung der Pflegekasse oder des Medizinischen Dienstes der Krankenversicherung (MDK) nachweisen.

9. Werden Beschäftigte während der Pflegezeit bezahlt?

Während der vollständigen Freistellung aufgrund der Pflegezeit hat der Beschäftigte keinen Anspruch auf Entgeltfortzahlung durch den Arbeitgeber.
Um die finanzielle Last abzufedern, besteht jedoch ein Anspruch auf Förderung durch ein zinsloses Darlehen, das beim Bundesamt für Familie und zivilgesellschaftliche Aufgaben (BAFzA) beantragt werden kann. Dieses Darlehen deckt grundsätzlich die Hälfte des durch die Arbeitszeitreduzierung fehlenden Nettobetrags ab.
Zu beachten ist auch, dass im Falle der vollständigen Freistellung die Sozialversicherungspflicht endet. Der Beschäftigte kann aber familienversichert oder freiwillig versichert werden.

10. Kann der Arbeitgeber den Urlaub kürzen, wenn Pflegezeit in Anspruch genommen wird?

Ja, der Arbeitgeber kann den Erholungsurlaub durch Erklärung für jeden vollen Kalendermonat der vollständigen Freistellung von der Verpflichtung zur Erbringung von Arbeitsleistung um 1/12 kürzen.

11. Was ist Familienpflegezeit und wer kann sie beantragen?

Die Familienpflegezeit ermöglicht die Reduzierung der Arbeitszeit zur Pflege eines nahen Angehörigen für bis zu 24 Monate (§ 2 Abs. 2 FPfZG). Im Unterschied zur Pflegezeit ist aber nur eine teilweise und keine vollständige Freistellung vorgesehen. Die verbleibende Mindestarbeitszeit des pflegenden Beschäftigten darf dabei 15 Stunden nicht unterschreiten. Beschäftigte haben Anspruch auf Familienpflegezeit, wenn sie einen pflegebedürftigen Angehörigen in häuslicher Umgebung pflegen. Zu beach-

ten ist, dass die Gesamtdauer von 24 Monaten die Familienpflegezeit und die Pflegezeit umfasst. Wenn also die Höchstdauer an Familienpflegezeit beansprucht wird, kann für denselben pflegebedürftigen nahen Angehörigen im Anschluss nicht mehr Pflegezeit beantragt werden.
Der Anspruch besteht nur gegenüber Arbeitgebern mit in der Regel mindestens 26 Beschäftigten (ausschließlich der zu ihrer Berufsausbildung Beschäftigten).

12. Wie muss Familienpflegezeit beantragt werden?

Will ein Beschäftigter Familienpflegezeit in Anspruch nehmen, muss er dies spätestens acht Wochen vor dem gewünschten Beginn schriftlich gegenüber dem Arbeitgeber unter Angabe der gewünschten Arbeitszeitverteilung erklären und mitteilen, für welchen Zeitraum und in welchem Umfang er die Freistellung in Anspruch nehmen möchte (§ 2a Abs. 1 Satz 1 FPfZG). Wenn die Acht-Wochen-Frist nicht gewahrt wird, verschiebt sich durch den verspäteten Antrag der Beginn der Familienpflegezeit um den entsprechenden Zeitraum nach hinten. Im Übrigen bleibt der Antrag inhaltlich bestehen.
Auch im Falle der Familienpflegezeit ist dem Arbeitgeber über die Pflegebedürftigkeit des nahen Angehörigen eine Bescheinigung der Pflegekasse oder des Medizinischen Dienstes der Krankenversicherung (MDK) vorzulegen.

13. Wie kann die Familienpflegezeit verteilt werden und wann endet sie?

Arbeitnehmer und Arbeitgeber haben über die Verringerung und Verteilung der Arbeitszeit eine schriftliche Vereinbarung (§ 126 BGB) zu treffen. Hierin liegt ein entscheidender Unterschied zur Pflegezeit, die als einseitiges Gestaltungsrecht des Beschäftigten ausgestaltet ist. Praktisch hat dies zur Folge, dass der Beschäftigte seinen Anspruch klageweise verfolgen muss, wenn der Arbeitgeber sich weigert, eine entsprechende Vereinbarung zu treffen. Aufgrund der Dringlichkeit kommt hier insbesondere dem Antrag auf einstweilige Verfügung besondere Bedeutung zu. Der Arbeitgeber müsste dann im gerichtlichen Verfahren darlegen und beweisen, weswegen dringende betriebliche Gründe den Wünschen des Beschäftigten entgegenstehen.
Der Arbeitgeber kann die Verteilungswünsche nur wegen dringender betrieblicher Gründe ablehnen. Hat der Beschäftigte den Zeitraum von 24 Monaten jedoch nicht ausgeschöpft, bedarf eine Verlängerung der Zu-

stimmung des Arbeitgebers, es sei denn, ein vorgesehener Wechsel der Pflegeperson kann aus einem wichtigen Grund nicht erfolgen.
Die Familienpflegezeit endet gem. § 2a Abs. 5 Satz 1 FPflZG vier Wochen nach Eintritt der veränderten Umstände, wenn die zu pflegende angehörige Person nicht mehr pflegebedürftig ist, oder die häusliche Pflege unmöglich oder unzumutbar ist. Der Arbeitgeber ist hierüber vom Beschäftigten unverzüglich (also ohne schuldhaftes Zögern) zu informieren. Will der Beschäftigte die Familienpflegezeit aus anderen Gründen vorzeitig beenden, ist dies nur mit Zustimmung des Arbeitgebers möglich.

14. Können Pflegezeit und Familienpflegezeit kombiniert werden?

Ja, das ist möglich. Wenn die Familienpflegezeit unmittelbar an die Pflegezeit anschließt, muss der Beschäftigte dies frühzeitig, mindestens drei Monate vor Beginn der Familienpflegezeit erklären (§ 2a Abs. 1 Satz 4 FPflZG).
Soll andersherum im Anschluss an die Familienpflegezeit Pflegezeit genommen werden, ist dies dem Arbeitgeber spätestens acht Wochen vor Beginn schriftlich anzukündigen. Diese Fristen gilt es zwingend einzuhalten, da andernfalls der Anspruchsverlust droht.

Übersicht: Auszeiten zur Pflege (Stand 2026)

Merkmal	Kurzzeitige Arbeitsverhinderung	Pflegezeit	Familienpflegezeit
Dauer	Max. 10 Arbeitstage	Max. 6 Monate	Max. 24 Monate
Anlass	Akute Pflegesituation (unvorhersehbar)	Häusliche Pflege eines nahen Angehörigen	Häusliche Pflege eines nahen Angehörigen
Art der Freistellung	Vollständig oder teilweise	Vollständig oder teilweise	**Nur teilweise** (min. 15 Std./Woche)
Betriebsgröße	Unabhängig (auch Kleinbetriebe)	Mehr als 15 Beschäftigte	Mehr als 25 Beschäftigte
Ankündigungsfrist	Unverzüglich (ohne schuldhaftes Zögern)	10 Arbeitstage vor Beginn	8 Wochen vor Beginn

Merkmal	Kurzzeitige Arbeitsverhinderung	Pflegezeit	Familienpflegezeit
Entgeltfortzahlung	Nur bei Vereinbarung oder § 29 TVöD / § 616 BGB	Nein (unbezahlt)	Nein (unbezahlt)
Finanzielle Hilfe	Pflegeunterstützungsgeld (Krankenkasse)	Zinsloses Darlehen (BAFzA)	Zinsloses Darlehen (BAFzA)
Zeiterfassung	Dokumentation der Fehlzeit (eAU/Attest)	Erfassung der Restarbeitszeit erforderlich	**Lückenlose Erfassung** der Teilzeit-Arbeit

II. Elternzeit

1. Woraus ergibt sich der Anspruch auf Elternzeit?

Elternzeit ist der Zeitraum unbezahlter Freistellung von der Arbeit nach der Geburt eines Kindes. Der Anspruch ergibt sich aus § 15 des Bundeselterngeld- und Elternzeitgesetzes (BEEG). Hiernach können Beschäftigte Elternzeit nehmen, die ein – leibliches oder zur Vollzeitpflege angenommenes – (Enkel-)Kind betreuen und erziehen.

2. Wer kann Elternzeit wahrnehmen?

Zum berechtigten Personenkreis zählen neben den Arbeitnehmerinnen und Arbeitnehmern auch die zur Berufsbildung Beschäftigten, Heimarbeiter und ihnen Gleichgestellte.
Das Arbeitsverhältnis muss zu Beginn der Elternzeit bestehen. Wenn mehrere Arbeitsverhältnisse nebeneinander bestehen, steht dem Arbeitnehmer der Anspruch auf Elternzeit für jedes dieser Arbeitsverhältnisse zu. Die Elternzeit endet in jedem Falle, wenn das Arbeitsverhältnis endet. Ausnahmen gibt es aber für wissenschaftliche Mitarbeiter an Hochschulen.

3. Wie kann die Elternzeit aufgeteilt werden?

Der Anspruch besteht grundsätzlich bis zur Vollendung des dritten Lebensjahres (Elternzeit vor dem dritten Geburtstag). Aber auch zwischen dem dritten und dem achten Geburtstag des Kindes kann ein Anteil von bis zu 24 Monaten genommen werden.

Beispiel:
Ein Arbeitnehmer nimmt Elternzeit in den ersten beiden Lebensjahren des Kindes. Ab dem 2. Geburtstag des Kindes geht er wieder arbeiten. Damit hat er noch 12 Monate Elternzeit übrig, die er nehmen kann, wenn das Kind schon 3 Jahre, aber noch keine 8 Jahre alt ist.

4. Wie lange kann Elternzeit genommen werden?

Elternzeit kann bis zur Vollendung des dritten Lebensjahres eines Kindes genommen werden. Sie endet also grundsätzlich spätestens mit Ablauf des Tages vor dem dritten Geburtstag. Dies bedeutet, dass am dritten Geburtstag die arbeitsvertraglichen Pflichten wieder aufleben, wenn für den Maximalzeitraum von drei Jahren Elternzeit beantragt wurde.
Der Anspruch besteht in voller Höhe für jedes Kind (§ 15 Abs. 2 Satz 4 BEEG).

5. Kann während der Elternzeit gearbeitet werden (Elternzeit-Teilzeit)?

Ja. Das BEEG sieht nur den Ausschluss von Vollzeitarbeit während der Elternzeit vor. Demgegenüber besteht die Möglichkeit, während der Elternzeit einer Teilzeittätigkeit von maximal 32 Wochenstunden nachzugehen. Bei gleichzeitiger Elternzeit können Eltern insgesamt 60 Wochenstunden erwerbstätig sein. Es wird mit dem Arbeitgeber für die beantragte Dauer ein befristetes Teilzeitarbeitsverhältnis begründet, wohingegen das ursprüngliche Arbeitsverhältnis ruht. Hierüber ist jedoch eine Vereinbarung mit dem Arbeitgeber erforderlich.
Werden während der Elternzeit eine Teilzeitbeschäftigung (maximal 32 Wochenstunden) ausgeübt, ist die **präzise Arbeitszeiterfassung** von existenzieller Bedeutung für den Beschäftigten. Da die Überschreitung der zulässigen Höchststundenzahl Auswirkungen auf den Elterngeldanspruch haben kann, dient das nach BAG-Vorgaben geführte elektronische Zeiterfassungssystem als objektiver Nachweis gegenüber der Elterngeldstelle. Arbeitgeber sind verpflichtet, dieses System so auszugestalten, dass Beginn, Ende und Dauer dieser Teilzeit-Einsätze verlässlich dokumentiert sind.
Die Möglichkeit der Elternzeit-Teilzeit bietet (insbesondere) der Frau die attraktive Option, dass sie für die Maximaldauer von drei Jahren Eltern-

zeit beantragt und in Elternzeit-Teilzeit arbeitet. Am dritten Geburtstag des Kindes lebt nach dem oben gesagten für die Mutter das ursprüngliche (Vollzeit-)Arbeitsverhältnis wieder auf, während die Elternzeit-Teilzeit endet. Diese Vorgehensweise bietet der Mutter die Chance, automatisch – ohne dass es einen weitergehenden gesetzlichen Anspruch auf Vollzeit braucht – wieder in die volle Erwerbstätigkeit einzusteigen.
Die Vereinbarung über die Elternzeit-Teilzeit mit Beschäftigten, die vor der Elternzeit vollzeitbeschäftigt waren, ist gem. §§ 99, 100 BetrVG mitbestimmungspflichtig (LAG Köln 18.4.2012 – 3 TaBV 92/11).

6. Wie muss Elternzeit beantragt werden?

Der »Antrag« – rechtlich eher die »Erklärung« – muss spätestens sieben Wochen (bzw. 13 Wochen bei Elternzeit zwischen dem dritten und dem achten Geburtstag) vor Beginn beim Arbeitgeber eingereicht werden. Inhaltlich ist mit aufzunehmen, für welche Zeiten ab wann innerhalb von zwei Jahren Elternzeit genommen wird (§ 16 Abs. 1 Satz 2 BEEG). Grundsätzlich sind die Arbeitnehmer an die angegebenen Zeiten gebunden, sodass nur einvernehmlich mit dem Arbeitgeber eine Änderung erfolgen kann. Eine Ausnahme hiervon besteht neben den Regelungen von § 16 Abs. 3 BEEG insbesondere bei einer erneuten Schwangerschaft, da dann wieder die Vorschriften nach dem MuSchG beansprucht werden können.

7. Besteht ein besonderer Kündigungsschutz während der Elternzeit?

Ja. Acht Wochen vor Beginn der Elternzeit besteht bis zum vollendeten dritten Lebensjahr (bzw. 14 Wochen vor Beginn der Elternzeit zwischen dem dritten und dem achten Geburtstag) Kündigungsschutz. In besonderen Fällen kann jedoch eine Kündigung durch die für den Arbeitsschutz zuständige oberste Landesbehörde oder die von ihr bestimmte Stelle für zulässig erklärt werden (§ 18 Abs. 1 Satz 4, 5 BEEG).

8. Welche Konsequenzen hat die Elternzeit für das Betriebs- oder Personalratsmandat?

Das Betriebsratsmitglied behält sowohl seine Wählbarkeit als auch sein Betriebsratsamt.
Das aktive Wahlrecht für den Personalrat kann jedoch entfallen, wenn sich die in Elternzeit befindliche Person seit mehr als 12 Monaten in Elternzeit befindet (§ 14 Abs. 1 Nr. 2 BPersVG). Für das passive Wahlrecht

(Wählbarkeit) ist § 15 Abs. 2 Nr. 2 BPersVG zu beachten. Die Mitgliedschaft im Personalrat erlischt gem. § 31 Abs. 1 Nr. 6 BPersVG bei einem Eintritt in eine mehr als zwölfmonatige Beurlaubung.

Übersicht: Freistellungen

Merkmal	**Mutterschutz (Beschäftigungsverbot)**	**Elternzeit**
Dauer	I.d.R. 6 Wochen vor / 8–12 Wochen nach Geburt	Bis zu 3 Jahre pro Kind
Bezahlung	Mutterschutzlohn / Zuschuss zum Mutterschaftsgeld	Elterngeld (staatlich) / Arbeitgeber: unbezahlt
Zeiterfassung	Fehlzeit (Sonderbuchung MuSchu)	Erfassung der Teilzeitstunden (falls zutreffend)

III. Betriebsurlaub

1. Was versteht man unter Betriebsurlaub oder Betriebsferien?

Mit Betriebsferien, Betriebsurlaub oder Werksferien wird der Zeitraum bezeichnet, in der alle oder die meisten Arbeitnehmer eines Betriebs nach Festlegung durch den Arbeitgeber ihren Erholungsurlaub nehmen und der Betrieb ganz oder teilweise vorübergehend geschlossen wird.

2. Kann der Arbeitgeber überhaupt einseitig Urlaub anordnen?

Urlaub ist ein wertvolles Gut, da er der Erholung des Arbeitnehmers und damit der Gesundheit dient. Arbeitgeber dürfen grundsätzlich den Zeitraum des Urlaubs festlegen. Gemäß § 7 Abs. 1 Bundesurlaubsgesetz (BUrlG) sind bei der zeitlichen Festlegung des Urlaubs die Wünsche des Arbeitnehmers zu berücksichtigen; es sei denn es stehen dringende betriebliche Belange oder Urlaubswünsche anderer Arbeitnehmer entgegen. Dies widerspricht grundsätzlich einer einseitigen Anordnung von Urlaub, sodass diese nur im Ausnahmefall zulässig ist.

3. In welchen Fällen ist das Anordnen von Betriebsurlaub möglich?

Der Arbeitgeber kann dann Betriebsurlaub festlegen, wenn dies im Arbeitsvertrag, im Tarifvertrag oder in einer Betriebsvereinbarung so geregelt ist.
In Betrieben ohne Betriebsrat kann Betriebsurlaub nach Ansicht der Rechtsprechung auch per Weisungsrecht angeordnet werden (LAG Düsseldorf 20.6.2002 – 11 Sa 378/02). Dabei ist umstritten, ob die Anordnung des Betriebsurlaubs selbst schon ein dringender betrieblicher Grund ist oder ob für die wirksame Anordnung dringende betriebliche Belange erforderlich sind.

4. Welche dringenden betrieblichen Belange können eine Anordnung von Betriebsurlaub rechtfertigen?

Dringende betriebliche Belange liegen immer dann vor, wenn sich die **Betriebsorganisation** ohne einheitliche Urlaubsregelung nur sehr schwierig oder unmöglich gestalten lässt.
Dies kann z. B. der Fall sein,

- wenn der Arbeitgeber den Urlaub parallel zu den Betriebsferien des alleinigen Lieferanten anordnet, da wegen fehlenden Materials sonst keine sinnvolle Arbeit mehr im Betrieb möglich wäre;
- wenn der Inhaber des Betriebs in den Urlaub geht und deshalb keine Arbeit für die Angestellten vorhanden ist (z. B. bei allein praktizierenden Ärzten);
- bei Rückgang der Kunden während der Sommerferien;
- bei Stillstand bei Saisonbetrieben außerhalb der Saison.

Kein ausreichender Grund ist jedoch ein kurzfristiger Auftragsmangel oder Umsatzrückgang oder Störungen im Betriebsablauf. Derartige Gründe sind dem Betriebsrisiko des Arbeitgebers zuzurechnen und dürfen nicht auf die Arbeitnehmer abgewälzt werden.

5. Darf der Arbeitgeber den gesamten Jahresurlaub als Betriebsurlaub festlegen?

Nein. Die Rechtsprechung verlangt, dass dem Arbeitnehmer noch genug Urlaubstage zur freien Verfügung verbleiben müssen. Feste gesetzliche Vorgaben hierzu gibt es allerdings nicht. Das Bundesarbeitsgericht hält es für ausreichend, wenn dem Arbeitnehmer noch zwei Fünftel seines

Jahresurlaubs zur freien Verfügung verbleiben (BAG 28.7.1981 – 1 ABR 79/79).
Abweichende Regelungen sind in Tarifverträgen und im Arbeitsvertrag denkbar.

6. Mit welchem Vorlauf muss der Arbeitgeber den Betriebsurlaub ankündigen?

Auch hierzu gibt es keine gesetzliche Regelung. Fest steht nur, dass der Urlaub nicht kurzfristig angeordnet werden darf, sondern eine angemessene Ankündigungsfrist eingehalten werden muss. Damit die Beschäftigten genügend Zeit zur Planung haben, sollte der Betriebsurlaub mit einem Vorlauf von sechs bis zwölf Monaten festgelegt werden.

7. Hat der Betriebsrat bzw. Personalrat hier mitzubestimmen?

Wenn ein Betriebsrat besteht, hat dieser gemäß § 87 Abs. 1 Nr. 5 BetrVG ein Mitbestimmungsrecht über die **Aufstellung allgemeiner Urlaubsgrundsätze und des Urlaubsplans** sowie die Festsetzung der zeitlichen Lage des Urlaubs für die jeweiligen Arbeitnehmer. Dazu gehört auch die Festlegung von Betriebsferien und die Frage, ob der gesamte Betrieb oder nur einzelne Betriebsabteilungen Betriebsferien machen sollen (BAG 9.5.1984 – 5 AZR 412/81). Eine ohne Zustimmung des Betriebsrats getroffene Festlegung von Betriebsferien ist unwirksam. Es empfiehlt sich, hier eine Betriebsvereinbarung abzuschließen und die Grundsätze für die Anordnung von Betriebsferien zu regeln.
Im öffentlichen Dienst ergibt sich das Mitbestimmungsrecht aus § 80 Abs. 1 Nr. 6 BPersVG (bzw. aus den einzelnen Landespersonalvertretungsgesetzen).
Im Rahmen der Überwachungspflicht nach § 80 Abs. 1 Nr. 1 BetrVG muss der Betriebs- oder Personalrat zudem sicherstellen, dass die durch Betriebsurlaub bedingten Fehlzeiten korrekt im Zeiterfassungssystem dokumentiert werden, um unberechtigte Entgeltabzüge oder den fehlerhaften Verfall von Urlaubsansprüchen zu verhindern.

Checkliste: Prüfung der Zeiterfassung bei Betriebsurlaub

Diese Punkte sollten Betriebs- und Personalräte bei der technischen Umsetzung des Betriebsurlaubs kontrollieren:

- **Buchungsschlüssel:** Existiert im System ein eindeutiger Buchungsschlüssel für »Urlaub« oder »Betriebsurlaub«, der den Tag mit der individuellen Soll-Arbeitszeit bewertet?
- **Automatisierung:** Werden die Fehlzeiten zentral durch die Personalabteilung eingespielt, um Fehler bei der Selbsterfassung zu vermeiden?
- **Umbuchungs-Prozess:** Ist technisch sichergestellt, dass eine eAU (elektronische AU) eine bereits bestehende Urlaubsbuchung automatisch korrigiert bzw. zur manuellen Korrektur markiert?
- **Transparenz:** Können die Beschäftigten im Zeiterfassungskonto jederzeit nachvollziehen, wie viele Urlaubstage durch den Betriebsurlaub verbraucht wurden und wie hoch der Restanspruch ist?
- **Schutz vor Minusstunden:** Wird bei Teilzeitkräften darauf geachtet, dass an AZV-Tagen oder schichtfreien Tagen, die in den Zeitraum des Betriebsurlaubs fallen, kein unberechtigter Urlaubsabzug erfolgt?
- **Ruhezeit-Überwachung:** Prüft das System bei Wiederaufnahme der Arbeit nach dem Betriebsurlaub automatisch die Einhaltung der 11-stündigen Ruhezeit zum letzten vorangegangenen Arbeitstag?

IV. Sonderurlaub

1. Was ist Sonderurlaub?

Beschäftigten kann sogenannter Sonderurlaub gewährt werden. Trotz des Namens Sonderurlaub handelt es sich dabei nicht um einen Urlaubsanspruch im eigentlichen Sinne, so wie beim Erholungsurlaub nach dem Bundesurlaubsgesetz. Vielmehr handelt es sich beim Sonderurlaub um einen Anspruch auf (bezahlte oder unbezahlte) Arbeitsfreistellung aus besonderem Anlass.

Ein Anspruch auf Sonderurlaub kann sich aus einem Tarifvertrag, einer Dienst-/Betriebsvereinbarung, einer Individualvereinbarung oder aus dem Gesetz ergeben.

2. Wann gibt es Sonderurlaub im öffentlichen Dienst?

Im öffentlichen Dienst regelt § 29 Tarifvertrag für den öffentlichen Dienst (TVöD), in welchen Fällen einem Arbeitnehmer wie viele Tage bezahlter

Sonderurlaub zustehen. Anspruch auf bezahlten Sonderurlaub besteht hiernach

- bei der Geburt eines Kindes (1 Tag),
- beim Tod des Ehepartners bzw. eingetragenen Lebenspartners (2 Tage);
- bei einem aus betrieblichen Gründen erforderlichen Umzug (1 Tag);
- bei einem 25- / 40-jährigen Arbeitsjubiläum (1 Tag);
- bei schwerer Erkrankung eines im Haushalt lebenden Angehörigen (1 Tag);
- bei schwerer Erkrankung eines Kindes, das noch nicht das 12. Lebensjahr vollendet hat (bis zu 4 Tage);
- sowie bei zwingender ärztlicher Behandlung, die während der Arbeitszeit erfolgen muss (erforderliche Abwesenheitszeit einschließlich Wegezeiten).

Daneben regelt § 28 TVöD, dass Beschäftigte bei Vorliegen eines **wichtigen Grundes** unbezahlten Sonderurlaub erhalten können.

Exkurs: Rechtspolitischer Ausblick Familienstartzeit (Väterfreistellung)
Die Regierungsparteien der Ampelkoalition hatten sich darauf verständigt, eine zweiwöchige vergütete Freistellung nach Geburt eines Kindes für den Partner oder die Partnerin der Mutter einzuführen. Eine Umsetzung erfolgte aufgrund unterschiedlicher politischer Auffassungen innerhalb der damaligen Ampel-Regierung aber nicht. Der aktuelle Koalitionsvertrag von CDU/CSU und SPD der Regierungsparteien der 21. Legislaturperiode setzt andere Schwerpunkte, um junge Familien zu stärken, so die offizielle Mitteilung des Bundesministeriums für Bildung, Familie, Senioren, Frauen und Jugend.
Hinweis:
Prüfen Sie aktuell, ob das entsprechende Gesetz (Familienstartzeitgesetz oder eine »andere Stärkung von jungen Familien«) erfolgt ist. Bei Redaktionsschluss (Januar 2026) der 2. Auflage von »Arbeitszeit in Frage und Antwort« war dies noch nicht der Fall.

3. Nach welchen »Spezialgesetzen« besteht Anspruch auf Sonderurlaub?

Ein Anspruch kann sich aus einem speziellen Gesetz ergeben, beispielsweise

- § 37 Abs. 2 BetrVG – Betriebsratstätigkeit;
- § 629 Bürgerliches Gesetzbuch (BGB) – Auszeit für Bewerbungsgespräche nach einer Kündigung;
- § 45 Sozialgesetzbuch (SGB) V in Verbindung mit § 616 BGB – Erkrankung des Kindes;
- § 2 Pflegezeitgesetz (PflegeZG) in Verbindung mit § 616 BGB – Pflegebedürftigkeit von Angehörigen;
- §§ 5–22 Verordnung über den Sonderurlaub für Bundesbeamte und Richter des Bundes (SUrlV) – Sonderurlaub bei Bundesbeamten.

4. Gibt es auch Sonderurlaub, wenn kein Spezialgesetz greift?

Ja, dann kann sich aus § 616 BGB ein Anspruch auf bezahlten Sonderurlaub ergeben. Dafür muss ein Arbeitnehmer

- unverschuldet,
- vorübergehend und
- aus persönlichen Gründen seine Arbeitsleistung nicht erbringen können.

Hier ist eine Vielzahl an Fällen denkbar. Beispiele sind etwa Hochzeiten, wenn man selbst heiratet oder Trauzeuge ist, Beerdigungen oder wenn man vor Gericht als Zeuge geladen ist.

5. Wie viele Tage Sonderurlaub stehen Beschäftigten zu?

Die Frage bereitet keine Probleme, wenn wie im öffentlichen Dienst in § 29 TVöD eine konkrete Anzahl an Tagen vorgegeben ist (siehe Frage 2). In allen anderen Fällen ist gesetzlich nicht bestimmt, wie viele Tage Sonderurlaub im individuellen Fall bestehen. § 616 BGB sagt beispielsweise nur, dass die Arbeitsverhinderung »für eine verhältnismäßig nicht erhebliche Zeit« bestehen darf. In der Regel wird der Sonderurlaub daher wohl höchstens 2 bis 3 Tage betragen.

6. Was ist, wenn der Arbeitgeber den Sonderurlaub ablehnt?

Bei einer unrechtmäßigen Verweigerung von Sonderurlaub trotz tatsächlicher Pflicht muss der Arbeitnehmer seinen Anspruch auf Sonderurlaub einklagen. Gegen eine ungerechtfertigte Lohnminderung kann ebenfalls vor Gericht geklagt werden.

7. Wird der Erholungsurlaub gekürzt, wenn Sonderurlaub genommen wird?

Nein. Da lediglich die vertraglichen Hauptpflichten ruhen, entsteht auch während eines Sonderurlaubs ein Anspruch auf Erholungsurlaub nach dem Bundesurlaubsgesetz (BAG 6. 5. 2014 – 9 AZR 678/12). Der gesetzliche Urlaubsanspruch bleibt trotz eines Sonderurlaubs bestehen und kann nicht gekürzt werden.

8. Was ist, wenn der Sonderurlaub zu lange dauert?

Wird unbezahlter Sonderurlaub über einen längeren Zeitraum als einen Monat genommen, muss mit dem Wegfall des Beschäftigungsverhältnisses gem. § 7 Abs. 1, 3 SGB IV gerechnet werden. Es ist daher dringend zu klären, wie der Arbeitnehmer in dieser Zeit sozialversichert ist.

V. Altersteilzeit

1. Was ist Altersteilzeit?

Die Altersteilzeit dient als Modell zur Arbeitszeitverkürzung vor dem Eintritt in die gesetzliche Altersrente. Dabei geht der Arbeitnehmer für seine verbleibende Arbeitszeit in ein Teilzeitmodell über. Auf diese Weise soll älteren Arbeitnehmern ein gleitender Übergang vom Erwerbsleben in die Altersrente ermöglicht werden. Gleichzeitig kann der Arbeitgeber den Arbeitsplatz neu besetzen.

2. Haben Beschäftigte Anspruch auf Altersteilzeit?

Ein gesetzlicher Anspruch auf Abschluss eines Altersteilzeitvertrags besteht weder für Arbeitnehmer noch für Arbeitgeber. Eine Altersteilzeitregelung kann daher nur auf freiwilliger Basis zwischen Arbeitgeber und Arbeitnehmer oder durch Tarifverträge und Betriebsvereinbarungen zustande kommen.
Sämtliche Vereinbarungen, die den Arbeitnehmern die Wahrnehmung einer Altersteilzeit ermöglichen sollen, müssen dabei den Anforderungen

des Altersteilzeitgesetzes (ATZ) entsprechen. Dies betrifft Tarifverträge, Betriebsvereinbarungen aber auch Individualvereinbarungen zwischen dem Arbeitgeber und dem Arbeitnehmer.
Der Altersteilzeitvertrag muss als solcher geschlossen werden und zwingend den Voraussetzungen des ATZ entsprechen. Eine Vereinbarung muss stets so formuliert werden, dass sich die Altersteilzeit zeitlich bis zu dem Zeitpunkt erstreckt, bis eine Rente wegen Alters beansprucht werden kann. Der Vertrag muss schriftlich vor Beginn der Altersteilzeit zwischen den Parteien abgeschlossen worden sein. Nähere Einzelheiten zum Inhalt ergeben sich aus dem ATZ.

3. Welche Altersteilzeit-Modelle gibt es?

Die Arbeitszeit kann im Durchschnitt auf die gesamte Dauer der Altersteilzeit verringert werden **(Kontinuitäts-/Teilzeitmodell)** oder aufgeteilt werden in eine Arbeitsphase und eine Freistellungsphase **(Blockmodell).**
Kontinuitäts- oder auch Teilzeitmodell: In dieser Variante arbeitet der Arbeitnehmer bis zum Ende der Altersteilzeitvereinbarung, wobei die Arbeitszeit entsprechend reduziert wird. Wie die Verteilung der Arbeitszeit erfolgt, bleibt der Vereinbarung der Arbeitsvertragsparteien überlassen.
Blockmodell: Hier tritt der Arbeitnehmer für die Hälfte der Altersteilzeit in Vorleistung, indem er zwar Vollzeit arbeitet, jedoch lediglich hälftig vergütet wird. In der anschließenden Freistellungsphase erhält er im Gegenzug, ohne zur Arbeitsleistung verpflichtet zu sein, weiter die Hälfte des geschuldeten Entgelts.
Das **Altersteilzeitarbeitsverhältnis** gilt als **(nachträglich) befristetes Teilzeitarbeitsverhältnis**. Da daher die Bestimmungen aus dem Befristungsrecht gelten, muss die Vereinbarung schriftlich erfolgen und ist nur im Falle der Insolvenz des Arbeitgebers oder wenn dies vereinbart ist, kündbar. Zu beachten sind hier die Besonderheiten der Freistellungsphase im Blockmodell. Da in der Freistellungsphase des Blockmodells kein Urlaubsanspruch mehr entsteht, sollte in Betriebs- oder Dienstvereinbarungen geregelt werden, dass Resturlaub aus der Arbeitsphase zwingend vor deren Ende abzuwickeln ist. Eine lückenlose Dokumentation im Zeiterfassungssystem ist hier als Nachweis unentbehrlich.

4. Welche Mitbestimmungsrechte gibt es für den Betriebs- oder Personalrat?

Ein Mitbestimmungsrecht des Betriebs- oder Personalrates gem. § 87 Abs. 1 BetrVG bzw. § 80 Abs. 1 BPersVG, »**ob**« Altersteilzeit eingeführt wird, besteht nicht, da der Arbeitgeber gesetzlich nicht verpflichtet ist, Altersteilzeit anzubieten. Wenn er sich hingegen dazu entschließt, finanzielle Mittel hierfür zur Verfügung zu stellen, hat der Betriebs- oder Personalrat hinsichtlich des »**wie**« das Mitbestimmungsrecht aus § 87 Abs. 1 Nr. 10 BetrVG bzw. § 80 Abs. 1 Nr. 8 BPersVG. Bei der Ausgestaltung einer Betriebs-/Dienstvereinbarung ist darauf zu achten, dass eine Nachwirkung vereinbart werden muss, da der Arbeitgeber, wenn er keine Mittel mehr zur Verfügung stellen möchte, die lediglich teilmitbestimmte Betriebsvereinbarung durch Kündigung ohne Nachwirkung beenden kann. Der Abschluss eines Altersteilzeitvertrags ist nicht mitbestimmungspflichtig, eine beabsichtigte Kündigung gegenüber eines Altersteilzeitarbeitnehmers hingegen selbst dann, wenn er sich schon in der Freistellungsphase befindet.

5. Welche Auswirkungen hat die Altersteilzeit auf das Betriebs- oder Personalratsmandat?

Sowohl das aktive als auch das passive Wahlrecht enden mit Beginn der Freistellungsphase. Die Mitgliedschaft im Betriebsrat erlischt mit dem Wegfall der Wählbarkeit (§ 24 Nr. 4 BetrVG). Dementsprechend geht mit dem Eintritt in die Freistellungsphase auch der Verlust des Betriebsratsamtes einher. Entsprechendes gilt für den Personalrat (§ 14 Abs. 1 Nr. 3, § 15 Abs. 1, § 31 Abs. 1 Nr. 7 BPersVG.)

Checkliste: Altersteilzeit (ATZ)

Leitfaden für die Beratung und die Gestaltung von Vereinbarungen
Da kein gesetzlicher Anspruch auf Altersteilzeit besteht, ist die Ausgestaltung in hohem Maße von kollektivrechtlichen Regelungen (Betriebsvereinbarungen/Dienstvereinbarungen) oder Individualabsprachen abhängig.

1. **Formelle und gesetzliche Voraussetzungen (ATZ-Konformität)**
   - **Freiwilligkeit:** Wurde berücksichtigt, dass kein gesetzlicher Anspruch besteht? (Regelung via Tarifvertrag, Betriebsvereinbarung/Dienstvereinbarung oder Einzelvertrag nötig).
   - **Schriftform:** Liegt eine schriftliche Vereinbarung vor, die **vor Beginn** der Altersteilzeit unterzeichnet wurde?
   - **Zeitlicher Rahmen:** Erstreckt sich der Vertrag lückenlos bis zu dem Zeitpunkt, an dem der Arbeitnehmer eine Rente wegen Alters beanspruchen kann?
   - **Befristung:** Ist dem Mitarbeiter bewusst, dass es sich um ein befristetes Teilzeitarbeitsverhältnis handelt, das grundsätzlich mit Renteneintritt endet?

2. **Wahl des Modells**
   - **Kontinuitätsmodell (Teilzeitmodell):** Wird die Arbeitszeit über den gesamten Zeitraum gleichmäßig reduziert (z.B. 50%)?
   - **Blockmodell:** Ist die Aufteilung in Arbeits- und Freistellungsphase klar definiert?
     - *Prüfung:* Ist sichergestellt, dass die Vergütung auch in der Arbeitsphase bereits hälftig (zzgl. Aufstockungsbeträge) gezahlt wird, um das Guthaben für die Freistellung aufzubauen?
3. **Urlaub und Zeiterfassung (Besonders wichtig im Blockmodell)**
   - **Resturlaub:** Gibt es eine Regelung, dass Resturlaub zwingend **vor Ende der Arbeitsphase** abzuwickeln ist? (Da in der Freistellungsphase kein neuer Urlaubsanspruch entsteht).
   - **Dokumentation:** Ist eine lückenlose Dokumentation im Zeiterfassungssystem sichergestellt, um das für die Freistellungsphase erarbeitete Wertguthaben rechtssicher nachzuweisen?
4. **Mitbestimmung und Sicherung (Für Betriebs- & Personalräte)**
   - **Mitbestimmung beim »Wie«:** Hat die Interessenvertretung bei der Verteilung der Mittel und den Auswahlkriterien mitgewirkt (§ 87 Abs. 1 Nr. 10 BetrVG / § 80 Abs. 1 Nr. 8 BPersVG)?
   - **Nachwirkung:** Wurde in der Betriebs-/Dienstvereinbarung explizit eine **Nachwirkung** vereinbart? (Wichtig, damit der Arbeitgeber die Regelung nicht einseitig durch Kündigung ohne Nachwirkung beenden kann).
   - **Insolvenzsicherung:** Ist das Wertguthaben (insb. im Blockmodell) gegen eine Insolvenz des Arbeitgebers abgesichert?
5. **Status der Interessenvertretung**
   - **Mandatsverlust:** Sind betroffene Betriebsrats- oder Personalratsmitglieder darüber informiert, dass ihr Amt mit Eintritt in die **Freistellungsphase** (Wegfall der Wählbarkeit) automatisch endet?

Praxistipp:
Altersteilzeit ist mehr als nur eine Stundenreduzierung – sie ist die Brücke zwischen Arbeitswelt und Ruhestand. Damit diese Brücke tragfähig ist, muss die Interessenvertretung vor allem auf die Nachwirkung von Vereinbarungen und die lückenlose Dokumentation von Zeitguthaben achten. Einzelne Details (z.B. zur Nachwirkung) sollten im konkreten Fall geprüft und ggf. ausdrücklich vereinbart werden. Nur so wird aus dem »gleitenden Übergang« kein Sturz in rechtliche Unsicherheiten.

F. Einteilung der Arbeitszeit

I. Direktionsrecht des Arbeitgebers

1. Was ist das Direktionsrecht?

Zur Erfüllung seiner arbeitsvertraglichen Pflichten muss der Arbeitnehmer die richtige Arbeit am richtigen Ort zur richtigen Zeit erbringen. Da die einzelnen Pflichten in der Regel nicht abschließend im Arbeitsvertrag festgelegt sind, müssen sie vom Arbeitgeber konkretisiert werden. Dafür hat er ein Direktions-/Weisungsrecht, durch welches er einseitig bindende Anweisungen erteilen kann. Die rechtliche Grundlage bildet § 106 Gewerbeordnung (GewO) bzw. § 315 Bürgerliches Gesetzbuch (BGB). Das Direktionsrecht umfasst Inhalt, Ort und Zeit der vom Arbeitnehmer geschuldeten Leistung und auch dessen Verhalten und die Ordnung im Betrieb oder in der Dienststelle. Im Rahmen des Direktionsrechts ist der Arbeitgeber zur Erteilung und zur Rücknahme von Anweisungen befugt.

2. Gilt das Direktionsrecht des Arbeitgebers unbeschränkt?

Nein, das Direktionsrecht kann **auf mehrere Weisen ausgeschlossen oder eingeschränkt** sein:

Einschränkung durch Arbeitsvertrag:
Das Direktionsrecht kann durch individuelle Vereinbarungen konkretisiert werden. Bedingung ist allerdings, dass die Vereinbarung hinreichend bestimmt ist.

Einschränkung durch Selbstbindung des Arbeitgebers:
Der Arbeitgeber kann sich zum einen durch verbindliche Zusagen binden. Ein Verstoß gegen eine solche Zusage kann einen Verstoß gegen das Gebot von Treu und Glauben (§ 242 BGB) darstellen.

Zum anderen kann das Arbeitsverhältnis durch Zeitablauf konkretisiert werden. Dafür muss eine gewisse Zeit abgelaufen sein (Zeitmoment) und es müssen besondere Umstände hinzutreten, aufgrund derer der Arbeitnehmer erkennen kann und darauf vertrauen darf, dass er nicht in anderer Weise eingesetzt werden soll (Umstandsmoment) (BAG 18.10.2012 – 6 AZR 86/11). Dass der Arbeitgeber längere Zeit keinen Gebrauch von seinem Weisungsrecht gemacht hat, genügt regelmäßig noch nicht für eine Konkretisierung (BAG 17.8.2011 – 10 AZR 202/10).

Einschränkung durch Tarifvertrag und/oder Betriebs- und Dienstvereinbarungen:

> **Praxisbeispiel: Tarifliche Wahloptionen (Geld versus Zeit)**
> Moderne Arbeitszeitgestaltung bietet heute zunehmend die Wahl zwischen monetärer Vergütung und zusätzlicher Lebenszeit – ein prominentes Beispiel sind die tariflichen Wahloptionen (wie der T-ZUG in der Metall- und Elektroindustrie).

Für die betriebliche Interessenvertretung ist hierbei entscheidend: Diese Wahlrechte dürfen nicht durch eine einseitige Ausübung des Direktionsrechts ausgehöhlt werden.
In der Fachliteratur wird zu Recht betont, dass die Ablehnung solcher Zeitwünsche durch den Arbeitgeber an hohe betriebliche Hürden geknüpft ist.[35] Pauschale Argumente wie ein allgemeiner »Personalmangel« genügen regelmäßig nicht, um den Anspruch auf Freistellung zu verweigern. Hier ist die »Schutzmacht« vor Ort gefordert: Sie muss sicherstellen, dass die tariflich oder vertraglich vereinbarte Wahloption für die Beschäftigten realisierbar bleibt und nicht an organisatorischen Defiziten des Arbeitgebers scheitert.

Einschränkung durch die Mitbestimmungsrechte des Betriebs-/Personalrates:

Die Mitbestimmung bei der Arbeitszeit ist ein erzwingbares Recht. Das bedeutet: Kommt keine Einigung zustande, entscheidet die Einigungsstelle. Der Arbeitgeber darf Fakten nicht einseitig »schaffen«. Besteht keine Betriebsvereinbarung über die Schichtplanung, ist jede einseitige Schichteinteilung rechtlich angreifbar.

---

35 vgl. BeckOK-ArbR/*Joussen* § 611a Rn. 359ff.

Übersicht: Mitbestimmung versus Direktionsrecht

Maßnahme des Arbeitgebers	Mitbestimmungspflichtig?	Rechtsgrundlage
Beginn & Ende der täglichen Arbeitszeit	Ja	§ 87 Abs. 1 Nr. 2 BetrVG / § 75 LPVG
Festlegung von Pausenzeiten	Ja	§ 87 Abs. 1 Nr. 2 BetrVG
Anordnung von Überstunden/Mehrarbeit	Ja	§ 87 Abs. 1 Nr. 3 BetrVG
Einführung von Schichtmodellen	Ja	§ 87 Abs. 1 Nr. 2 BetrVG
Einteilung des einzelnen Mitarbeiters in eine Schicht	Teils (je nach Ausgestaltung der Betriebsvereinbarung)	§ 87 Abs. 1 Nr. 2 BetrVG
Übertragung einer höherwertigen Tätigkeit	Ja (Versetzung)	§ 99 BetrVG / Personalvertretungsrecht

Einschränkung durch Gesetz:
Das Direktionsrecht unterliegt den Grenzen der geltenden Gesetze. Eine Weisung darf nicht gegen gesetzliche Verbote und Gebote verstoßen (z. B. Regelungen des ArbZG, Jugendarbeitsschutzgesetzes [JArbSchG], Mutterschutzgesetzes [MuSchG]). Arbeitnehmer können somit nicht mittels des Direktionsrechts zur Leistung gesetzlich verbotener oder sittenwidriger Arbeiten verpflichtet werden.
Das Direktionsrecht wird zudem durch das **Nachweisgesetz (NachwG)** flankiert und in seiner Ausübung faktisch begrenzt. Seit der Novellierung zum 1. 8. 2022 ist der Arbeitgeber verpflichtet, dem Arbeitnehmer die wesentlichen Arbeitsbedingungen schriftlich auszuhändigen (§ 2 NachwG). In Bezug auf die Arbeitszeit bedeutet dies:

- Der Arbeitgeber muss die **vereinbarte Arbeitszeit**, vereinbarte **Ruhepausen** und **Ruhezeiten** sowie bei vereinbarter Schichtarbeit das **Schichtsystem**, den Schichtrhythmus und Voraussetzungen für Schichtänderungen nachweisen (§ 2 Abs. 1 Nr. 7 NachwG).
- Sofern Überstunden angeordnet werden sollen, müssen auch deren **Bedingungen und Vergütung** vorab schriftlich niedergelegt sein (§ 2 Abs. 1 Nr. 8 NachwG).

Hinweis:
Zwar führt ein Verstoß gegen das Nachweisgesetz nicht unmittelbar zur Unwirksamkeit einer Arbeitsanweisung, er schränkt jedoch den einseitigen Spielraum des Arbeitgebers ein. Zudem stellt ein Verstoß gegen die Nachweispflicht nunmehr eine Ordnungswidrigkeit dar, die mit einem Bußgeld geahndet werden kann (§ 4 NachwG). Dies zwingt den Arbeitgeber dazu, sein Direktionsrecht im Rahmen der bereits nachgewiesenen (dokumentierten) Strukturen auszuüben.

Einschränkung durch Gebot des billigen Ermessens (§ 315 Abs. 1 Satz 1 BGB, § 106 GewO):
Wenn der Arbeitgeber sein Direktionsrecht ausübt, muss dies im Rahmen des billigen Ermessens geschehen. Das heißt, dass der Arbeitgeber seine eigenen berechtigten Interessen und die des Arbeitnehmers unter Einbeziehung verfassungsrechtlicher Wertentscheidungen gegeneinander abwägen muss (BAG 13.08.2010 – 1 AZR 173/09).
Besonderheit bei Auszubildenden:
Auszubildenden dürfen nur Aufgaben übertragen werden, die dem Ausbildungszweck dienen und ihren körperlichen Kräften angemessen sind (§ 14 Abs. 3 Berufsbildungsgesetz [BBiG]).

3. Wie weit reicht die Befolgungspflicht des Arbeitnehmers?

Bei der Befolgungspflicht des Arbeitnehmers ist zu unterscheiden, ob die Anweisung rechtmäßig oder rechtswidrig ist (vgl. die in Frage 2 genannten Beschränkungen).
Eine rechtmäßig erteilte Anweisung muss der Arbeitnehmer befolgen, da er sonst seine arbeitsvertragliche Hauptpflicht verletzt. Eine solche Pflichtverletzung kann sowohl eine Abmahnung als auch eine (ordentliche/außerordentliche) Kündigung rechtfertigen (BAG 19.4.2007 – 2 AZR 78/06).
Ist eine Anweisung rechtswidrig, weil sie unwirksam ist (siehe Frage 2, Punkt 1–5), kann der Arbeitnehmer die Befolgung verweigern. Wenn eine Anweisung rechtswidrig ist, weil sie unbillig ist (siehe Punkt 6), ist sie unverbindlich (§ 315 Abs. 3 BGB). Nach neuester BAG-Rechtsprechung entfällt nun auch in diesem Fall die Befolgungspflicht des Arbeitgebers kraft Gesetzes und der Arbeitnehmer muss nicht erst ein rechtskräftiges Urteil erlangen, bevor er die Leistung bzw. Befolgung der Anweisung verweigern darf (BAG 14.9.2017 – Az. 5 AS 7/17). Eine berechtigte Leistungsverweigerung kann zu einem Annahmeverzug des Arbeitgebers

führen (BAG 14.5.2013 – 1 AZR 44/12). Bei einer unberechtigten Leistungsverweigerung kann der Arbeitgeber ggf. nach einer vorangegangenen Abmahnung eine verhaltensbedingte Kündigung aussprechen (BAG 22.10.2015 – 2 AZR 569/14).

4. Wie weit reicht das Direktionsrecht in Bezug auf die Arbeitszeit?

Solange sich der Arbeitgeber an die vertraglichen und gesetzlichen Grenzen seines Direktionsrechts hält, steht ihm in Bezug auf die **Lage** der Arbeitszeit ein umfassendes Direktionsrecht zu. Er darf also festlegen, wann Arbeitsbeginn und -ende sind und an welchen Tagen die vereinbarte Wochenarbeitszeit zu leisten ist. Zudem darf er die Arbeitsschichten (Schicht- und Nachtarbeit) und Pausen festsetzen. Falls Sonn- und Feiertagsarbeit (vgl. §§ 9 und 10 ArbZG) ausnahmsweise gesetzlich und vertraglich erlaubt ist, kann er auch die Arbeit an Sonn- und Feiertagen anordnen.

Seit der Grundsatzentscheidung des BAG (13.9.2022 – 1 ABR 22/21) ist das Direktionsrecht untrennbar mit einer **Kontroll- und Dokumentationspflicht** verknüpft. Der Arbeitgeber kann die Lage der Arbeitszeit nicht mehr »auf Zuruf« festlegen, ohne gleichzeitig für die Zeiterfassung zu sorgen. Jede Anweisung (z.B. eine Schichtänderung oder Mehrarbeit) löst sofort die Pflicht aus, diese Zeiten in einem objektiven und verlässlichen System festzuhalten. Das Direktionsrecht gibt dem Arbeitgeber also nicht nur das Recht zur Anordnung, sondern bürdet ihm gleichzeitig die **zwingende Verantwortung für die Dokumentation** dieser Anordnung auf.

Davon abzugrenzen sind Anweisungen bezüglich der **Dauer** der Arbeitszeit. Die Anzahl der Arbeitsstunden pro Woche/Monat ist in der Regel verbindlich im Arbeitsvertrag festgelegt. Die Anordnung von Überstunden ist grundsätzlich nur dann zulässig, wenn sich im Arbeitsvertrag eine sog. Überstundenklausel befindet. Der Umfang von zulässigen Überstunden ist dann wiederum durch das ArbZG oder durch Einwände des Betriebs-/Personalrats im Rahmen seines Mitbestimmungsrechts eingeschränkt.

Wenn keine vertragliche Überstundenklausel besteht, muss der Arbeitnehmer nur in Notfällen Überstunden leisten (sog. arbeitsrechtliche Treuepflicht des Arbeitnehmers). Ein Notfall liegt nur vor, wenn ein unvorhersehbares Ereignis den Betrieb existentiell bedroht (z.B. Brand, Überflutung oder schwerer Systemausfall). Personalmangel oder ein hohes Auftragsaufkommen zählen ausdrücklich nicht dazu.

Checkliste: Direktionsrecht und Arbeitszeit

(»Drei-Stufen-Prüfung der Weisung«: 1. Vertrag/Gesetz; 2. Mitbestimmung; 3. Billiges Ermessen)

Wenn der Arbeitgeber **einseitig die Lage der Arbeitszeit, Schichten oder Überstunden ändert, sollte** die Interessenvertretung oder der betroffene Mitarbeiter die **Rechtmäßigkeit anhand folgender Punkte** prüfen:

1. **Formelle Prüfung (Grundlagen)**
   - **Rechtsgrundlage:** Beruht die Anweisung auf § 106 GewO / § 315 BGB?
   - **Nachweisgesetz (NachwG):** Entspricht die Anweisung den schriftlich niedergelegten Arbeitsbedingungen (z. B. vereinbartes Schichtsystem, Pausenregelungen)?
     - *Hinweis:* Verstöße gegen das NachwG können Bußgelder nach sich ziehen.
2. **Materielle Grenzen (Ist die Weisung zulässig?)**
   - **Arbeitsvertrag:** Enthält der Vertrag konkrete Vereinbarungen (z. B. »Arbeit nur vormittags«), die das Direktionsrecht einschränken?
   - **Konkretisierung:** Hat sich die Arbeitszeit durch lange Dauer und besondere Umstände auf eine bestimmte Lage »verfestigt« (Umstandsmoment)?
   - **Gesetzliche Grenzen:** Werden die Höchstgrenzen des **ArbZG** (z. B. 10 Std. max.), des **MuSchG** oder des **JArbSchG** eingehalten?
   - **Tarifvertrag / Betriebsvereinbarung / Dienstvereinbarung:** Steht die Anweisung im Einklang mit geltenden Kollektivvereinbarungen?
3. **Mitbestimmung der Interessenvertretung**
   - **Beteiligung:** Wurde der Betriebs- oder Personalrat bei der Änderung von Beginn, Ende oder Verteilung der Arbeitszeit beteiligt (§ 87 Abs. 1 Nr. 2 BetrVG / § 80 Abs. 1 BPersVG)?
     - *Rechtsfolge:* Ohne Mitbestimmung ist die Weisung in der Regel unwirksam.
4. **Ausübungskontrolle (Billiges Ermessen)**
   - **Interessenabwägung:** Hat der Arbeitgeber die Interessen des Mitarbeiters (z. B. Kinderbetreuung, Pflege von Angehörigen, Ehrenamt) gegen die betrieblichen Belange angemessen abgewogen (§ 315 BGB)?
5. **Sonderfall: Dauer der Arbeitszeit (Überstunden)**
   - **Überstundenklausel:** Gibt es eine wirksame vertragliche Grundlage für die Anordnung von Mehrarbeit?
   - **Notfallprüfung:** Falls keine Klausel existiert: Liegt ein echter Notfall vor (Existenzbedrohung des Betriebs)?
   - *Wichtig:* Personalmangel oder hoher Auftragsbestand sind **keine** Notfälle!
6. **Dokumentation (Neu seit BAG 2022)**
   - **Zeiterfassung:** Ist sichergestellt, dass die angeordnete Änderung (z. B. Schichtverlängerung) sofort im objektiven Zeiterfassungssystem dokumentiert wird?

> **Praxistipp zur Befolgungspflicht:**
> Nach aktueller BAG-Rechtsprechung muss ein Arbeitnehmer eine unbillige oder rechtswidrige Weisung nicht mehr vorläufig befolgen. Er trägt jedoch das Risiko: Erweist sich die Weisung im Nachhinein als rechtmäßig, drohen arbeitsrechtliche Konsequenzen (Abmahnung/Kündigung). Eine Klärung im Eilverfahren oder durch die Interessenvertretung ist daher immer ratsam.

II. Dienstplan

1. Was ist ein Dienstplan?

Der Dienstplan ist ein Instrument zur zeitlichen und räumlichen Einsatzplanung von Personal. Durch ihn soll die Abdeckung des quantitativen und qualitativen Bedarfs an Personal sichergestellt werden, wobei hierbei die gesetzlichen Vorgaben u. a. des Arbeitszeitgesetzes (z. B. Ruhepausen nach § 4 ArbZG und Ruhezeiten nach § 5 ArbZG) beachtet werden müssen. In diesem Rahmen dient er sowohl dem Arbeitgeber als auch dem Arbeitnehmer zur Information, Nachprüfbarkeit und Beweisführung.
Dabei ist für die Praxis entscheidend: Der Dienstplan stellt lediglich eine »Soll-Vorgabe« dar. Er ist heute die notwendige Planungsgrundlage für das Zeiterfassungssystem, ersetzt dieses jedoch nicht. Die seit 2022 bestehende gesetzliche Pflicht zur Arbeitszeiterfassung (BAG, Beschluss vom 13.9.2022 – 1 ABR 22/21) verlangt, dass die tatsächlich geleisteten »Ist-Zeiten« objektiv und verlässlich erfasst werden. **Ein Dienstplan allein** erfüllt diese gesetzliche Aufzeichnungspflicht somit nicht.
Es ist zwischen konkreten Wochen- oder Monatsdienstplänen und Rahmendienstplänen zu unterscheiden. Der konkrete Wochen- oder Monatsdienstplan enthält eine grundsätzlich verbindliche Einsatzplanung für eine bestimmte Woche bzw. einen bestimmten Monat. Der Rahmendienstplan enthält allgemeine Kriterien (z. B.: die Festsetzung von Schichtarbeit, ggf. die Schichtlänge und -zeit, die grundsätzliche Soll-Arbeitszeit, die grundsätzliche Pausenzeit, die gewünschten Urlaubsansprüche der Beschäftigten).

2. Welche Aspekte enthält der Dienstplan in Bezug auf das Personal?

Der Dienstplan gibt zum einen die Einteilung des verfügbaren Personals entsprechend des Arbeitsbedarfs wieder (quantitativer Aspekt) und zum anderen gibt er die Qualifikation des eingeplanten Personals wieder (qualitativer Aspekt). Mit dem Dienstplan **konkretisiert der Arbeitgeber sein Weisungsrecht** im Hinblick auf die Lage der Arbeitszeit.

3. Wie erstellt man einen Dienstplan?

Der Dienstplan kann in unterschiedlichen Formen (z. B. Tabelle, Software) erstellt und für die Mitarbeiter veröffentlicht werden. Bei der Erstellung ist darauf zu achten, dass der Plan alle wesentlichen Angaben enthält.
Bei der Erstellung eines Dienstplans ist zunächst der grobe Tagesablauf der betroffenen Arbeitsplätze zu analysieren. Dieser Schritt umfasst vor allem das Einholen von Informationen über den Arbeitsanfall und das zur Verfügung stehende Personal. Anschließend ist der Rahmendienstplan, falls dieser noch nicht besteht, zu erstellen. Darauf aufbauend kann dann der konkrete Wochen- bzw. Monatsdienstplan abgefasst werden. Dazu gehört unter anderem die Berücksichtigung von Feiertagen, Wochenenden, Mitarbeiterwünschen und feststehender Abwesenheit bestimmter Mitarbeiter.

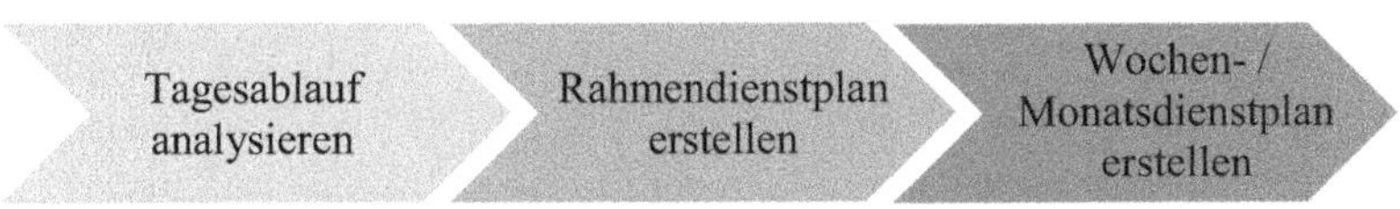

Moderne Softwarelösungen verknüpfen die Dienstplanung unmittelbar mit der Zeiterfassung. Da jede Abweichung vom Dienstplan (z. B. Mehrarbeit oder früherer Arbeitsbeginn) zwingend dokumentiert werden muss, sollte der Dienstplan so gestaltet sein, dass er problemlos in das betriebliche Zeiterfassungssystem integriert werden kann. Nur so ist sichergestellt, dass Planung (Soll) und Erfassung (Ist) gemäß den Anforderungen der Rechtsprechung (BAG, Beschluss vom 13. 9. 2022 – 1 ABR 22/21) revisionssicher gegenübergestellt werden können.

4. Hat der Dienstplan über seinen Geltungszeitraum hinaus Bedeutung?

Nach Ablauf des im Dienstplan angegebenen Geltungszeitraums ist es erforderlich, alle tatsächlichen und dokumentierten Abweichungen zu analysieren und anschließend Abhilfe zu schaffen. Dazu zählt beispielsweise die Dokumentation von Abweichungen der Ist- von der Soll-Arbeitszeit oder von Abweichungen von gesetzlichen Vorschriften z. B. des Arbeitszeitgesetzes, Mutterschutzgesetz, Jugendarbeitsschutzgesetz, Sozialgesetzbuch Neuntes Buch, Bundesurlaubsgesetz, Teilzeitbefristungsgesetzes.

5. Wer ist für die Erstellung des Dienstplans verantwortlich und welche Einschränkungen sind zu beachten?

Durch die Konkretisierung, wann ein Arbeitnehmer die von ihm geschuldete Arbeitsleistung zu erbringen hat, übt der Arbeitgeber sein Weisungsrecht nach § 106 Satz 1 GewO aus. Dabei muss er die bereits genannten Einschränkungen beachten (siehe Kapitel »Direktionsrecht des Arbeitgebers«).

Die wichtigsten Einschränkungen bei der Dienstplangestaltung sind **Regelungen über die Arbeitszeit** aus:

- EU-Richtlinien: Arbeitszeit-Richtlinie 2003/88/EG;
- Gesetzen: insbesondere Arbeitszeitgesetz;
- Tarifverträgen: z. B. TVÖD, TVL, aber auch Arbeitsvertragsrichtlinien (AVR) und Ausführungsverordnungen (AVO).

Wer genau für die Dienstplanerstellung verantwortlich ist, ist jedoch nicht gesetzlich vorgeschrieben. In einigen Branchen gibt es allerdings allgemeine Maßstäbe und Grundsätze. So lässt sich beispielsweise für den Pflegebereich aus § 113 Sozialgesetzbuch (SGB) XI entnehmen, dass die verantwortliche Pflegefachkraft (in der Regel die Pflegedienstleitung) für den Pflegeprozess verantwortlich ist. Dazu gehört u. a. die Erstellung eines Dienstplans. Die Aufgabe kann jedoch auf einen anderen Mitarbeiter übertragen werden. Ein auf diesem Wege erstellter Dienstplan muss aber dennoch vom ursprünglich Verantwortlichen unterzeichnet werden.

6. Kann sich aufgrund des Dienstplans ein Gewohnheitsrecht bzgl. einer bestimmten Schicht ergeben?

Der Arbeitnehmer hat nur dann Anspruch auf Einteilung in eine bestimmte Arbeitsschicht, wenn ihm diese vertraglich zugesichert wurde. Ohne eine solche Vereinbarung im Arbeitsvertrag besteht, selbst wenn über Jahre oder Jahrzehnte ausschließlich in einer Schicht gearbeitet wurde, kein Anspruch auf die Einteilung in diese bestimmte Schicht (BAG 13.6.2007 – 5 AZR 849/06). Begründet wird dies damit, dass in der Regel keine betriebliche Übung entsteht, da diese einen übereinstimmenden Willen von Arbeitgeber und Arbeitnehmer erfordert. Hinsichtlich des Arbeitgebers kann jedoch nicht einfach angenommen werden, dass dieser mit einer generellen Übernahme einer bestimmten Schicht einverstanden ist (BAG 13.6.2007 – 5 AZR 849/06). Somit entsteht kein Anspruch aufgrund von Gewohnheitsrecht.

7. Ist der Dienstplan verbindlich oder sind spontane Änderungen zulässig?

Sobald der Dienstplan für die Arbeitnehmer veröffentlicht wurde, sind sowohl der Arbeitgeber als auch die Arbeitnehmer grundsätzlich an ihn gebunden. Wie lange im Voraus ein Dienstplan veröffentlicht werden muss, ist gesetzlich nicht vorgeschrieben. Allerdings können Arbeitsverträge, Tarifverträge und Betriebs- oder Dienstvereinbarungen eine verbindliche Regelung diesbezüglich enthalten. In der Regel gilt, dass der Dienstplan mit einer Vorlauffrist von vier Tagen zu veröffentlichen ist. Diese Frist gilt unabhängig davon, ob der Plan für eine Woche, einen Monat oder ein Jahr erstellt wurde.
Wenn der Arbeitgeber nachträglich Änderungen vornehmen möchte, muss er Rücksicht auf die Belange des betroffenen Arbeitnehmers nehmen (ArbG Berlin 5.10.2012 – 28 Ca 10243/12). Nach der Rechtsprechung besteht auch hier im Regelfall eine Vorankündigungsfrist von vier Tagen. Dies wird aus § 12 Abs. 3 Teilzeitbefristungsgesetz (TzBfG) abgeleitet, der eine gesetzliche Vorwarnfrist von vier Tagen für Teilzeitangestellte normiert, die »Arbeit auf Abruf« leisten (ArbG Berlin 5.10.2012 – 28 Ca 10243/12). Diese Frist gilt auch für die Anordnung von Überstunden. Überstundenanordnungen, die diese Frist nicht einhalten, muss der Arbeitnehmer nicht befolgen. Umgekehrt darf der Arbeitnehmer grundsätzlich nicht wegen Arbeitsmangel oder vergleichbaren Fällen früher nach Hause geschickt und zugleich vom Arbeitgeber angeordnet werden, dass diese Arbeit nachzuholen ist. Dies ist nur zulässig, wenn dafür eine betriebliche Notwendigkeit besteht (z. B. Ausfall einer erforderlichen Maschine). Da aber der Arbeitgeber das Risiko für derartige Ausfälle trägt, muss dem Arbeitnehmer in einem solchen Ausnahmefall trotzdem der Lohn für den gesamten Arbeitstag ausgezahlt werden.

8. Hat der Betriebs- oder Personalrat ein Mitspracherecht bei der Dienstplanerstellung?

Der Betriebs- oder Personalrat hat ein Mitbestimmungsrecht in Bezug auf Beginn und Ende der täglichen Arbeitszeit, die Pausen und die Verteilung der Arbeitszeit auf die einzelnen Wochentage (§ 87 Abs. 1 Nr. 2 BetrVG bzw. § 80 Abs. 1 Nr. 1 BPersVG). Da das alles Aspekte sind, die

im Dienstplan geregelt werden, muss der Betriebs- oder Personalrat in die grundsätzliche Planung mit einbezogen und eine einvernehmliche Lösung gefunden werden.
Fazit: Das Mitbestimmungsrecht ist zwingend. Ein ohne Zustimmung des Gremiums veröffentlichter Dienstplan ist rechtlich unwirksam. Dies gibt dem Betriebs- oder Personalrat ein faktisches Veto-Recht bei der Dienstplangestaltung.

9. Was passiert bei kurzfristigen Personalausfällen (»Holen aus dem Frei«)?

Ein weit verbreiteter Irrtum in der Praxis ist, dass Arbeitnehmer bei Personalausfällen verpflichtet seien, kurzfristig einzuspringen, wenn der Arbeitgeber dies anordnet.

- **Frei ist Frei:** Die Zeit, die im Dienstplan als »frei« ausgewiesen ist, steht zur freien Verfügung des Arbeitnehmers und gehört zu seiner Privatsphäre. Ein einseitiges »Holen aus dem Frei« ist im Rahmen des Direktionsrechts (§ 106 GewO) **nicht zulässig**.
- **Rufbereitschaft:** Eine Verpflichtung zum Einspringen besteht nur dann, wenn zuvor eine wirksame Regelung über Rufbereitschaft oder Bereitschaftsdienst (z. B. in einer Dienstvereinbarung oder im Arbeitsvertrag) getroffen wurde.
- **Freiwilligkeit:** Einspringen auf freiwilliger Basis ist jederzeit möglich, bedarf aber ebenfalls der Zustimmung des Betriebs- oder Personalrats, da es sich um eine Änderung des bereits genehmigten Dienstplans handelt.

Checkliste: Prüfung von Dienstplänen

1. **Mitbestimmung & Verfahren**
   - **Zustimmung des Gremiums:** Liegt ein offizieller Beschluss zur Genehmigung des vorliegenden Dienstplans vor? *Ohne Zustimmung ist der Plan rechtlich nicht bindend.*
   - **Fristen:** Wurde der Plan den Beschäftigten rechtzeitig bekannt gegeben (in der Regel mindestens 4 Tage im Voraus)?
   - **Software-Check:** Wenn ein Programm zur Planung genutzt wird: Hat der Rat die Einstellungen und Logiken der Software vorab geprüft und freigegeben?
   - **Änderungen:** Gibt es eine klare Absprache, wie bei kurzfristigen Planänderungen (z. B. Krankheit) verfahren wird?

2. **Einhaltung der Arbeitszeiten**
   - **Höchstarbeitszeit:** Wird die Grenze von maximal 10 Stunden pro Tag (bzw. 8 Stunden im Durchschnitt) strikt eingehalten?
   - **Ruhepausen:** Sind die Pausen im Plan so festgeschrieben, dass sie auch tatsächlich genommen werden können (keine »Arbeit auf Abruf« in der Pause)?
   - **Ruhezeiten:** Liegen zwischen dem Ende einer Schicht und dem Beginn der nächsten mindestens 11 Stunden Freizeit?
   - **Sonderschutz:** Sind die Einschränkungen für Schwangere, Jugendliche und Schwerbehinderte im Plan berücksichtigt?
3. **Dokumentation & Erfassung**
   - **Soll-Vorgabe:** Ist der Dienstplan so detailliert, dass er als eindeutige Vorgabe für die Zeiterfassung dienen kann?
   - **Überprüfbarkeit:** Kann das Gremium im Nachhinein kontrollieren, ob die tatsächlich geleisteten Stunden (»Ist«) mit dem Plan (»Soll«) übereinstimmen?
   - **Mehrarbeit:** Werden Überschreitungen der geplanten Zeit automatisch erfasst und dem Rat zur Genehmigung vorgelegt?
4. **Soziale Belange & Freiwilligkeit**
   - **»Frei ist Frei«:** Ist sichergestellt, dass niemand einseitig verpflichtet wird, an seinen freien Tagen einzuspringen?
   - **Soziale Rücksichtnahme:** Wurden Wünsche der Mitarbeiter (z. B. feste freie Tage für Kinderbetreuung oder Pflege) bei der Erstellung fair berücksichtigt?
   - **Gleichbehandlung:** Werden unbeliebte Schichten (Wochenende, Nacht) gerecht auf alle qualifizierten Teammitglieder verteilt?

Praxistipp: Wenn Sie einen Punkt mit »Nein« ankreuzen, sollten Sie den Arbeitgeber zur Nachbesserung auffordern, bevor Sie dem Dienstplan zustimmen. Ein Dienstplan, der gegen Schutzgesetze verstößt, darf vom Rat nicht durchgewunken werden.

III. Arbeitszeitmodelle

1. Was sind Arbeitszeitmodelle?

Arbeitszeitmodelle sind Regelungen über die Dauer und die Lage der Arbeitszeit. Sie bilden den Rahmen, in dem die vertraglich geschuldete Arbeitsleistung erbracht wird. Dabei können sie die tägliche, wöchentliche, jährliche oder sogar die Lebensarbeitszeit gestalten.

Man **unterscheidet grundsätzlich** zwei Formen, **starre Arbeitszeitmodelle und flexible Arbeitszeitmodelle.**
Starre Arbeitszeitmodelle:
Hier sind Beginn und Ende der Arbeitszeit sowie die Pausen fest vorgegeben (z. B. Bürozeiten täglich von 08:30 bis 17:30 Uhr). Alle Beschäftigten müssen gleichzeitig anwesend sein.
Flexible Arbeitszeitmodelle:
Diese erlauben Abweichungen von starren Mustern, um betriebliche Kapazitäten besser zu nutzen oder die Vereinbarkeit von Beruf und Familie zu fördern. **Bei der Flexibilisierung** wird zwischen **zwei Faktoren** unterschieden, dem **chronometrischen Faktor (Umfang)** und dem **chronologischen Faktor (Lage/Verteilung).**
Chronometrischer Faktor: Wie viele Stunden müssen geleistet werden? (Etwa Teilzeit, Kurzarbeit, Mehrarbeit).
Chronologischer Faktor: Wann müssen diese Stunden geleistet werden? (Etwa Schichtmodelle, einfache Gleitzeit).
Modelle wie die **qualifizierte Gleitzeit**, das **Job-Sharing** oder die **kapazitätsorientierte variable Arbeitszeit (KAPOVAZ)** kombinieren **beide Faktoren.**

2. Wie sehen gewisse Arbeitszeitmodelle aus?

- **Gleitzeit:** Der Arbeitnehmer kann innerhalb einer Zeitspanne den Beginn und das Ende seiner Arbeit selbst wählen. Bei der *einfachen Gleitzeit* ist nur der Beginn/Ende flexibel; bei der *qualifizierten Gleitzeit* kann auch über einen Zeitausgleich (Gleitzeitkonto) die Dauer der täglichen Arbeit variiert werden.
- **Teilzeitarbeit (§ 2 TzBfG):** Ein Arbeitnehmer ist teilzeitbeschäftigt, wenn seine regelmäßige Wochenarbeitszeit kürzer ist als die eines vergleichbaren vollzeitbeschäftigten Arbeitnehmers. Dies bedarf einer vertraglichen Vereinbarung oder ergibt sich aus einem gesetzlichen Anspruch (§§ 8 bis 9a TzBfG).
- **Schichtmodelle:** Arbeitsleistungen mehrerer Arbeitnehmer lösen sich an einem Arbeitsplatz so ab, dass der Platz über die Arbeitszeit des Einzelnen hinaus besetzt bleibt (z. B. Früh-, Spät- und Nachtschicht).
- **Kurzarbeit:** Hierbei wird die betriebliche Arbeitszeit vorübergehend verkürzt, um Entlassungen bei wirtschaftlichem Arbeitsausfall zu vermeiden. Da dies mit Entgelteinbußen verbunden ist, kann Kurzarbeit nicht einseitig angeordnet werden (Zustimmung von Betriebsrat/Personalrat oder einzelvertragliche Regelung erforderlich).

- **KAPOVAZ (Arbeit auf Abruf, § 12 TzBfG):** Die Arbeitszeit schwankt je nach Arbeitsanfall. Der Arbeitgeber legt die Lage der Arbeit einseitig fest, muss aber eine Ankündigungsfrist von mindestens vier Tagen einhalten.
- **Job-Sharing (§ 13 TzBfG):** Mindestens zwei Arbeitnehmer teilen sich die Arbeitszeit an einem Arbeitsplatz. Die Besonderheit: Die Partner entscheiden über die Verteilung der Stunden weitgehend selbstbestimmt.

3. Was bedeutet »Vier-Tage-Woche«?

Die Vier-Tage-Woche beschreibt ein Modell, bei dem die wöchentliche Arbeitsleistung an vier statt an fünf Tagen erbracht wird. In der Praxis werden drei Varianten unterschieden.

Übersichtstabelle:

Variante	Arbeitszeit (Woche)	Arbeitszeit (Tag)	Vergütung	Bemerkung
1: Komprimierung	Bleibt gleich (z. B. 40 Std.)	Steigt (4 x 10 Std.)	Bleibt gleich	Hohe Belastung; kein Spielraum für Überstunden.
2: Teilzeit	Wird reduziert	Bleibt gleich oder sinkt	Sinkt proportional	Klassische Teilzeit zur besseren Vereinbarkeit.
3: 80/100/100	Wird reduziert (z. B. 32 Std.)	Bleibt gleich (4 x 8 Std.)	**Bleibt gleich**	Setzt hohe Produktivitätssteigerung voraus.

Gesetzliche Zulässigkeit und Grenzen:

Die Einführung ist zulässig, sofern die zwingenden Vorgaben des Arbeitszeitgesetzes (ArbZG) strikt eingehalten werden. Da die rechtspolitische Debatte über eine weitere Flexibilisierung der Arbeitszeit (z. B. Wochen- statt Tageshöchstarbeitszeit) derzeit sehr dynamisch verläuft, ist die künftige Gesetzgebung genau zu beobachten. Der hier dargestellte Stand entspricht der Rechtslage im **Januar 2026**:

- **10-Stunden-Grenze:** Die werktägliche Arbeitszeit darf 10 Stunden nicht überschreiten (§ 3 ArbZG). Bei einer 40-Stunden-Woche auf

4 Tage ist das Limit erreicht; zusätzliche Überstunden sind an diesen Tagen gesetzlich verboten.

- **Sonderschutz:** Für Schwangere (max. 8,5 Std.) und Jugendliche (max. 8 Std.) ist das Modell der komprimierten Vollzeit (Variante 1) rechtlich ausgeschlossen.
- **Fahrzeiten (EuGH, 09.10.2024 – C-110/24):** Für mobile Teams zählen Fahrten ab einem Sammelpunkt als Arbeitszeit. Diese Zeiten müssen in die 10-Stunden-Grenze eingerechnet werden, was die Vier-Tage-Woche in vielen Montageberufen faktisch unmöglich macht.

4. Was gilt hinsichtlich der Mitbestimmung von Betriebs- und Personalrat?

Bei der Einführung und Ausgestaltung von Arbeitszeitmodellen hat die Interessenvertretung ein starkes Mitspracherecht:

- **Betriebsrat:** Mitbestimmung bei Beginn, Ende und Verteilung der Arbeitszeit auf die Wochentage gemäß **§ 87 Abs. 1 Nr. 2 BetrVG**.
- **Personalrat:** Entsprechende Mitbestimmungsrechte nach **§ 80 Abs. 1 Nr. 1 BPersVG**.

> **Wichtig:**
> Ein einmal veröffentlichter Dienstplan oder ein eingeführtes Modell kann vom Arbeitgeber nicht mehr einseitig geändert werden. Jede Abweichung (z. B. Mehrarbeit) unterliegt erneut der Mitbestimmung (§ 87 Abs. 1 Nr. 3 BetrVG bzw. § 80 Abs. 1 Nr. 1 BPersVG).

Fazit: Arbeitszeitmodelle sind ein zentrales Gestaltungsinstrument. Während der Arbeitgeber Flexibilität zur Kapazitätssteuerung sucht, muss die Interessenvertretung sicherstellen, dass die Zeitsouveränität und der Gesundheitsschutz der Beschäftigten gewahrt bleiben.

IV. Voll- und Teilzeitarbeit

1. Was versteht man unter Vollzeit?

Eine gesetzliche Bestimmung, welche Wochenarbeitszeit gemeint ist, wenn ein Vollzeitarbeitsverhältnis vereinbart ist, gibt es nicht. Üblicherweise wird die geschuldete Wochenstundenzahl im Arbeitsvertrag festgelegt. Bei einer vertraglichen Klausel, wonach der Arbeitnehmer »in

Vollzeit« beschäftigt ist, ist laut BAG davon auszugehen, dass die regelmäßige Dauer der Arbeitszeit 40 Wochenstunden nicht übersteigt (BAG 25.3.2015 – 5 AZR 602/13).

2. Was versteht man unter Teilzeit?

Ein Teilzeitbeschäftigter ist »*ein Arbeitnehmer, dessen regelmäßige Wochenarbeitszeit kürzer ist als die eines vergleichbaren vollzeitbeschäftigten Arbeitnehmers*« (§ 2 Abs. 1 Satz 1 Teilzeitbefristungsgesetz [TzBfG]). Maßgeblich ist dabei die regelmäßige Arbeitszeit. Kurzarbeit zählt somit nicht als Teilzeit, da sie immer nur vorübergehend und somit nicht regelmäßig ist.

Bei schwankender Arbeitszeit ist die Dauer der regelmäßigen Arbeitszeit aus dem Durchschnitt der vergangenen 12 Monate zu ermitteln. Die Frage, ob eine Teilzeitbeschäftigung vorliegt, lässt sich sodann durch einen Vergleich der Arbeitszeit mit der durchschnittlichen Arbeitszeit eines Vollzeitbeschäftigten feststellen. Ist die Arbeitszeit im Durchschnitt eines Jahres kürzer als die eines Vollzeitbeschäftigten, so liegt ein Teilzeitarbeitsverhältnis vor.[36]

3. In welchen Formen ist Teilzeit denkbar?

Teilzeit ist in verschiedenen Ausprägungen denkbar.

Möglich ist, dass ein teilzeitbeschäftigter Arbeitnehmer mit reduzierter Stundenzahl je Arbeitstag arbeitet (»Ich arbeite halbtags.«). Möglich ist aber auch, dass er nur in einzelnen Monaten des Jahres eine geringere Wochenarbeitszeit oder eine reduzierte Arbeitszeit im Vergleich zu Vollzeitkräften arbeitet. Diese Formen von Teilzeitarbeit können jeweils im Arbeitsvertrag geregelt werden.

Möglich ist auch, dass mehrere Teilzeitarbeitsverhältnisse nebeneinander bei verschiedenen Arbeitgebern bestehen oder zusätzlich zu einem Vollzeitarbeitsverhältnis auch in Teilzeit gearbeitet wird.

Weiter kann Teilzeit auch in der Form der Arbeit auf Abruf sowie in Form von Jahresarbeitszeitkonten vorliegen.

---

36 Schaub-*Linck*, § 43 Rn. 2.

4. Warum ist die Unterscheidung zwischen Vollzeit und Teilzeit wichtig?

Das Teilzeitbefristungsgesetz enthält verschiedene Regelungen speziell für Teilzeitbeschäftigte. Dieses Gesetz ist nur anwendbar, wenn tatsächlich auch eine Teilzeitbeschäftigung vorliegt.
Gemäß § 2 Abs. 2 TzBfG ist teilzeitbeschäftigt auch ein Arbeitnehmer, der eine geringfügige Beschäftigung ausübt, also einen sog. Minijob nach § 8 Abs. 1 Nr. 1 Sozialgesetzbuch (SGB) IV.
Insbesondere enthält das Teilzeitbefristungsgesetz ein Diskriminierungsverbot. Danach darf ein teilzeitbeschäftigter Arbeitnehmer wegen der Teilzeitarbeit nicht schlechter behandelt werden als ein vergleichbarer vollzeitbeschäftigter Arbeitnehmer, es sei denn, dass sachliche Gründe eine unterschiedliche Behandlung rechtfertigen (§ 4 Abs. 1 Satz 1 TzBfG).

5. Was beinhaltet das Diskriminierungsverbot für Teilzeitkräfte?

Das Diskriminierungs- oder Benachteiligungsverbot aus § 4 Abs. 1 Satz 1 TzBfG verbietet jegliche Diskriminierung aufgrund der Teilzeitbeschäftigung. Es gilt ausdrücklich auch für geringfügig Beschäftigte (Minijobber). Das Verbot ist zwingend und kann somit nicht im Arbeitsvertrag ausgeschlossen werden. Auch im Tarifvertrag ist es nicht möglich, einen Verzicht auf das Diskriminierungsverbot zu vereinbaren. Allerdings können aufgrund der Koalitionsfreiheit gemäß Art. 9 Abs. 3 Grundgesetz (GG) die Tarifvertragsparteien bestimmte Beschäftigtengruppen aus dem Geltungsbereich eines Tarifvertrages ausnehmen. Unzulässig ist es allerdings, wenn z. B. vereinbart wird, dass alle teilzeitbeschäftigten Reinigungskräfte vom tarifvertraglichen Geltungsbereich ausgeschlossen sind. Möglich wäre es aber, alle Reinigungskräfte davon auszuschließen, wenn dies aus sachlichen Gründen gerechtfertigt ist.
Das Diskriminierungsverbot findet sowohl auf einseitige als auch auf vertraglich vereinbarte Leistungen Anwendung, sofern sie Teilzeitbeschäftigte schlechter stellen. Eine Schlechterstellung ist nur zulässig, wenn hierfür ein sachlicher Grund vorliegt. Es gilt auch für kirchliche Arbeitgeber und öffentlich-rechtliche Religionsgemeinschaften, die ebenfalls an das Verbot gebunden sind.
Seit dem BAG-Urteil vom 26. 11. 2025 (5 AZR 118/23) – vgl. unten Frage 9 – steht fest: Auch Minijobber und Teilzeitkräfte haben Anspruch auf tarifliche Mehrarbeitszuschläge, sobald sie ihre **individuell vereinbarte** Arbeitszeit überschreiten. Ein Tarifvertrag darf diesen Zuschlag nicht erst ab Überschreiten der Vollzeitgrenze (z. B. 40 Std.) gewähren. Als Betriebs-

oder Personalrat sollten Sie prüfen, ob Mehrarbeit bei Teilzeitkräften bisher »zuschlagsfrei« blieb – dies wäre eine unzulässige Diskriminierung.

Checkliste: Die »Fallen« bei Abruf-Teilzeit (§ 12 TzBfG)

Oft werden Minijobber oder Teilzeitkräfte »auf Abruf« beschäftigt. **Hier gibt es strikte gesetzliche Vorgaben,** die in der Praxis oft missachtet werden:

- **Dauer der Arbeitszeit:** Wenn im Vertrag keine wöchentliche Arbeitszeit festgelegt ist, gelten automatisch 20 Stunden als vereinbart. Der Arbeitgeber muss diese bezahlen, auch wenn er weniger Arbeit hat.
- **Tägliche Mindestarbeitszeit:** Wenn die tägliche Dauer nicht festgelegt ist, muss der Arbeitgeber den Beschäftigten für mindestens 3 aufeinanderfolgende Stunden am Stück einplanen und bezahlen.
- **Ankündigungsfrist:** Der Arbeitgeber muss den Einsatz mindestens 4 Tage im Voraus ankündigen. Kurzfristigere Abrufe können vom Arbeitnehmer (ohne negative Folgen) abgelehnt werden.
- **Lohnfortzahlung bei Krankheit/Feiertag:** Es muss die Zeit bezahlt werden, die der Beschäftigte nach dem Dienstplan gearbeitet hätte. Fehlt ein Plan, wird der Durchschnitt der letzten 13 Wochen herangezogen.

6. Wann liegt ein Verstoß gegen das Diskriminierungsverbot vor?

Ein Verstoß gegen das Diskriminierungsverbot liegt vor, wenn beispielsweise der Arbeitgeber ab einem bestimmten Alter eine Ermäßigung der regulären Wochenarbeitszeit gewährt unter Fortzahlung der bisherigen Vergütung, diese aber Teilzeitbeschäftigten nicht gewährt. Dies führt im Ergebnis zu einem geringeren Stundenlohn der Teilzeitbeschäftigten, der sachlich nicht gerechtfertigt ist.
Wenn allerdings der Arbeitgeber am 24. und 31. Dezember ab 12:00 Uhr eine Arbeitsbefreiung unter Fortzahlung der Vergütung gewährt, teilzeitbeschäftigte Arbeitnehmer, deren Arbeitszeit sowieso um 12:00 Uhr endet, jedoch nicht entsprechend früher gehen dürfen, so liegt nach der Rechtsprechung des Bundesarbeitsgerichts keine Ungleichbehandlung vor, da die bezahlte Freistellung hier nicht an die Dauer der Arbeitszeit und somit an das Kriterium der Teilzeit anknüpft, sondern an deren Lage. Dies ist vom Diskriminierungsverbot nicht geschützt (BAG 26. 5. 1993 – 4 AZR 382/92).
Bei einer Kürzung des Weihnachtsgeldes um einheitlich 500,00 € für alle Arbeitnehmer, egal ob vollzeitbeschäftigt oder teilzeitbeschäftigt, liegt eine Ungleichbehandlung der Teilzeitbeschäftigten vor, da das neue Weihnachtsgeld geringer ist als der Betrag, der sich bei einer anteiligen Kürzung ergeben würde (BAG 24. 5. 2000 – 10 AZR 629/99).

7. Was kann ein sachlicher Grund für die Ungleichbehandlung sein?

Eine schlechtere Behandlung des teilzeitbeschäftigten Arbeitnehmers im Vergleich zum vollzeitbeschäftigten Arbeitnehmer ist dann gerechtfertigt, wenn sachliche Gründe eine unterschiedliche Behandlung rechtfertigen. Dies ist dann der Fall, wenn ein echter Bedarf hierfür vorliegt und die Ungleichbehandlung zur Erreichung des verfolgten Ziels geeignet und erforderlich ist.

Beispiel:
Zulässig ist es beispielsweise, Teilzeitbeschäftigten einen geringeren Erschwerniszuschlag zu gewähren, falls sich für den Teilzeitbeschäftigten im konkreten Fall eine geringere Erschwernis als für einen Vollzeitbeschäftigten ergibt (z.B.: anteilige Zahlung von Schicht- und Wechselschichtzulagen [BAG 25.9.2013 – 10 AZR 4/12]).

Kein sachlicher Grund ist der unterschiedliche Umfang der Arbeitsleistung. Die Sachgründe müssen auf anderen Kriterien beruhen, z.B. der Art der Arbeitsleistung, der Qualifikation, der Berufserfahrung oder den unterschiedlichen Anforderungen an den Arbeitsplatz.

8. Was passiert, wenn der Arbeitgeber gegen das Diskriminierungsverbot verstößt?

Ein Verstoß, für den es keinen sachlichen Grund gibt, führt grundsätzlich zur Nichtigkeit der jeweiligen Bestimmung. In dem Fall hat der Arbeitnehmer sodann Anspruch auf die übliche Vergütung gemäß § 612 Abs. 2 BGB. Des Weiteren ist es möglich, einen Schadenersatzanspruch gemäß § 823 Abs. 2 BGB geltend zu machen. Zudem hat die Benachteiligung zu unterbleiben.

Checkliste: Diskriminierungsfreies Entgelt (§ 4 TzBfG)

Diese Liste hilft den Gremien, die Einhaltung des Benachteiligungsverbots bei Teilzeitkräften systematisch zu prüfen.

- **Sonderzahlungen & Gratifikationen:**
  - Erhalten Teilzeitkräfte Weihnachts- und Urlaubsgeld anteilig (pro rata temporis) im Verhältnis zu ihrer Arbeitszeit?
  - Werden Pauschalkürzungen (z.B. einheitlicher Abzug von 500 € für alle), die Teilzeitkräfte überproportional belasten, vermieden?

- **Zulagen & Erschwerniszuschläge:**
  - Werden Schicht-, Gefahren- oder Funktionszulagen gezahlt, sofern die entsprechende Belastung auch bei der Teilzeitkraft vorliegt?
  - Ist sichergestellt, dass Sachgründe für eine Ungleichbehandlung (z. B. die Qualifikation) objektiv belegbar sind und nicht allein auf dem Arbeitsumfang beruhen?
- **Betriebliche Sozialleistungen:**
  - Haben Teilzeitkräfte uneingeschränkten Zugang zu Sachleistungen wie Kantinenzuschüssen, betrieblicher Altersvorsorge oder Parkplätzen?
- **Überstundenvergütung:**
  - Werden Überstunden ab der ersten Stunde über dem individuellen Vertragskontingent vergütet (auch wenn noch nicht die Vollzeitgrenze erreicht ist)?

9. Zuschläge für Mehrarbeit auch bei Teilzeit – Der Durchbruch durch das BAG

Ein langjähriger Streitpunkt in der Praxis der Betriebs- und Personalräte war die Frage, ob Teilzeitkräfte Mehrarbeitszuschläge erst dann beanspruchen können, wenn sie die Arbeitszeit einer Vollzeitkraft überschreiten, oder bereits dann, wenn sie über ihre eigene vertraglich vereinbarte Zeit hinausarbeiten.

Die aktuelle Rechtsprechung (BAG 26. 11. 2025 – 5 AZR 118/23):
Das Bundesarbeitsgericht (BAG) hat nun klargestellt: Bestimmungen in Tarifverträgen, die Mehrarbeitszuschläge für Teilzeitkräfte erst ab dem Überschreiten der Vollzeit-Norm (z. B. ab der 41. Stunde) vorsehen, sind diskriminierend und verstoßen gegen das **Diskriminierungsverbot des § 4 Abs. 1 TzBfG.**

Die Kernpunkte der Entscheidung:

- **Pro-rata-temporis:** Der Anspruch auf Zuschläge muss im Verhältnis zur individuellen Arbeitszeit angepasst werden. Wer also z. B. 30 Stunden vereinbart hat, muss anteilig früher Zuschläge erhalten und nicht erst, wenn er über die 40 Stunden einer Vollzeitkraft hinauskommt.
- **Unmittelbare Geltung:** Das BAG hat betont, dass die Diskriminierung sofort beseitigt werden muss. Den Tarifvertragsparteien muss **keine** Zeit eingeräumt werden, die Regelung selbst nachzubessern (Unterschied zur rein grundgesetzlichen Prüfung am Maßstab des Art. 3 GG).
- **Unionsrecht bricht Tarifautonomie:** Da das Diskriminierungsverbot im TzBfG auf europäischem Unionsrecht basiert, müssen die Arbeitsgerichte eine strenge Kontrolle ausüben. Die Tarifautonomie findet dort ihre Grenze, wo gegen das Verbot der Benachteiligung von Teilzeitkräften verstoßen wird.

Das Verhältnis zum Bundesverfassungsgericht (BVerfG)

Hintergrund der juristischen Debatte war ein Beschluss des BVerfG (Az. 1 BvR 1109/21), wonach Tarifparteien bei Verstößen gegen den allgemeinen Gleichheitssatz (Art. 3 GG) eigentlich eine Korrekturmöglichkeit eingeräumt werden muss. Das BAG (5. und 6. Senat) hat jedoch entschieden, dass dies **nicht** gilt, wenn – wie bei der Teilzeit – ein spezielles, unionsrechtlich geprägtes Diskriminierungsverbot vorliegt. Hier hat der Schutz des Einzelnen vor Benachteiligung Vorrang.

Checkliste: Zuschläge für Mehrarbeit auch bei Teilzeit

Prüfen Sie Ihre geltenden Tarifverträge und Dienstvereinbarungen:

1. Werden Mehrarbeits- oder Überstundenzuschläge für Teilzeitkräfte erst ab Erreichen der Vollzeitstundenzahl gezahlt?
2. Falls ja, ist diese Regelung nach der neuen BAG-Rechtsprechung (5 AZR 118/23 und 8 AZR 370/20) höchstwahrscheinlich **nichtig**.
3. Betroffene Kolleginnen und Kollegen sollten ihre Ansprüche zeitnah geltend machen (**Achtung:** Ausschlussfristen beachten!). Eine »Nachbesserung« durch die Tarifparteien muss nicht abgewartet werden; der Anspruch besteht unmittelbar »nach oben« angepasst an die Vollzeit-Zuschlagshöhe.

10. Wie zählen Teilzeitbeschäftigte in Sachen Betriebsratswahl?

Bei der Frage, ob ein Betrieb die notwendige Größe für die Errichtung eines Betriebsrats hat (vgl. § 1 Abs. 1 BetrVG) ist es unerheblich, ob die Arbeitnehmer in Vollzeit oder Teilzeit beschäftigt sind. Auch bei der Frage, wie viele wahlberechtigte Arbeitnehmer ein Betrieb hat, aus deren Antwort sich die Größe des Betriebsratsgremiums ergibt (§ 9 BetrVG), zählen Teilzeitarbeitnehmer nicht anteilig, sondern nach Köpfen.

11. Zählen Teilzeitbeschäftigte bei der Anwendbarkeit des Kündigungsschutzgesetzes?

Ja, aber nur anteilig (§ 23 Abs. 1 Satz 4 Kündigungsschutzgesetz – KSchG). Bei der Frage nach der Anwendbarkeit des KSchG werden teilzeitbeschäftigte Arbeitnehmer je nach dem Umfang ihrer Wochenarbeitszeit mit 0,5 (nicht mehr als 20 Stunden) oder mit 0,75 (nicht mehr als 30 Stunden) berücksichtigt.

12. Welche Teilzeitansprüche gibt es im TzBfG?

Ein Anspruch auf Verringerung der Arbeitszeit ergibt sich zum einen aus § 8 TzBfG (zeitlich nicht begrenzte Verringerung der Arbeitszeit) und zum anderen aus 9a TzBfG (zeitlich begrenzte Verringerung der Arbeitszeit, sog. Brückenteilzeit).
Voraussetzung ist in beiden Fällen zunächst, dass das Arbeitsverhältnis bereits länger als sechs Monate bestanden hat. Darüber hinaus besteht ein Anspruch nur bei Arbeitgebern, die in der Regel mehr als 15 Arbeitnehmer ausschließlich der Auszubildenden bzw. bei der Brückenteilzeit mehr als 45 Personen beschäftigen.

13. Wann und wie muss der Anspruch geltend gemacht werden?

Der Arbeitnehmer muss die Verringerung seiner Arbeitszeit und den Umfang der Verringerung spätestens drei Monate vor deren Beginn in Textform geltend machen (§ 8 Abs. 2 TzBfG). Textform bedeutet gemäß § 126b BGB *»eine lesbare Erklärung, in der die Person des Erklärenden genannt ist und die auf einem dauerhaften Datenträger abgegeben wird.«* Davon sind auch Erklärungen per E-Mail umfasst. Eine Begründung ist nicht erforderlich. Wird die Frist von drei Monaten vor Beginn der Arbeitszeitverringerung versäumt, macht dies den Antrag nicht unwirksam, sondern es wird nur der Beginn der Reduzierung verschoben. Gleichzeitig mit dem Antrag auf Verringerung soll der Arbeitnehmer auch erklären, wie die verringerte Wochenarbeitszeit auf die einzelnen Arbeitstage in der Woche verteilt werden soll.

14. Wie kann der Arbeitgeber hierauf reagieren?

Der Arbeitgeber hat mit dem Arbeitnehmer die gewünschte Verringerung der Arbeitszeit mit dem Ziel einer Vereinbarung zu erörtern (§ 8 Abs. 3 TzBfG). Kann keine Einigung erzielt werden, kann der Arbeitgeber den Teilzeitwunsch ablehnen, sofern »betriebliche Gründe« entgegenstehen. Im Vergleich zu »dringenden betrieblichen Gründen« (Voraussetzung für Teilzeit während der Elternzeit) werden an betriebliche Gründe geringere Anforderungen gestellt. Betriebliche Gründe, die gegen die Verringerung der Arbeitszeit sprechen, liegen bereits dann vor, wenn dadurch die Organisation, Planung oder Sicherheit im Betrieb wesentlich beeinträchtigt wird oder unverhältnismäßige Kosten verursacht.
Dabei kann der Arbeitgeber nicht verpflichtet werden, Teilzeitwünsche durch die Anordnung von Mehrarbeit für andere Arbeitnehmer auszu-

gleichen. Wendet er ein, er könne keine geeignete weitere Arbeitskraft finden, muss er dies aber im Zweifel auch nachweisen. Der Arbeitgeber muss den Wunsch des Arbeitnehmers spätestens einen Monat vor dem gewünschten Termin des Starts der Teilzeit schriftlich ablehnen. Dabei gilt die Schriftform (§ 8 Abs. 3 TzBfG). Die in Frage 12 geschilderte Textform genügt hierbei nicht. Erforderlich ist ein Schriftstück mit eigenhändiger Unterschrift des Arbeitgebers bzw. seines gesetzlichen Vertreters. Lehnt der Arbeitgeber das Verringerungsgesuch nicht frist- und formgerecht ab, verringert sich die Arbeitszeit des Arbeitnehmers in dem vom Arbeitnehmer gewünschten Umfang automatisch (§ 8 Abs. 5 Satz 2 TzBfG).

Checkliste: Antragsprüfung bei (Brücken-)Teilzeit

Ein Leitfaden für die Beratung von Beschäftigten, um Formfehler zu vermeiden, die zu Anspruchsverlust führen könnten.

- **Voraussetzungen (Basis-Check):**
  - Besteht das Arbeitsverhältnis bereits länger als sechs Monate?
  - Wird die notwendige Schwellenwertzahl der Beschäftigten erreicht (> 15 für § 8; > 45 für § 9a TzBfG)?
- **Form & Frist des Antrags:**
  - Wurde der Antrag spätestens drei Monate vor dem gewünschten Beginn gestellt?
  - Erfolgte die Geltendmachung in Textform (E-Mail ausreichend)?
  - Wurde der gewünschte Umfang und die Verteilung der Arbeitszeit auf die Wochentage angegeben?
- **Reaktion des Arbeitgebers:**
  - Hat der Arbeitgeber den Wunsch mit dem Arbeitnehmer erörtert?
  - Erfolgte eine etwaige Ablehnung spätestens einen Monat vor Beginn?
  - Wichtig: Wurde die Ablehnung in Schriftform (mit eigenhändiger Unterschrift) erklärt? *Ein Verstoß führt zur automatischen Verringerung.*

15. Was kann der Arbeitnehmer tun, wenn der Arbeitgeber den Teilzeitwunsch ablehnt?

Der Arbeitnehmer darf nicht eigenmächtig einfach weniger arbeiten. Er muss den Arbeitgeber auf Zustimmung zu der von ihm gewünschten Teilzeit verklagen. Dies ist auch in einem Eilverfahren möglich. Hat der Arbeitgeber der Verringerung zugestimmt oder sie berechtigt abgelehnt, kann der Arbeitnehmer eine erneute Verringerung erst nach Ablauf von 2 Jahren verlangen (§ 8 Abs. 6 TzBfG).

16. Wie muss der Arbeitnehmer die sogenannte Brückenteilzeit beantragen?

Seit dem 1. 1. 2019 gibt es den Anspruch auf die sog. Brückenteilzeit, also Teilzeit für eine begrenzte Dauer. Dieser ergibt sich aus § 9a TzBfG. Dies hat den Vorteil, dass mit dem Teilzeitantrag nicht der Anspruch auf Rückkehr zu der höheren Wochenstundenzahl verloren geht. Auch hier ist Voraussetzung, dass das Arbeitsverhältnis länger als 6 Monate bestanden hat. Allerdings setzt die sog. Brückenteilzeit voraus, dass der Arbeitgeber in der Regel mehr als 45 Arbeitnehmer beschäftigt.
Liegen die Voraussetzungen vor, kann der Arbeitnehmer die Reduzierung der Arbeitszeit für einen im Voraus zu bestimmenden Zeitraum verlangen. Dieser musss mindestens 1 Jahr und darf höchstens 5 Jahre betragen. Eine Ablehnung durch den Arbeitgeber ist auch hier möglich, wenn betriebliche Gründe entgegenstehen. Es ist hier auf das in Frage 13 zur unbefristeten Teilzeit Ausgeführte zu verweisen. Hat ein Arbeitgeber in der Regel mehr als 45 aber nicht mehr als 200 Arbeitnehmer, kann er die befristete Teilzeit auch ablehnen, wenn diese von einer in § 9a Abs. 2 TzBfG genau festgelegten Arbeitnehmerzahl bereits in Anspruch genommen wird. Im Übrigen entspricht das Verfahren zum Anspruch auf Brückenteilzeit im Wesentlichen dem Verfahren bei der unbefristeten Teilzeit. Nach der Rückkehr zur ursprünglichen Arbeitszeit kann ein erneuter Antrag auf Verringerung frühestens nach einem Jahr gestellt werden.

17. Hat ein teilzeitbeschäftigter Arbeitnehmer auch die Möglichkeit, die Verlängerung der Arbeitszeit zu beantragen?

Ja, dies ist in § 9 TzBfG vorgesehen. Auch dieser Wunsch muss dem Arbeitgeber in Textform angezeigt werden. Der Arbeitgeber hat den Arbeitnehmer sodann bei der Besetzung eines Vollzeitarbeitsplatzes bevorzugt zu berücksichtigen, es sei denn

- ein entsprechender Arbeitsplatz ist nicht frei (dies ist unternehmensweit zu beurteilen),
- der teilzeitbeschäftigte Arbeitnehmer ist nicht mindestens genauso geeignet ist wie ein anderer bevorzugter Bewerber,
- Arbeitszeitwünsche anderer teilzeitbeschäftigter Arbeitnehmer oder
- dringende betriebliche Gründe stehen entgegen.

Beweisen muss das Vorliegen entgegenstehender Gründe der Arbeitgeber.

18. Welche Mitbestimmungsrechte des Betriebs- oder Personalrats sind denkbar bei der Verringerung der Arbeitszeit?

In Betracht kommt ein Mitbestimmungsrecht gem. § 87 Abs. 1 Nr. 2 BetrVG / § 80 Abs. 1 Nr. 1 BPersVG, sofern es um die Verteilung der reduzierten Arbeitszeit geht. Voraussetzung ist allerdings ein kollektiver Bezug. Die Arbeitszeitverringerung darf sich nicht allein auf das Arbeitsverhältnis des einzelnen Arbeitnehmers auswirken, sondern mit dem Neuverteilungswunsch müssen Auswirkungen auf die Arbeitszeit oder andere Arbeitsbedingungen anderer Arbeitnehmer verbunden sein (z. B. Arbeitsverdichtung oder geänderte Arbeitszeiten für die übrigen Arbeitnehmer).[37] Die Verringerung der Arbeitszeit nach dem TzBfG unterfällt nicht § 99 BetrVG / § 78 Abs. 1 BPersVG. Die Fortführung der Tätigkeit in geändertem Umfang ist nach der Rechtsprechung des BAG keine Einstellung im Sinne des § 99 BetrVG / § 78 Abs. 1 Nr. 1 BPersVG, da es an einer erneuten Eingliederung in den Betrieb fehlt. Kommt es allerdings im Zusammenhang mit der Veränderung der Arbeitszeit zu einer Versetzung innerhalb des Unternehmens, kann eine Einstellung gem. § 99 BetrVG / § 78 Abs. 1 Nr. 1 BPersVG vorliegen.

19. Welche Mitbestimmungsrechte des Betriebs- oder Personalrats sind denkbar bei der Verlängerung der Arbeitszeit?

Im Fall, dass der Arbeitgeber einen freien Arbeitsplatz mit einem externen Bewerber besetzt, anstatt mit einem internen Bewerber, der einen Antrag auf Verlängerung der Arbeitszeit nach § 9 TzBfG gestellt hat und dessen Voraussetzungen erfüllt, hat der Betriebsrat bzw. Personalrat ein Mitbestimmungsrecht gem. § 99 Abs. 1 Satz 1 BetrVG / § 78 Abs. 1 Nr. 1, 4 BPersVG. Bei einer Zustimmungsverweigerung kann er sich auf § 99 Abs. 2 Nr. 3 BetrVG / § 78 Abs. 5 Nr. 2 BPersVG berufen, da der betriebsinterne Bewerber durch die anderweitige Besetzung des Arbeitsplatzes einen sonstigen Nachteil erleidet.

---

37 Anzinger/Koberski, § 3 Rn. 46.

Übersicht: »Teilzeit und die Stolpersteine« der Zeiterfassung

Problemfeld	Gefahr für Teilzeitkräfte	Lösung durch objektive Zeiterfassung
»Graue« Mehrarbeit	Kurzes Beantworten von E-Mails an freien Tagen wird oft nicht dokumentiert.	Jede Anmeldung im System muss als Arbeitszeit gewertet und dem Zeitkonto gutgeschrieben werden.
Pausen-Kürzung	Bei kurzen Schichten (z. B. 4–5 Std.) werden Pausen oft nicht genommen, obwohl Mehrarbeit anfällt.	System muss Warnmeldungen ausgeben, sobald die 6-Stunden-Grenze ohne Pause naht.
Minusstunden-Falle	Arbeitgeber berechnen bei Krankheit oft nur einen Durchschnittswert statt der realen Schichtzeit.	Vergleich von Soll-Dienstplan und Ist-Erfassung sichert das Entgeltausfallprinzip.

V. Geringfügige Beschäftigung

1. Was ist unter einer geringfügigen Beschäftigung zu verstehen?

Gemäß § 8 Abs. 1 Sozialgesetzbuch (SGB) IV gibt es grundsätzlich zwei Formen von geringfügiger Beschäftigung: die **Entgeltgeringfügigkeit** (dauerhaft geringfügige Beschäftigung, sog. »Minijob«) und die **Zeitgeringfügigkeit** (kurzfristige Beschäftigung).

Entgeltgeringfügigkeit (Minijob):

Seit dem 1. Oktober 2022 ist die Verdienstgrenze für Minijobs dynamisch ausgestaltet und an die Erhöhung des gesetzlichen Mindestlohns gekoppelt.

Seit dem **1. Januar 2025** liegt die monatliche Verdienstgrenze bei **556,00 €.** Ab dem **1. Januar 2026** steigt die Grenze auf **582,00 €** (basierend auf der geplanten Mindestlohnerhöhung auf 12,82 €). Eine geringfügige Beschäftigung liegt vor, wenn das Arbeitsentgelt **»regelmäßig«** die vorgenannten Grenzen nicht übersteigt.

»Regelmäßig« bedeutet, dass es auf den Monatsdurchschnitt ankommt. Ein Überschreiten der Grenze in einzelnen Monaten ist unschädlich, solange die **Jahresverdienstgrenze** (12 x Monatsgrenze, z. B. 6672,00 € im Jahr 2025) eingehalten wird. Ein unvorhersehbares Überschreiten (z. B. wegen Krankheitsvertretung) ist bis zu zwei Monate innerhalb eines Zeitjahres zulässig, sofern der Verdienst in diesen Monaten das Doppelte der Geringfügigkeitsgrenze nicht übersteigt.

Zeitgeringfügigkeit (Kurzfristige Beschäftigung):
Ein Arbeitsverhältnis mit Zeitgeringfügigkeit liegt vor, wenn die Beschäftigung innerhalb eines Kalenderjahres auf maximal drei Monate oder 70 Arbeitstage begrenzt ist. Die Höhe des Verdienstes ist hier grundsätzlich unerheblich, sofern die Beschäftigung nicht »berufsmäßig« ausgeübt wird. Berufsmäßigkeit liegt vor, wenn die Beschäftigung für den Arbeitnehmer wirtschaftlich mehr als eine untergeordnete Bedeutung hat (z. B. bei Bezug von Arbeitslosengeld).

Sonderform: Privathaushalte:
Für geringfügige Beschäftigung in Privathaushalten (§ 8a SGB IV) gelten dieselben Verdienstgrenzen. Die Besonderheit liegt hier in der deutlich geringeren Belastung durch Pauschalabgaben für den Arbeitgeber.

Übersicht: Verdienstgrenzen Minijob im Wandel

Zeitraum	Monatliche Grenze	Jährliche Grenze	Basis: Mindestlohn
Bis 30.9.2022	450,00 €	5400,00 €	–
Ab 1.10.2022	520,00 €	6240,00 €	12,00 €
Ab 1.1.2024	538,00 €	6456,00 €	12,41 €
Ab 1.1.2025	556,00 €	6672,00 €	12,82 €
Ab 1.1.2026	***582,00 €***	***6984,00 €***	***13,41 €***

2. Welche Regeln gelten für die geringfügige Beschäftigung?

Die geringfügige Beschäftigung fällt in die Kategorie der Teilzeitarbeit, weshalb uneingeschränkt die Regeln des **Teilzeit- und Befristungsgesetzes (TzBfG)** zu beachten sind. Teilzeitbeschäftigt ist, wessen regelmäßige Wochenarbeitszeit kürzer ist als die eines vergleichbaren vollzeitbeschäftigten Arbeitnehmers (§ 2 Abs. 1 Satz 1 TzBfG).

> **Wichtiger Hinweis:** Die gesetzlichen und tarifvertraglichen Schutzrechte unterscheiden sich nicht von denen der Vollzeitkräfte. Minijobber sind keine »Aushilfen ohne Rechte« (vgl. im Einzelnen Frage 4).

Übersicht: Rechte von Minijobbern (Geringfügig Beschäftigten)

Bereich	Anspruch?	Rechtsgrundlage / Hinweis
Entgeltfortzahlung	JA	Bei Krankheit oder Feiertagen (§ 2 EFZG).
Urlaubsanspruch	JA	Mindesturlaub nach BUrlG, anteilig nach Arbeitstagen.
Kündigungsschutz	JA	Das KSchG gilt (ab >10 Mitarbeitern); Sonderkündigungsschutz immer.
Zeiterfassung	JA	Zwingend vorgeschrieben (§ 17 MiLoG und BAG-Beschluss 2022).
Mehrarbeits-zuschläge	JA	Laut BAG (2025) ab Überschreitung der individuellen Arbeitszeit.
Gleichbehandlung	JA	Benachteiligungsverbot gem. § 4 Abs. 1 TzBfG.

3. Gelten besondere Vorgaben für Steuern und Sozialabgaben?

Ja, im Sozial- und im Steuerrecht sind geringfügig Beschäftigte privilegiert. Da die Verdienstgrenze gesetzlich an den Mindestlohn gekoppelt ist, hat sie sich zum **1. Januar 2026** auf **603,00 €** monatlich erhöht (basierend auf einem Mindestlohn von 13,90 €).
Für einen geringfügig Beschäftigten, der gesetzlich krankenversichert ist, muss der Arbeitgeber einen Pauschalbeitrag in Höhe von **13 %** des Arbeitsentgelts zur Krankenversicherung zahlen. Bezüglich der Rentenversicherung hat der Arbeitgeber einen Pauschalbeitrag in Höhe von **15 %** zu leisten. Der Arbeitnehmer trägt hierbei grundsätzlich einen Eigenanteil (Aufstockungsbetrag) von **3,6 %**, kann sich jedoch auf Antrag gänzlich von der Rentenversicherungspflicht befreien lassen.
Die Beitragslast für die gesetzliche Unfallversicherung trägt allein der Arbeitgeber (im Durchschnitt ca. **1,3 %**). Beiträge für die Arbeitslosen- und Pflegeversicherung fallen für geringfügig entlohnte Beschäftigte nicht an.
Im Rahmen der Steuerpflicht zahlt der Arbeitgeber in der Regel eine einheitliche **Pauschalsteuer in Höhe von 2 %**. Diese Pauschsteuer beinhaltet die Lohnsteuer, den Solidaritätszuschlag und ggf. die Kirchensteuer.
Wichtig für die Arbeitgeberseite: Die Umlagesätze (Stand 2026).
Zusätzlich zum Arbeitsentgelt muss der Arbeitgeber folgende Umlagen an die Minijob-Zentrale abführen, deren Sätze regelmäßig angepasst werden:

- **Umlage U1 (Aufwendungen bei Krankheit):** Diese wurde zum 1. Januar 2026 auf **0,80 %** gesenkt (Erstattung von Entgeltfortzahlung).
- **Umlage U2 (Aufwendungen bei Mutterschaft):** Dieser Satz liegt aktuell bei **0,22 %**.
- **Insolvenzgeldumlage (U3):** Diese beträgt für das Jahr 2026 **0,15 %**.

Sobald die Geringfügigkeitsgrenze von **603,00 €** (bzw. die entsprechende Jahreshöchstgrenze) regelmäßig überschritten wird, entfällt die Privilegierung. In diesem Fall tritt Sozialversicherungspflicht im Rahmen eines sogenannten Midijobs (Übergangsbereich) oder eines voll sozialversicherungspflichtigen Arbeitsverhältnisses ein, wobei die Abgabenlast für den Arbeitnehmer dann progressiv ansteigt.

Übersicht: Abgaben für Minijobs (Gewerbliche Minijobs 2026)

Abgabenart	Prozentsatz	Hinweis
Krankenversicherung	13,0 %	Pauschalbeitrag des AG
Rentenversicherung	15,0 %	Pauschalbeitrag des AG
Lohnsteuer (Pauschal)	2,0 %	Inkl. Soli & Kirchensteuer
Umlage U1 (Krankheit)	**0,80 %**	Neu seit 1. 1. 2026
Umlage U2 (Mutterschaft)	**0,22 %**	Stand 2026
Umlage U3 (Insolvenz)	**0,15 %**	Stand 2026

4. Auf was sollten Betriebs- und Personalräte bei geringfügig Beschäftigten besonders achten?

Geringfügig Beschäftigte haben gegenüber Vollzeitbeschäftigten grundsätzlich keine Sonderstellung; für sie gelten die gleichen Rechte und Pflichten wie bei einem Vollzeitarbeitsverhältnis. Sie sind keine Beschäftigten »zweiter Klasse«. **§ 4 TzBfG** normiert ausdrücklich ein Diskriminierungsverbot und schützt diesen Personenkreis vor Benachteiligungen, auch im arbeitszeitrechtlichen Sinne.

Da Frauen mit rund 85 % einen Großteil der Teilzeitbeschäftigten stellen, führt die Benachteiligung von Teilzeitbeschäftigten bzw. Minijobs faktisch zu einer mittelbaren Frauendiskriminierung.

Rechte in der Praxis: Betriebs- und Personalräte müssen sicherstellen, dass geringfügig Beschäftigte folgende Ansprüche entsprechend ihrer Arbeitszeit wahrnehmen können:

- **Bezahlter Erholungsurlaub:** Minijobber haben Anspruch auf den gesetzlichen Mindesturlaub, anteilig berechnet nach ihren Arbeitstagen.

- **Entgeltfortzahlung:** Diese muss sowohl im Krankheitsfall als auch bei feiertagsbedingtem Arbeitsausfall geleistet werden.
- **Arbeitsschutz:** Die Vorschriften zu Ruhepausen (§ 4 ArbZG) und zur Ruhezeit (§ 5 ArbZG) gelten uneingeschränkt.
- **Kündigungsschutz:** Auch Minijobber genießen den allgemeinen und besonderen Kündigungsschutz.

Status im Betrieb und Mitbestimmung: Innerhalb des Betriebs haben geringfügig Beschäftigte keine Sonderstellung. Sie sind Arbeitnehmer im Sinne des Arbeitszeitgesetzes, des Betriebsverfassungsgesetzes bzw. der Personalvertretungsgesetze. Sie haben daher die gleichen Rechte wie andere Arbeitnehmer und werden gleichfalls vom Betriebsrat bzw. Personalrat vertreten. Sie sind gemäß § 7 BetrVG sowohl wahlberechtigt als auch zum Betriebsrat wählbar.

Aufgabe der Interessenvertretung: Betriebs- und Personalräte haben darüber zu wachen, dass die zugunsten der geringfügig Beschäftigten geltenden Bestimmungen im betrieblichen Alltag umgesetzt werden. Dies ist insbesondere beim Abschluss von Betriebs- und Dienstvereinbarungen zu beachten, um eine schleichende Ausgrenzung dieses Personenkreises zu verhindern.

Checkliste: »Minijobber-Check«

Diese Liste hilft in Beratungsgesprächen schnell zu prüfen, ob die gesetzlichen Mindeststandards bei geringfügig Beschäftigten eingehalten werden:

- **Arbeitsvertrag & Nachweisgesetz:** Liegt eine schriftliche Dokumentation der wesentlichen Arbeitsbedingungen (Arbeitszeit, Pausen, Vergütung) vor? Werden die verschärften Nachweispflichten seit August 2022 eingehalten?
- **Verdienstgrenze 2026:** Wird die aktuelle monatliche Grenze von **603,00 €** beachtet? Erfolgt bei einer Erhöhung der Geringfügigkeitsgrenze eine einvernehmliche Anpassung der Arbeitszeit statt einer einseitigen Anordnung?
- **Urlaub:** Wird der Urlaubsanspruch korrekt pro rata temporis (anteilig nach Arbeitstagen) berechnet? Wissen die Beschäftigten, dass auch ihnen der gesetzliche Mindesturlaub zusteht?
- **Entgeltfortzahlung:** Erhält der Minijobber im Krankheitsfall oder an Feiertagen, an denen er normalerweise gearbeitet hätte, seine volle Vergütung (Lohnausfallprinzip)?
- **Mehrarbeitszuschläge:** Werden tarifliche Zuschläge bereits ab der ersten Stunde gezahlt, die über die individuell vereinbarte Teilzeit-Arbeitszeit hinausgeht (gemäß BAG-Urteil vom 26.11.2025)?
- **Zeiterfassung:** Wird die gesamte tägliche Arbeitszeit (Beginn, Ende, Dauer) objektiv und verlässlich dokumentiert? *Dies ist bei Minijobbern aufgrund der Dokumentationspflicht nach dem Mindestlohngesetz besonders kritisch.*

- **Arbeit auf Abruf:** Falls keine feste Arbeitszeit vereinbart ist: Werden die Fiktion von 20 Wochenstunden und die Ankündigungsfrist von mindestens 4 Tagen eingehalten?
- **Gleichbehandlung:** Sind Minijobber von betrieblichen Sozialleistungen (z. B. Weihnachtsgeld, Kantinenzuschuss, betriebliche Altersvorsorge) ausgeschlossen? Falls ja: Gibt es dafür einen harten sachlichen Grund, der nicht nur im geringeren Arbeitsumfang liegt?

Hinweis: Dynamisierung der Minijob-Grenze
Ein zentraler Aspekt der gesetzlichen Neuregelungen ist die Koppelung der Minijob-Grenze an den gesetzlichen Mindestlohn. Damit verabschiedet sich der Gesetzgeber von starren Verdienstgrenzen (wie der früheren 450-Euro-Marke) hin zu einer dynamischen Schwelle.
Was bedeutet das für die Praxis? Sobald der Mindestlohn steigt, erhöht sich automatisch auch die monatliche Verdienstgrenze für geringfügig Beschäftigte. Dies soll sicherstellen, dass Minijobber trotz steigender Stundenlöhne ihre vertraglich vereinbarte Arbeitszeit beibehalten können und nicht schleichend in die Sozialversicherungspflicht rutschen.
Für das Jahr 2026 liegt die monatliche Verdienstgrenze bei 603,00 € (basierend auf einem Mindestlohn von 13,90 €). Da sich diese Werte durch Mindestlohnanpassungen nahezu jährlich ändern können, ist für Betriebs- und Personalräte eine regelmäßige Prüfung der aktuellen Schwellenwerte unerlässlich.
Weitere Informationen und aktuelle Rechner: Für detaillierte Fragen zur Abrechnung, den aktuellen Umlagesätzen (U1, U2, U3) oder zum Meldeverfahren empfiehlt sich das Informationsportal der Minijob-Zentrale: *www.minijob-zentrale.de.*

VI. Kurzarbeit

1. Was ist Kurzarbeit?

Unter Kurzarbeit versteht man eine vorübergehende Flexibilisierung der Arbeitszeit mit dem Ziel, die vertragliche Arbeitszeit bei erheblichen Arbeitsausfällen zu reduzieren. Dies dient primär dem Erhalt von Arbeitsplätzen in wirtschaftlich schwierigen Phasen. Damit verbunden ist eine entsprechende Minderung des Arbeitsentgelts, die teilweise durch das konjunkturelle Kurzarbeitergeld (Kug) der Bundesagentur für Arbeit ausgeglichen werden kann.
Die Einführung von Kurzarbeit bedarf einer besonderen normativen oder vertraglichen Grundlage (BAG 10. 10. 2006 – 1 AZR 811/05). Da der Ar-

beitgeber die Arbeitszeit nicht einseitig per Direktionsrecht reduzieren darf, muss die Kurzarbeit entweder im Einzelarbeitsvertrag, in einem Tarifvertrag oder in einer Betriebs- bzw. Dienstvereinbarung geregelt sein.

2. Kurzarbeit und Arbeitszeitgesetz (ArbZG)

Auch bei Kurzarbeit bleiben die Schutzvorschriften des ArbZG uneingeschränkt bestehen. Es gibt zwei typische Konstellationen, die für Interessenvertretungen relevant sind:

- **Reduzierung der Arbeitszeit:** Hier müssen insbesondere die Ruhezeiten (§ 5 ArbZG) beachtet werden, wenn z. B. Schichtmodelle aufgrund von Kurzarbeit kurzfristig umgestellt werden.
- **Außergewöhnliche Fälle (§ 14 ArbZG):** In Krisenzeiten (z. B. bei massiven Störungen der Lieferketten oder unvorhersehbaren Notfällen) kann es vorkommen, dass trotz angeordneter Kurzarbeit in einzelnen Abteilungen Notfallarbeiten anfallen. Abweichungen von den Höchstarbeitszeiten oder der Sonntagsruhe sind dann nur unter den engen Voraussetzungen des § 14 ArbZG (Eil- und Notfälle) zulässig.

Sollten weitergehende Ausnahmen im öffentlichen Interesse nötig sein, kann die Aufsichtsbehörde nach § 15 Abs. 2 ArbZG befristete Ausnahmen zulassen. Diese sind jedoch aufgrund des hohen verfassungsrechtlichen Schutzniveaus der Arbeitszeitruhe restriktiv zu handhaben.

3. Mitbestimmung bei Kurzarbeit

Die Mitbestimmungsrechte bei der Einführung und Ausgestaltung von Kurzarbeit unterscheiden sich zwischen dem privaten und dem öffentlichen Sektor:

- **Betriebsrat (§ 87 Abs. 1 Nr. 3 BetrVG):**
  Im Geltungsbereich des BetrVG hat der Betriebsrat ein erzwingbares Mitbestimmungsrecht. Dies umfasst nicht nur die Frage, *ob* Kurzarbeit eingeführt wird, sondern auch den Umfang, die Dauer und die Auswahl der betroffenen Arbeitnehmer oder Abteilungen. Ohne eine Einigung mit dem Betriebsrat (oder einen Spruch der Einigungsstelle) ist die Anordnung von Kurzarbeit rechtsunwirksam.
- **Personalrat (§ 80 Abs. 1 Nr. 1 BPersVG):**
  Nach herrschender Rechtsprechung (u. a. BVerwG) und herrschender Meinung in der Literatur hat der Personalrat **kein Mitbestimmungsrecht bei der Einführung von Kurzarbeit**.
  Die Begründung: Das Mitbestimmungsrecht nach § 80 Abs. 1 Nr. 1 BPersVG bezieht sich lediglich auf Beginn und Ende der täglichen

Arbeitszeit sowie die *Verteilung* der Arbeitszeit auf die einzelnen Wochentage (die sogenannte »Lage« der Arbeitszeit). Die Einführung von Kurzarbeit betrifft jedoch den Umfang der vertraglich geschuldeten Arbeitszeit. Da das BPersVG – anders als das BetrVG – keinen Tatbestand für die Änderung des Arbeitsumfangs kennt, fehlt es an einer gesetzlichen Grundlage für die Mitbestimmung.

Praxistipp:
Eine Dienstvereinbarung zur Einführung von Kurzarbeit ist ohne ausdrückliche gesetzliche Ermächtigung im BPersVG unwirksam.
Handlungsempfehlung: Da die gesetzliche Mitbestimmung im BPersVG hier eine Lücke aufweist, sollten Personalräte prüfen, ob geltende Tarifverträge (z. B. § 15 TVöD) Regelungen zur Kurzarbeit enthalten, die dem Gremium zumindest Informations- oder Mitwirkungsrechte einräumen, bevor der Dienstherr eine solche Maßnahme umsetzt.

VII. Gleitzeit

1. Was bedeutet Gleitzeit?

Im ArbZG befindet sich keine ausdrückliche Regelung zur Gleitzeit. Es handelt sich dabei um eine Vereinbarung, die es dem Arbeitnehmer erlaubt, innerhalb bestimmter Grenzen entweder die Lage oder die Lage und Dauer seiner täglichen Arbeitszeit selbst zu bestimmen.[38] Es ist folglich ein Arbeitszeitmodell mit flexiblen Anwesenheitszeiten, was dazu führt, dass der Arbeitstag nicht zwingend zu einer festen Uhrzeit beginnt oder endet. Was sich nicht ändert, ist die vertraglich vereinbarte Wochen-, Monats- oder Jahresarbeitszeit.
Allerdings bestehen auch bei Gleitzeitmodellen rechtliche Grenzen. Zum einen bleibt der Arbeitnehmer dem Direktionsrecht des Arbeitgebers unterworfen. Das heißt, wenn betriebliche Belange es erfordern, kann der Arbeitgeber die Gestaltungsfreiheit des Arbeitnehmers hinsichtlich der Verteilung seiner Arbeitszeit einschränken. Zum anderen sind auch gesetzliche Beschränkungen zu beachten (etwa zu Höchstarbeitszeit: § 3 ArbZG, § 8 JArbSchG, § 4 MuSchG; Pausen: § 4 ArbZG; Ruhezeiten: § 5 ArbZG und Arbeitszeitaufzeichnungen: § 16 Abs. 2 ArbZG).
Um die Arbeitszeit bei Gleitzeitarbeit koordinieren zu können, ist der Arbeitgeber gesetzlich verpflichtet, ein System zur Erfassung der tatsäch-

38 Anzinger/Koberski, § 3 Rn. 46.

lich geleisteten täglichen Arbeitszeit (Beginn, Ende, Dauer) vorzuhalten (§ 3 Abs. 2 Nr. 1 ArbSchG nach BAG-Rechtsprechung). In der Praxis geschieht dies meist über ein elektronisches Arbeitszeitkonto.

2. Welche Gleitzeitmodelle gibt es?

Zunächst kann zwischen einfacher und qualifizierter Gleitzeit differenziert werden.
Bei der **einfachen Gleitzeit** hat der Arbeitnehmer nur bezüglich der Lage seiner Arbeitszeit ein Bestimmungsrecht. Bei diesem Modell ändert sich nichts an der täglich zu leistenden Arbeitszeit, weshalb das Modell an sich nicht zu einem Aufbau von Plus- oder Minusstunden führt.
Bei der **qualifizierten Gleitzeit** kann der Arbeitnehmer sowohl die Lage als auch die Dauer seiner Arbeitszeit selbst bestimmen. Folglich kann die tägliche Arbeitszeit variieren, was einen Aufbau von Plus- oder Minusstunden zur Folge hat. Während Minusstunden durch längere Arbeitstage (innerhalb der gesetzlichen Grenzen) ausgeglichen werden können, können Plusstunden durch kürzere Arbeitstage oder komplett arbeitsfreie Tage (sog. Gleittage) ausgeglichen werden.
Daneben sind noch weitere Unterscheidungen der Gleitzeitmodelle möglich – Gleitzeit ohne Kernarbeitszeit (= variable Gleitzeit), Gleitzeit mit Kernarbeitszeit, Gleitzeit mit Funktionsarbeitszeit:

Gleitzeit ohne Kernarbeitszeit:

Bei diesem Modell legt der Arbeitgeber nur die Betriebszeiten fest, zu denen die Arbeitnehmer ihre Arbeitsleistung erbringen können. Der Arbeitnehmer muss lediglich die vereinbarte tägliche/wöchentliche/monatliche/jährliche Arbeitsstundenzahl erreichen. Bei einer Gleitzeit mit Jahresarbeitszeit kann der Arbeitnehmer (AN) nicht nur entscheiden, zu welcher Uhrzeit er kommt, sondern auch, ob er an einem Tag überhaupt kommt.

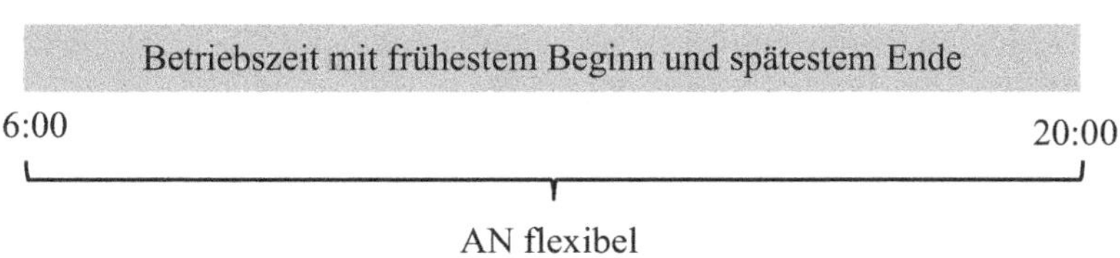

Gleitzeit mit Kernarbeitszeit:

Während der Kernarbeitszeit besteht eine allgemeine Anwesenheitspflicht. Die Gleitzeitphasen befinden sich vor und hinter der Kernarbeitszeit, welche kürzer sein muss als die tägliche Arbeitszeit, da der Arbeitnehmer (AN) ansonsten nicht flexibel wäre.

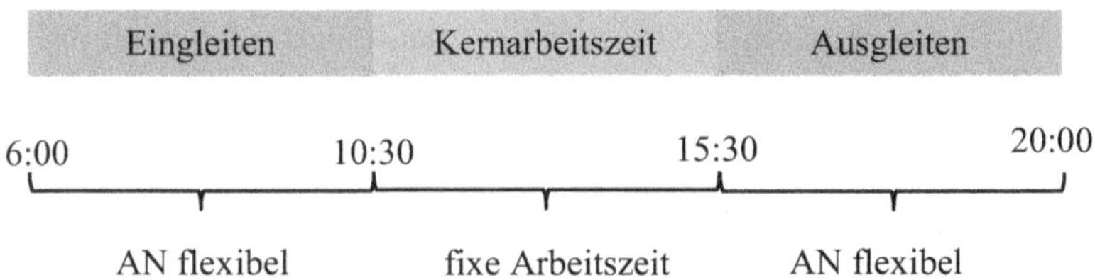

Gleitzeit mit Funktionsarbeitszeit:

Dies ist möglich, wenn sich die Arbeitnehmer (AN) gegenseitig vertreten können. Während der Funktionsarbeitszeit muss der Betrieb / Betriebsbereich funktionsfähig sein. Solange dies gewährleistet ist, können die Arbeitnehmer ihre Arbeitszeiten untereinander frei vereinbaren.

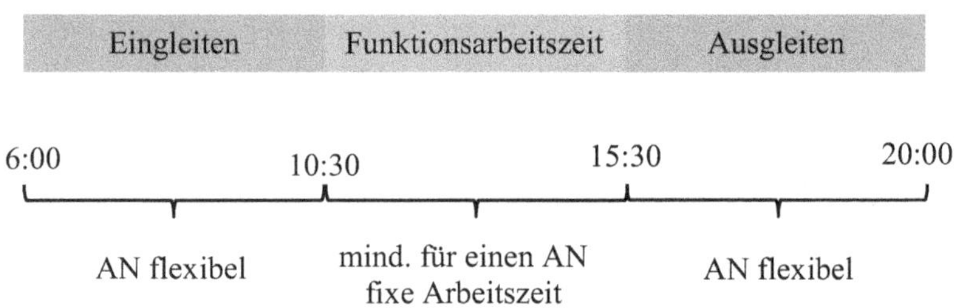

3. Was sollte eine Gleitzeitvereinbarung beinhalten?

In den meisten Fällen ist die Gleitzeitvereinbarung in den Arbeitsvertrag eingebaut oder wie ein normaler Vertrag aufgebaut. Aus der Vereinbarung muss folglich hervorgehen, wer an sie gebunden ist und was konkret vereinbart wurde. Inhalt kann u. a. sein:

- der Gleitzeitrahmen,
- der Zeitraum der Kern-/Funktionsarbeitszeit,
- die tägliche/wöchentliche Höchstarbeitszeit,
- die Voraussetzungen für eine arbeitgeberseitige Beschränkung der gleitenden Arbeitszeit,
- der Umgang mit Plus- und Minusstunden.

Um wirksam zu sein, muss die Gleitzeitvereinbarung abschließend von den Vertragsparteien unterschrieben werden.

4. Was sind aus Arbeitgebersicht die Vor- und Nachteile?

Während Gleitzeitmodelle auf der einen Seite die Attraktivität eines Arbeitsplatzes steigern können und so zu größerer Loyalität und gesteigerter Arbeitsmotivation führen können, ist auf der anderen Seite zu beachten, dass nicht in allen Betriebsteilen Gleitzeitmodelle umgesetzt werden können, was die Unzufriedenheit der unberücksichtigten Arbeitnehmer zur Folge haben kann.
Bei den Arbeitnehmern mit Gleitzeit kann u. U. die Fehlzeit verringert werden, da diese ihre privaten Termine (etwa Arzttermine) besser organisieren können. Ein Vorteil weiterer kann sein, dass sich der Zeitraum, in dem ein Betriebsbereich für Kunden oder andere Bereiche erreichbar ist, ausdehnt und dass dann gearbeitet werden kann, wenn auch tatsächlich Arbeit anfällt. Allerdings kann sich daraus, dass nicht mehr alle Arbeitnehmer gleichzeitig anwesend sind, ein höherer Koordinationsaufwand ergeben.

5. Was sind aus Arbeitnehmersicht die Vor- und Nachteile?

Bei den Arbeitnehmern, bei denen ein Gleitzeitmodell umgesetzt wird, gewährt die eigenständige Einflussnahme auf die Arbeitszeitgestaltung ein größeres Maß an Autonomie. Die gestiegene Flexibilität ermöglicht es dem Arbeitnehmer, berufliche und private Termine besser zu koordinieren und so die Work-Life-Balance zu optimieren. Über den Tag oder die Woche hinaus betrachtet, dürfte die Flexibilitätssteigerung jedoch gering sein. Der Arbeitnehmer muss bei diesem Arbeitszeitmodell allerdings in der Lage sein, selbständig zu arbeiten, da Kollegen u. U. nicht erreichbar sind und er muss in der Lage sein, eigenverantwortlich auf die Einhaltung der vertraglich vereinbarten Arbeitszeit zu achten. Sofern er dies kann, kann ihm das Gleitzeitmodell ermöglichen, dass er auf seinen persönlichen Tagesrhythmus eingehen kann (z. B. Früh-/Spätaufsteher) und der Arbeitstag stressfreier ist (z. B. bessere An- und Abfahrtsbedingungen).

6. Ist der Betriebs- oder Personalrat an der Einführung von Gleitzeitmodellen zu beteiligen?

Ja. Da es bei der Gleitzeit um die Lage der täglichen Arbeitszeit und u. U. auch um die Verteilung der Arbeitszeit geht, besitzt der Betriebs- bzw.

Personalrat gem. § 87 Abs. 1 Nr. 2 BetrVG bzw. § 80 Abs. 1 Nr. 1 BPersVG ein Mitbestimmungsrecht. Dies umfasst auch die Ausgestaltung des Gleitzeitrahmens und der Kernarbeitszeiten.

VIII. Geteilte Dienste

1. Was sind geteilte Dienste?

Als geteilter Dienst wird ein Dienst dann bezeichnet, wenn er aus zwei oder (selten) mehreren Abschnitten besteht, die durch eine längere Freizeitpause geteilt werden. Die Zeit zwischen den einzelnen Dienstabschnitten ist dabei meist deutlich länger als die gesetzlich vorgeschriebene Mindestruhepause (§ 4 ArbZG). Arbeitsbeginn und -ende sind beispielsweise 8 Uhr und 20 Uhr mit einer Pause von 12–16 Uhr. Insbesondere in sozialen Einrichtungen der Alten- und Krankenpflege weitet sich der Einsatz von geteilten Diensten aus, da hier ein Bedürfnis für diese Art der Arbeitserbringung besteht.

Derartige Arbeitszeiten stehen nicht im Einklang mit den aktuellen arbeitswissenschaftlichen Erkenntnissen. Sie können eine physische, zeitliche und ggf. auch finanzielle Zusatzbelastung für den Arbeitnehmer darstellen. Unter Umständen kann der Arbeitnehmer weder seinen sonstigen Verpflichtungen nachkommen (z. B. familiären oder sozialen Verpflichtungen), noch seine Freizeit nach seiner Vorstellung gestalten. Aus diesen Gründen ist die Arbeitserbringung in Form von geteilten Diensten weitestgehend zu vermeiden.

2. Sind geteilte Dienste nach dem ArbZG zulässig?

Nach den Normen des ArbZG sind geteilte Dienste zulässig. Solange der Arbeitgeber die Vorschriften des ArbZG beachtet (insbesondere die ununterbrochene Ruhezeit von elf Stunden, § 5 Abs. 1 ArbZG) und innerhalb der Grenzen seines Direktionsrechts agiert, kann er die Arbeitszeit der Arbeitnehmer grundsätzlich flexibel einteilen.

Nach der bisherigen Rechtsprechung sind geteilte Dienste allerdings nur zulässig, sofern eine vertragliche Grundlage dafür besteht (ArbG Berlin 11. 1. 2007 – 63 Ca 8651/05).

Exkurs:
Die 4 Leitsätze des **ArbG Berlin** (11. 1. 2007 – 63 Ca 8651/05) lauten: »1. Bei der Vereinbarung einer wöchentlichen Arbeitszeit ist vom Grundsatz her davon auszugehen, dass diese wöchentliche Arbeitszeit so aufgeteilt wird, dass vom Arbeitnehmer pro Arbeitstag nur eine zusammenhängende Anzahl von Stunden geleistet werden muss.
2. Will der Arbeitgeber hiervon abweichen und die wöchentliche Arbeitszeit so aufteilen, dass der Arbeitnehmer an einem Tag mehrere voneinander unabhängige und zeitlich auseinander liegende Einsätze zu leisten hat (geteilter Dienst), so bedarf es hierfür einer vertraglichen Regelung.
3. Weist der Arbeitgeber dem Arbeitnehmer einen geteilten Dienst zu, obwohl eine vertragliche Grundlage hierfür fehlt, beginnt die tägliche Arbeitszeit des Arbeitnehmers mit der Zuweisung des ersten Dienstes und endet mit Abschluss des letzten Dienstes.
4. Die zwischen den einzelnen Einsätzen aufgewendete Wegezeit gilt für Beschäftigte, die unter den Rahmentarifvertrag für die gewerblichen Beschäftigten in der Gebäudereinigung fallen, gemäß § 3 Ziffer 2.2 RTV als Arbeitszeit. Für die die Wegezeit übersteigende Zeit, die mangels Zuweisung eines bestimmten Arbeitsplatzes beschäftigungslos bleibt, gerät der Arbeitgeber gemäß § 293 BGB in Annahmeverzug.«
Das Landesarbeitsgericht Berlin-Brandenburg (21. 11. 2007 – 11 Sa 402/07) hat sich in der Berufung dieser Entscheidung angeschlossen. Eine höchstrichterliche Entscheidung zur Frage der Zulässigkeit geteilter Dienste ist – soweit ersichtlich – bislang nicht ergangen.[39]

Für Teilzeitarbeiter ergibt sich das Erfordernis einer vertraglichen Grundlage unmittelbar aus dem Gesetz (§ 12 Abs. 1 Teilzeitbefristungsgesetz – TzBfG). Dieser Norm ist zu entnehmen, dass die Möglichkeit des Arbeitgebers, den Arbeitnehmer entsprechend dem Arbeitsanfall einzusetzen, nur dann gegeben ist, wenn dies vertraglich vereinbart ist. Wenn es bereits beim Abrufbarkeitsverhältnis, bei dem der Arbeitnehmer davon ausgehen muss, dass die Arbeitszeit nicht zusammenhängend erbracht werden muss, einer vertraglichen Grundlage bedarf, so muss dies erst recht für

39 Gescher, ZMV 2016, 197ff. m. w. N.

»Normalarbeitsverhältnis« gelten.[40] Grundsätzlich ist davon auszugehen, dass die tägliche Arbeitszeit zusammenhängend zu erbringen ist, soweit nichts anderes ausdrücklich vereinbart wurde. Wenn im Vertrag nur die wöchentliche Arbeitszeit, nicht aber Arbeitsbeginn und -ende geregelt wurden, liegt keine hinreichende vertragliche Grundlage vor, sodass der Arbeitgeber die Arbeitszeit bei einem solchen Vertrag nicht in eine willkürliche Anzahl von Arbeitseinheiten aufteilen darf.

3. Hat der Arbeitnehmer einen Ausgleichsanspruch, wenn er seine Arbeitsleistung in Form von geteilten Diensten erbringt?

Eine gesetzliche Ausgleichspflicht des Arbeitgebers besteht nicht. Aufgrund der Zusatzbelastung für den Arbeitnehmer erscheint es jedoch begrüßenswert, wenn im Arbeitsvertrag, in der Dienst- oder Betriebsvereinbarung eine Regelung über einen fairen Ausgleich getroffen wird.

4. Was ist, wenn der Arbeitgeber trotz mangelnder vertraglicher Grundlage eine zusätzliche unbezahlte Arbeitsunterbrechung von einer Stunde oder mehr anordnet?

Wenn keine vertragliche Grundlage existiert, gilt bei **Teilzeitbeschäftigten**, dass die Arbeitszeit mit Dienstantritt beginnt und mit Dienstschluss endet. Daneben gilt, dass der Arbeitgeber hinsichtlich der zur Verfügung stehenden Arbeitskraft während der Zeit der »langen Pause« in sogenannten Annahmeverzug gerät (§ 293 BGB), da der Arbeitnehmer in dieser Zeit aufgrund fehlender Arbeitszuweisung beschäftigungslos ist. Der Arbeitgeber hat die Zeit folglich zu vergüten (ArbG Berlin 11.1.2007 – 63 Sa 8651/05). Dem Arbeitnehmer ist dabei zu empfehlen, dass er vor Antritt der »langen Pause« seine Leistungsbereitschaft sicherheitshalber anzeigt. Da das zuvor geschriebene auf § 12 TzBfG basiert, gilt es nur für Teilzeitbeschäftigte und kann weder direkt noch analog auf Vollzeitkräfte angewandt werden.

Auch wenn § 12 TzBfG selbst nicht direkt oder analog auf »Nicht-Abruf-Arbeitsverhältnisse« angewandt werden kann, ist er für diese Arbeitsverhältnisse insofern relevant, als das § 12 Abs. 3 TzBfG im Rahmen von § 106 GewO analog angewendet wird. Nach § 106 GewO hat der Arbeitgeber Inhalt, Ort und Zeit der Arbeitsleistung nach billigem Ermessen näher zu bestimmen, sofern keine vertragliche oder gesetzliche Vorgabe besteht. Gemäß § 12 Abs. 3 TzBfG muss der Arbeitgeber dem Arbeitnehmer

40 Fischer/Mittländer/Steiner, S. 154 Rn. 3.

die Lage seiner Arbeitszeit mindestens vier Tage im Voraus mitteilen. Die Anordnung einer »langen Pause« kann unter Umständen dem billigen Ermessen widersprechen. Dies ist grundsätzlich dann der Fall, wenn der Arbeitgeber die Arbeitszeit, unter Anordnung von zu langen Pausen, in einem unvertretbaren Maße aufteilt (LAG Köln 15.6.2009 – 5 Sa 179/09).

5. Steht dem Betriebs- oder Personalrat ein Mitbestimmungsrecht hinsichtlich geteilter Dienste zu?

Durch die verbindliche Festlegung der Dienstabschnitte werden Arbeitsbeginn und -ende festgelegt. Somit steht dem Betriebs- oder Personalrat grundsätzlich ein Mitbestimmungsrecht zu (§ 87 Abs. 1 Nr. 2 und 3 BetrVG / § 80 Abs. 1 Nr. 1 BPersVG).

6. Wie sollte der Betriebs- oder Personalrat mit der Möglichkeit geteilter Dienste umgehen?

Aufgrund der Belastung für den Arbeitnehmer sollte sich der Betriebs- bzw. Personalrat dafür einsetzen, dass die Anordnung von geteilten Diensten durch die Betriebs- oder Dienstvereinbarung ausgeschlossen wird, da diese wegen der Gesundheitsrisiken für den Arbeitnehmer nicht mit den arbeitswissenschaftlichen Erkenntnissen zu vereinbaren sind. Wenn ein kompletter Ausschluss von geteilten Diensten nicht möglich ist, sollte darauf geachtet werden, dass sie nicht unverhältnismäßig häufig angeordnet werden können und dass ein angemessener Ausgleich (Freizeitausgleich oder Geldausgleich) gewährt wird.

IX. AZV-Tage

1. Was versteht man unter AZV-Tagen?

Der Begriff AZV steht für »Arbeitszeitverkürzung«. AZV-Tage sind freie Tage bei Arbeitszeitverkürzung. Einer Regelung für AZV-Tage bedarf es, wenn die Betriebsnutzungszeit höher ist als die individuelle Arbeitszeit. Wird in einem Betrieb – z. B. wegen zu gewährleistender Öffnungszeiten – 40 Stunden die Woche gearbeitet, ist für die Beschäftigten aber im Tarifvertrag eine individuelle Arbeitszeit von 35 Stunden vereinbart, so muss entweder ein Schichtsystem eingeführt werden oder aber die Beschäftigten arbeiten pro Woche regelmäßig fünf Stunden mehr als tarifvertraglich vereinbart. In den meisten Manteltarifverträgen ist daher als Folge einer tarifvertraglich vereinbarten Arbeitszeitverkürzung auch eine Freie-Tage-Regelung oder AZV-Regelung enthalten. Es handelt sich hierbei um eine Frage der Verteilung der Arbeitszeit. Die Tarifverträge regeln, wie die auf diese Weise automatisch entstehenden Überstunden ausgeglichen werden.

2. Welche Ausgleichsmöglichkeiten gibt es?

In der betrieblichen Praxis fallen die AZV-Regelungen sehr unterschiedlich aus und die Manteltarifverträge machen ebenfalls keine detaillierten Vorgaben. In der Regel wird entweder das Ansparprinzip oder das Setzungsprinzip angewendet, teilweise auch eine Kombination aus beidem. Beim **Ansparprinzip** wird die durch die Arbeitszeitverkürzung wöchentlich zu viel gearbeitete Arbeitszeit auf ein AZV-Konto verbucht und kann nach individueller Absprache zwischen Beschäftigten und Vorgesetzten abgebaut werden. Beim **Setzungsprinzip** werden für die Beschäftigten im Voraus für das ganze Jahr die freien Tage durch den Arbeitgeber festgelegt, also »gesetzt«. Dabei können z. B. Brückentage oder der Zeitraum zwischen Weihnachten und Neujahr festgesetzt werden oder auch andere Tage.

3. Wie werden freie Tage im Ansparprinzip gewährt?

Beim Ansparprinzip wird die angesparte Arbeitszeit auf ein separates Konto im Betrieb gebucht. Dieses wird in der Regel parallel zu anderen Arbeitszeitkonten geführt, z. B. zum individuellen Gleitzeitkonto oder zum kollektiven Flexi-Konto, und wird in der Regel auch nicht mit diesem vermischt. Es ist aber auch möglich, ein gemeinsames Arbeitszeitkonto zu führen. Der Stand des AZV-Kontos ist dem Arbeitnehmer jederzeit mitzuteilen. Wird ein freier Tag genommen, werden die Stunden entsprechend ausgebucht. Vorgesehen ist, dass das AZV-Konto nur einen positiven Wert haben kann, der Arbeitnehmer kann also nicht ins Minus gehen. Am Ende eines Jahres muss das Konto auf null stehen.

4. Wie werden freie Tage im Setzungsprinzip gewährt?

Beim Setzungsprinzip wird im Voraus berechnet und festgelegt, wie viele freie Tage einem Beschäftigten im Jahr zustehen und an welchen Tagen diese genommen werden müssen. Hierzu gibt es in den einzelnen Tarifverträgen unterschiedliche Regelungen darüber, wie sich die Anzahl der freien Tage berechnet. Im Allgemeinen werden von den 52 Wochen im Jahr sechs Wochen für den Jahresurlaub abgezogen, sodass von 46 Arbeitswochen pro Jahr ausgegangen wird. Sodann wird die Differenz zwischen Betriebsnutzungszeit und individueller Arbeitszeit ermittelt. Bei einer Betriebsnutzungszeit von 40 Stunden und einer individuellen Arbeitszeit von 38 Stunden wären dies zwei Stunden pro Woche. Die Zahl der freien Tage pro Jahr berechnet sich nach der folgenden Formel:

Berechnungsformel:
46 x (Sollzeit – individuelle regelmäßige Wochenarbeitszeit) : Sollzeit x 1/5 = Zahl der freien Tage pro Jahr[41]

5. Was passiert, wenn freie AZV-Tage mit Urlaub, Krankheit oder Feiertagen zusammenfallen?

Ansparprinzip:
Da hier die freien Tage nach individueller Absprache festgelegt werden, entstehen hinsichtlich Urlaubs und Feiertagen in der Regel keine Probleme. Fraglich ist allerdings, was passiert, wenn ein Arbeitnehmer an einem schon vereinbarten AZV-Tag arbeitsunfähig erkrankt. Nach der Rechtsprechung des Bundesarbeitsgerichts verfällt der AZV-Tag dann. Dieser Fall ist so zu behandeln wie eine Erkrankung bei geplantem Überstundenabbau. Auch hier gibt es keinen Anspruch des Beschäftigten auf einen erneuten freien Arbeitstag als Ausgleich, ebenso wenig wie im Fall, dass ein Arbeitnehmer am Samstag erkrankt, obwohl samstags (der nach wie vor als Werktag gilt) nicht gearbeitet wird. Auch hier besteht kein Anspruch auf Verschaffung eines »Ersatzsamstags« (BAG 5.11.2003 – 5 AZR 109/03; LAG Reinland-Pfalz 27.2.2013 – 8 Sa 489/12).[42]
Anders ist die Handhabung bei Urlaub, für den mit § 9 BUrlG eine gesetzliche Regelung existiert, wonach die durch ärztliches Zeugnis nachgewiesenen Tage der Arbeitsunfähigkeit auf den Jahresurlaub nicht angerechnet werden.
Setzungsprinzip:
Hier werden die freien Tage für das gesamte Jahr im Voraus **festgelegt.** Erkrankt ein Arbeitnehmer an einem dieser Tage, so gilt das Gleiche wie beim Ansparprinzip. Nach der Rechtsprechung des Bundesarbeitsgerichts entfällt der freie Tag und es ist kein Ersatztag zu gewähren.

41 Formel aus Schumann/Wagner, Kapitel 4.2, S. 106.
42 Beispiel aus Peters, Rn. 462.

Im Fall von Urlaub und Feiertag ist die Frage nicht entschieden. Die Problematik lässt sich aber vermeiden, indem AZV-Tage nicht auf Feiertage und außerhalb des Urlaubs gelegt werden.

6. Besteht bei der Festlegung der AZV-Tage ein Mitbestimmungsrecht?

Da die Festlegung der AZV-Tage die Verteilung der Arbeitszeit auf die einzelnen Wochentage betrifft, ist diese mitbestimmungspflichtig gemäß § 87 Abs. 1 Satz 2 Nr. 2 BetrVG bzw. § 80 Abs. 1 Nr. 2 BPersVG. Es empfiehlt sich, hier eine Betriebs- bzw. Dienstvereinbarung über die Regelung der AZV-Tage abzuschließen.

7. Was passiert, wenn an einem AZV-Tag Überstunden geleistet werden müssen?

Müssen Beschäftigte im Rahmen des Setzungsprinzips an im Voraus festgelegten Tagen doch arbeiten, so handelt es sich hierbei um Mehrarbeit, die vom Betriebsrat bzw. Personalrat genehmigt werden muss. Sofern nicht stattdessen ein anderer AZV-Tag festgelegt wird, ist diese mit entsprechenden Zuschlägen zu vergüten.

G. Erfassung und Kontrolle der Arbeitszeit

I. Arbeitszeiterfassung

1. Was ist unter Zeiterfassung zu verstehen und muss die gesamte tägliche Arbeitszeit aufgezeichnet werden?

Unter Zeiterfassung ist die Dokumentation der tatsächlich erbrachten Arbeitsleistung zu verstehen. Dem Arbeitgeber steht dafür eine Vielzahl an Methoden zur Verfügung. In Deutschland werden in der Regel Systeme verwendet, mit denen lediglich die Anwesenheit der Mitarbeiter erfasst wird. Diese Systeme zeichnen weder auf, was die Mitarbeiter während ihrer Arbeitszeit machen, noch ob sie sich durchgängig am Arbeitsplatz aufhalten oder diesen zwischenzeitlich verlassen, um beispielsweise auf die Toilette zu gehen oder sich einen Kaffee zu holen. Mit dem wegweisenden Beschluss des Bundesarbeitsgerichts (BAG) vom 13.9.2022 (1 ABR 22/21) wurde klargestellt, dass Arbeitgeber bereits heute gesetzlich verpflichtet sind, Beginn, Ende und Dauer der täglichen Arbeitszeit aller Arbeitnehmer zu erfassen. Diese Pflicht leitet das BAG aus einer unionsrechtskonformen Auslegung des § 3 Abs. 2 Nr. 1 ArbSchG ab.

2. Wozu dient die Zeiterfassung?

Hauptsächlich sollen mittels der Zeiterfassung die Prüfrechte der Aufsichtsbehörde gemäß § 17 Abs. 4 ArbZG sichergestellt werden, damit diese die Einhaltung des Arbeitszeitgesetzes überwachen kann. Vollumfängliche Zeiterfassungssysteme können daneben dem Arbeitgeber dienen, indem sie eine konkrete Grundlage für die Entgeltabrechnung, eine genaue Zurechnung von Arbeitszeiten zu Projekten oder eine bessere Personalplanung ermöglichen.

3. Was für Zeiterfassungssysteme gibt es?

Das ArbZG schreibt keine Form für die Aufzeichnung der Arbeitszeit vor. Die herkömmlichen Zeiterfassungssysteme lassen sich grob in fünf Arten unterscheiden – die handschriftliche Zeiterfassung (z. B. Excel Tabelle), die elektronische Zeiterfassung mittels eines Hardwareterminals, die mobile Zeiterfassung mittels eines tragbaren Geräts (z. B. Smartphone, spezielle Hardware, Barcodescanner), die Online-Zeiterfassung mittels einer Software (z. B. Open Source) und die biometrische Zeiterfassung / Fingerprint-Zeiterfassung. Die Entscheidung darüber, welches Zeiterfassungssystem letztlich verwendet wird, liegt beim Arbeitgeber.

4. Was ist bei der Zeiterfassung aus datenschutzrechtlichen Aspekten zu beachten?

Das ArbZG enthält keine Vorschriften darüber, ob und ggf. welche personenbezogenen Daten im Rahmen der Zeiterfassung gesammelt werden dürfen. Allerdings sind in diesem Bereich das Bundesdatenschutzgesetz (BDSG) und die EU-Datenschutz-Grundverordnung (DSGVO) zu beachten. Die DSGVO besagt unter anderem, dass personenbezogene Daten nicht ohne Zustimmung der betroffenen Person gesammelt werden dürfen. Deshalb ist der Arbeitgeber bei der Arbeitszeiterfassung verpflichtet, dem Arbeitnehmer Auskunft über die erfassten Daten zu geben. Nur der Arbeitgeber, der betroffene Arbeitnehmer und das zuständige Personal dürfen Zugriff auf die Aufzeichnungen haben. Anderen Personen und Behörden muss der Zugriff vorab gewährt werden.

Checkliste: Auswahl eines rechtssicheren Zeiterfassungssystems (Stand 2026)

Ein IT-System erfüllt die Anforderungen des BAG (2022) und der gesetzlichen Neuregelung nur, wenn es **objektiv, verlässlich und zugänglich** ist. Prüfen Sie ein System vor der Einführung daher anhand dieser Punkte:

1. **Objektivität & Verlässlichkeit (Rechtssicherheit)**
   - **Automatischer Ruhezeit-Check:** Warnt das System aktiv (oder sperrt den Login), wenn die 11-stündige Ruhezeit (§ 5 ArbZG) noch nicht abgelaufen ist?
   - **Manipulationsschutz:** Ist sichergestellt, dass nachträgliche Änderungen (z. B. durch Vorgesetzte) protokolliert werden und für den Beschäftigten sichtbar sind (Audit-Trail)?

- **Pausen-Automatik:** Erfasst das System reale Pausen oder zieht es diese nur pauschal ab? (Ein rein pauschaler Abzug ist rechtlich riskant, da er die reale Erholung nicht belegt).
- **Sonderbuchungen:** Gibt es separate Buchungsschlüssel für **Stillzeiten, Sonderurlaub, Betriebsratstätigkeit** und **Rufbereitschaft**?

2. **Zugänglichkeit & Transparenz**
   - **Echtzeit-Einsicht:** Haben die Beschäftigten jederzeit (mobil oder am PC) Einblick in ihr aktuelles Zeitkonto?
   - **Interessenvertretung:** Hat das Gremium einen »lesenden Zugriff« oder erhält es automatisierte Reports über Höchstarbeitszeit-Verstöße?
   - **Schnittstellen:** Kann das System Daten für die eAU (elektronische Arbeitsunfähigkeit) verarbeiten, um Krankheitstage korrekt gegen Urlaub zu buchen?
3. **Schutz vor Entgrenzung (Digitaler Feierabend)**
   - **Login-Sperren:** Können für bestimmte Beschäftigtengruppen (z.B. im Home-Office) Zeitfenster definiert werden, in denen keine Erfassung (und damit keine Arbeit) möglich ist?
   - **Warnsystem:** Werden Vorgesetzte automatisch informiert, wenn ein Mitarbeiter die 10-Stunden-Grenze (§ 3 ArbZG) erreicht?
   - **Offline-Fähigkeit:** Können Außendienstmitarbeiter ihre Zeiten auch ohne Netzverbindung erfassen, um eine zeitnahe Dokumentation zu garantieren?
4. **Datenschutz & Mitbestimmung (IT-Sicherheit)**
   - **Rollenkonzept:** Ist sichergestellt, dass Vorgesetzte nur die Daten sehen, die sie für die Personaleinsatzplanung benötigen (keine totale Verhaltenskontrolle)?
   - **Serverstandort:** Befinden sich die Daten innerhalb der EU (DSGVO-Konformität)?
   - **Löschkonzept:** Werden die Daten nach Ablauf der gesetzlichen Aufbewahrungsfrist (i.d.R. 2 Jahre nach Aufzeichnung) automatisch gelöscht?

5. Wer ist für die Zeiterfassung verantwortlich?

Für die ordnungsgemäße Aufzeichnung der Arbeitszeit ist grundsätzlich der Arbeitgeber verantwortlich. Allerdings legt das Gesetz nicht fest, dass er die Aufzeichnungspflicht persönlich zu erbringen hat. Ob der Arbeitgeber die Durchführung der Aufzeichnung auf die Arbeitnehmer übertragen darf, wird unterschiedlich beurteilt. Nach herrschender Ansicht unter den Juristen ist er dazu zwar berechtigt, bleibt aber dennoch der Hauptverantwortliche. Das bedeutet, dass er trotz Übertragung regelmäßig kontrollieren muss, ob die Arbeitnehmer ihre Arbeitszeit auch tatsächlich und korrekt aufzeichnen (Überwachungs- und Kontrollpflicht).

6. Muss die gesamte tägliche Arbeitszeit aufgezeichnet werden?

Ja. Für einige Bereiche ergibt sich die umfassende Aufzeichnungspflicht aus speziellen Vorschriften – zum Beispiel bei Kraftfahrern (§ 21a Abs. 7 ArbZG, siehe auch § 6 Gesetz zur Regelung der Arbeitszeit von selbständigen Kraftfahrern [KrFArbZG]), bei den in § 2a Schwarzarbeitsbekämpfungsgesetz (SchwarzArbG) genannten Wirtschaftszweigen, bei geringfügig Beschäftigten (§ 17 Abs. 1 Satz 1 MiLoG) oder bei Offshore-Tätigkeiten (§ 8 Offshore-ArbZV).

Mit dem BAG-Beschluss vom 13.9.2022 (1 ABR 22/21) wurde entschieden, dass die Pflicht zur Aufzeichnung der gesamten täglichen Arbeitszeit für alle Arbeitsverhältnisse gilt. Die Pflicht ergibt sich aus § 3 Abs. 2 Nr. 1 Arbeitsschutzgesetz (ArbSchG), wonach der Arbeitgeber verpflichtet ist, für eine geeignete Organisation und die erforderlichen Mittel zu sorgen, die erforderlichen sind, um Maßnahmen des Arbeitsschutzes bezüglich der Sicherheit und Gesundheit der Beschäftigten bei der Arbeit zu treffen. Nach der Rechtsprechung (vgl. EuGH [C-55/18] und BAG [1 ABR 22/21]) muss jedes Zeiterfassungssystem drei Kernkriterien erfüllen:

- **Objektiv:** Die Zeitpunkte dürfen nicht auf einer subjektiven Einschätzung beruhen.
- **Verlässlich:** Das System muss gegen Manipulation gesichert sein und die Erfassung sollte unmittelbar im Zusammenhang mit der Arbeitsleistung erfolgen.
- **Zugänglich:** Arbeitgeber (AG), Arbeitnehmer (AN) sowie die Aufsichtsbehörden und der Betriebs-/Personalrat müssen jederzeit Zugriff auf die Daten haben.

Für Einzelheiten vgl. nächste Frage.

7. Wie muss die gesamte tägliche Arbeitszeit aufgezeichnet werden?

Vor dem BAG-Beschluss aus dem Jahr 2022 hat der Europäische Gerichtshof (EuGH) bereits am 14.5.2019 (C-55/18) geurteilt, dass die EU-Mitgliedstaaten die Arbeitgeber verpflichten müssen, die gesamte tägliche Arbeitszeit durch ein entsprechend eingerichtetes System aufzuzeichnen. Der EuGH leitet die Verpflichtung der Arbeitgeber aus Art. 31 Abs. 2 der Charta der Grundrechte der Europäischen Union (GRCh) und Art. 3, 5, 6 lit. b Arbeitszeit-Richtlinie her (Art. 3: Regelung der täglichen Ruhezeit, Art. 5: Regelung der wöchentlichen Ruhezeit, Art. 6: Regelung der wöchentlichen Höchstarbeitszeit).

Laut EuGH muss die Zeiterfassung objektiv, verlässlich und zugänglich sein.

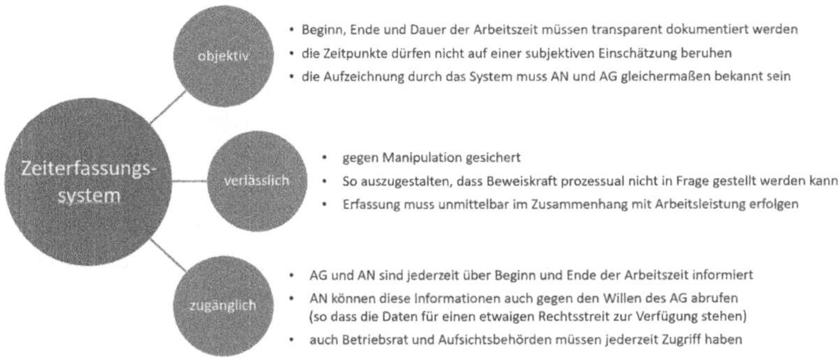

Hinsichtlich dieser drei Anforderungen haben weder die nationalen Gesetzgeber noch die nationalen Gerichte einen Gestaltungsspielraum. Für die darüberhinausgehende Festlegung der konkreten Modalitäten steht den Mitgliedstaaten hingegen ein Umsetzungsspielraum zu, solange die drei genannten Anforderungen erfüllt werden. Bei der Umsetzung sind grundsätzlich verschiedene Systeme denkbar. Hauptsache ist, dass in Anbetracht der jeweils vorherrschenden Bedingungen (z. B. Betriebsgröße, Art der Tätigkeit, stets gleicher/wechselnder Ort des Arbeitsplatzes, Branchenbesonderheiten) der Effektivitätsgrundsatz gewahrt wird.

8. In welchen Bereichen erscheint die Umsetzung der umfassenden Aufzeichnungspflicht problematisch?

Zunächst ist klarzustellen, dass grundsätzlich der Arbeitgeber für die ordnungsgemäße Aufzeichnung der Arbeitszeit verantwortlich ist. Ihm kommt mindestens eine Überwachungs- und Kontrollpflicht zu (siehe oben). Daran hat sich durch die BAG- und die EuGH-Rechtsprechung nichts geändert.

Was sich jedoch geändert hat, sind die Anforderungen, die der Arbeitgeber bei der Erfüllung seiner Pflicht erfüllen muss. Das von ihm verwendete Zeiterfassungssystem muss entsprechend der EuGH-Rechtsprechung objektiv, verlässlich und zugänglich sein.

Ein Bereich, in welchem diese Anforderungen diskutiert werden, ist die Aufzeichnung der Arbeitszeit mittels des »**Zettel-und-Stift-Verfahrens**«. Entgegen der oft strengen Auslegung der EuGH-Vorgaben hat das **Bundesarbeitsgericht (BAG)** klargestellt, dass dem Arbeitgeber bei der

Auswahl des Systems ein **weiter Gestaltungsspielraum** zusteht. Eine Aufzeichnung in Papierform (Stundenzettel) oder mittels einfacher Excel-Tabellen ist demnach **grundsätzlich weiterhin zulässig**, sofern sie Beginn, Ende und Dauer der täglichen Arbeitszeit (einschließlich der Pausen) verlässlich wiedergibt.
Problematisch bleibt das »Zettel-und-Stift-Verfahren« jedoch im Hinblick auf die **Zugänglichkeit** und die **nachträgliche Manipulationssicherheit**, die der EuGH fordert. Während das BAG die Papierform als »geeignete Organisation« im Sinne des Arbeitsschutzes ausreichen lässt, müssen Betriebs- und Personalräte darauf achten, dass die Dokumente auch für sie und die Aufsichtsbehörden tatsächlich **zugänglich** bleiben.
Der andere Bereich, in dem es zu Problemen kommt, sind **Arbeitsverhältnisse mit einer flexiblen Komponente** – insbesondere Home-Office/ mobile Arbeit, Vertrauensarbeitszeit und Arbeitsverhältnisse, die eine ständige Erreichbarkeit erfordern. Die handschriftliche Zeiterfassung ist aus den oben genannten Gründen nun in all diesen Arbeitsmodellen grundsätzlich unzulässig, sofern die zumutbare Möglichkeit eines elektronischen oder technischen Zeiterfassungssystems besteht (z. B. Login in ein elektronisches System, App zur Zeiterfassung). Das Kostenargument allein (z. B. Anschaffung/Unterhaltung eines Zeiterfassungssystems) ist laut EuGH kein Ablehnungsgrund, da solche wirtschaftlichen Erwägungen mit Blick auf das Ziel der EU-Richtlinie (Schutz des Arbeitnehmers) nachrangig sind.
Hinsichtlich der **Vertrauensarbeitszeit**, in welcher der Arbeitnehmer die von ihm vertraglich geschuldete Arbeitszeit eigenverantwortlich organisiert (insbesondere wann er arbeitet), ist festzuhalten, dass der Arbeitgeber auch bei diesem Arbeitsmodell seiner Überwachungs- und Kontrollpflicht nachkommen muss. Demnach ist ein vollständiger Kontrollverzicht, so wie es aktuell bei der Vertrauensarbeitszeit oftmals praktiziert wird, rechtswidrig. Dies bedeutet jedoch nicht, dass Arbeitsverhältnisse, die auf einer Vertrauensarbeitszeit-Vereinbarung aufbauen, per se rechtswidrig sind. Es ist durchaus vorstellbar, die EuGH-Vorgaben auch bei diesem Arbeitsmodell zu erfüllen. Das größte Risiko der Vertrauensarbeitszeit ist die **Entgrenzung**. Die »Schutzmacht« (Betriebsrat/Personalrat) muss sicherstellen, dass Souveränität nicht zur **Selbstausbeutung** führt. Auch hier gilt: Die Souveränität bezieht sich nur auf die *Lage* der Zeit, nicht auf den Verzicht der *Dokumentation*.
Aufgrund des Umstands, dass die **ständige Erreichbarkeit** von Arbeitnehmern in der vergangenen Zeit immer relevanter wurde, wird bereits seit längerem diskutiert, ob es einer Reform des ArbZG bedarf. Das Problem besteht darin, dass § 5 Abs. 1 ArbZG (und Art. 3 Arbeitszeit-

richtlinie) grundsätzlich die Einhaltung einer ununterbrochenen Ruhezeit zwischen zwei Arbeitseinsätzen von mindestens 11 Stunden voraussetzen. D.h. nach jeder Unterbrechung (wenn auch nur von 5 Minuten) müssten erneut 11 Stunden zusammenhängende Ruhezeit gewährt werden. In der bisherigen Praxis werden solche Kurzzeitunterbrechungen häufig nicht erfasst. Es wird die Meinung vertreten, dass die Umgehung der ununterbrochenen Ruhezeit erschwert wird, da das »Zettel und Stift-Verfahren« oftmals unpraktikabel oder fehleranfällig ist. Dem lässt sich jedoch entgegenhalten, dass die Einhaltung der Ruhezeit auch bei elektronischer Zeiterfassung umgangen werden kann, sofern es möglich ist, das Arbeitsmaterial auch ohne jegliche Registrierung zu nutzen. Hinsichtlich der ständigen Erreichbarkeit kommt es daher eher darauf an zu überprüfen, ob tatsächlich aufgezeichnet wird.

9. Haben Arbeitnehmer einen privatrechtlichen Anspruch auf Dokumentation ihrer Arbeitszeit?

Die bisher angesprochene öffentlich-rechtliche Verpflichtung zur Erfassung der Arbeitszeit des Arbeitgebers im Verhältnis zu den Aufsichtsbehörden ist streng zu unterscheiden von der privatrechtlichen/arbeitsvertraglichen Verpflichtung des Arbeitgebers im Verhältnis zum Arbeitnehmer.

Nach Auffassung des Arbeitsgerichts Emden (24.9.2020 – 2 Ca 144/20, Rn. 89f.) besteht in diesem Verhältnis ein eigener privatrechtlicher Anspruch des Arbeitnehmers gegenüber dem Arbeitgeber auf Erfassung und Aufzeichnung der gesamten Arbeitszeit oder ggf. auf Schadensersatz, falls der Arbeitgeber seiner Aufzeichnungspflicht nicht nachkommt. Der Anspruch ergibt sich laut des Arbeitsgerichts Emden aus einer europarechtskonformen Auslegung der §§ 241 Abs. 2, 242, 618 BGB. Aufgrund des Beschlusses des BAG, dass Arbeitgeber nach § 3 Abs. 2 Nr. 1 Arbeitsschutzgesetz (ArbSchG) die gesamte tägliche Arbeitszeit aufzeichnen muss, erscheint ein Rückgriff auf das EU-Recht nicht mehr erforderlich, da sich der privatrechtliche Anspruch bereits aus der rechtskonformen Auslegung des deutschen Rechts (des ArbSchG) ergibt.

Zu beachten ist, dass der privatrechtliche Anspruch allen Arbeitnehmern zusteht, auch solchen, die gem. § 18 ArbZG vom Anwendungsbereich des ArbZG ausgeschlossen sind (etwa leitende Angestellte, Chefärzte).

10. Welche Rechte stehen dem Betriebs- bzw. Personalrat hinsichtlich der Arbeitszeit und der Arbeitszeiterfassung zu?

Gemäß § 87 BetrVG / § 80 BPersVG kann der Betriebs-/Personalrat nur dann ein Mitbestimmungsrecht haben, wenn keine gesetzliche oder tarifliche Regelung besteht.
Die Pflicht zur Einführung eines Zeiterfassungssystems ist mit § 3 Abs. 2 Nr. 1 ArbSchG, welcher unabhängig davon gilt, ob ein Betriebs- oder Personalrat besteht oder nicht, gesetzlich geregelt. Folglich besteht diesbezüglich kein Mitbestimmungsrecht für den Betriebs- oder Personalrat – aufgrund der Einführungspflicht ist es aber auch nicht erforderlich. Nach aktueller Rechtslage (vgl. EuGH [C-55/18] und BAG [1 ABR 22/21]) haben die Gremien ein **echtes Initiativrecht** zur Einführung und Ausgestaltung der Zeiterfassung. Da der Gesetzgeber verpflichtet ist, ein System vorzuschreiben, der Arbeitgeber aber bei der konkreten Auswahl einen Spielraum hat, unterliegt die technische Ausgestaltung der zwingenden Mitbestimmung nach **§ 87 Abs. 1 Nr. 7 BetrVG** bzw. § 80 Abs. 1 Nr. 21 BPersVG.
Wie das Zeiterfassungssystem ausgestaltet sein muss, lässt sich dem BAG-Beschluss nicht entnehmen.
Da die Pflicht zur Einführung bereits gesetzlich in § 3 ArbSchG verankert ist, hat der Betriebsrat/Personalrat kein Initiativrecht mehr für das ***Ob*** der Einführung (da dies bereits Pflicht ist), wohl aber ein **echtes Initiativrecht für das *Wie*** (die konkrete Ausgestaltung des Systems, z. B. Softwarewahl, Terminalstandorte).
Dass sich diesbezüglich aus § 3 Abs. 2 Nr. 1 ArbSchG Vorgaben ableiten lassen, ist nicht ersichtlich. Nach bisheriger höchstrichterlicher Rechtsprechung (BAG 28. 11. 1989 – 1 ABR 97/88; BVerwG 29. 9. 2004 – 6 P 4.04), die noch zur alten Rechtslage erging, in der man noch keine umfassende gesetzliche Aufzeichnungspflicht annahm, wurde dem Betriebsrat nach § 87 Abs. 1 Nr. 6 BetrVG ein Mitbestimmungsrecht bei der praktischen Umsetzung eines bereits vom Arbeitgeber ausgewählten Zeiterfassungssystems und bei der Änderung eines bereits bestehenden Systems zugestanden. § 80 Abs. 1 Nr. 20 BPersVG enthält ein § 87 Abs. 1 Nr. 6 BetrVG entsprechende Mitbestimmungsrecht für Personalräte.

Übersicht: Rechtsgrundlagen Arbeitszeiterfassung/Mitbestimmung

Punkt	Rechtsgrundlage	Status
Pflicht zur Erfassung	§ 3 Abs. 2 Nr. 1 ArbSchG	Gesetzlich fixiert (BAG 2022)
Mitbestimmung (Bund)	§ 80 Abs. 1 Nr. 21 BPersVG	Zwingend bei der Ausgestaltung
Mitbestimmung (BetrVG)	§ 87 Abs. 1 Nr. 7 BetrVG	Vergleichbare Regelung für Betriebe

Praxistipp:
Falls Sie sich auf eine Dienststelle beziehen, für die ein Landespersonalvertretungsgesetz (LPVG) gilt, ist die Rechtsgrundlage im einschlägigen LPVG (z. B. § 74 Abs. 2 Nr. 2 im Landespersonalvertretungsgesetz für Baden-Württemberg (LPVG BW) oder § 72 Abs. 4 Satz 1 Nr. 1 im Personalvertretungsgesetz für das Land Nordrhein-Westfalen (LPVG NRW) zu finden.

11. Wie lange muss die aufgezeichnete Arbeitszeit aufbewahrt werden?

Der Arbeitgeber ist dazu verpflichtet, die Nachweise mindestens zwei Jahre aufzubewahren (§ 16 Abs. 2 Satz 2 ArbZG).

Checkliste: Zeiterfassung für die Interessenvertretung

Prüfen Sie bestehende oder geplante Vereinbarungen auf folgende Punkte:

- **Vollerfassung:** Werden Beginn, Ende und Dauer (inkl. Pausen) erfasst? Nur die Netto-Arbeitszeit zu notieren, reicht nicht mehr aus.
- **Manipulationsschutz:** Ist das System verlässlich und vor nachträglichen, nicht nachvollziehbaren Änderungen geschützt?
- **Dateneinsicht:** Haben Beschäftigte jederzeit unkompliziert Zugriff auf ihr eigenes Zeitkonto?
- **Ruhezeit-Überwachung:** Gibt das System Warnmeldungen aus, wenn die 11-stündige Ruhezeit (§ 5 ArbZG) unterschritten wird?
- **Datenschutz:** Ist geregelt, wer außer der Personalabteilung Zugriff auf die Protokolle hat und wie lange diese gespeichert werden (mind. 2 Jahre gemäß § 16 Abs. 2 ArbZG)?

II. Arbeitszeitkonten

1. Wozu dienen Arbeitszeitkonten?

Arbeitszeitkonten sind Ausdruck eines zunehmenden Bedürfnisses nach Flexibilisierung der Arbeitszeit. Sie stellen ein Instrument der Arbeitszeiterfassung dar, welches auf Deregulierung und Liberalisierung gerichtet ist. Wenn ein Mitarbeiter vorübergehend mehr oder weniger arbeitet als vertraglich vereinbart ist, wird dies auf dem Arbeitszeitkonto erfasst. Die erfassten Über-/Fehlstunden werden anschließend ausgeglichen. Das monatliche Entgelt bleibt dabei gleich, es wird also verstetigt. Bei schwankender Arbeitszeit werden durch Arbeitszeitkonten Gestaltungsspielräume geschaffen, sowohl für Arbeitgeber als auch für Arbeitnehmer. Es kann jedoch nicht verkannt werden, dass nicht jede Arbeit beliebig lange liegenbleiben kann, bis sie erledigt wird. Nicht jeder Kunde wartet, bis sein Auftrag irgendwann erledigt ist. Der Spielraum für erwünschte Zeitsouveränität und flexible Arbeitszeitgestaltung wird auch in der Verwaltung u. a. durch betriebswirtschaftliche Notwendigkeiten eingeschränkt.
Bei den Arbeitgebern steht die produktive Nutzung des vorhandenen Arbeitszeitvolumens und damit die Vermeidung von unproduktiven Anwesenheitszeiten im Vordergrund. Wer seine Arbeit erledigt hat, geht nach Hause und sitzt nicht unproduktiv bis zum Klingelzeichen am Schreibtisch. Das Ziel der Arbeitszeitkonten besteht (auch) in der Steigerung der Produktivität. Dahinter steht der Wunsch, individuelles und kollektives Handeln stärker (zweck-)rational gestalten zu können und am ökonomischen Prinzip respektive an Effizienzüberlegungen zu orientieren. Ressourcen einer Nutzenstiftung, die sonst verschwendet oder fehlgeleitet würden, können an anderer Stelle sinnvoll eingesetzt werden.
Auf Arbeitnehmerseite besteht zum einen das Bedürfnis, den eigenen Arbeitsplatz zu sichern und zum anderen eine höhere Zeitsouveränität und Gestaltungsspielräume zu erlangen. Dem Arbeitnehmer wird also die Synchronisation seiner Arbeitszeit mit seiner Freizeit ermöglicht – weg von starren Arbeitszeiten mit kasernierter abhängiger Arbeit, hin zu generellen flexiblen Arbeitszeiten und damit auch zu einer Verbesserung der Vereinbarkeit von Freizeit, Familie und Beruf.

2. Wie funktioniert ein Arbeitszeitkonto?

Ein Arbeitszeitkonto baut auf der Soll- und Ist-Arbeitszeit eines konkreten Arbeitnehmers auf. Die Soll-Arbeitszeit ist die vertraglich geregelte Arbeitszeit und die Ist-Arbeitszeit die tatsächlich gearbeitete Zeit. Dabei

kann die Ist-Zeit von der Soll-Zeit abweichen. Das Arbeitszeitkonto zeigt die Abweichungen in Form von Minus-/Fehlstunden (Ist-Arbeitszeit < Soll-Arbeitszeit) bzw. Plus-/Überstunden (Ist-Arbeitszeit > Soll-Arbeitszeit) an – es drückt den Vergütungsanspruch des Arbeitnehmers in anderer Form aus (BAG 26.1.2011 NZA 2011, 640 und BAG 29.6.2016 NZA 2016, 1152).
Für das Monatsgehalt ist es unerheblich, ob das Konto Minus- oder Plusstunden aufweist, denn dieses bleibt stets gleich. Bei Minusstunden am Monatsende gibt im Prinzip der Arbeitgeber einen Geldvorschuss und bei Plusstunden geht der Arbeitnehmer in »Vorkasse«.

3. Welche Arten von Arbeitszeitkonten gibt es?

Zunächst gibt es die Unterscheidung zwischen Geld- und Zeitkonten und daneben noch die Unterscheidung zwischen Kurz- und Langzeitkonten.
Bei **Geldkonten** werden Zeitguthaben und Zeitverlust in Geldbeträgen festgehalten. Bei den in der Praxis üblichen **Zeitkonten** werden, wie bereits beschrieben, Plus-/Minusstunden dokumentiert.
Je nach zeitlicher Ausrichtung, spricht man entweder von Kurz- oder von Langzeitkonten.

4. Was sind Kurzzeitkonten?

Kurzzeitkonten müssen meist innerhalb eines Jahres ausgeglichen werden. Das heißt zum Jahresende muss der Arbeitszeitsaldo auf null stehen. Der genaue Ausgleichszeitraum wird vom Arbeitgeber festgelegt und kann deshalb beispielsweise auch bei einem oder sechs Monaten liegen. Um einen schnellen Überblick über den Arbeitszeitsaldo eines Arbeitnehmers zu erhalten, kann dessen Kurzzeitkonto optional als Ampelkonto geführt werden, was die Steuerung des Auf- und Abbaus des Zeitkontos erleichtern soll. Dieses funktioniert im Prinzip wie eine Verkehrsampel. Ist der Zeitsaldo in der grünen Phase, kann der Arbeitnehmer seine Arbeitszeit innerhalb festgelegter Grenzen selbst steuern. In der gelben Phase wird zwischen dem Arbeitnehmer und der Führungskraft vereinbart, wie das Konto wieder zurückgeführt werden kann und in der roten Phase muss ein verbindlicher Ab-/Aufbauplan vereinbart werden.

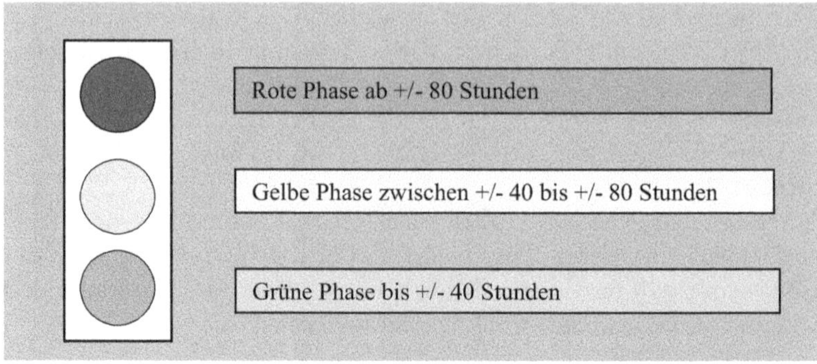

5. Was sind Langzeitkonten?

Bei Langzeitkonten (u. U. Lebensarbeitszeitkonten) beträgt der Ausgleichszeitraum über ein Jahr. Nach oben gibt es zeitlich keine Grenzen. Arbeitgeber können derartige Konten zur Beschäftigungssicherung nutzen, indem die Arbeitnehmer bei guter Auftragslage Plusstunden ansammeln können, die bei krisenbedingter Kurzarbeit eingesetzt werden und so die Zahlung des stets gleichbleibenden und somit besser planbaren Gehalts ermöglichen. Aus der Sicht des Arbeitnehmers können Langzeitkonten genutzt werden, um über einen längeren Zeitraum viele Plusstunden zu sammeln, die sie dann für private Zwecke einsetzen können. Beispielsweise für eine verlängerte Elternzeit, ein Sabbatical, Altersteilzeit oder Frührente. Zum Teil werden Langzeitkonten als sog. Zeitwertkonten geführt. Zeitwertkonten sind eine Form der Geldkonten. Ein solches Konto kann Arbeitszeiten (z. B. Überstunden) und Entgeltbestandteile (z. B. Prämien) enthalten.

6. Was für Zeitkonten gibt es im öffentlichen Dienst?

Neben den bisher genannten Arten von Arbeitszeitkonten gibt es im Bereich des öffentlichen Dienstes noch besondere Arten. Zum einen gibt es das tarifliche Arbeitszeitkonto nach § 10 Tarifvertrag für den öffentlichen Dienst (TVöD) und zum anderen Langzeitkonten für Beamtinnen und Beamte nach §§ 7a–7c Verordnung über die Arbeitszeit der Beamtinnen und Beamten des Bundes (Arbeitszeitverordnung) (im Einzelnen vgl. S. 283). Das tarifliche Arbeitszeitkonto knüpft im Prinzip an die oben vorgestellten Kurz-/Langzeitkonten an. Wie bereits erwähnt, gibt es bei den Kurz-/Langzeitkonten einen festgelegten Ausgleichszeitraum. Sollte der Saldo nach Ablauf des Ausgleichszeitraums nicht bei null stehen, können die unausgeglichenen Stunden als Plus-/Minusstunden auf dem tariflichen Arbeitszeitkonto notiert werden, sofern ein solches existiert. Auf dem Langzeitkonto für Beamtinnen und Beamte, für welches die Spezialvorschriften §§ 7a–7c, 17 Arbeitszeitverordnung gelten, können Zeitguthaben, welche aufgrund eins erhöhten Arbeitsanfalls entstanden sind, für Freistellungszeiten angespart werden (§ 2 Nr. 10 Arbeitszeitverordnung).

7. Was sind die Vorteile von Arbeitszeitkonten?

Der Arbeitgeber ist flexibler, da er relativ einfach auf saisonale und konjunkturelle Schwankungen reagieren kann und das Monatsgehalt der Arbeitnehmer dabei dennoch planbar bleibt. Zudem kann er so gleichzeitig seine (künftigen) gesetzlichen Verpflichtungen zur Arbeitszeiterfassung umsetzen (vgl. Kapitel »Arbeitszeiterfassung«). Den Arbeitnehmern wird ebenfalls mehr Flexibilität ermöglicht. Zum einen ist das Gehalt fest planbar und zum anderen kann vertraglich eine flexible Zeiteinteilung vereinbart werden, die zu einer besseren Work-Life-Balance führen kann. Außerdem kommt es nicht zu verdeckten Überstunden.

8. Was sind die Nachteile von Arbeitszeitkonten?

Durch die eigene Motivation oder die Pflicht, über einen langen Zeitraum Überstunden ansammeln zu wollen bzw. zu müssen, kann die Gesundheit des Arbeitnehmers gefährdet werden. Eine zu hohe Ansammlung an Überstunden kann zudem zu einem finanziellen Risiko für den Arbeitgeber werden und im Falle der Insolvenz zum Nachteil des Arbeitnehmers führen. Des Weiteren kann es bei der Frage, wann Überstunden auf- oder abgebaut werden sollen, zu Konflikten zwischen Arbeitgeber und -nehmer kommen.

9. Muss der Arbeitgeber Arbeitszeitkonten führen?

Aktuell ist der Arbeitgeber gesetzlich nicht verpflichtet, Arbeitszeitkonten zu führen. Es gibt allerdings Aufzeichnungspflichten, denen unter anderem durch das Führen eines Arbeitszeitkontos nachgekommen werden kann. Die Pflicht zur Aufzeichnung der gesamten täglichen Arbeitszeit gilt spätestens seit dem BAG-Beschluss vom 13.9.2022 (1 ABR 22/21) für alle Arbeitsverhältnisse. Dabei stellte das BAG klar, dass sich diese Verpflichtung unmittelbar aus einer unionsrechtskonformen Auslegung von § 3 Abs. 2 Nr. 1 ArbSchG ergibt. Diese Einordnung des BAG ist für die Praxis von hoher Bedeutung, da sie die Arbeitszeiterfassung primär als Maßnahme des Gesundheitsschutzes definiert. Damit setzt das BAG die Rechtsprechung des EuGH (14. 5. 2019 – C-55/18) für alle verbindlich um.

10. Darf der Arbeitgeber Arbeitszeitkonten einfach einführen?

Arbeitszeitkonten dürfen nur dann eingeführt werden, wenn dafür eine rechtliche Grundlage besteht, beispielsweise im Arbeitsvertrag, im Tarifvertrag oder in einer Betriebs- oder Dienstvereinbarung. Falls ein Betriebs- oder Personalrat existiert, muss dieser bei Entscheidungen über die Einführung und Änderung von technischen Arbeitszeitkonten einbezogen werden. Nach der Reform des BPersVG im Jahr 2021 ist hierfür insbesondere **§ 80 Abs. 1 Nr. 3 BPersVG** einschlägig, der dem Personalrat ein ausdrückliches Mitbestimmungsrecht bei der **Einführung, Änderung und Aufhebung von Arbeitszeitmodellen** einräumt. Daneben bleibt der Tatbestand für technische Überwachungseinrichtungen (§ 87 Abs. 1 Nr. 6 BetrVG bzw. § 80 Abs. 1 Nr. 21 BPersVG) bestehen. Durch diese doppelte gesetzliche Absicherung hat die Interessenvertretung ein starkes Mitbestimmungsrecht, um sicherzustellen, dass Arbeitszeitkonten nicht zur einseitigen Belastung der Beschäftigten führen. Wenn Arbeitszeitkonten bereits eingesetzt werden, hat der Arbeitnehmer gegen den Arbeitgeber einen Anspruch darauf, dass die Kontoführung den getroffenen Vereinbarungen entspricht. Ist dies nicht der Fall, weil beispielsweise Plusstunden zu Unrecht nicht vermerkt oder gekürzt werden, hat der Arbeitnehmer einen Anspruch auf (Wieder-)Gutschrift dieser Stunden.

11. Was muss die rechtliche Grundlage für die Einführung von Arbeitszeitkonten enthalten?

Diesbezüglich gibt es keine gesetzlichen Vorgaben. Damit die Grundlage (Arbeitsvertrag, Tarifvertrag, Betriebs- oder Dienstvereinbarung) wirksam ist, sollte sie vor allem über die folgenden Punkte verbindliche Regelungen enthalten:

- **Höchstgrenzen:** Festlegung der maximal zulässigen Plus- und Minusstunden (insbesondere bei Kurzzeitkonten).
- **Ausgleichszeitraum:** Zeitraum, innerhalb dessen das Konto wieder ausgeglichen sein muss (z. B. Kalenderjahr).
- **Kontrollpflicht:** Regelung zur regelmäßigen Überwachung der Salden durch den Arbeitgeber bzw. Dienstherrn.

- **Abgeltung:** Festlegung, ob Plusstunden vorrangig durch Freizeit oder Vergütung abgegolten werden.
- **Beendigung:** Klare Regeln zur Abwicklung des Kontos bei Ausscheiden aus dem Arbeitsverhältnis.
- **Insolvenzsicherung:** Information und Maßnahmen zum Schutz von Zeitguthaben im Falle einer Insolvenz (insbesondere bei Langzeitkonten).
- **Kappungsverbot:** Es muss sichergestellt sein, dass Zeitguthaben am Ende des Ausgleichszeitraums nicht automatisch verfallen. Eine Kappung ohne vorherige reale Möglichkeit zum Zeitausgleich ist rechtlich unzulässig, da sie den Entgeltanspruch für bereits geleistete Arbeit verletzt.
- **Transparenz bei Korrekturen:** Die Vereinbarung sollte vorschreiben, dass manuelle Korrekturen der Zeitdaten (z. B. durch Vorgesetzte) nur mit schriftlicher Begründung erfolgen dürfen. Jede Änderung muss für den betroffenen Beschäftigten im System jederzeit nachvollziehbar dokumentiert sein.

Unabhängig von der Art der Vereinbarungen sind stets die gesetzlichen Rahmenbedingungen einzuhalten (insbesondere ArbZG, Mindestlohngesetz – MiLoG, Mutterschutzgesetz – MuSchG). Durch diese soll vor allem der Gesundheitsschutz der Arbeitnehmer gewährleistet werden.[43] Für Arbeitnehmer, die den Mindestlohn erhalten, gilt zudem, dass die auf dem Arbeitszeitkonto eingestellten Arbeitsstunden monatlich nicht mehr als 50 % der vertraglich vereinbarten Arbeitszeit übersteigen dürfen (§ 2 Abs. 2 Satz 3 MiLoG). Stunden, die darüber hinausgehen, muss der Arbeitgeber am letzten Bankarbeitstag des Monats vergüten.

12. Gibt es Besonderheiten bei der Eintragung von Minusstunden?

Minusstunden dürfen nur dann auf dem Arbeitszeitkonto eingetragen werden, wenn sie vom Arbeitgeber als Vorschuss vergütet wurden und für den Arbeitnehmer eine Nachleistungspflicht besteht (BAG 26. 1. 2011 – 5 AZR 819/09).

43 Besondere Arbeitszeitregelungen gelten auch in bestimmten Branchen, z. B. für Pflegepersonal oder LKW-Fahrer oder für besonders schutzbedürftige Personengruppen wie etwa Minderjährige, Auszubildende, Schwangere oder Mütter. Auch im Mindestlohngesetz ist geregelt, dass die angesammelten Überstunden bei Mindestlohnempfängern nicht mehr als die Hälfte der vereinbarten monatlichen Regelarbeitszeit betragen dürfen, vgl. § 2 Abs. 2 Satz 3 MiLoG.

Ausfälle aufgrund von Krankheit oder wegen eines gesetzlichen Feiertages dürfen nicht eingetragen werden, da der Arbeitnehmer in diesen Fällen einen Anspruch auf Entgeltfortzahlung hat (§§ 2 Abs. 1, 3 Abs. 1 Entgeltfortzahlungsgesetz – EntgFG) und es somit gar nicht zu Minusstunden kommt. Da es im Falle eines Annahmeverzugs durch den Arbeitgeber (§ 615 Satz 1 und 3 BGB) nicht zu Minusstunden kommt, dürfen auch in diesem Fall keine Minusstunden eingetragen werden (BAG 9.7.2008 – 5 AZR 810/07). In diesen Fällen, in denen keine Minusstunden eingetragen werden dürfen, muss der Arbeitnehmer so gestellt werden, wie wenn er die Soll-Arbeitszeit erbracht hätte.

13. Wie ist bei Beendigung des Arbeitsverhältnisses mit Minus- und Plusstunden umzugehen?

Beim Umgang mit Minusstunden ist zu unterscheiden, ob sie vom Arbeitgeber oder vom Arbeitnehmer verursacht wurden. Hat der Arbeitgeber sie verursacht (z. B. nicht genug Arbeit bereitgestellt), ist eine Verrechnung, beispielsweise mit ausstehenden Entgeltzahlungen oder Urlaubsansprüchen, grundsätzlich unzulässig. Hat der Arbeitnehmer die Minusstunden zu vertreten (z. B. ist zu spät zur Arbeit erschienen), können die Minusstunden mit ausstehenden Ansprüchen des Arbeitnehmers verrechnet werden.

Bei Plusstunden hat der Arbeitnehmer das Recht, diese in der noch verbleibenden Zeit abzubauen. Sollte dafür nicht mehr genug Zeit sein, muss der Arbeitgeber die Plusstunden auszahlen.

14. Wie ist bei Insolvenz des Arbeitgebers mit Plusstunden umzugehen?

Das 2009 in Kraft getretene Flexi-II-Gesetz hat den bis dahin lückenhaften Insolvenzschutz des Arbeitnehmers verstärkt. Das Gesetz schuf die Möglichkeit von Zeitwertkonten und verpflichtet den Arbeitgeber dazu, Guthaben auf Langzeitkonten ab einem bestimmten Wert (3115 € [West] und 2870 € [Ost]) gegen eine Insolvenz abzusichern. Gemäß § 7e Abs. 2 Sozialgesetzbuch (SGB) IV ist das auf einem Zeitwertkonto enthaltene Wertguthaben extern zu führen, beispielsweise in der Form eines Treuhandverhältnisses oder eines vergleichbaren Sicherungsmittels.

Veranlasst der Arbeitgeber keine Insolvenzsicherung, steht dem Arbeitnehmer nach § 7e Abs. 5 SGB IV ein Kündigungsrecht bezüglich der Wertguthabenvereinbarung zwischen ihm und dem Arbeitgeber zu. Wenn das Wertguthaben des Arbeitnehmers wegen mangelnden Insolvenzschutzes an Wert verliert oder komplett untergeht, dann steht dem Arbeitnehmer gemäß § 7e Abs. 7 SGB IV ein Schadensersatzanspruch zu. Da dieser Anspruch aber in der Regel erst entsteht, wenn die Insolvenz eingetreten ist, bezieht er sich auf die Insolvenzmasse und ist deshalb u. U. nicht (vollständig) durchsetzbar.

15. Rolle der Interessenvertretung als »Schutzmacht«

Bei der Ausgestaltung von Arbeitszeitkonten agieren Betriebs- und Personalräte als notwendige **Schutzmacht**. Während Arbeitgeber oft die maximale Flexibilität zur Abdeckung von Arbeitsspitzen suchen, müssen die Gremien sicherstellen, dass diese Flexibilität nicht zur **Entgrenzung der Arbeit** oder zur **Selbstausbeutung** der Beschäftigten führt. Über ihr **Initiativrecht beim »Wie«** der Kontenführung (z. B. durch die Vereinbarung von Ampelkonten mit verbindlichen Abbaupflichten in der Rotphase) sorgen sie dafür, dass Zeitsouveränität eine echte Verbesserung der Work-Life-Balance bleibt und nicht zum Gesundheitsrisiko wird.

III. Vertrauensarbeitszeit

1. Was ist Vertrauensarbeitszeit?

Die Vertrauensarbeitszeit ist ein flexibles Arbeitszeitmodell. Sie ist eine Form der qualifizierten Gleitzeit, die sowohl das Arbeitszeitvolumen (= die Dauer) als auch die Lage der Arbeitszeit flexibilisiert. Die Lage der Arbeitszeit ist von der individualvertraglichen Vereinbarung abhängig – sie kann fest vereinbart, aber auch hochflexibel und selbst einteilbar sein. Hauptmerkmal der Vertrauensarbeitszeit ist, dass der Arbeitnehmer die von ihm geschuldete Arbeitszeit eigenständig organisiert. Obwohl der Arbeitgeber die konkrete Organisation aus der Hand gibt, liegt die Steuerung der Arbeit bei ihm, da er die Rahmendaten und Ziele einseitig vorgibt oder gemeinsam mit den Arbeitnehmern erarbeitet.

> **Wichtiger Hinweis zur aktuellen Rechtslage:**
> Der Begriff »Vertrauen« darf jedoch nicht als Verzicht auf die rechtliche Dokumentation missverstanden werden. Seit dem wegweisenden Beschluss des Bundesarbeitsgerichts (BAG 13.9.2022 – 1 ABR 22/21) besteht kein »dokumentationsfreier Raum« mehr. Das Vertrauen des Arbeitgebers bezieht sich nunmehr auf die autonome Gestaltung der Arbeitszeit durch

den Beschäftigten (Zeitsouveränität), nicht mehr auf den Verzicht der Erfassung. Der Arbeitgeber behält trotz der Souveränität des Beschäftigten die Letztverantwortung für den Arbeitsschutz und kann die Arbeitnehmer dazu verpflichten, ihre Arbeitsergebnisse und die tatsächlich geleisteten Arbeitsstunden (Beginn, Ende, Dauer) elektronisch oder in anderer Weise zu erfassen.

2. Welche Gefahren bestehen bei Vertrauensarbeitszeit?

Dadurch, dass die tatsächlich geleistete Arbeitszeit nicht konkret erfasst wird, kann es zu einer bewussten oder unbewussten Erhöhung der Arbeitszeit kommen. Eine solche Erhöhung kann zu einer Schädigung der Gesundheit führen. Ein wesentliches Risiko ist zudem die **Entgrenzung der Arbeit**. Ohne klare zeitliche Strukturen verschwimmen die Grenzen zwischen Dienst und Privatleben, beispielsweise wenn berufliche E-Mails oder Telefonate bis spät in den Abend hinein den Feierabend unterbrechen. Dies führt zu einer psychischen Dauerbelastung, da die notwendige Regeneration (Recht auf Abschalten) fehlt. Aufgrund des gegenseitigen Vertrauens werden Überstunden nicht mehr erfasst und vom Arbeitnehmer auch nicht geltend gemacht. Sollte den Vertragsparteien die Mehrarbeit bewusst sein und deshalb eine pauschale Überstundenabgeltung vereinbart werden, besteht die Gefahr, dass eine solche pauschale Vereinbarung gegen geltendes Tarifrecht verstößt.[44] Die »Schutzmacht« (Betriebs- oder Personalrat) muss daher sicherstellen, dass Zeitsouveränität nicht zur Selbstausbeutung führt.

3. Ist Vertrauensarbeitszeit rechtlich zulässig?

Solange die gesetzlichen Gestaltungsgrenzen, z.B. die des ArbZG, beachtet werden, ist Vertrauensarbeit zulässig. Gemäß § 3 Satz 1 ArbZG darf die werktägliche Arbeitszeit grundsätzlich acht Stunden nicht überschreiten. Ebenso einzuhalten sind Tarif-, Dienst- oder Betriebsvereinbarungen. Jede individualvertragliche Vereinbarung, die dazu führt, dass der Arbeitnehmer seine arbeitsschutzrechtlichen Pflichten nicht erfüllt, ist nichtig.

Zwingende Dokumentationspflicht: Ein vollständiger Verzicht auf die Arbeitszeiterfassung ist rechtlich nicht mehr möglich. Die gesetzliche Pflicht zur Aufzeichnung der gesamten täglichen Arbeitszeit nach § 3 Abs. 2 Nr. 1 ArbSchG (Gesundheitsschutz) überlagert individuelle Absprachen

44 Buschmann/Ulber, § 3 Rn. 39.

zur Vertrauensarbeit. Ein Verzicht auf die Dokumentation würde nicht nur gegen geltendes Recht verstoßen, sondern auch den Informationsanspruch des Betriebs-/Personalrats untergraben. Der Arbeitgeber bleibt in der Pflicht, sich regelmäßig über die Arbeitszeitdaten zu informieren, um seiner Überwachungspflicht hinsichtlich der Einhaltung von Höchstarbeitszeiten und Ruhephasen nachzukommen.

4. Wie mit Vertrauensarbeitszeitklausel umgehen, insbesondere bei Ansammlung erheblicher Überstunden?

An den Betriebs- oder Personalrat werden immer wieder Fragen von Mitarbeitern hinsichtlich der Zulässigkeit von Vertrauensarbeitszeitklauseln herangetragen, die rechtlich komplex sind. Eine häufig verwendete Klausel für Vertrauensarbeitszeit lautet: »*Arbeitszeitbasis des Arbeitsvertrages ist eine wöchentliche Arbeitszeit von 40 Stunden. Bei den Vertragsgruppen Führungskreis und Außertarifliche Mitarbeiter wird der Inhalt des Arbeitsverhältnisses in erster Linie nicht durch eine bestimmte wöchentliche Arbeitszeit geprägt, sondern durch die weitgehend selbstständige Erfüllung der übertragenen Aufgaben. Die Dauer und die Lage der Arbeitszeit bestimmen die Mitarbeiter entsprechend der ihnen gestellten Aufgaben unter Berücksichtigung der betrieblichen Regelungen selbst.*«

Diese Klausel ist eine typische Regelung zur Vertrauensarbeitszeit für leitende oder außertarifliche (AT) Angestellte. Sie kombiniert einen festen Rahmen (40 Stunden) mit einer hohen zeitlichen Eigenverantwortung.

Die Grundaussage der Interessensvertretung sollte sein: Die Vereinbarung, wonach Führungskräfte und außertarifliche Mitarbeiter ihre Arbeitszeit weitgehend selbstständig gestalten und die Dauer sowie Lage der Arbeitszeit eigenverantwortlich bestimmen, ändert nichts an der arbeitszeitrechtlichen Pflicht zur Zeiterfassung. Nach aktueller Rechtslage sind Arbeitgeber verpflichtet, für sämtliche Arbeitnehmer – mit Ausnahme der in § 18 ArbZG genannten leitenden Angestellten – Beginn, Ende und Dauer der täglichen Arbeitszeit zu erfassen, unabhängig davon, ob Vertrauensarbeitszeit oder flexible Arbeitszeitmodelle vereinbart wurden.

Gesetzliche Grundlage: Die Pflicht zur Arbeitszeiterfassung ergibt sich aus § 16 Abs. 2 ArbZG (bisher nur für Überstunden), wird aber unionsrechtskonform auf sämtliche Arbeitszeiten erweitert. Diese Pflicht folgt aus einer unionsrechtskonformen Auslegung des § 3 Abs. 2 Nr. 1 ArbSchG und wird durch die Rechtsprechung des BAG und des EuGH bestätigt.

Delegation: Der Arbeitgeber kann die Zeiterfassungspflicht auf die Arbeitnehmer (z. B. Führungskräfte, AT-Mitarbeiter) delegieren, bleibt aber für die ordnungsgemäße Erfassung verantwortlich und muss ein Kontrollsystem vorhalten.

Vertrauensarbeitszeit: Auch bei Vertrauensarbeitszeit oder weitgehender Selbstbestimmung der Arbeitszeit besteht die Pflicht zur vollständigen Erfassung der tatsächlich geleisteten Arbeitszeit.

Ausnahmen: Nur für die in § 18 ArbZG genannten leitenden Angestellten (im Sinne des Gesetzes, nicht jede Führungskraft) entfällt die Pflicht zur Zeiterfassung

Form: Die Zeiterfassung kann elektronisch oder händisch erfolgen; eine bestimmte Form ist nicht vorgeschrieben, solange das System objektiv, verlässlich und zugänglich ist.

Die Antwort auf die Eingangsfrage betreffend der eventuell angesammelten **Überstunden**, die rechtlich komplex ist, **könnte lauten:** Ob ein **Anspruch auf Auszahlung** besteht, **hängt von drei entscheidenden Punkten ab:**

- **Fehlen einer wirksamen Abgeltungsklausel:** In dem Textausschnitt ist **keine** Klausel enthalten, die besagt, dass Überstunden mit dem Gehalt abgegolten sind.
- **Rechtsfolge:** Wenn im Vertrag keine wirksame Klausel (wie z. B. »Bis zu 10 Überstunden pro Monat sind mit dem Gehalt abgegolten«) steht, gilt der Grundsatz des **§ 612 BGB**: Eine Vergütung gilt als stillschweigend vereinbart, wenn die Dienstleistung den Umständen nach nur gegen eine Vergütung zu erwarten ist.
- **Bei AT-Mitarbeitern:** Hier ist die Rechtsprechung strenger. Wenn das Gehalt deutlich über der Beitragsbemessungsgrenze der Rentenversicherung liegt, geht das Bundesarbeitsgericht oft davon aus, dass Überstunden nicht automatisch vergütet werden müssen. Liegt das Gehalt darunter, besteht meist ein Vergütungsanspruch.

Die Dokumentation der Überstunden:

Dass die Überstunden **erfasst** sind, ist der wichtigste Punkt für den Mitarbeiter.

- Da der Arbeitgeber die Zeiterfassung bei Vertrauensarbeitszeit oft auf den Mitarbeiter delegiert, sind diese Aufzeichnungen ein starkes Indiz.
- Hat der Arbeitgeber die Erfassung der 800 Stunden jahrelang geduldet oder sogar über ein System eingesehen, kann er später kaum behaupten, die Mehrarbeit sei nicht angeordnet oder notwendig gewesen.

»Anordnung oder Notwendigkeit« der Mehrarbeit:

Für einen Auszahlungsanspruch muss der Mitarbeiter im Streitfall beweisen, dass:

- die Überstunden **angeordnet** wurden,
- oder zur Erledigung der Aufgaben **notwendig** waren,

- oder vom Arbeitgeber **gebilligt/geduldet** wurden. Bei vielen Stunden liegt der Verdacht nahe, dass die zugewiesenen Aufgaben in der vertraglichen Arbeitszeit (40h) objektiv nicht zu schaffen waren.

Allgemeines Fazit: Die Chancen auf eine Auszahlung stehen bei erfassten Stunden, die über Jahre angesammelt wurden, grundsätzlich gut, sofern keine wirksame Abgeltungsklausel vorliegt und das Gehalt nicht extrem hoch ist.

> **Wichtig:**
> Die Interessensvertretung ist für Rechtsberatung aus dem Individualarbeitsrecht nicht zuständig und sollte auch aus Haftungsgründen keine rechtliche Beratung leisten, sondern den Mitarbeiter an einen qualifizierten Anwalt verweisen.

5. Welche Rechte hat der Betriebs- oder Personalrat bei Vertrauensarbeit?

Im Betriebsverfassungsgesetz (BetrVG) ergibt sich das Mitbestimmungsrecht des Betriebsrats hinsichtlich Vertrauensarbeitszeit aus § 87 Abs. 1 Nr. 2 BetrVG (»... *Nr. 2 Beginn und Ende der täglichen Arbeitszeit und der Pausen sowie die Verteilung der Arbeitszeit auf die einzelnen Wochentage*«). Über die bloße Einführung hinaus hat das Bundesarbeitsgericht (BAG 2022) klargestellt, dass dem Betriebsrat ein Initiativrecht zur Ausgestaltung der Zeiterfassung (§ 87 Abs. 1 Nr. 7 BetrVG) zusteht. Damit kann der Betriebsrat aktiv die Einführung technischer Schutzmechanismen (z. B. automatisierte Warnmeldungen bei Ruhezeitunterschreitung) fordern, auch wenn Vertrauensarbeitszeit praktiziert wird.

Im Bundespersonalvertretungsgesetz (BPersVG) wurde die Mitbestimmung durch die Neufassung (2021) erheblich erweitert. Neben dem klassischen Tatbestand zur Lage der Arbeitszeit (§ 80 Abs. 1 Nr. 1 BPersVG) ist nun insbesondere § 80 Abs. 1 Nr. 3 BPersVG einschlägig. Da dem Personalrat hier ein Mitbestimmungsrecht bei der Einführung, Änderung und Aufhebung von Arbeitszeitmodellen eingeräumt wird, kann er auch nach der Einführung eines Modells auf dessen Anpassung dringen, wenn sich beispielsweise Gefährdungen für die Gesundheit der Beschäftigten (Entgrenzung) zeigen. Das Gremium ist somit nicht mehr auf den Zeitpunkt der Einführung beschränkt, sondern kann die Ausgestaltung der Vertrauensarbeitszeit als dauerhaften Prozess mitgestalten.

Exkurs:
Um die **Beteiligung eines Personalrats bei der Einführung von Vertrauensarbeitszeit** ging es auch in einer Entscheidung des OVG Sachsen-Anhalt (25.5.2021 – 6 L 3/20).
Das OVG hatte die Frage zu klären, ob eine Vertrauensarbeitszeit-Vereinbarung, die ohne Beteiligung des Personalrats zwischen einer Dienststelle und einer einzelnen Beschäftigten zustande kam, gegen eine bestehende Dienstvereinbarung verstieß.
Der Beschluss befasst sich dabei insbesondere mit den zwei Hauptvoraussetzungen für das Bestehen eines Mitbestimmungsrechts des Personalrats: Vorliegen eines Mitbestimmungstatbestands im Sinne der BPersVG und einer kollektiven Maßnahme.
Sachverhalt: Die Verfahrensbeteiligten waren eine Dienststelle der Bundesagentur für Arbeit (Jobcenter A-Stadt) und der zu diesem Jobcenter gehörende Personalrat. Diese schlossen im Dezember 2016 eine Dienstvereinbarung über die Flexibilisierung der Arbeitszeit im Jobcenter A-Stadt ab. Das Arbeitszeitmodell »Vertrauensarbeitszeit« wurde darin nicht ausdrücklich erwähnt. Im Oktober 2017 wurde der Personalrat gemäß § 2 BPersVG a. F. informiert, dass für die Beschäftigte S. ab dem 1.1.2018 eine Vertrauensarbeitszeit eingerichtet werden solle. Anders als die Dienststelle hielt der Personalrat die Einführung der Vertrauensarbeitszeit bei S. für eine mitbestimmungspflichtige Angelegenheit im Sinne des § 75 Abs. 3 Nr. 1 BPersVG a. F., weshalb die individuelle Vereinbarung zwischen der Dienststelle und S. gegen die Dienstvereinbarung zwischen der Dienststelle und dem Personalrat verstoßen habe. Ob tatsächlich ein Verstoß gegen die Dienstvereinbarung vom Dezember 2016 vorlag, hatte nun das OVG Sachsen-Anhalt zu klären.
Rechtliche Würdigung: Ein Verstoß gegen die Dienstvereinbarung läge vor, wenn der Personalrat im konkreten Fall ein Mitbestimmungsrecht aus ihr hätte ableiten können. Damit dem Personalrat ein Mitbestimmungsrecht zusteht, muss zum einen ein Mitbestimmungstatbestand gem. §§ 75ff. BPersVG a. F. (bzw. §§ 78ff. BPersVG n. F.) gegeben sein und zum anderen muss es sich grundsätzlich um eine kollektive Maßnahme handeln.
Mitbestimmungstatbestand:
Nach § 75 Abs. 3 Nr. 1 BPersVG a. F. hat der Personalrat über »**Beginn und Ende der täglichen Arbeitszeit und der Pausen sowie die Verteilung der Arbeitszeit auf die einzelnen Wochentage**« mitzubestimmen, soweit dafür in einem Gesetz, Tarifvertrag oder

Dienst-/Betriebsvereinbarung eine entsprechende Grundlage besteht. Die Entscheidung über die Einrichtung von Vertrauensarbeitszeit ist eine personalvertretungsrechtliche Maßnahme im Sinne des § 69 Abs. 1 BPersVG a. F., die im weitesten Sinne Beginn und Ende der täglichen Arbeitszeit und die Verteilung der Arbeitszeit auf die einzelnen Wochentage betrifft, womit im vorliegenden Fall ein Mitbestimmungstatbestand vorliegt.
Kollektive Maßnahme:
Ein kollektiver Tatbestand liegt vor, wenn sich eine Maßnahme abstrakt auf den ganzen Betrieb oder eine Gruppe von Arbeitnehmern oder einen Arbeitsplatz (aber nicht auf einen Arbeitnehmer persönlich) bezieht. Mitbestimmungsfrei sind daher nur solche Maßnahmen, die ausschließlich den individuellen Besonderheiten einzelner Arbeitsverhältnisse Rechnung tragen und deren Auswirkungen sich gerade auf dieses Arbeitsverhältnis dieses Arbeitnehmers beschränken (BAG 22. 9. 1992 – 1 AZR 460/90).[45] Die Zahl der betroffenen Arbeitnehmer ist dabei nicht entscheidend; sie ist allenfalls ein Indiz (BVerwG 12. 9. 2005 – 6 P 1.05; OVG Niedersachsen 30. 10. 2020 – 17 LP 1720). Die individuelle Vereinbarung über die Einführung der Vertrauensarbeitszeit für S. berührt die Interessen der übrigen Beschäftigten nicht, da sich weder deren Arbeitsumfang oder -zeit noch die Lage von deren Arbeitszeit ändert. Die Vereinbarung an sich begründet folglich keinen kollektiven Tatbestand. Der Personalrat war der Auffassung, dass die Angelegenheit aufgrund des Verstoßes gegen die Dienstvereinbarung eine kollektive Maßnahme darstelle. Für eine solche Annahme müsste zunächst gegen die Dienstvereinbarung verstoßen worden sein. Eine Dienstvereinbarung stellt für die Dienststelle und deren Beschäftigte unmittelbar geltendes Recht dar – es steht zwar rangmäßig unter dem Gesetz und ggf. dem Tarifvertrag, ist aber dennoch verbindlich (OVG Sachsen-Anhalt 25. 5. 2021 – 6 L 3/20). Dienstvereinbarungen sind daher wie Gesetze auszulegen, d. h. Auslegung nach Wortlaut, Sinn und Zweck, Systematik, Entstehungsgeschichte. Eine ausdrückliche Regelung über Vertrauensarbeitszeit enthielt die Dienstvereinbarung nicht. Daraus kann auch nicht gefolgert werden, dass sich die Parteien explizit gegen die Vereinbarung einer Vertrauensarbeitszeit als Dienstzeitenmodell entschieden hätten (als eine Art quasi negativer Vertragsbestandteil). Die Dienstvereinbarung sei

45 Fitting, § 87 Rn. 16f.

damit auch nicht umfassend und abschließend. Auch aus dem Sinn und Zweck der Regelungen kann kein Ausschluss der Vertrauensarbeitszeit im Einzelfall entnommen werden. Um einen derartigen Ausschluss annehmen zu können, hätte ein entsprechendes Bewusstsein bestehen müssen. Da die Vertrauensarbeitszeit während der Vorberatungen kein Thema war, kann ein solches Bewusstsein jedoch nicht unterstellt werden. Die Dienststelle hat folglich durch die Vereinbarung mit S. nicht gegen die Dienstvereinbarung verstoßen, weshalb auch auf diesem Weg keine kollektive Maßnahme angenommen werden kann. Da die Vertrauensarbeitszeit-Vereinbarung zwischen der Dienststelle und S. folglich keine kollektive Maßnahme war, unterlag sie nicht dem Mitbestimmungsrecht des Personalrats.

Übertragung auf das BPersVG n. F.:

Das BPersVG enthält auch in seiner neuen Fassung einen einschlägigen Mitbestimmungstatbestand – § 80 Abs. 1 Nr. 1 und 3 BPersVG. Zu klären ist, ob auch der neu eingeführte Tatbestand (Nr. 3) das Vorliegen einer kollektiven Maßnahme erfordert. Dies ist zu bejahen. Nach der Gesetzesbegründung hat § 80 Abs. 1 Nr. 3 BPersVG »ausschließlich kollektiven Bezug«.[46] Der Tatbestand erfasse keine personellen Einzelmaßnahmen, sondern die allgemeine Einführung, Änderung und Aufhebung von Arbeitszeitmodellen in einer Dienststelle.[47] Somit wären auch die vom BPersVG n. F. aufgestellten Voraussetzungen für ein Mitbestimmungsrecht des Personalrats nicht vollständig erfüllt gewesen.

Übertragung auf das BetrVG:

Auch nach dem BetrVG müsste ein Mitbestimmungstatbestand und eine kollektive Maßnahme vorliegen, damit dem konkreten Betriebsrat ein Mitbestimmungsrecht zustünde. Ein Mitbestimmungstatbestand ist zwar gegeben (§ 87 Abs. 1 Nr. 2 BetrVG), aber auch hier scheitert das Bestehen des Mitbestimmungsrechts am mangelnden kollektiven Tatbestand.

Fazit: Das OVG Sachsen-Anhalt stellte fest, dass einem Personalrat nach § 75 Abs. 3 Nr. 1 BPersVG a. F. kein Mitbestimmungsrecht bei der Einführung von Vertrauensarbeitszeit für einzelne Beschäftigte zusteht, da es am kollektiven Tatbestand fehle. Da für das Mit-

46 DB-Drs. 19/26820, § 80 zu Nr. 3.
47 DB-Drs. 19/26820, § 80 zu Nr. 3.

bestimmungsrecht eines Personalrats nach dem BPersVG n. F. und das Mitbestimmungsrecht eines Betriebsrats nach dem BetrVG die gleichen Voraussetzungen bestehen wie nach dem BPersVG a. F. (Mitbestimmungstatbestand und kollektive Maßnahme), müssen die zum vorliegenden Fall ergangenen Aussagen des OVG auch künftig von Personal- und Betriebsräten beachtet werden.
Nach der Neufassung des BPersVG erstreckt sich der Umfang des Mitbestimmungsrechts von Personalräten, wenn es sich um eine kollektive Maßnahme handelt, nunmehr nicht nur auf die Einführung, sondern auch auf die **Änderung und Aufhebung** von Arbeitszeitmodellen in der Dienststelle. Dadurch wird zumindest in Rahmen des BPersVG die Mitbestimmungspflichtigkeit sichtbarer, was der gewachsenen Bedeutung flexibler Arbeitszeitmodelle der Beschäftigten und der Vereinbarkeit von Familie, Freizeit und Beruf Rechnung trägt.

Checkliste: Vertrauensarbeitszeit

Die Interessenvertretung sollte sicherstellen, dass bei der Einführung oder Prüfung von Vertrauensarbeitszeit bestimmte Schutzmechanismen und rechtlichen Standards eingehalten werden – **nachfolgend ein Leitfaden für die Gestaltung von Betriebs- oder Dienstvereinbarungen und die Prüfung von Arbeitsverträgen**:

- **Geltungsbereich & Status**: Sind nur echte »Leitende Angestellte« (§ 18 ArbZG) von der Zeiterfassung ausgenommen? *Achtung: Der Titel »Führungskraft« oder »AT-Angestellt« allein entbindet nicht von der Erfassungspflicht!*
- **Rechtssichere Erfassung:** Ist festgelegt, wie Beginn, Ende und Dauer der täglichen Arbeitszeit (trotz Zeitsouveränität) objektiv, verlässlich und zugänglich dokumentiert werden (gemäß BAG-Vorgaben)?
- **Delegations-Klarheit:** Ist schriftlich fixiert, dass der Mitarbeiter die Zeit selbst erfasst, und wird regelmäßig an diese Pflicht erinnert?
- **Transparenz und Dokumentationssicherung:** Haben Beschäftigte jederzeit Einblick in ihre Salden und können diese für eigene Zwecke exportieren (wichtig als Nachweis bei Beendigung des Arbeitsverhältnisses)?
- **Ampelsystem / Überlastungsschutz:** Gibt es verbindliche Grenzwerte für Zeitguthaben, ab denen zwingend ein Entlastungsgespräch stattfinden muss, um »Stunden-Berge« zu verhindern?
- **Abgeltungsregeln:** Sind Überstundenregelungen im Arbeitsvertrag transparent? *Pauschalklauseln ohne konkrete Stundenangabe sind meist unwirksam; § 612 BGB beachten!*

- **Gesundheitsschutz und Abschaltrecht:** Sind Ruhepausen (30/45 Min.), Ruhezeiten (11 Std.) sowie »Nicht-Erreichbarkeitszeiten« definiert, um eine Entgrenzung der Arbeit zu verhindern?
- **Freiwilligkeit/Rückkehrrecht:** Haben Beschäftigte die Option, bei Bedarf in ein klassisches Arbeitszeitmodell mit fester Erfassung zurückzukehren?
- Informationsrechte der Interessenvertretung: Erhält der Personal- oder Betriebsrat regelmäßig anonymisierte Auswertungen zur Überwachung der Einhaltung des ArbZG?

Praxistipp:
Vertrauensarbeitszeit darf kein »Freibrief für unbezahlte Mehrarbeit« sein. Eine flankierende Betriebs- oder Dienstvereinbarung zur Arbeitszeiterfassung ist das wirksamste Instrument, um die Flexibilität der Mitarbeiter mit dem notwendigen Schutz vor Selbstausbeutung zu vereinen.

IV. Langzeitkonten

1. Was sind Langzeitkonten?

Im Gegensatz zu den üblichen Kurzzeitkonten, die die Arbeitszeit für einen laufenden Monat oder auch ein Jahr regeln, bieten Langzeitkonten die Möglichkeit für Arbeitnehmer, über längere Zeiträume hinweg – beispielsweise bis zum Renteneintritt – Wertguthaben anzuhäufen, um die (Lebens-)Arbeitszeit der Arbeitnehmer zu verkürzen.
Viele Tarifverträge sehen Regelungen zu Langzeitkonten vor.

2. Wie hängen Langzeitkonten und Sabbaticals zusammen?

Das Sabbatjahr als mögliche besondere Form des Langzeitkontos rückt immer mehr in den Fokus, wenn es um die Flexibilisierung von Arbeitszeit und um die Gewährleistung der Work-Life-Balance für Arbeitnehmer geht. Rechtlich handelt es sich um eine über den gewöhnlichen Urlaub hinausgehende Zeit, in der die Verpflichtung zur Erbringung der Arbeitsleistung ruht. Da kein gesetzlicher Anspruch besteht, ist der Abschluss einer Individualvereinbarung oder das Vorliegen von kollektivrechtlichen Vereinbarungen erforderlich.
Es gibt verschiedene Möglichkeiten, das Sabbatical auszugestalten: Entweder kann der Arbeitnehmer durch die Ansammlung von Überstunden auf einem Langzeitkonto bei nur 50%-iger Vergütung Überstunden ansparen und diese dann in einer Freistellungsphase »abfeiern«, wobei er

die restlichen 50 % der vertraglich geschuldeten Vergütung fortgezahlt bekommt. Daneben kann der Arbeitnehmer auch unbezahlt für die Dauer des vereinbarten Sabbaticals im Rahmen eines Sonderurlaubs freigestellt werden.

Bei der sozialversicherungsrechtlichen Beurteilung muss zwischen unbezahltem Sonderurlaub und einem finanzierten Sabbatical unterschieden werden. Erfolgt die Freistellung über ein Langzeitkonto (Wertguthaben), bleibt der Sozialversicherungsschutz gemäß **§ 7 Abs. 1a SGB IV** auch während der Freistellungsphase vollumfänglich bestehen, da weiterhin ein Arbeitsentgelt ausgezahlt wird. Die Grenze von einem Monat (§ 7 Abs. 3 SGB IV) gilt nur für den unbezahlten Sonderurlaub ohne Verrechnung mit einem Guthaben. In diesem Fall endet die Versicherungspflicht nach vier Wochen, und der Arbeitnehmer muss sich ggf. freiwillig weiterversichern. Geregelt werden sollten in Vereinbarungen insbesondere Urlaubsansprüche, Krankheitsfolgen und eventuelle Beendigungsmodalitäten während der Anspar- oder Freistellungsphase.

3. Wie sind Langzeitkonten gegen Insolvenz geschützt?

Der Arbeitgeber ist nach **§ 7e SGB IV** gesetzlich verpflichtet, Wertguthaben auf Langzeitkonten gegen die Insolvenz des Unternehmens abzusichern, sobald das Guthaben (einschließlich Arbeitgeberanteil zur Sozialversicherung) einen Betrag in Höhe des einfachen monatlichen Bezugszeitraums übersteigt. Die Absicherung muss durch geeignete Instrumente (z. B. Verpfändungsmodelle, Treuhandlösungen oder Bankbürgschaften) erfolgen. Die Interessenvertretung sollte in der Dienstvereinbarung auf den Nachweis dieser Sicherung bestehen.

4. Was passiert bei einem »Störfall«?

Als Störfall wird die Beendigung des Arbeitsverhältnisses bezeichnet, bevor das Guthaben für eine Freistellung genutzt werden konnte (z. B. durch Kündigung, Erwerbsminderung oder Tod). In diesen Fällen muss das Guthaben gemäß § 7d SGB IV monetär ausgezahlt werden (sog. Nachverbeitragung).

Eine weitere wichtige Regelung betrifft die Erkrankung während der Freistellung: Im Gegensatz zum Erholungsurlaub (§ 9 BUrlG) führt eine Krankheit während einer Sabbatical-Phase, die über ein Langzeitkonto finanziert wird, nach herrschender Meinung nicht automatisch zu einer Gutschrift der Ausfalltage. Da der Zweck die Arbeitszeitverkürzung und nicht die Erholung ist, trägt der Arbeitnehmer hier das »Verwendungsrisiko«. Eine abweichende, beschäftigtenfreundliche Regelung in der Dienstvereinbarung ist jedoch möglich und empfehlenswert.

5. Mitbestimmung bei Langzeitkonten

Die Einführung und Ausgestaltung von Langzeitkonten unterliegt der zwingenden Mitbestimmung des Betriebs- oder Personalrats (**§ 80 Abs. 1 Nr. 3 BPersVG n. F.** bzw. **§ 87 Abs. 1 Nr. 2 BetrVG**). Die Interessenvertretung sollte insbesondere darauf achten, dass die Konten **portabel** sind. Gemäß **§ 7f SGB IV** besteht unter bestimmten Voraussetzungen die Möglichkeit, das Wertguthaben bei einem Arbeitgeberwechsel auf den neuen Arbeitgeber oder die Deutsche Rentenversicherung zu übertragen.

Checkliste: Langzeitkonten

Bei der Verhandlung oder Prüfung einer **Vereinbarung** über Langzeitkonten (Zeitwertkonten) sollten **folgende Punkte zwingend geregelt sein:**

- **Insolvenzsicherung gemäß § 7e SGB IV:** Ist ein konkretes Sicherungsmodell (z. B. Treuhand/CTA oder Bankbürgschaft) benannt? Liegt die Verpflichtung zum jährlichen schriftlichen Nachweis gegenüber dem Beschäftigten vor?
- **Freiwilligkeit:** Ist sichergestellt, dass die Teilnahme am Langzeitkonto für die Beschäftigten freiwillig ist und niemand zur Einzahlung von Überstunden gezwungen werden kann?
- **Entnahmezwecke:** Sind die Verwendungszwecke klar definiert? (z. B. Sabbatical, Pflegezeit, Elternzeit-Verlängerung, gleitender Übergang in den Ruhestand).
- **Wertbeständigkeit:** Wird das Guthaben verzinst oder ist eine Anpassung an die künftige Tarifentwicklung vorgesehen, damit die Kaufkraft der »angesparten Zeit« erhalten bleibt?
- **Störfallregelung:** Ist präzise geregelt, was im Falle einer Kündigung, bei Erwerbsunfähigkeit oder im Todesfall mit dem Guthaben geschieht (Auszahlung an den Beschäftigten bzw. die Erben)?
- **Krankheit während der Freistellung:** Enthält die Dienstvereinbarung/Betriebsvereinbarung eine Regelung, ob Tage bei nachgewiesener Arbeitsunfähigkeit gutgeschrieben werden oder ob der Beschäftigte das Verwendungsrisiko trägt?
- **Portabilität gemäß § 7f SGB IV:** Ist die Möglichkeit vorgesehen, das Guthaben bei einem Arbeitgeberwechsel auf den neuen Dienstherrn oder die Deutsche Rentenversicherung (DRV) zu übertragen?

V. Arbeitszeitkonten im öffentlichen Dienst

1. Welche speziellen Arbeitszeitkonten gibt es im öffentlichen Dienst?

Der öffentliche Dienst will sich den Ruf als moderner Arbeitgeber sichern. Um seine Attraktivität zu steigern, ergreift er verschiedene Maßnahmen, wie die Einführung des tariflichen Arbeitszeitkontos nach § 10 Tarifvertrag für den öffentlichen Dienst (TVöD) (Frage 2–6) und die des Langzeitkontos für Beamte nach §§ 7a–7c Verordnung über die Arbeitszeit der Beamtinnen und Beamten des Bundes (Arbeitszeitverordnung) (Frage 7–9). Auch bei diesen Konten können Probleme im Zusammenhang mit dem Arbeitszeitgesetz auftauchen (vgl. § 1 Nr. 1 ArbZG: Gesundheitsschutz, Rahmenbedingungen für flexible Arbeitszeiten).

2. Was ist das tarifliche Arbeitszeitkonto nach § 10 TVöD?

Mit § 10 TVöD wurde erstmals eine tarifliche Grundlage für Arbeitszeitkonten geschaffen. Der Begriff »Arbeitszeitkonto« darf dabei allerdings nicht missverstanden werden. Das herkömmliche Arbeitszeitkonto, welches dem verbreiteten Verständnis entspricht, wurde bereits dargestellt. Auf dem herkömmlichen Arbeitszeitkonto werden Plus-/Minusstunden dokumentiert, die grundsätzlich innerhalb eines vereinbarten Ausgleichszeitraums auszugleichen sind (vergleichbar mit einem Girokonto; vgl. Kapitel »Arbeitszeitkonten«, S. 264 ff.). Auf dem tariflichen Arbeitszeitkonto nach § 10 TVöD werden hingegen die Plus-/Minusstunden aufgezeichnet, die noch nach dem Ablauf des Ausgleichszeitraums bestehen (vergleichbar mit einem Arbeitszeitsparbuch).
Nach verbreiteter Auffassung kann neben dem tariflichen Arbeitszeitkonto nach § 10 TVöD (≈ Arbeitszeitsparbuch) gleichzeitig ein weiteres Arbeitszeitkonto geführt werden, auf welchem die schwankenden Arbeitszeiten während des Ausgleichszeitraums erfasst werden (≈ Girokonto).[48] Diese Auffassung wird insbesondere dem Ziel der Modernisierung des Tarifrechts – durch Ermöglichung einer flexibleren Arbeitszeitgestaltung – gerecht.[49]

---

48 HK-TVöD/TV-L-*Spengler*, § 10 Rn. 3.
49 Bredemeier/Neffke-*Cerff*, TVöD § 10 Rn. 4.

Übersicht: Gleitzeitkonten

Merkmal	**Gleitzeitkonto (»Giro«)**	**§ 10 TVöD-Konto (»Sparbuch«)**
Zweck	Flexibilisierung des Alltags	Langfristige Ansparung (Freizeit)
Verfügung	Kurzfristig (Gleitzeit-rahmen)	Langfristig (mit Ankündigungs-frist)
Wahlrecht	Meist automatisch	**Alleiniges Wahlrecht des Mit-arbeiters**
Kappung	Häufig vorhanden	**Keine Kappung zulässig**

3. Muss der Arbeitgeber im öffentlichen Dienst ein tarifliches Arbeitszeitkonto einrichten?

Bei § 10 TVöD handelt es sich grundsätzlich um eine »Kann-Vorschrift«. Nur wenn die Geltung eines Arbeitszeitkorridors im Sinne von § 6 Abs. 6 TVöD oder einer Rahmenarbeitszeit im Sinne von § 6 Abs. 7 TVöD vereinbart wird, ist die Einführung eines tariflichen Arbeitszeitkontos zwingend vorgeschrieben (§ 10 Abs. 1 Satz 3 TVöD).
Der Unterschied zwischen dem Recht und der zwingenden Pflicht zur Einrichtung eines tariflichen Arbeitszeitkontos ist darauf zurückzuführen, dass ein Arbeitszeitkorridor bzw. eine Rahmenarbeitszeit (§ 6 Abs. 6 und 7 TVöD) dem Arbeitgeber eine flexiblere Arbeitszeitplanung ermöglichen und die zwingende Verpflichtung zur Einrichtung eines Arbeitszeitkontos dazu dienen soll, als Ausgleich die Zeitsouveränität der Arbeitnehmer zu stärken. Denn § 10 TVöD gibt dem Arbeitnehmer die Möglichkeit zu entscheiden, welche Zeiten und Kontingente für welche Zeiträume auf das Arbeitszeitkonto gebucht werden (§ 10 Abs. 3 Satz 3 TVöD) und wann und in welchem Umfang er diese zum Freizeitausgleich einsetzt.
Neben § 10 TVöD existieren Sonderregelungen – u. a. für Lehrkräfte (§ 51 BT-V [VKA] Nr. 2 / § 44 Nr. 2 TV-L), für Beschäftigte an Theatern und Bühnen (§ 55 BT-V (VKA) Nr. 4 / § 45 Nr. 4 TV-L), für Beschäftigte im Justizvollzugsdienst der Länder sowie im feuerwehrtechnischen Dienst der Freien und Hansestadt Hamburg (§ 47 Nr. 2 TV-L) und für Beschäftigte im forstlichen Außendienst (§ 48 Nr. 2 TV-L).

4. Was für Zeiten kann der Arbeitnehmer auf ein tarifliches Arbeitszeitkonto buchen?

Die Zeiten, die auf das tarifliche Arbeitszeitkonto gebucht werden können, sind in § 10 Abs. 3 Satz 1 und 2 TVöD genannt. Für das tarifliche Arbeitszeitkonto besteht keine Kappungsgrenze. Ob und welche der buchbaren Zeiten und weiteren buchbaren Kontingente auf das Arbeitszeitkonto gebucht werden, entscheidet allein der betroffene Beschäftigte. Eine automatische oder zwangsweise Buchung ist somit unzulässig.
In der Betriebs- oder Dienstvereinbarung muss geregelt werden, innerhalb welchen Zeitraums die Beschäftigten erklären müssen, welche der buchbaren Zeiten und Kontingente sie in Zeit umwandeln und so auf dem Arbeitszeitkonto verbuchen wollen. Der von § 10 Abs. 3 Satz 3 TVöD vorgeschriebene Buchungszeitraum sollte nicht zu kurz sein, da ständige Änderungen die Personalplanung eher erschweren, statt vereinfachen würden. Um die Buchung unkomplizierter zu gestalten, erscheint es geeignet, dem Anhang der Betriebs- oder Dienstvereinbarung ein Formular beizufügen, dass der Beschäftigte zur Wahrnehmung seines Auswahlrechts verwenden muss.

5. Was muss bei der Einrichtung eines tariflichen Arbeitszeitkontos beachtet werden?

Die Verwendung tariflicher Arbeitszeitkonten ist grundsätzlich im Rahmen einer **Betriebs- oder Dienstvereinbarung** zu regeln (§ 10 Abs. 1 Satz 1 TVöD). Dabei sind unter anderem die Mitbestimmungsrechte des Betriebs- oder Personalrats und der Gesetzes- und Tarifvorrang zu berücksichtigen. Sofern abschließende gesetzliche oder tarifliche Regelungen bestehen, sind die Mitbestimmungsrechte eingeschränkt oder ausgeschlossen.[50]
Bei der inhaltlichen Ausgestaltung der Betriebs- oder Dienstvereinbarung ist § 10 Abs. 5 TVöD zu beachten.
Dieser schreibt vor, **welche Regelungen zwingend in die Vereinbarung aufgenommen werden müssen:**

Höchstmögliche Zeitschuld / höchstzulässiges Zeitguthaben (§ 10 Abs. 5 lit. a TVöD)

Die Betriebs- oder Dienstvereinbarung muss eine Angabe über die höchstmögliche Zeitschuld und das höchstmögliche Zeitguthaben ent-

50 Bredemeier/Neffke-*Cerff*, TVöD § 10 Rn. 5.

halten, die innerhalb eines bestimmten Zeitraumes anfallen dürfen. Das Höchstmaß der Zeitschuld ist dabei auf 40 Minusstunden begrenzt. Für das Höchstmaß an Zeitguthaben besteht zwar keine Grenze, aber es muss ein Vielfaches von 40 Plusstunden sein. Neben diesen zwei Stundenangaben muss zwingend ein Zeitraum definiert werden, innerhalb dessen Zeitschulden und Zeitguthaben maximal anfallen dürfen.

Beispiel:
Vereinbarung, dass in einem Zeitraum von 3 Monaten höchstens 40 Plusstunden (= Zeitguthaben) auf das tarifliche Arbeitszeitkonto verbucht werden dürfen. Bei einer solchen Regelung kann sich der Arbeitnehmer beispielsweise für die Zeiträume Januar–März, April–Juni, Juli–September und Oktober–Dezember jeweils 35 Plusstunden gutschreiben lassen, wodurch er nach einem Jahr ein Zeitguthaben von 140 Stunden auf seinem tariflichen Arbeitszeitkonto hat, sofern er nicht zwischendurch Freizeitausgleich genommen hat.

Für die Festlegung der Höchstmaße sind verschiedene Aspekte zu berücksichtigen. Unter anderem die Einhaltung des ArbZG, die Einplanung betrieblicher Bedürfnisse und erwartbarer Auftrags-/Auslastungsschwankungen sowie dass das Zeitguthaben keinen Umfang erreicht, in dem ein Ausgleich durch Freizeitgewährung gar nicht mehr realisierbar ist.
Bei der Festlegung dieses Zeitraums, in dem Stunden verbucht werden, erscheint eine Anpassung an den Ausgleichszeitraum und den Buchungszeitraum sinnvoll, da drei verschiedene Zeiträume relativ unpraktikabel sind. Der Ausgleichszeitraum ist der Zeitraum, in dem das Arbeitszeitkonto im herkömmlichen Sinne ausgeglichen sein muss. Der Buchungszeitraum ist der Zeitraum im Sinne des § 10 Abs. 3 Satz 3 TVöD, in dem die Beschäftigten erklären müssen, welche der buchbaren Zeiten und Kontingente sie in Zeit umwandeln und so auf dem tariflichen Arbeitszeitkonto verbuchen wollen.

Fristen für den Zeitabbau (§ 10 Abs. 5 lit. b TVöD)

Die Betriebs- oder Dienstvereinbarung muss außerdem nach dem Umfang des beantragten Freizeitausgleichs **gestaffelte Fristen** für das Abbuchen von Zeitguthaben oder für den Abbau von Zeitschulden durch die Beschäftigten enthalten.
Auch wenn das tarifliche Arbeitszeitkonto gerade der Steigerung der Zeitsouveränität des Arbeitnehmers dienen soll, muss auch das Interesse des Arbeitgebers nach Planungssicherheit berücksichtigt werden. Aufgrund

dieses Arbeitgeberinteresses schreibt § 10 Abs. 5 lit. b TVöD die Notwendigkeit eines Vorankündigungssystems mit gestaffelten Fristen vor.

Übersicht: Fristen – Abbuchen von Zeitguthaben oder für den Abbau von Zeitschulden

Abbuchung von …	Ankündigungsfrist
mehrere Stunden–1 Tag	3 Arbeitstage
2–5 Tage	1 Woche
6–14 Tage	2 Wochen
mehr als 15 Tage	6 Wochen

Es sollte **zusätzlich ein gestaffeltes System über** die Widerrufsmöglichkeit des Arbeitgebers (inkl. Zustimmungsfiktion) vereinbart werden. In diesem System sind die Fristen zu bestimmen, innerhalb derer der Arbeitgeber einem beantragten Freizeitausgleich widersprechen kann. Widerspricht er nicht innerhalb dieser Frist, greift die Zustimmungsfiktion und der Antrag gilt als genehmigt.[51]

Übersicht: Fristen – Widerrufsmöglichkeit des Arbeitgebers

Antrag bezieht sich auf …	Widerspruchsfrist
mehrere Stunden–1 Tag	unmittelbar nach Beantragung
2–5 Tage	bis zum Ende des Tages der Beantragung
6–14 Tage	bis zu Ende des Folgetages der Beantragung
mehr als 15 Tage	bis eine Woche nach der Beantragung

Berechtigung des Arbeitgebers (§ 10 Abs. 5 lit. c TVöD)

Die Betriebs- oder Dienstvereinbarung muss zudem die Berechtigung des Arbeitgebers vorsehen, das Zeitguthaben zu bestimmten Zeiten (z. B. an Brückentagen) abbuchen zu können.

Darüber, wie diese Vorschrift zu verstehen ist, gibt es zwei Meinungen. Je nachdem, ob man die Arbeitgeber- oder die Arbeitnehmerinteressen stärker berücksichtigen möchte, soll dem Arbeitgeber entweder umfassend gestattet werden, einseitig Zeitguthaben vom Konto des Arbeitnehmers abzubuchen. Oder dem Arbeitgeber soll dieses Recht nur an solchen

51 HK-TVöD/TV-L-*Spengler*, § 10, Rn. 29.

Tagen zustehen, an denen oftmals Interessenkollisionen vorliegen und damit dringende betriebliche Gründe dies rechtfertigen. Letztlich liegt es bei beiden Meinungen in der Hand der Vertragsparteien, den Umfang der Ausnahmeregelung festzulegen und somit sowohl Arbeitgeber- als auch Arbeitnehmerinteressen hinreichend zu berücksichtigen. Unabhängig davon, welcher Meinung man folgt, erscheint es angebracht, der Regelung zur Berechtigung des Arbeitgebers einen Absatz beizufügen, in dem es dem Arbeitgeber untersagt wird, durch eine seinerseits veranlasste Abbuchung, Zeitschulden auf dem tariflichen Arbeitszeitkonto des Arbeitnehmers aufzubauen.

Folgen eines kurzfristigen Widerrufs durch den Arbeitgeber (§ 10 Abs. 5 lit. d TVöD)

Der vierte Punkt der zwingend geregelt sein muss, sind die Folgen, wenn der Arbeitgeber einen bereits genehmigten Freizeitausgleich kurzfristig widerruft. Aus dieser Vorgabe folgt, dass ein kurzfristiger Widerruf seitens des Arbeitgebers grundsätzlich möglich ist. Dies ist nicht selbstverständlich, da er durch die Genehmigung sein Direktionsrecht aus § 106 GewO eigentlich abschließend ausgeübt hat. Vor diesem Hintergrund ist es geboten, die Möglichkeiten des kurzfristigen Widerrufs zu reglementieren.

Vor allem drei Aspekte sollten geregelt werden:[52]

Ein **Vergütungszuschlag** bei den Arbeitsstunden, die der Arbeitnehmer in dem Zeitraum erbringt, für den ihm ursprünglich Freizeit gewährt wurde; ein **vorrangiger Anspruch des Arbeitnehmers auf** Nachgewährung des Freizeitausgleichs sowie ein **Anspruch des Arbeitnehmers auf** Schadensersatz für Kosten, die ihm nachweislich aufgrund des gewährten Freizeitausgleichs entstanden sind.

Sinnvoll erscheinende Zusatzregelungen (unabhängig von § 10 Abs. 5 TVöD):[53]

- **Hinweis,** ob das tarifliche Arbeitszeitkonto freiwillig oder zwingend (§ 10 Abs. 1 Satz 3 TVöD) eingeführt wird.
- **Festlegung** des räumlichen Geltungsbereichs der Betriebs- oder Dienstvereinbarung, um klarzustellen, ob das Konto für die Arbeitnehmer des gesamten Betriebs bzw. der gesamten Verwaltung oder nur für bestimmte Betriebs- oder Verwaltungsteile eingeführt wird (§ 10 Abs. 2 Satz 1 TVöD).

---

52 HK-TVöD/TV-L-*Spengler*, § 10, Rn. 30.

53 HK-TVöD/TV-L-*Spengler*, § 10, Rn. 32; Herget, Der Personalrat, 10/2014, S. 35.

- **Aufzählung** der buchbaren Zeiten und Kontingente (§ 10 Abs. 3 Satz 1, 2 TVöD).
- **Formvorschrift,** wie die Arbeitnehmer die Zeiten und Kontingente, die sie buchen möchten, gegenüber dem Betrieb oder der Dienststelle mitzuteilen haben. In diesem Zusammenhang erscheint es sinnvoll, der Betriebs- oder Dienstvereinbarung im Anhang ein zwingend zu verwendendes Formular beizufügen.
- **Unmissverständliche** Definition und Festlegung der unterschiedlichen Zeiträume, die beachtet werden müssen: der Ausgleichszeitraum, der Buchungszeitraum und der Zeitraum, innerhalb dessen Zeitschulden und -guthaben maximal anfallen dürfen. Aus Gründen der Transparenz können in diesem Rahmen weitere Regelungen hilfreich sein. Beispielsweise wie buchbare Zeiten und Kontingente erfasst und berechnet werden, wie das Konto in technischer Hinsicht geführt wird und welche Einsichtsrechte dem Arbeitnehmer und sonstigen beteiligten Personen zustehen.
- **Falls** das Konto in Form eines Ampelkontos geführt wird, sollte das Verfahren, welches bei Erreichen eins bestimmten Minus- oder Pluskontostandes durchzuführen ist, verbindlich geregelt werden. Dabei ist u. a. auf die Beteiligung des Betriebs- oder Personalrats einzugehen.
- **Falls** in dem konkreten Betrieb oder der Dienststelle im Schichtarbeits- oder Wechselschichtsystem gearbeitet wird, sollte zur Klarstellung erwähnt werden, welcher Schichtplanturnus dort gilt. Der Turnus zeigt den (sich wiederholenden) Zeitraum, für den der Schicht- bzw. Dienstplan im Vorhinein aufgestellt ist (BAG 25.4.2013 – 6 AZR 800/11).
- **Abschließende** Schlussbestimmungen, z. B. Inkrafttreten, Laufzeit, Kündigungsfrist und Nachwirkung der Betriebs- oder Dienstvereinbarung.

6. Wie weit reicht das Mitbestimmungsrecht des Betriebs- oder Personalrats?

Der Betriebsrat hat insbesondere gemäß § 87 Abs. 1 Nr. 2 und 3 BetrVG ein Mitbestimmungsrecht bezüglich der Einrichtung und Ausgestaltung eines solchen Kontos. Unter Umständen können weitere Mitbestimmungstatbestände des BetrVG einschlägig sein, wie beispielsweise § 87 Abs. 1 Nr. 4 BetrVG (z. B. wenn Zuschläge in Zeit umgewandelt werden; vgl. BAG 15.1.2002 – 1 AZR 165/01). Falls sich die Betriebspartner nicht einigen können, kann die Einigungsstelle angerufen werden. Deren Spruch ersetzt die Einigung und hat die Wirkung einer Betriebsvereinbarung.

Personalräte haben grundsätzlich ein umfassendes Mitbestimmungsrecht gemäß § 80 Abs. 1 Nr. 3 BPersVG. Für Dienststellen, für die ein Personalvertretungsgesetz gilt, welches kein Letztentscheidungsrecht des Arbeitgebers normiert (etwa LPVG NRW), kann bei Uneinigkeit ebenfalls die Einigungsstelle angerufen werden, welche dann eine Entscheidung trifft, die die Wirkung einer Dienstvereinbarung hat. Enthält das anzuwendende Gesetz hingegen ein Letztentscheidungsrecht des Arbeitgebers (etwa § 75 Abs. 2 BPersVG, LPVG Bayern), kommt bei Uneinigkeit keine Dienstvereinbarung zustande. Das Einrichten eines Arbeitszeitkontos durch einen landesbezirklichen Tarifvertrag ist in § 10 Abs. 1 Satz 2 TVöD ausdrücklich (aber auch ausschließlich) vorgesehen für solche Betriebe/Verwaltungen, in denen ein Personalvertretungsgesetz mit Letztentscheidungskompetenz des Arbeitgebers vorliegt und der Fall eintritt, dass eine Dienstvereinbarung nicht einvernehmlich zustande kommt. Ein unmittelbarer Anspruch auf die Einrichtung eines Arbeitszeitkontos besteht für den Personalrat allerdings nicht; über das »Ob« entscheidet der Arbeitgeber. Der Personalrat kann zudem nicht die Einführung von Arbeitszeitkorridoren oder Rahmenzeiten verlangen. Wenn jedoch ein Arbeitszeitkorridor oder eine Rahmenzeit gilt, kann die Ausgestaltung (»Wie«) des (dann zwingend einzurichtenden) Arbeitszeitkontos mitbestimmt werden.

7. Was sind die Merkmale des Langzeitkontos für Beamte nach §§ 7a–7c Arbeitszeitverordnung?

Da für Beamte der TVöD keine Anwendung findet, werden im Rahmen des Beamtenrechts Sondervorschriften benötigt. Damit auch Beamte neben den bereits bestehenden Regelungen zur Gleitzeit gemäß § 7 Arbeitszeitverordnung die Vorteile von Langzeitkonten genießen, wurde im Juni 2020 durch eine Änderung der Verordnung über die Arbeitszeit der Beamtinnen und Beamten des Bundes (Arbeitszeitverordnung) unter anderem das Arbeitszeitmodell Langzeitkonto dauerhaft eingeführt. Bereits ab Januar 2011 wurde eine Experimentierklausel in die Arbeitszeitverordnung aufgenommen. Durch dieses Pilotprojekt sollte die Möglichkeit, Langzeitkonten einführen zu können, erprobt werden. Die Erprobungsphase endete am 31. 12. 2020. Die anschließende umfassende Evaluation ergab, dass in der Bundesverwaltung der Bedarf besteht, dieses Arbeitszeitmodell mit einigen Änderungen und Erweiterungen zu verstetigen. Die aus dem Pilotprojekt gewonnenen Erfahrungen und Erkenntnisse wurden genutzt, um die Regelung zu Langzeitkonten weiterzuentwickeln und in vier Paragrafen umzusetzen (§§ 7a–7c, 17 Arbeitszeitverordnung).

Ein Langzeitkonto ist nach der Legaldefinition in § 2 Nr. 10 Arbeitszeitverordnung ein personenbezogenes Arbeitszeitkonto, auf dem durch erhöhten Arbeitsanfall bedingte Zeitguthaben für Freistellungszeiten angespart werden können.

8. Wie funktioniert das Langzeitkonto für Beamte?

Die Gutschrift auf das Langzeitkonto erfolgt derart, dass die Differenz zwischen der regelmäßigen wöchentlichen Arbeitszeit und der tatsächlich geleisteten Arbeitszeit als Zeitguthaben eingetragen wird. Dabei wird die tatsächlich gearbeitete erhöhte Arbeitszeit zunächst bis zur beantragten Grenze nach § 7a Abs. 4 Satz 1 Arbeitszeitverordnung in das Langzeitkonto eingetragen und erst die darüberhinausgehende Zeit wird auf dem Gleitzeitkonto nach § 7 Arbeitszeitverordnung oder, sofern die Voraussetzungen des § 88 Bundesbeamtengesetz (BBG) vorliegen, dem Mehrarbeitskonto gutgeschrieben. Das höchstzulässige Zeitguthaben auf dem Langzeitkonto liegt bei 1400 Stunden. Diese Begrenzung ist aus der Fürsorgepflicht abzuleiten.

Bei dem Langzeitkonto handelt es sich um ein reines Zeitkonto. Daher kann ein Ausgleich nur durch Freistellung vom Dienst unter Fortzahlung der Besoldung erfolgen. Ein finanzieller Ausgleich ist gemäß § 7b Abs. 1 Satz 3 Arbeitszeitverordnung ausgeschlossen. Der Zeitausgleich wird auf Antrag der Beamtin oder des Beamten gewährt. Dabei soll der Ausgleich möglichst durch zusammenhängende Freistellungszeiten oder durch längere Verkürzung der wöchentlichen Arbeitszeit bei gleichbleibender Besoldung abgebaut werden und nicht durch Freistellungen von wenigen Stunden bis zu zwei Tagen, da dies sinnvollerweise vorrangig im Rahmen der Gleitzeit erfolgen kann.[54] Der zusammenhängende Freistellungszeitraum kann gem. § 7b Abs. 1 Satz 1 Arbeitszeitverordnung höchstens drei Monate betragen. Diese Beschränkung soll verhindern, dass die verbleibende Belegschaft durch die Freistellung übermäßig belastet wird. Für Auszeiten über drei Monate hinaus bieten sich andere Arbeitszeitmodelle an, wie beispielsweise Sabbaticals.

---

54 Verordnung der Bundesregierung zur Weiterentwicklung dienstrechtlicher Regelungen zu Arbeitszeit und Sonderurlaub, S. 24.

9. Muss die Dienstbehörde für Beamte ein Langzeitkonto einrichten?

Die Bundesbeamten können ein Langzeitkonto führen, wenn es durch die oberste Dienstbehörde, bei der die Beamten beschäftigt sind, gestattet wird. Von der Regelung sind allerdings Beamte auf Widerruf, sowie Beamte, die jederzeit in den einstweiligen Ruhestand versetzt werden können, ausgenommen, da das Führen von Langzeitkonten eine gewisse Kontinuität in der Zugehörigkeit zur Behörde voraussetzt.
Die obersten Dienstbehörden können das Führen von Langzeitkonten für ihre Beschäftigten und für Beschäftigte von nachgeordneten Behörden gestatten. Sofern eine Gestattung vorliegt, können die Beamten einen Antrag stellen, ihre wöchentlichen Arbeitszeiten um bis zu drei Stunden zu erhöhen. Eine Genehmigung erfolgt allerdings nur, wenn die Verlängerung der Arbeitszeit aufgrund erhöhten Arbeitsanfalls für die Erfüllung ihrer dienstlichen Aufgaben angemessen und zweckmäßig ist. Dadurch soll verhindert werden, dass ein Anreiz für verlängerte Arbeitszeiten entsteht, um ein Zeitguthaben für geplante Freistellungszeiten anzuhäufen.[55] Stattdessen ist der Sinn des Langzeitkontos eine Möglichkeit zu schaffen, um bei tatsächlich bestehendem erhöhten Arbeitsanfall zusätzlich geleistete Stunden wohlbedacht auf einem langfristigen Zeitkonto gutzuschreiben.

VI. Arbeitszeit und Arbeitsschutz

1. Was versteht man ganz allgemein unter Arbeitsschutz im Sinne der Arbeitszeit?

Die Gestaltung der Arbeitszeit hat großen Einfluss auf die Sicherheit und die Gesundheit der Arbeitnehmer. **Rechtlich stützt sich der Arbeitsschutz im Bereich der Zeitgestaltung auf zwei zentrale Säulen:**

- **Das Arbeitszeitgesetz (ArbZG):** Es fungiert als klassischer, öffentlich-rechtlicher Arbeitsschutz und setzt zwingende Mindeststandards, von denen nicht durch Einzelvertrag oder Kollektivvereinbarung zuungunsten der Beschäftigten abgewichen werden kann. Es regelt die tägliche Höchstarbeitszeit (maximal 10 Stunden), die Mindestruhe-

55 Verordnung der Bundesregierung zur Weiterentwicklung dienstrechtlicher Regelungen zu Arbeitszeit und Sonderurlaub, S. 22.

pausen und die ununterbrochene Ruhezeit von 11 Stunden zwischen den Arbeitseinsätzen.

- **Das Arbeitsschutzgesetz (ArbSchG):** In der modernen Rechtsauslegung gewinnt das ArbSchG (insbesondere **§ 3 Abs. 2 Nr. 1**) massiv an Bedeutung. Nach dem wegweisenden Beschluss des Bundesarbeitsgerichts (BAG 13.9.2022 – 1 ABR 22/21) ist der Arbeitgeber verpflichtet, ein objektives, verlässliches und zugängliches System zur Erfassung der Arbeitszeit einzuführen. Dieser Schritt wird nicht mehr nur als bürokratische Pflicht, sondern als **unverzichtbare Maßnahme des Gesundheitsschutzes** verstanden. Nur durch eine lückenlose Dokumentation kann sichergestellt werden, dass die Schutzvorschriften des ArbZG tatsächlich eingehalten werden.

Ein moderner Arbeitsschutz zielt heute zudem darauf ab, die Folgeprobleme der Digitalisierung (z. B. Entgrenzung durch ständige Erreichbarkeit oder mobile Arbeit) durch die Entwicklung und Umsetzung flexibler, aber geschützter Arbeitszeitmodelle zu lösen.

2. Welche rechtlichen Folgen hat es für die Arbeitnehmer, dass das Arbeitszeitgesetz öffentlich-rechtlicher Natur ist?

Das ArbZG gehört zum gesetzlichen Arbeitsschutz. Damit können mit Hilfe des öffentlich-rechtlichen Instrumentariums (staatliche Aufsicht und Vollstreckung) die Ziele des ArbZG zwangsweise durchgesetzt werden (vgl. Kapitel »Straf- und Bußgeldvorschriften«). Verstöße gegen die Vorschriften über Arbeitszeit, Pausen und Ruhezeiten stellen Ordnungswidrigkeiten dar, die empfindliche Sanktionen nach sich ziehen.
Verschärfte Sanktionen: Der Bußgeldrahmen wurde durch den Gesetzgeber signifikant verschärft. Gemäß **§ 22 Abs. 2 ArbZG** können Verstöße (z. B. das Überschreiten der 10-Stunden-Grenze oder das Unterschreiten der Ruhezeit) nunmehr mit Geldbußen von bis zu **30 000 €** (zuvor 15 000 €) geahndet werden. Bei vorsätzlichen Verstößen, welche die Gesundheit oder die Arbeitskraft eines Arbeitnehmers gefährden, oder bei beharrlichen Wiederholungen droht zudem eine Freiheitsstrafe von bis zu einem Jahr (§ 23 ArbZG).
Adressat des ArbZG ist allein der Arbeitgeber. Durch seine Organisations- und Leitungsmacht obliegt ihm die originäre Durchführung des Arbeitsschutzes. Er kann diese öffentlich-rechtliche Verantwortung weder durch Arbeitsvertrag noch durch Dienstvereinbarungen auf die Arbeitnehmer abwälzen.
Rechtliche Folgen für Verträge: Soweit das ArbZG Verbote beinhaltet (z. B. das Verbot der Beschäftigung über die Höchstarbeitszeit hinaus),

sind dies Verbotsgesetze im Sinne des **§ 134 BGB**. Arbeitsvertragliche Vereinbarungen, die gegen diese Verbote verstoßen, sind nichtig. Im Arbeitsrecht führt dies jedoch nicht zur Nichtigkeit des gesamten Vertrags (§ 139 BGB), sondern lediglich der betroffenen Klausel (Teilnichtigkeit). An die Stelle der nichtigen Bestimmung tritt rückwirkend die gesetzliche Regelung des ArbZG. Dies schützt den Arbeitnehmer davor, aufgrund rechtswidriger Arbeitszeitklauseln seinen gesamten Vertrag oder seinen Vergütungsanspruch zu verlieren.

3. Wie kann der Betriebs- bzw. Personalrat den Arbeitsschutz der Arbeitnehmer sicherstellen?

Ein zentrales Instrument für die Interessenvertretung ist die **Gefährdungsbeurteilung gemäß §§ 5, 6 ArbSchG**. Arbeitgeber sind verpflichtet, die mit der Arbeit verbundenen Gefährdungen zu ermitteln und Maßnahmen zu treffen. Im Bereich der Arbeitszeit wurde von der Bundesanstalt für Arbeitsschutz und Arbeitsmedizin (BAuA) eine spezifische Checkliste zur »Gefährdungsbeurteilung Arbeitszeit« entwickelt.[56]
Diese Beurteilung dient nicht nur der Einhaltung von Pausenzeiten, sondern umfasst heute maßgeblich folgende drei Ebenen:

- **Vorgaben menschengerechter Gestaltung:** Einhaltung der gesetzlichen Ruhezeiten und Begrenzung von Überstunden.
- **Identifikation von Fehlentwicklungen:** Aufdeckung von Mängeln in der Organisation (z. B. chronische Unterbesetzung) oder im Verhalten (z. B. Verzicht auf Pausen).
- **Berücksichtigung psychischer Belastungen:** Seit der Neuausrichtung des Arbeitsschutzes müssen insbesondere Gefährdungen durch Entgrenzung (ständige Erreichbarkeit), Isolation (bei dauerhafter mobiler Arbeit) und Arbeitsverdichtung systematisch erfasst werden.

Praxistipp für die Interessenvertretung:
Betriebs- und Personalräte sollten darauf bestehen, dass die Gefährdungsbeurteilung bei der Einführung flexibler Arbeitszeitmodelle oder mobiler Arbeit **aktualisiert** wird. Nur wenn die psychischen Belastungen durch die ständige Verfügbarkeit (z.B. Erreichbarkeit per Smartphone nach Feierabend) dokumentiert sind, kann das Gremium über sein Mitbestimmungsrecht wirksame Schutzmaßnahmen (z.B. ein »Recht auf Abschalten«) in einer Dienstvereinbarung erzwingen.

---

56 Vgl. *https://www.baua.de/DE/Themen/Arbeitsgestaltung-im-Betrieb/Arbeitszeit/Checkliste-Arbeitszeit.html.*

4. Wer überwacht die Einhaltung der Schutzvorschriften?

Hilft der Arbeitgeber den berechtigten Beschwerden der Beschäftigten nicht ab, können sich diese oder auch der Betriebs- bzw. Personalrat grundsätzlich an die zuständige Aufsichtsbehörde wenden. Welche Aufsichtsbehörde zuständig ist, ist im Kapitel »Aufsichtsbehörden« (S. 296) aufgelistet worden. In Bezug auf die Arbeitszeit bestehen die Aufgaben der Aufsichtsbehörden in der Überprüfung der Arbeitszeit in den Betrieben (§ 17 ArbZG), der Bewilligung von Ausnahmen zur Sonn- und Feiertagsarbeit (§ 13 Abs. 3 ArbZG) und der Bewilligung längerer täglicher Arbeitszeiten und abweichender Ruhezeiten (§ 15 ArbZG).

5. Welchen Einfluss hat der Betriebs- oder Personalrat auf den Arbeitnehmerschutz im Bereich der Arbeitszeit?

Entgegen der herkömmlichen Auffassung, die Interessenvertretung könne lediglich auf die vom Arbeitgeber vorgeschlagenen Maßnahmen reagieren, hat sich das Rollenverständnis durch die aktuelle Rechtsprechung grundlegend gewandelt.

- **Zwingende Mitbestimmung beim »Wie«:** Geht es um die Verkürzung oder Verlängerung der Arbeitszeit (§ 87 Abs. 1 Nr. 3 BetrVG) oder die Lage der Arbeitszeit (§ 87 Abs. 1 Nr. 2 BetrVG bzw. § 80 Abs. 1 Nr. 1 BPersVG), steht dem Gremium ein erzwingbares Mitbestimmungsrecht zu.
- **Das Initiativrecht beim Gesundheitsschutz:** Seit dem BAG-Beschluss vom 13.9.2022 (1 ABR 22/21) verfügt die Interessenvertretung über ein echtes **Initiativrecht zur Einführung und Ausgestaltung eines Zeiterfassungssystems**. Da die Zeiterfassung nunmehr als notwendige Maßnahme des Gesundheitsschutzes nach § 3 ArbSchG eingestuft wird, unterliegt sie der zwingenden Mitbestimmung (§ 87 Abs. 1 Nr. 7 BetrVG bzw. § 80 Abs. 1 Nr. 21 BPersVG).
- **Gestaltung von Arbeitszeitmodellen (BPersVG):** Im Bereich des Bundespersonalvertretungsgesetzes wurde zudem durch **§ 80 Abs. 1 Nr. 3 BPersVG** ein eigenständiger Tatbestand geschaffen, der die Mitbestimmung bei der »Einführung, Änderung und Aufhebung von Arbeitszeitmodellen« (z. B. Schichtpläne, Vertrauensarbeitszeit) sichert.

Praxistipp:
Der Betriebs- oder Personalrat muss nicht warten, bis der Arbeitgeber ein System zur Zeiterfassung oder ein neues Arbeitszeitmodell vorschlägt. Er kann von sich aus aktiv werden und eine Dienstvereinbarung fordern, die

den Gesundheitsschutz (z. B. durch Ruhezeit-Warnungen oder Kappungsverbote) sicherstellt. Die Interessenvertretung agiert hierbei als korrigierende »Schutzmacht« gegenüber dem weiten Gestaltungsspielraum des Arbeitgebers.

VII. Aufsichtsbehörden

1. Wer sind die Akteure der staatlichen Aufsicht?

Die Überwachung des ArbZG ist Ländersache. Je nach Bundesland sind unterschiedliche Behörden zuständig (z. B. Gewerbeaufsichtsämter, Ämter für Arbeitsschutz oder Bezirksregierungen).

- **Aufgabe:** Die Behörden haben die Aufgabe, die Einhaltung des ArbZG und der darauf beruhenden Verordnungen zu überwachen (§ 17 ArbZG).
- **Befugnisse:** Sie haben weitgehende Betretungs- und Einsichtsrechte. Sie können vom Arbeitgeber die erforderlichen Auskünfte und die Vorlage der Arbeitszeitaufzeichnungen verlangen.

2. Wie ist die neue Rolle der Aufsichtsbehörden nach dem BAG-Urteil ausgestaltet?

Durch die Pflicht zur Arbeitszeiterfassung (BAG 2022) hat sich der **Prüffokus der Behörden verschoben:**

- Bisher wurde oft nur »reaktiv« auf Beschwerden hin geprüft.
- Nun können die Behörden **proaktiv** das Vorhandensein eines »objektiven, verlässlichen und zugänglichen Systems« zur Zeiterfassung prüfen. Fehlt ein solches System, kann die Behörde eine Anordnung zur Einführung erlassen.

3. Müssen Arbeitnehmer und Betriebs- oder Personalrat die Aufsichtsbehörde bei Verstößen informieren?

Jede Person, die ein berechtigtes Interesse an der Feststellung und ggf. Klärung der (Un-)Zulässigkeit bestimmter Arbeitszeiten hat, kann sich an die Aufsichtsbehörde wenden. Eine Anzeigepflicht besteht allerdings nicht. Sollte eine Anzeige eingereicht werden, muss diese von der Behörde überprüft werden.

Der Betriebs- bzw. Personalrat ist unter anderem dafür zuständig, die Durchführung von Gesetzen, Verordnungen, Tarifverträgen und Betriebs- oder Dienstvereinbarungen zu überwachen (§ 80 Abs. 1 Nr. 1 BetrVG / § 62 Nr. 2 BPersVG). Sollte der Betriebs- oder Personalrat einen Verstoß feststellen oder sollte sich der Verdacht eines Verstoßes ergeben, muss der Betriebs- oder Personalrat zunächst den Arbeitgeber auf die Missstände hinweisen. Dies folgt aus dem Gebot der vertrauensvollen Zusammenarbeit. Falls dieser nicht reagiert oder keine Abhilfe schafft, kann sich der Betriebs- oder Personalrat an die Aufsichtsbehörde wenden.

4. Wer ist von der Auskunftspflicht gemäß § 17 Abs. 4 ArbZG betroffen?

Die Aufsichtsbehörde kann zur Wahrnehmung ihrer Aufgaben Auskünfte verlangen. Weiterhin kann sie die Vorlage der Arbeitszeitnachweise, Tarifverträge, Betriebs- oder Dienstvereinbarungen und Geschäftsunterlagen, die mittelbar oder unmittelbar Auskunft über die Einhaltung des Arbeitszeitgesetzes geben, verlangen.
Die Auskunftspflicht trifft grundsätzlich nur den Arbeitgeber. Er kann die Auskunftspflicht nicht weiterübertragen. Hinsichtlich der Arbeitszeitnachweise gilt dies auch dann, wenn der Arbeitgeber die Aufzeichnung zulässigerweise auf den Arbeitnehmer übertragen hat.
Der Arbeitnehmer ist nur in Verfahren wegen eines Verstoßes gegen § 22 ArbZG von einer Auskunfts- oder Mitwirkungspflicht betroffen.
Auch der Betriebs- oder Personalrat unterliegt keiner Auskunftspflicht. Allerdings kann sich aus § 89 Abs. 1 Satz 2 BetrVG bzw. § 68 Abs. 1 BPersVG eine Mittwirkungspflicht für ihn ergeben. Im Rahmen einer solchen Mitwirkungspflicht muss der Betriebs- oder Personalrat die Aufsichtsbehörde durch Anregung, Beratung und Auskunft unterstützen. Sollten dabei namensbezogene Daten an die Aufsichtsbehörde weitergegeben werden, muss der Betriebs- oder Personalrat aus Datenschutzgründen stets prüfen, ob die Weitergabe zulässig ist.

5. Ist der Betriebs- oder Personalrat bei der Durchführung einer Besichtigung zu beteiligen?

Die Aufsichtsbehörden sind berechtigt, die Arbeitsstätten während der Betriebs- und Arbeitszeit zu betreten und zu besichtigen (§ 17 Abs. 5 ArbZG). Nach § 89 Abs. 2 BetrVG bzw. § 68 Abs. 2 BPersVG trifft den Arbeitgeber und den Beauftragten der Aufsichtsbehörde die Pflicht, den Betriebs- oder Personalrat bei allen Besichtigungen und Fragen hinzuzuziehen. Erst wenn der Betriebs- oder Personalrat seine Beteiligung ablehnt oder keines seiner Mitglieder anwesend ist, darf eine Besichtigung ohne ihn beginnen. Unabhängig davon, ob der Betriebs- oder Personalrat an einer Besichtigung teilgenommen hat, müssen angefertigte Besichtigungsprotokolle an ihn weitergeleitet werden (§ 89 Abs. 5 BetrVG / § 68 Abs. 4 BPersVG). Der Arbeitgeber ist zudem nach § 89 Abs. 2 Satz 2 BetrVG / § 68 Abs. 2 Satz 2 BPersVG verpflichtet, dem Betriebs- bzw. Personalrat Auflagen, Anordnungen und Mitteilungen der Aufsichtsbehörde unverzüglich mitzuteilen. Sollten Fragen bestehen, die Überwachungspflichten oder Mitwirkungs- und Mitbestimmungsrechte des Betriebs- oder Personalrats betreffen, muss sich die Aufsichtsbehörde selbst an den Betriebs- bzw. Personalrat wenden.

6. Welche Aufsichtsbehörde ist zuständig?

Die Zuständigkeit bestimmt sich gemäß Art. 83 GG nach Landesrecht. In der Regel haben die Bundesländer staatliche Gewerbeaufsichtsämter oder Ämter für Arbeitsschutz für zuständig erklärt:

Übersicht: Digitale Zugänge der Aufsichtsbehörden in den Bundesländern (Stand 2026)

Bundesland	Zentrales Portal / Suchbegriff	Direkt-Link / Hinweis
Baden-Württemberg	Service-BW	service-bw.de (**Suche: »Arbeitszeit Ausnahme«**)
Bayern	BayernPortal	freistaat.bayern (**Suche: »Gewerbeaufsicht«**)
Berlin	LAGetSi Online	berlin.de/lagetsi (**Rubrik: Service/Formulare**)
Brandenburg	LAVG Service	lavg.brandenburg.de
Bremen	Gewerbeaufsicht Bremen	gewerbeaufsicht.bremen.de
Hamburg	Serviceportal Hamburg	serviceportal.hamburg.de (**Stichwort: Arbeitsschutz**)
Hessen	RP Darmstadt / Hessen	rp-darmstadt.hessen.de (**Zentralseite für alle RPs**)
Mecklenburg-Vorpommern	LAGuS Online	lagus.mv-regierung.de

Bundesland	Zentrales Portal / Suchbegriff	Direkt-Link / Hinweis
Niedersachsen	Gewerbeaufsicht NI	gewerbeaufsicht. niedersachsen.de
Nordrhein-Westfalen	Arbeitsschutz NRW	arbeitsschutz.nrw.de
Rheinland-Pfalz	SGD Online	sgdnord.rlp.de **oder** sgdsued.rlp.de
Saarland	LUA Saarland	lua.saarland.de
Sachsen	Amt24 Sachsen	amt24.sachsen.de
Sachsen-Anhalt	LAV Online	verbraucherschutz.sachsen-anhalt.de
Schleswig-Holstein	StAUK / UK Nord	uk-nord.de **(Bereich: Staatlicher Arbeitsschutz)**
Thüringen	TLV Portal	verbraucherschutz. thueringen.de

Davon abweichend ist für den öffentlichen Dienst des Bundes und für die bundesunmittelbaren Körperschaften, Anstalten und Stiftungen des öffentlichen Rechts das zuständige Bundesministerium oder eine von ihm bestimmte Stelle zuständig (§ 17 Abs. 3 ArbZG).

Praxistipp für Betriebs- und Personalräte:
Viele dieser Portale bieten mittlerweile »Beschwerdeformulare« oder anonyme Meldeportale für Arbeitsschutzverstöße an. Bevor dieser formale Weg beschritten wird, sollte die Interessenvertretung jedoch versuchen, über das Initiativrecht zur Zeiterfassung eine interne Lösung mit dem Arbeitgeber herbeizuführen. Die Einschaltung der Behörde ist oft das Signal für ein endgültiges Scheitern der innerbetrieblichen Zusammenarbeit.

7. Wirkt die Interessenvertretung als »interne Aufsichtsbehörde«?

Neben der staatlichen Aufsicht kommt dem Betriebs- oder Personalrat eine entscheidende Kontrollfunktion zu. Man könnte ihn als die »**Aufsichtsbehörde vor Ort**« bezeichnen.

- **Die allgemeine Überwachungsaufgabe:**
  Gemäß § 80 Abs. 1 Nr. 1 BetrVG bzw. § 80 Abs. 1 Nr. 1 BPersVG hat die Interessenvertretung darüber zu wachen, dass die zugunsten der Be-

schäftigten geltenden Gesetze – und damit insbesondere das ArbZG – eingehalten werden. Dieser Auftrag ist nicht passiv zu verstehen; der Rat muss aktiv werden, wenn er Kenntnis von Verstößen (z. B. durch Auswertung der Zeiterfassungsdaten) erlangt.

- **Das Informations- und Einsichtsrecht:**
  Um diese Überwachungsaufgabe erfüllen zu können, hat die Interessenvertretung ein umfassendes Informationsrecht.
  - Einsicht in Bruttoentgeltlisten und Zeitlisten: Nach der BAG-Rechtsprechung (BAG 13.9.2022) ist die Zeiterfassung zwingend. Damit steht fest: Der Rat kann jederzeit die Vorlage der aufgezeichneten Arbeitszeiten verlangen, um die Einhaltung der täglichen Höchstarbeitszeit und der Ruhezeiten zu prüfen.
- **Hinzuziehung von Sachverständigen:** Bei komplexen Schichtmodellen oder IT-gestützten Erfassungssystemen kann der Rat im Bedarfsfall eine Sachverständigenberatung hinzuziehen (§ 80 Abs. 3 BetrVG bzw. § 108 BPersVG), um die Manipulationssicherheit und Gesetzmäßigkeit der Systeme zu bewerten.
- **Initiativrecht statt bloßer Reaktion:** Seit der BAG-Entscheidung 2022 ist klar: Der Rat muss nicht warten, bis die staatliche Aufsichtsbehörde einen Bußgeldbescheid erlässt. Er kann über sein **Initiativrecht (§ 87 Abs. 1 Nr. 7 BetrVG bzw. § 80 Abs. 1 Nr. 21 BPersVG)** die Einführung oder Verbesserung eines gesetzeskonformen Zeiterfassungssystems erzwingen.

> **Merksatz für die Praxis:** Die staatliche Aufsichtsbehörde (Gewerbeaufsicht) ist die »Feuerwehr«, die bei akuten Bränden und Gesetzesverstößen Bußgelder verhängt. Der Betriebs- oder Personalrat ist der »Brandschutzbeauftragte« im Haus, der durch Prävention und Mitbestimmung dafür sorgt, dass es gar nicht erst zu Verstößen kommt.

VIII. Kontrollrechte des Betriebs- und Personalrats

1. Was für Rechte hat der Betriebsrat?

Der Betriebsrat hat zahlreiche Beteiligungsrechte in Sachen Arbeitszeit. Daneben steht ihm ein umfassendes Kontrollrecht zu. Nach **§ 80 Abs. 1 Nr. 1 BetrVG** hat der Betriebsrat darüber zu wachen, dass die zugunsten der Arbeitnehmer geltenden Gesetze, Verordnungen, Tarifverträge und Betriebsvereinbarungen durchgeführt werden. Seit der Grundsatzentscheidung des BAG (Beschluss vom 13.9.2022 – 1 ABR 22/21) erstreckt sich diese Überwachungspflicht insbesondere darauf, ob der Arbeitgeber ein objektives, verlässliches und zugängliches System zur Arbeitszeiterfassung eingeführt hat. Zur Ausübung dieses Rechts hat der Betriebsrat nach **§ 80 Abs. 2 BetrVG** einen Anspruch auf Einsicht in die entsprechenden Arbeitszeitlisten (digital oder physisch).

2. Was für Rechte hat der Personalrat?

Der Personalrat hat ebenfalls zahlreiche Beteiligungsrechte und ein umfassendes Kontrollrecht, dessen Gliederung den Rechten des Betriebsrats weitgehend gleicht. **Der Personalrat hat folgende Rechte:**

- **Überwachungsaufgabe:** Nach § 62 Abs. 1 Nr. 1 BPersVG hat der Personalrat »darüber zu wachen, dass die zugunsten der Beschäftigten geltenden Gesetze, Verordnungen, Tarifverträge und Dienstvereinbarungen und Verwaltungsvorschriften durchgeführt werden«. Dies beinhaltet die Kontrolle, ob die Dienststelle die Vorgaben zur Arbeitszeiterfassung und die Ruhezeiten des ArbZG einhält.
- **Informationsrecht:** Die Grundlage für die Kontrolltätigkeit ist das allgemeine Unterrichtungsrecht gemäß **§ 68 BPersVG.** Die Dienststelle muss dem Personalrat die zur Aufgabenerfüllung erforderlichen Unterlagen (z. B. Arbeitszeitlisten) zur Verfügung stellen.
- **Mitbestimmung bei der Arbeitszeit:** Gemäß § 80 Abs. 1 Nr. 1 BPersVG hat der Personalrat ein uneingeschränktes Mitbestimmungsrecht über Beginn und Ende der täglichen Arbeitszeit einschließlich der Pausen sowie die Verteilung der Arbeitszeit auf die einzelnen Wochentage.
- **Mitbestimmung bei der Zeiterfassung:** Die Einführung und Anwendung von (insbesondere elektronischen) Systemen zur Arbeitszeiterfassung unterliegt der Mitbestimmung. Hierbei hat der Personalrat darauf zu achten, dass das System den Anforderungen an Objektivität und Verlässlichkeit entspricht (vgl. Handbuch Dienstvereinbarung, 4. Auflage, S. 557ff.).
- **Verfahren:** Das Mitbestimmungsverfahren richtet sich nach den §§ 69ff. BPersVG. Kommt eine Einigung zwischen Dienststelle und Personalrat nicht zustande, entscheidet die Einigungsstelle (**§ 71 BPersVG**).

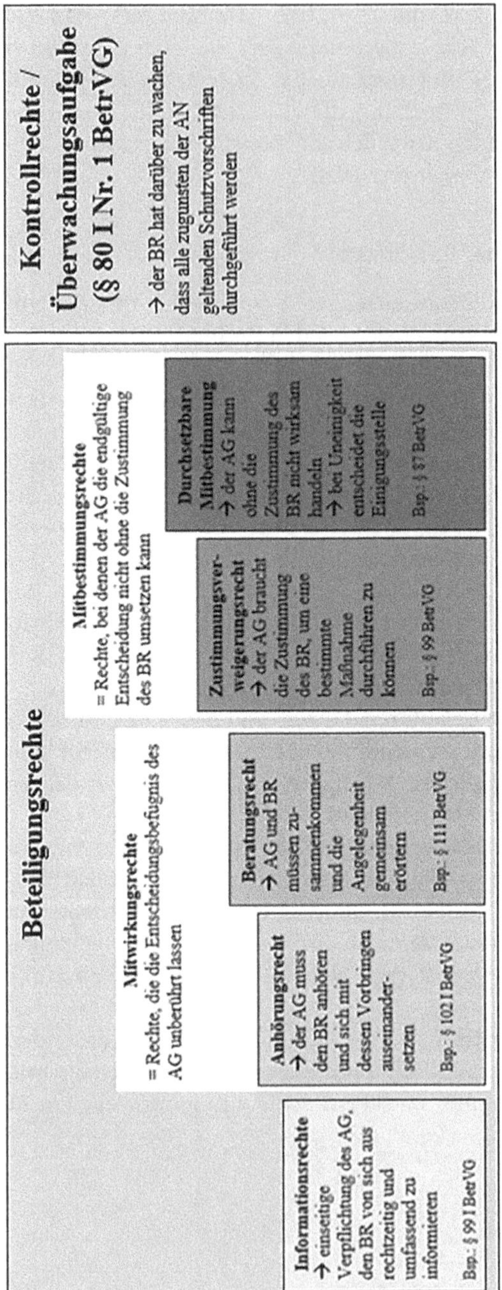
Kontrollrechte /
Überwachungsaufgabe
(§ 80 I Nr. 1 BetrVG)
→ der BR hat darüber zu wachen, dass alle zugunsten der AN geltenden Schutzvorschriften durchgeführt werden
Beteiligungsrechte
Mitwirkungsrechte
= Rechte, die die Entscheidungsbefugnis des AG unberührt lassen
Mitbestimmungsrechte
= Rechte, bei denen der AG die endgültige Entscheidung nicht ohne die Zustimmung des BR umsetzen kann
Informationsrechte
→ einseitige Verpflichtung des AG, den BR von sich aus rechtzeitig und umfassend zu informieren
Bsp.: § 99 I BetrVG
Anhörungsrecht
→ der AG muss den BR anhören und sich mit dessen Vorbringen auseinander-setzen
Bsp.: § 102 I BetrVG
Beratungsrecht
→ AG und BR müssen zu-sammenkommen und die Angelegenheit gemeinsam erörtern
Bsp.: § 111 BetrVG
Zustimmungsver-weigerungsrecht
→ der AG braucht die Zustimmung des BR, um eine bestimmte Maßnahme durchführen zu können
Bsp.: § 99 BetrVG
Durchsetzbare Mitbestimmung
→ der AG kann ohne die Zustimmung des BR nicht wirksam handeln
→ bei Uneinigkeit entscheidet die Einigungsstelle
Bsp.: § 87 BetrVG

Exkurs: Zeiterfassungspflicht der Gremiumsmitglieder
Frage: Müssen (teil-)freigestellte Mitglieder ihre eigene Arbeitszeit erfassen?
Antwort:
Hier ist zwischen der gesetzlichen Schutzfunktion und der Unabhängigkeit des Amtes abzuwägen:
Nicht-freigestellte Mitglieder: Sie unterbrechen für die Gremienarbeit ihre vertragliche Tätigkeit. Daher müssen sie sich beim Vorgesetzten abmelden und nach Ende der Tätigkeit wieder anmelden. Dies ist für die korrekte Entgeltfortzahlung und die Arbeitsorganisation zwingend erforderlich.
Freigestellte Mitglieder (These des Verfassers): Ich vertrete die Auffassung, dass für vollständig freigestellte Mitglieder keine Pflicht zur Arbeitszeiterfassung besteht. Eine detaillierte Zeiterfassung durch den Dienstherrn widerspricht der Unabhängigkeit des Mandats, da sie ein unzulässiges Kontrollinstrument über die Amtsausübung darstellt.
Hinweis: Diese Auffassung ist umstritten, da der Gesundheitsschutz (Ruhezeiten) auch für Freigestellte gilt.
Teilfreigestellte Mitglieder: Hier sollte lediglich die vertragliche Arbeitszeit regulär erfasst werden. Für die Zeiten der Freistellung empfiehlt sich eine rein summarische Dokumentation der Dauer (ohne inhaltliche Prüfung), um den Anforderungen des Arbeitsschutzes ohne Gefährdung der Amtsautonomie zu begegnen.
Literaturempfehlungen zur Vertiefung: »Arbeitszeiterfassung – auch für Freigestellte?« von Klimpe-Auerbach, Der Personalrat 2023, 22 ff; »Arbeitszeiterfassung für Betriebsräte?« von Wirlitsch/Geiger, Arbeitsrecht im Betrieb (AiB) 2024, S. 21ff.

3. Hat der Betriebs-/Personalrat ein Kontrollrecht in Bezug auf Arbeitsverträge?

Da Arbeitsverträge in § 80 Abs. 1 Nr. 1 BetrVG / § 62 Abs. 1 Nr. 2 BPersVG nicht erwähnt werden, hat der Betriebs-/Personalrat in diesem Bereich nur ein eingeschränktes Kontrollrecht. Den individuellen Arbeitsvertrag zwischen dem Arbeitgeber und einem konkreten Arbeitnehmer und dessen Einhaltung kann der Betriebs-/Personalrat beispielsweise nicht kontrollieren.

Allerdings kann er vom Arbeitgeber verlangen, dass dieser ihm die seinerseits verwendeten **Formulararbeitsverträge** vorlegt. Deren Inhalt (etwa in Bezug auf Arbeitszeitklauseln oder Überstundenregelungen) darf der Betriebs-/Personalrat auf rechtliche Zulässigkeit überprüfen. Dies ist durch die BAG-Rechtsprechung zur Zeiterfassung nun noch relevanter, da vertragliche Pauschalabgeltungen nun am Maßstab der objektiv erfassten Zeiten messbar sind.

4. Wie weit geht das Kontrollrecht des Betriebs-/Personalrats?

Die allgemeine Überwachungsaufgabe bildet die Grundlage für die Gremienarbeit und muss kontinuierlich wahrgenommen werden. Für das Kontrollrecht ist es irrelevant, ob dem Betriebs-/Personalrat in der zu kontrollierenden Angelegenheit konkrete Mitbestimmungs- oder Mitwirkungsrechte zustehen. Er darf zudem sowohl präventiv als auch repressiv tätig werden. Demnach muss kein tatsächlicher Rechtsverstoß oder konkrete Anhaltspunkte diesbezüglich vorliegen, damit der Betriebs-/Personalrat aktiv werden kann. Die Überwachungsaufgabe beschränkt sich auf die Rechtskontrolle und erlaubt dem Betriebs-/Personalrat nicht die Vornahme einer Zweckmäßigkeitskontrolle. Bei Erfüllung seiner Aufgaben muss der Betriebs-/Personalrat immer entsprechend dem Gebot der vertrauensvollen Zusammenarbeit handeln.

5. Wie hat der Betriebs- oder Personalrat seine Überwachungsaufgabe wahrzunehmen?

Der Arbeitgeber muss den Betriebs- bzw. Personalrat unaufgefordert rechtzeitig und umfassend unterrichten, damit dieser auf Grundlage der Informationen etwa die Einhaltung des ArbZG oder der Arbeitszeitvorgaben aus einem Tarifvertrag überprüfen kann. Diese Mitteilungspflicht umfasst also insbesondere auch den zeitlichen Umfang des Arbeitseinsatzes (z. B. Arbeitsbeginn und -ende, Pausen, Ruhezeiten), aber auch den Einsatzort und die Arbeitsaufgabe.

Auf Verlangen sind dem Gremium zudem jederzeit die erforderlichen Unterlagen zur Verfügung zu stellen (**§ 80 Abs. 2 Satz 2 BetrVG / § 68 Abs. 2 BPersVG**). Dazu gehören insbesondere:

- Unterlagen zu Arbeitszeit- und Gleitzeitkonten aller Beschäftigten.
- **Neu:** Nach der BAG-Rechtsprechung (13. 9. 2022) umfasst dieser Anspruch auch den Einblick in das vom Arbeitgeber zu führende objekti-

ve Zeiterfassungssystem, um die Einhaltung der gesetzlichen Höchstarbeitszeiten effektiv zu überwachen.
- Auch wenn der Arbeitgeber solche Unterlagen noch nicht führt, ist er verpflichtet, diese zur Erfüllung der Kontrollaufgabe des Betriebsrats zu erstellen (BAG 6.5.2003 – 1 ABR 13/02).

6. Wie hat sich der Betriebs-/Personalrat bei einem festgestellten Verstoß zu verhalten?

Wird ein Verstoß festgestellt, ist zunächst eine innerbetriebliche Lösung zu suchen. Das Gremium darf nicht eigenmächtig in Betriebsabläufe eingreifen, sondern muss den Arbeitgeber auf den Missstand hinweisen und zur Abhilfe auffordern. Bei fruchtlosem Verstreichen von Fristen sollte ein deutlicher Verweis auf rechtliche Schritte erfolgen.
Weigert sich der Arbeitgeber weiterhin den konkreten Missstand zu beseitigen, ist der Betriebs-/Personalrat berechtigt und ggf. verpflichtet, die zuständigen Aufsichtsbehörden zu informieren (vgl. Kapitel »Aufsichtsbehörden« S. 296ff.).Während Individualrechte primär vom Arbeitnehmer selbst gerichtlich durchgesetzt werden müssen, kann das Gremium bei groben Verstößen gegen Arbeitgeberpflichten (z. B. Verweigerung der Zeiterfassung) ein Verfahren nach § 23 Abs. 3 BetrVG (bzw. entsprechende personalvertretungsrechtliche Verfahren) einleiten, um die Einhaltung der gesetzlichen oder betrieblichen Ordnung gerichtlich zu erzwingen.

IX. Rechtsschutz vor Gericht

1. Welches Gericht ist für Streitigkeiten von Arbeitnehmern in Sachen Arbeitszeit zuständig (Individualarbeitsrecht)?

Das gesamte Arbeitsrecht unterliegt nach Art. 74 Abs. 1 Nr. 12 Grundgesetz (GG) der konkurrierenden Gesetzgebung. Für Streitigkeiten auf dem Gebiet des Individualarbeitsrechts hat der Bundesgesetzgeber unterschiedliche Gerichte für zuständig erklärt. Während für Arbeitnehmer der Privatwirtschaft und Arbeitnehmer des öffentlichen Dienstes die Arbeitsgerichte zuständig sind (§ 2 Abs. 1 Nr. 3 Arbeitsgerichtsgesetz [ArbGG]), sind für individualrechtliche Streitigkeiten von Beamten die Verwaltungsgerichte zuständig (§ 126 Abs. 1 Bundesbeamtengesetz [BBG] bzgl. Bundesbeamten und § 54 Abs. 1 Beamtenstatusgesetz [BeamtStG] bzgl. Landesbeamten).

Welches Arbeitsgericht örtlich zuständig ist, ergibt sich aus §§ 46 Abs. 2, 48 Abs. 1a ArbGG in Verbindung mit den Regelungen der Zivilprozessordnung (insb. §§ 12ff., 495 ZPO).
Das örtlich zuständige Verwaltungsgericht wird nach § 52 Abs. 4 Verwaltungsgerichtsordnung (VwGO) ermittelt.

2. Welches Gericht ist für Streitigkeiten der Betriebsräte in Sachen Arbeitszeit zuständig (Betriebsverfassungsrecht)?

Für das Betriebsverfassungsrecht hat der Bundesgesetzgeber im Rahmen seiner konkurrierenden Gesetzgebungskompetenz ebenfalls die Arbeitsgerichte für zuständig erklärt (§ 2a Abs. 1 Nr. 1 ArbGG). Für die Betriebsräte, die Fragen betreffend die Arbeitszeit klären lassen wollen, ist also das Arbeitsgericht zuständig.
Für die örtliche Zuständigkeit gilt das Gleiche wie bei Frage 1.

3. Welches Gericht ist für Streitigkeiten von Personalräten in Sachen Arbeitszeit zuständig (Personalvertretungsrecht)?

Für das Personalvertretungsrecht, welches zum öffentlichen Dienstrecht zählt (BVerfG 3.10.1957 – 2 BvL 7/56), sind im Augenblick die Verwaltungsgerichte zuständig (§ 40 Abs. 1 Satz 2 VwGO). Für die Personalräte, die Fragen betreffend die Arbeitszeit klären lassen wollen, sind also die Verwaltungsgerichte zuständig. Dies könnte sich aber zukünftig ändern (vgl. Frage 4).

4. Könnte sich die Zuständigkeit der Verwaltungsgerichte auf dem Gebiet des Personalvertretungsrechts zukünftig ändern?

Ja, das ist ggf. ab dem 1.1.2025 möglich.
Für Streitigkeiten des Landespersonalvertretungsrechts enthielt bisher § 106 BPersVG a.F. eine ausdrückliche bundesrechtliche Zuweisung zu den Verwaltungsgerichten.
§ 106 BPersVG ist mit der BPersVG-Novelle vom 15.6.2021 ersatzlos weggefallen, gilt jedoch noch bis zum 31.12.2024 fort (§ 131 BPersVG n.F.). Somit entfällt ab dem 1.1.2025 die ausdrückliche bundesrechtliche Zuweisung des Landespersonalvertretungsrechts zu den Verwaltungsgerichten und es gelten die allgemeinen Regelungen über die gerichtlichen Zuständigkeiten. Nach § 40 Abs. 1 Satz 1 VwGO sind für das Personalvertretungsrecht die Verwaltungsgerichte zuständig. Allerdings können öffentlich-rechtliche Streitigkeiten auf dem Gebiet des Landesrechts

durch Landesgesetz anderen Gerichten zugewiesen werden (§ 40 Abs. 1 Satz 2 VwGO). Der Landesgesetzgeber könnte folglich festlegen, dass ab dem 1.1.2025 die Arbeitsgerichte für Streitigkeiten auf dem Gebiet des Landespersonalvertretungsrechts zuständig sind.

5. Welche Gründe sprechen für eine zukünftige Zuständigkeit der Arbeitsgerichte?

Das Hauptargument ist, dass die Verwaltungsgerichte im Vergleich zu den Arbeitsgerichten sehr langsam sind und doppelt so lange wie die Arbeitsgerichte benötigen, um vergleichbare Rechtsstreitigkeiten zu entscheiden.[57]

Weitere Gründe für die zukünftige Zuständigkeit der Arbeitsgerichte sind u.a. die Befreiung der Verwaltungsgerichte von der Anwendung einer für sie fremden Gerichtsordnung (in Baden-Württemberg müssen die Verwaltungsgerichte z.B. gem. § 92 Abs. 2 LPVG teilweise Vorschriften des ArbGG anwenden)[58] und die erwünschte Steigerung der Rechtssicherheit und -einheit, wenn sämtliche arbeitsrechtliche Fragestellungen ausschließlich von Arbeitsgerichten behandelt werden. Dies alles spricht dafür, dass die Landesgesetzgeber von der Möglichkeit, die Arbeitsgerichte für personalvertretungsrechtliche Streitigkeiten für zuständig zu erklären, Gebrauch machen sollten.[59]

X. Straf- und Bußgeldvorschriften

1. Droht bei jedem Verstoß gegen eine arbeitszeitrechtliche Bestimmung eine Sanktion?

Nein. § 22 Abs. 1 ArbZG enthält einen abschließenden Katalog mit allen Verstößen, die mit einer Sanktion bedroht sind. Daraus folgt, dass nicht jeder Verstoß eine Ordnungswidrigkeit oder Straftat darstellt. Bei Verstößen, die nicht von § 22 ArbZG erfasst sind, kann lediglich die Aufsichtsbehörde mittels ordnungsbehördlicher Maßnahmen nach § 17 Abs. 2 ArbZG eingreifen.

Sollte ein Verstoß von § 22 Abs. 1 ArbZG erfasst sein, ist zu prüfen, ob es sich um eine Ordnungswidrigkeit oder Straftat handelt. In der Regel

57 Nachweise und Vertiefung Wirlitsch/Feldmann, NZA 2022, 1317.
58 Klimpe-Auerbach, § 92 Rn. 11ff.
59 Wirlitsch/Feldmann, NZA 2022, 1317.

stellen Verstöße gegen Arbeitszeitbestimmungen Ordnungswidrigkeiten dar. Erst wenn die strengeren Voraussetzungen des § 23 ArbZG erfüllt sind, liegt eine Straftat vor. Durch die festgelegten Geldbußen und Freiheits- oder Geldstrafen soll die künftige Befolgung des ArbZG sichergestellt werden.

Praxistipp:
Ein Hinweis für die Praxis ist der Gerichtsstand am Erfüllungsort gemäß § 48 Abs. 1a ArbGG. Arbeitnehmer, die ihre Tätigkeit gewöhnlich von einem festen Ort aus verrichten (z.B. im Home-Office), können Klagen in Sachen Arbeitszeit auch an dem für diesen Ort zuständigen Arbeitsgericht erheben. Dies erleichtert den Rechtsschutz bei modernen, ortsunabhängigen Arbeitsformen erheblich.

2. Was ist eine Ordnungswidrigkeit nach § 22 ArbZG?

Eine Ordnungswidrigkeit ist eine rechtswidrige und vorwerfbare Handlung, die den Tatbestand eines Gesetzes verwirklicht, das die Ahndung mit einer Geldbuße zulässt (§ 1 Abs. 1 Gesetz über Ordnungswidrigkeiten – OWiG). Die sanktionierbaren Verstöße sind abschließend in § 22 Abs. 1 ArbZG aufgezählt. Es kann vorsätzliches, aber auch fahrlässiges Handeln des Arbeitgebers mit einer Geldbuße von bis zu **30 000 Euro** geahndet werden (§ 22 Abs. 1, 2 ArbZG).

Beispiele:
- Der Arbeitgeber gewährt zu kurze Ruhepausen oder unterschreitet die elfstündige Ruhezeit.
- Der Arbeitgeber beschäftigt Arbeitnehmer unzulässigerweise an einem Sonn- oder Feiertag.
- Der Arbeitgeber kommt seiner Pflicht zur Aufzeichnung der über die werktägliche Arbeitszeit hinausgehenden Arbeitszeit (Mehrarbeit) nach § 16 Abs. 2 ArbZG nicht nach.

Hinweis für die Praxis:
Während die Pflicht zur Erfassung der Mehrarbeit unmittelbar bußgeldbewehrt ist, ist die vom BAG geforderte Erfassung der gesamten Arbeitszeit nach aktuellem Stand (vor Inkrafttreten der ArbZG-Novelle) noch nicht direkt über § 22 ArbZG sanktioniert, sofern es sich nicht um Mehrarbeit handelt.

Praxistipp: Einwilligung des Arbeitnehmers
Der betroffene Arbeitnehmer kann nicht wirksam in die Abweichung von einer Arbeitszeitvorschrift einwilligen. Da das ArbZG als Teil des öffentlichen Rechts dem Gesundheitsschutz und damit dem öffentlichen Interesse dient, steht es nicht zur Disposition der Vertragsparteien. Eine Einwilligung kann einen Verstoß des Arbeitgebers also nicht legitimieren. Nur in den seltenen Fällen, in denen das Gesetz eine Einwilligung ausdrücklich vorsieht (z. B. § 7 Abs. 7 ArbZG bei der Verlängerung der Arbeitszeit ohne Freizeitausgleich in kirchlichen Einrichtungen), kann dies den Arbeitgeber entlasten.

Wichtig:
Handelt der Arbeitgeber beharrlich oder gefährdet er durch die Verstöße vorsätzlich die Gesundheit der Beschäftigten, so wandelt sich die Ordnungswidrigkeit in eine Straftat um (§ 23 ArbZG), die mit einer Freiheits- oder Geldstrafe geahndet werden kann.

Praxistipp:
»Beharrlich« handelt, wer aus einer gesteigerten Gleichgültigkeit heraus immer wieder gegen die Vorschriften verstößt, insbesondere nachdem er bereits durch die Aufsichtsbehörde oder den Betriebs-/Personalrat auf die Rechtswidrigkeit hingewiesen wurde. In diesen Fällen handelt es sich nicht mehr um eine bloße Geldbuße, sondern um eine Straftat, die direkt durch die Staatsanwaltschaft verfolgt wird.

3. Was ist eine Straftat nach § 23 ArbZG?

Zunächst gilt dasselbe wie bei einer Ordnungswidrigkeit. Verstöße gegen das ArbZG können aber nur als Straftat geahndet werden, wenn zusätzlich eines der beiden »Erschwerungsmerkmale« des § 23 Abs. 1 ArbZG erfüllt ist: Gefährdung der Gesundheit oder Arbeitskraft (Nr. 1) oder beharrliche Wiederholung eines Verstoßes (Nr. 2).
Konkretisierung der Merkmale:

- **Gefährdung (§ 23 Abs. 1 Nr. 1 ArbZG):** [...] Unter Gesundheit ist die Abwesenheit von Krankheit zu verstehen. [...] Der Verantwortliche muss den Verstoß vorsätzlich begangen haben (wobei **bedingter Vorsatz**, also das billigende Inkaufnehmen des Verstoßes, ausreicht). Ob er die konkrete Gefährdung vorsätzlich oder fahrlässig verursacht hat, ist für die Strafbarkeit unerheblich, beeinflusst jedoch das Strafmaß (§ 23 Abs. 1, 2 ArbZG).
- **Beharrlichkeit (§ 23 Abs. 1 Nr. 2 ArbZG):** Eine beharrliche Wiederholung liegt vor, wenn der Täter aus einer gesteigerten Gleichgültigkeit heraus immer wieder gegen Vorschriften verstößt. Dies ist bereits

ab zwei vorsätzlichen Verstößen möglich, wenn eine rechtsfeindliche Einstellung erkennbar ist. In der Praxis ist dies insbesondere dann anzunehmen, wenn der Arbeitgeber trotz ausdrücklicher Beanstandung durch die Aufsichtsbehörde oder fundierter Rüge durch den Betriebs-/ Personalrat sein rechtswidriges Verhalten (z. B. die systematische Nicht-Erfassung von Mehrarbeit) fortsetzt.

Verfahrenshinweis: Stellt die Aufsichtsbehörde fest, dass ein Straftatbestand nach § 23 ArbZG vorliegen könnte, darf sie das Bußgeldverfahren nicht mehr selbst zu Ende führen, sondern muss den Vorgang an die Staatsanwaltschaft übergeben. Im Gegensatz zur Ordnungswidrigkeit droht hier keine Geldbuße, sondern eine Geldstrafe oder Freiheitsstrafe, was zudem einen Eintrag in das Bundeszentralregister (»Vorstrafe«) zur Folge haben kann.

4. Wer kann bei einer Ordnungswidrigkeit oder Straftat bestraft werden?

Grundsätzlich der Arbeitgeber. Auch ein Dritter (z. B. der Entleiher bei Arbeitnehmerüberlassung) kann Täter sein, wenn er für die Einhaltung der Vorschriften des Arbeitsschutzes verantwortlich ist (§ 13 ArbSchG, § 14 Abs. 1 und 2 Strafgesetzbuch – StGB).
Der Arbeitgeber oder Dritte kann sowohl durch aktives Tun als auch durch Unterlassen einen sanktionierbaren Verstoß begehen. Arbeitgeber im Sinne der §§ 22, 23 ArbZG ist jeder, der mindestens einen Arbeitnehmer im Sine des § 2 Abs. 2 ArbZG beschäftigt. Sofern ein faktisches Arbeitsverhältnis besteht, ist es unbeachtlich, ob der zugrundeliegende Arbeitsvertrag wirksam ist. Falls der Arbeitgeber eine juristische Person oder eine Personengesellschaft ist, erstreckt sich die sanktionsrechtliche Verantwortung auf den gesetzlichen Vertreter (§ 9 Abs. 1 OWiG / § 14 Abs. 1 StGB). Neben der handelnden natürlichen Person, die die Ordnungswidrigkeit begangen hat, kann auch die juristische Person / Personenvereinigung als solche mit einer Geldbuße belegt werden. Bei Begehung einer Straftat gibt es keine entsprechende strafbarkeitsausweitende Norm, dann wird also nur die handelnde natürliche Person bestraft.
Wenn die Leitung des Betriebs vollständig oder teilweise auf andere Personen übertragen wurde (z. B. Personalverantwortliche), wird die Verantwortung auf diese Personen ausgedehnt.

Wichtig für die Praxis: Die Delegation der Zeiterfassung auf die Arbeitnehmer (Selbstaufschreibung) entbindet die Leitungsebene nicht von der Kontrollpflicht. Eine Verletzung dieser Aufsichtspflicht kann als Ordnungswidrigkeit geahndet werden (§ 130 OWiG).

Besonderheit bei juristischen Personen: Neben der handelnden natürlichen Person (z. B. Geschäftsführer) kann gegen das Unternehmen selbst (GmbH, AG) eine Verbandsgeldbuße nach § 30 OWiG verhängt werden. Diese kann den wirtschaftlichen Vorteil aus dem Verstoß abschöpfen und deutlich über den Regelsatz von 30 000 Euro hinausgehen. Bei Begehung einer Straftat wird hingegen mangels Unternehmensstrafrecht in Deutschland nur die handelnde natürliche Person bestraft.

Fazit: Das »Wegschauen« bei der Arbeitszeiterfassung ist kein Schutz vor persönlicher und unternehmerischer Haftung.

5. Können auch Arbeitnehmer sanktioniert werden?

Grundsätzlich richtet sich das ArbZG an den Arbeitgeber. Eine persönliche Sanktionierung von Arbeitnehmern ist jedoch möglich, wenn diese eine **Arbeitgeberfunktion** wahrnehmen oder ihnen die Verantwortung für den Arbeitsschutz ausdrücklich übertragen wurde.

- **Beauftragte Personen:** Handelt ein Arbeitnehmer als »beauftragte Person« im Sinne des **§ 9 Abs. 2 OWiG** bzw. **§ 14 Abs. 2 StGB**, kann er persönlich für Verstöße haftbar gemacht werden. Dies setzt voraus, dass ihm die Leitung des Betriebs oder Teile davon eigenverantwortlich übertragen wurden.
- **Beispiel Schichtleiter:** Wird einem Schichtleiter die alleinige Verantwortung für die Einhaltung der gesetzlichen Pausen und Höchstarbeitszeiten in seiner Abteilung übertragen, kann er bei vorsätzlicher oder fahrlässiger Missachtung dieser Pflichten Adressat eines Bußgeldbescheids werden. Er rückt dann in die rechtliche Stellung des Arbeitgebers auf.
- **Aufsichtspflicht des Arbeitgebers:** Die Delegation entbindet den Arbeitgeber jedoch nie vollständig von seiner Verantwortung; ihn trifft weiterhin eine Überwachungspflicht hinsichtlich der beauftragten Person. Eine Verletzung dieser Pflicht kann als eigenständige Ordnungswidrigkeit nach **§ 130 OWiG** geahndet werden.
- **Arbeitsrechtliche Konsequenzen:** Unabhängig von staatlichen Bußgeldern können Verstöße gegen interne Arbeitszeitvorgaben oder Manipulationen bei der Zeiterfassung für jeden Arbeitnehmer arbeits-

rechtliche Konsequenzen (Abmahnung bis hin zur Kündigung) nach sich ziehen.

6. Können Betriebs- oder Personalrat sanktioniert werden?

Nein, ein Verstoß des Betriebs- oder Personalrats gegen seine allgemeine Überwachungsaufgabe (**§ 80 BetrVG** bzw. **§ 62 Abs. 1 Nr. 1 BPersVG**) führt nicht zu einer Sanktion nach den §§ 22 oder 23 ArbZG. Das Gremium überwacht die Einhaltung der Vorschriften, ist aber selbst nicht Adressat der Bußgeld- und Strafvorschriften des ArbZG.

Übersichtstabelle Sanktionen nach dem ArbZG

Verstoß	Sanktion	Rechtsgrundlage
Ordnungswidrigkeit (z. B. Pausenverstoß)	Bußgeld bis **30 000 €**	§ 22 ArbZG
Beharrliche Wiederholung	Geldstrafe oder Freiheitsstrafe	§ 23 ArbZG
Gefährdung der Gesundheit	Geldstrafe oder Freiheitsstrafe	§ 23 ArbZG
Aufsichtspflichtverletzung	Bußgeld (Abschöpfung des Vorteils)	§ 130 OWiG

7. Wer ist für die Verfolgung der Ordnungswidrigkeit oder Straftat zuständig?

Die Initiative für die Prüfung einer vermeintlichen Ordnungswidrigkeit oder Straftat kann von Arbeitnehmern oder vom Betriebs- oder Personalrat ausgehen. Im Rahmen der vertrauensvollen Zusammenarbeit sollte das Gremium jedoch zunächst versuchen, den Arbeitgeber intern zur Beseitigung des Missstandes zu bewegen. Bleibt dies erfolglos, muss der Betriebs- oder Personalrat die zuständige Arbeitsschutzbehörde unterstützen (**§ 89 Abs. 1 BetrVG / § 62 Abs. 2 BPersVG**).
Verfolgung von Ordnungswidrigkeiten: Zuständig ist die Verwaltungsbehörde (Aufsichtsbehörden im Sinne des § 17 Abs. 1 ArbZG). Hier gilt das **Opportunitätsprinzip**: Die Behörde entscheidet nach pflichtgemäßem Ermessen über die Einleitung eines Verfahrens.

> **Wichtig:**
> Ordnungswidrigkeiten verjähren meist nach zwei Jahren. Bei Dauerverstößen (z.B. fehlende Zeiterfassungssysteme) beginnt die Verjährung jedoch erst mit der Abstellung des Mangels.

Verfolgung von Straftaten: Bei Straftaten (§ 23 ArbZG) übernehmen die **Staatsanwaltschaft** und die Strafgerichte. Hier gilt das **Legalitätsprinzip** (Verfolgungspflicht). Sobald die Aufsichtsbehörde den Verdacht einer Straftat erlangt, muss sie den Fall zwingend an die Staatsanwaltschaft abgeben (§ 41 OWiG). Die Verjährungsfrist für Straftaten nach dem ArbZG beträgt in der Regel drei Jahre (§ 78 Abs. 3 Nr. 4 StGB).
Informationsrecht des Gremiums: Wird die Behörde eingeschaltet, hat der Betriebs- oder Personalrat einen Anspruch darauf, bei Besichtigungen hinzugezogen zu werden und über das Ergebnis der Prüfung sowie etwaige Auflagen informiert zu werden (§ 89 Abs. 2 BetrVG).

8. Wie hoch ist die Geldbuße bei einer Ordnungswidrigkeit?

Die Höhe des Bußgeldes richtet sich nach **§ 22 Abs. 2 ArbZG.**

- In den meisten Fällen (z. B. Verstöße gegen Ruhezeiten, Höchstarbeitszeiten oder die **Pflicht zur Arbeitszeiterfassung** gemäß § 22 Abs. 1 Nr. 1–7, 9, 10 ArbZG) sind Geldbußen bis zu **30 000 €** möglich.
- Im Falle von Verstößen gegen die Aushangpflicht (§ 22 Abs. 1 Nr. 8 ArbZG) beträgt der Rahmen bis zu **5000 €**.

Bemessungskriterien: Bei fahrlässigen Verstößen reduziert sich die höchstzulässige Geldbuße auf die Hälfte des angedrohten Höchstbetrags (§ 17 Abs. 2 OWiG). Die tatsächliche Höhe legt die Behörde nach pflichtgemäßem Ermessen fest. Dabei spielen die Schwere des Verstoßes, die wirtschaftlichen Verhältnisse des Arbeitgebers und etwaige Wiederholungsfälle eine Rolle.
Wirtschaftlicher Vorteil: Wichtig für die Praxis ist **§ 17 Abs. 4 OWiG:** Die Geldbuße soll den wirtschaftlichen Vorteil, den der Täter aus der Ordnungswidrigkeit gezogen hat, übersteigen. Reicht das gesetzliche Höchstmaß von 30 000 € hierfür nicht aus, kann die Behörde im Wege der Gewinnabschöpfung auch höhere Beträge festsetzen.

9. Wie hoch ist die Freiheits- oder Geldstrafe bei einer Straftat?

Bei einer Straftat nach § 23 Abs. 1 ArbZG (beharrliche Verstöße oder Gesundheitsgefährdung) ist eine Freiheitsstrafe bis zu einem Jahr oder

eine Geldstrafe möglich. Das Höchstmaß der Geldstrafe beträgt gemäß § 40 Abs. 1 Satz 2 StGB **360 Tagessätze**.
Bei einer Straftat nach § 23 Abs. 2 ArbZG (fahrlässige Gesundheitsgefährdung) beträgt der Rahmen bis zu sechs Monate Freiheitsstrafe oder eine Geldstrafe bis zu **180 Tagessätze**.

Bedeutung für die Praxis:

Finanzielle Auswirkung: Die Höhe eines einzelnen Tagessatzes richtet sich nach den persönlichen und wirtschaftlichen Verhältnissen des Täters (Nettoeinkommen). Bei Führungskräften kann eine Geldstrafe daher die Höchstgrenzen von Bußgeldern (30 000 €) deutlich überschreiten.

Vorstrafe: Eine Verurteilung wird in das Bundeszentralregister eingetragen. Ab einer Höhe von mehr als 90 Tagessätzen erscheint die Strafe zudem im polizeilichen Führungszeugnis, womit der Betroffene offiziell als vorbestraft gilt.

Persönliche Haftung: Da das Strafrecht in Deutschland an die individuelle Schuld anknüpft, trifft die Strafe stets die handelnde Person (z. B. Geschäftsführer, Personalleiter) persönlich und nicht das Unternehmen als juristische Person.

Checkliste: Rechtsschutz und Sanktionen

1. **Den richtigen Rechtsweg wählen**
   - **Privatwirtschaft:** Individualklagen (Arbeitnehmer [AN]) und Beschlussverfahren (Betriebsrat [BR]) vor dem Arbeitsgericht.
   - **Öffentlicher Dienst:** Klagen von Beamten und Verfahren des Personalrats vor dem Verwaltungsgericht (Fachkammern).
   - **Tipp:** Bei Home-Office kann oft am Wohnsitz des AN geklagt werden (§ 48 Abs. 1a ArbGG).
   - **Eilfall:** Bei drohenden vollendeten Tatsachen (z. B. Einführung von Überwachungssoftware) einstweilige Verfügung beantragen.
2. **Überwachung durch BR/PR**
   - **Informationsrecht:** Der Arbeitgeber muss unaufgefordert über Arbeitszeiten unterrichten (§ 80 Abs. 2 BetrVG / § 68 BPersVG).
   - **Einsichtsrecht:** Das Gremium hat Anspruch auf Lesezugriff auf das elektronische Zeiterfassungssystem (BAG 13. 9. 2022).
   - **Behördenkontakt:** Unterstützung der Aufsichtsbehörde bei Verstößen (§ 89 BetrVG / § 62 BPersVG), sofern interne Abhilfeversuche gescheitert sind.
3. **Sanktionen vermeiden (Haftungs-Check)**
   - **Ordnungswidrigkeit:** Bußgelder bis 30 000 € bei Pausen-, Ruhezeit- oder Dokumentationsverstößen (§ 22 ArbZG).
   - **Straftat:** Freiheitsstrafe oder Geldstrafe bis 360 Tagessätze bei beharrlichen Verstößen oder Gesundheitsgefährdung (§ 23 ArbZG).

- **Persönliche Haftung:** Auch beauftragte Personen (z.B. Schichtleiter) haften persönlich (§ 9 Abs. 2 OWiG).
- **Vorstrafe:** Ab 90 Tagessätzen erfolgt ein Eintrag im polizeilichen Führungszeugnis.

4. **Beweissicherung**
   - **Objektivität:** Elektronische Zeitstempel sind vor Gericht die stärksten Beweismittel.
   - **Dokumentation:** Rügen des Gremiums gegenüber dem Arbeitgeber schriftlich festhalten, um im Ernstfall »Beharrlichkeit« nachweisen zu können.

Praxistipp:
Diese Checkliste dient der Orientierung. Bei Einleitung gerichtlicher Schritte oder der Einschaltung der Staatsanwaltschaft sollte aufgrund der Komplexität (insbesondere der neuen BPersVG-Systematik) stets anwaltliche Hilfe in Anspruch genommen werden.

H. Besonders geschützte Gruppen

I. Sonderregelungen für Jugendliche und Auszubildende

1. Wo werden die Arbeitszeiten von Jugendlichen gesetzlich geregelt?

Die gesetzlichen Bestimmungen zur Arbeitszeit von Minderjährigen und Auszubildenden befinden sich im Jugendarbeitsschutzgesetz (JArbSchG).

2. Für wen gilt das JArbSchG?

Die Regeln des JArbSchG gelten für jede Art der Beschäftigung von Jugendlichen (sachlicher Geltungsbereich). Hierzu zählen also nicht nur diejenigen, die sich in einer beruflichen Ausbildung befinden, sondern auch minderjährige Arbeitnehmer oder Heimarbeiter, sowie solche, die sonstige Dienstleistungen erbringen, die der Arbeitsleistung von Arbeitnehmern oder Heimarbeitern ähnlich sind und diejenigen, die in einem der Berufsausbildung ähnlichen Ausbildungsverhältnis stehen (§ 1 Abs. 1 JArbSchG).

Zu letzteren gehören insbesondere Praktika oder Volontariate, aber auch Praxiszeiten, die in schulische Bildungsgänge integriert sind, sowie Ausbildungsverhältnisse zur beruflichen Fortbildung oder zur beruflichen Umschulung im Sinne von § 5 Abs. 4, 5 JArbSchG.[60] Nicht einbezogen sind hingegen Ausbildungsverhältnisse in einem öffentlich-rechtlichen Dienstverhältnis, wie zum Beispiel Rechts- und Lehramtsreferendare (§ 3 Abs. 2 Nr. 2 BBiG).[61]

---

60 ErfK-*Schlachter/Roloff*, JArbSchG § 1 Rn. 12.

61 Schaub-*Vogelsang*, § 161 Rn. 7.

Unerheblich ist im Übrigen, ob der Vertrag rechtswirksam geschlossen wurde oder überhaupt ein Entgelt vereinbart ist. Auch in diesen Fällen ist das JArbSchG anzuwenden (OLG Hamm 14.8.1987 – 6 Ss OWi 445/86).

3. Wie lang dürfen Jugendliche arbeiten?

Es gilt eine Höchstarbeitszeit von acht Stunden täglich, auch für Minderjährige (§ 8 Abs. 1 JArbSchG). Tägliche Arbeitszeit ist die Zeit vom Beginn bis zum Ende der täglichen Beschäftigung ohne die Ruhepause (§ 4 Abs. 1 JArbSchG).
Darüber hinaus darf die **wöchentliche Arbeitszeit** 40 Stunden nicht überschreiten. Als »Woche« gelten dabei die Tage von Montag bis Sonntag (§ 4 Abs. 4 Satz 1 JArbSchG).
Aber nicht nur tatsächliche Arbeitszeiten werden zu der Stundenzahl gerechnet. Fällt z.B. aufgrund eines Feiertages, der auf einen Werktag fällt, die Arbeitszeit aus, wird sie dennoch auf die wöchentliche Zeit angerechnet, so als wäre tatsächlich gearbeitet worden. Ebenso sind Berufsschultage und -wochen sowie Unterrichtszeiten und die Zeit, die für Prüfungen aufgewendet wird, bei der Arbeitszeit mit anzurechnen (§§ 9 Abs. 2, 10 Abs. 2 JArbSchG).

4. Wie wirken sich Berufsschulzeiten auf die betriebliche Arbeitszeit aus?

Antwort: Berufsschultage sind auf die wöchentliche Arbeitszeit anzurechnen. Ein wichtiger Schutzpunkt für die Praxis: Jugendliche dürfen an einem Berufsschultag mit mehr als fünf Unterrichtsstunden (einmal pro Woche) nicht mehr im Betrieb beschäftigt werden. Dieser Tag wird pauschal mit 8 Stunden auf die Wochenarbeitszeit angerechnet. Finden in einer Woche **Berufsschulwochen** (Blockunterricht) von mindestens 25 Stunden statt, ist der Jugendliche für die gesamte Woche von der betrieblichen Arbeit freigestellt; hier erfolgt eine Anrechnung von 40 Stunden.

> **Praxistipp zur Zeiterfassung:**
> Betriebs- und Personalräte sollten sicherstellen, dass die lückenlose Arbeitszeiterfassung auch für Auszubildende gilt. Das System sollte so programmiert sein, dass Verstöße gegen das Nachtarbeitsverbot (Beschäftigung nach 20:00 Uhr) oder die 12-stündige Ruhezeit sofort als Warnmeldung an das Gremium oder die Personalabteilung gemeldet werden.

5. Welche Ruhepausen sind einzuhalten?

Die Ruhepausen sind geregelt in § 11 JArbSchG. Eine Ruhepause muss mindestens 15 Minuten betragen, 30 Minuten bei einer Arbeitszeit von mehr als viereinhalb Stunden und 60 Minuten bei einer Arbeitszeit von mehr als sechs Stunden. Die Pause muss spätestens nach viereinhalb Stunden Arbeit erfolgen.

6. Was gilt für Schichtarbeit, Ruhezeit und Nachtruhe?

Weitere Regelungen zur Arbeitszeit von Jugendlichen findet sich in den §§ 12ff. JArbSchG.
Dies betrifft Schichtzeiten von nicht mehr als 10 Stunden bzw. acht Stunden im Bergbau unter Tage und elf Stunden in der Gastronomie, in der Landwirtschaft und Tierhaltung sowie auf Bau- und Montagestellen (§ 12 JArbSchG).
Des Weiteren dürfen Jugendliche nach Beendigung der täglichen Arbeitszeit nicht vor Ablauf einer ununterbrochenen »Freizeit« von mindestens 12 Stunden, also bis zum Arbeitsbeginn am folgenden Tag, beschäftigt werden (absolutes Beschäftigungsverbot, § 13 JArbSchG). Es sind alle Tätigkeiten untersagt, die vom Geltungsbereich des JArbSchG umfasst sind. Verboten sind damit auch Arbeitsbereitschaft, Rufbereitschaft und Bereitschaftsdienst.[62] Zu beachten ist die Ausnahmeregelung des § 14 Abs. 7 JArbSchG; diese besagt, dass die ununterbrochene Freizeit nach Arbeitsende sogar 14 Stunden betragen muss, wenn der Jugendliche bei Musikaufführungen etc. bis 23 Uhr mitgewirkt hat.
Gemäß der zu gewährenden Nachtruhe dürfen Jugendliche nur zwischen 6 und 20 Uhr beschäftigt werden (§ 14 Abs. 1 JArbSchG). Ausnahmen hiervon gibt es nach Abs. 2 für Jugendliche über 16 Jahren in der Gastronomie oder im Schaustellergewerbe (bis 22 Uhr), in mehrschichtigen Betrieben (bis 23 Uhr), in der Landwirtschaft (zwischen 5 und 21 Uhr) sowie in Bäckereien und Konditoreien (ab 5 Uhr).

7. Kann von den Vorgaben abgewichen werden?

Von dem oben unter Frage 3–5 Gesagten kann unter gewissen Umständen abgewichen werden. Wenn zum Beispiel an einem Dienstag ein Feiertag ist und deswegen am Montag davor nicht gearbeitet werden soll, um ein verlängertes Wochenende zu ermöglichen, kann die an diesem Montag

---

62 ErfK-*Schlachter/Roloff*, JArbSchG § 13 Rn. 1.

ausgefallene Arbeitszeit von dem Jugendlichen an Werktagen in einem Zeitraum von fünf zusammenhängenden Wochen vor- oder nachgearbeitet werden, solange er weiterhin jeweils durchschnittlich nicht mehr als 40 Wochenstunden arbeitet und die tägliche Höchstarbeitszeit von 8,5 Stunden nicht überschreitet (§ 8 Abs. 2 JArbSchG).

Um eine flexiblere Handhabung zu gewährleisten, ohne die erforderliche Ausbildungszeit aus dem Auge zu verlieren, können Jugendliche, wenn sie an einzelnen Werktagen weniger als 8 Stunden beschäftigt werden (beispielsweise freitags), an den übrigen Werktagen dieser Woche bis zu 8,5 Stunden arbeiten, soweit die 40 Wochenstunden nicht überschritten werden (§ 8 Abs. 2a JArbSchG).

In der Landwirtschaft dürfen Jugendliche über 16 Jahre während der Erntezeit nicht mehr als neun Stunden pro Tag und nicht mehr als 85 Stunden in der Doppelwoche beschäftigt werden (§ 8 Abs. 3 JArbSchG).

Im Übrigen gibt es weitere Sonderregelungen für Bergleute und Binnenschifffahrer.

> **Hinweis:**
> Zu beachten ist stets, ob nach § 21a und § 21b JArbSchG in Tarifverträgen und Betriebsvereinbarungen abweichende Regelungen getroffen werden können.

8. Was droht bei Verstößen?

§ 58 JArbSchG normiert die Bußgeld- und Strafvorschriften für den Fall, dass der Arbeitgeber vorsätzlich oder fahrlässig gegen die Bestimmungen zum Jugend- und Auszubildendenschutz verstößt. Es drohen Geldbußen bis zu 30 000 € oder, im Falle einer beharrlichen Wiederholung der Verstöße oder einer Gefährdung der Gesundheit oder Arbeitskraft, eine Freiheitsstrafe bis zu einem Jahr bei vorsätzlichem bzw. sechs Monaten bei fahrlässigem Handeln.

Arbeitszeiten bei mehreren Arbeitgebern sind dabei zusammen zu rechnen (vgl. § 2 Abs. 1 Satz 1 2. Halbs. ArbZG).

II. Sonderregelungen für Schwangere und stillende Mütter

1. Gilt für Schwangere und (stillende) Mütter eine Höchstarbeitszeit?

Das ArbZG enthält für Schwangere und stillende Mütter keine besonderen Bestimmungen. Hier müssen vielmehr die speziellen Regelungen des Mutterschutzgesetzes (MuSchG) beachtet werden.
Schwangere dürfen nach dem MuSchG keine Mehrarbeit leisten, also nicht länger als maximal 8,5 Stunden täglich bzw. mehr als 90 Stunden pro Doppelwoche beschäftigt werden (§ 4 Abs. 1 MuSchG). Schwangere unter 18 Jahren dürfen nicht länger als 8 Stunden täglich und 80 Stunden in der Doppelwoche beschäftigt werden. Bei Berechnung der Doppelwoche sind Sonntage einzurechnen.
Arbeitszeiten bei mehreren Arbeitgebern sind zusammen zu rechnen (vgl. § 2 Abs. 1 Satz 1 2. Halbs. ArbZG).

2. Welche Ruhezeiten sind zu beachten?

Allen schwangeren oder stillenden Frauen (unabhängig ihres Alters) muss nach der Beendigung der täglichen Arbeitszeit eine ununterbrochene Ruhezeit von mindestens 11 Stunden gewährt werden (§ 4 Abs. 2 MuSchG). Die Regel entspricht inhaltlich § 5 Abs. 1 ArbZG und dient deswegen nur der Erinnerung und Verdeutlichung. Wichtig ist hierbei, dass die Ausnahmen für besondere Berufe, die § 5 Abs. 2 ArbZG vorsieht, in § 4 MuSchG nicht enthalten ist und somit für schwangere und stillende Mütter keine Ausnahmeregelungen gelten. Die Schwangere oder Stillende kann auf die Ruhezeit auch nicht verzichten. Verstößt der Arbeitgeber gegen diese Vorschriften, droht ihm ein Ordnungswidrigkeits- oder Strafverfahren (§§ 32, 33 MuSchG).

3. Können Ruhezeiten für Schwangere im Notfall verkürzt werden?

Nein. Während für andere Arbeitnehmer branchenbezogene Ausnahmen eine Verkürzung der Ruhezeit auf bis zu 10 Stunden zulassen (z. B. in der Pflege oder Gastronomie), ist die **11-stündige Ruhezeit** für schwangere und stillende Frauen **unabdingbar**. Das Mutterschutzgesetz (MuSchG) kennt keine Ausnahmen von dieser Schutzfrist; eine Einwilligung der Frau in eine Verkürzung ist rechtlich unwirksam.

4. Gibt es Sonderregelungen zur Lage der Arbeitszeit?

Schwangere und stillende Frauen dürfen nicht zwischen 20 und 6 Uhr beschäftigt werden (§ 5 Abs. 1 MuSchG).
Eine Beschäftigung in der Zeit von 20–22 Uhr kann nur unter bestimmten Voraussetzungen erfolgen. Zunächst muss die Schwangere dazu ausdrücklich bereit sein. Ohne Einwilligung der Schwangeren darf der Arbeitgeber eine Beschäftigung zwischen 20 und 22 Uhr nicht anordnen. Die Einwilligung durch die Schwangere ist jederzeit widerruflich. Erforderlich ist außerdem eine ärztliche Bescheinigung, dass nichts gegen die Beschäftigung in dieser Zeit spricht und dass eine unverantwortbare Gefährdung für die Schwangere oder ihr Kind durch Alleinarbeit ausgeschlossen ist (§ 28 Abs. 1 MuSchG).

5. Was gilt an Sonn- und Feiertagen?

Grundsätzlich darf der Arbeitgeber eine schwangere oder stillende Frau nicht an Sonn- und Feiertagen beschäftigen. Eine Ausnahme davon gilt – wie bei der Beschäftigung zwischen 20 und 22 Uhr – nur unter strengen Voraussetzungen.
Sonn- und Feiertagsarbeit kann bei (jederzeit widerruflicher) Zustimmung durch die Schwangere erfolgen, wenn nach ärztlichem Zeugnis nichts gegen die Beschäftigung spricht und eine unverantwortbare Gefährdung für die schwangere Frau oder ihr Kind durch Alleinarbeit ausgeschlossen ist. Der Frau ist im Anschluss an die Nachtruhezeit ein Ersatzruhetag zu gewähren (§ 6 MuSchG). Das gilt allerdings nur in Branchen, in denen eine Ausnahme vom Verbot der Sonn- und Feiertagsarbeit nach § 10 ArbZG vorliegt, etwa bei Not- und Rettungsdiensten sowie bei der Feuerwehr, in Krankenhäusern, Pflegeeinrichtungen oder in Gaststätten oder Hotels.

6. Ist Stillzeit Arbeitszeit im Sinne von § 7 MuSchG?

Gemäß § 7 MuSchG ist die zum Stillen erforderliche Zeit (mindestens zweimal täglich 30 Minuten oder einmal täglich 60 Minuten) als bezahlte Arbeitszeit zu werten. Sie darf weder vor- noch nachgearbeitet werden und darf nicht auf die Ruhepausen nach dem ArbZG angerechnet werden.

Praxistipp für die Zeiterfassung:
Im Zuge der BAG-Rechtsprechung zur lückenlosen Zeiterfassung muss sichergestellt werden, dass Stillzeiten im System nicht als »Pause« (unbezahlt), sondern als »bezahlte Freistellung/Arbeitszeit« verbucht werden. Ein automatischer Abzug durch das Zeiterfassungssystem wäre hier rechtswidrig.

7. Erfasst die Gefährdungsbeurteilung nach § 10 MuSchG auch die zeitliche Gestaltung der Arbeitszeit?

Die Gefährdungsbeurteilung nach § 10 MuSchG umfasst explizit auch die **zeitliche Gestaltung der Arbeit**. (z. B. Abendarbeit nach 20 Uhr, Sonntagsarbeit, Mehrarbeit) Sobald eine Frau ihre Schwangerschaft mitteilt, muss der Arbeitgeber prüfen, ob die Lage der Arbeitszeit (z. B. Abendarbeit nach 20 Uhr oder Sonntagsarbeit) den gesetzlichen Anforderungen entspricht. Verstöße gegen die Arbeitszeitgrenzen im Mutterschutz sind keine Kavaliersdelikte, sondern können mit hohen Bußgeldern geahndet werden. Der Arbeitgeber ist verpflichtet, die Gefährdungsbeurteilung und die Festlegung der Schutzmaßnahmen zu dokumentieren, § 14 MuSchG.

III. Sonderregelungen für Schwerbehinderte

1. Welche Sondervorschriften gibt es?

Arbeitgeber haben die Pflicht, die Betriebe und den jeweiligen Arbeitsplatz behindertengerecht zu gestalten. Das schreibt die UN-Behindertenrechtskonvention in Art. 27 vor. Hierauf hat der schwerbehinderte Arbeitnehmer einen einklagbaren Anspruch.[63]
Was dies in Deutschland für Auswirkungen auf die Gestaltung der Arbeitszeit von schwerbehinderten Menschen hat, konkretisiert § 164 Abs. 4 Nr. 4 Sozialgesetzbuch (SGB) IX. Hiernach besteht ein Anspruch auf behinderungsgerechte Arbeitszeit. Umfasst ist davon sowohl die Lage, als auch die Dauer. Insbesondere kann sich hieraus die Pflicht des Arbeitgebers ergeben, keine Nachtarbeit anzuordnen und/oder die Arbeitszeit auf eine Fünf-Tage-Woche zu begrenzen (BAG 3. 12. 2002 – 9 AZR 462/01).

---

63 ErfK-*Rolfs*, SGB IX § 164 Rn. 13.

2. Ab welcher täglichen Stunde können Schwerbehinderte die Arbeit verweigern?

Ein Schwerbehinderter kann gemäß § 207 SGB IX verlangen, von Mehrarbeit freigestellt zu werden. Als Mehrarbeit gilt in diesem Zusammenhang jede Arbeitszeit, die über acht Stunden täglich hinausgeht. Dies gilt selbst dann, wenn das ArbZG für die restliche Belegschaft eine Ausweitung auf 10 Stunden zulassen würde.

Praxisstipp: Die »Schutzmacht«
Betriebs- und Personalräte haben ein Initiativrecht zur behinderungsgerechten Gestaltung der Arbeitszeit. Wenn ein schwerbehinderter Kollege beispielsweise aufgrund seiner Behinderung keine Spätschichten leisten kann, muss das Gremium darauf hinwirken, dass der Dienstplan entsprechend angepasst wird, sofern dies für den Arbeitgeber zumutbar ist.

3. Haben Schwerbehinderte Anspruch auf Teilzeit?

Ja, »*wenn die kürzere Arbeitszeit wegen Art oder Schwere der Behinderung notwendig ist*« (§ 164 Abs. 5 SGB IX).

4. Kann der Arbeitgeber die Ansprüche des Schwerbehinderten ablehnen?

Beschränkt werden die Ansprüche der Schwerbehinderten auf solche Maßnahmen, die für den Arbeitgeber zumutbar oder nur mit verhältnismäßigem Aufwand verbunden sind. Es hat eine Interessenabwägung zu erfolgen zwischen den gesetzlich geschützten Ansprüchen des Schwerbehinderten und den wirtschaftlichen Interessen des Arbeitgebers. Bei letzterem sind die finanziellen Unterstützungen durch die Integrationsämter oder andere öffentliche Träger zu berücksichtigen.

5. Müssen Schwerbehinderte Überstunden oder Mehrarbeit leisten?

Nein. Ein schwerbehinderter Arbeitnehmer kann vom Arbeitgeber verlangen, keine Mehrarbeit (mehr als acht Stunden täglich) leisten zu müssen (§ 207 SGB IX).

6. Was passiert bei Verstößen des Arbeitgebers?

Verstößt der Arbeitgeber gegen die ihm obliegenden Verpflichtungen zur behindertengerechten Beschäftigung, kommen Schadensersatzansprüche des Schwerbehinderten gem. § 280 Abs. 1 BGB bzw. § 823 Abs. 2 BGB in Verbindung mit § 164 Abs. 4 Satz 1 SGB IX in Betracht.

IV. Sanktionen und Haftung bei Verstößen gegen Schutzgruppen

Drohen bei Verstößen gegen geschützte Gruppen höhere Strafen?
Ja. Verstöße gegen das Jugendarbeitsschutzgesetz oder das Mutterschutzgesetz werden von den Aufsichtsbehörden oft konsequenter geahndet als allgemeine Verstöße gegen das ArbZG. Bußgelder können bis zu **30 000 €** betragen. Bei einer beharrlichen Wiederholung oder einer vorsätzlichen Gefährdung der Gesundheit (z. B. durch systematische Nachtarbeit bei Schwangeren) liegt eine Straftat vor, die mit Freiheitsstrafe geahndet werden kann.

Checkliste: »Schutzmacht-Check« für besonders geschützte Gruppen

Bevor sie Dienstplänen oder Vereinbarungen zustimmen, die geschützte Personengruppen betreffen, sollten Betriebs- und Personalräte folgende Punkte prüfen:

- **Gefährdungsbeurteilung (§ 28a JArbSchG / § 10 MuSchG):** Liegt für den konkreten Arbeitsplatz eine aktuelle Gefährdungsbeurteilung vor, die die besonderen Risiken für Jugendliche oder (werdende) Mütter berücksichtigt?
- **Berufsschul-Anrechnung:** Wird sichergestellt, dass Jugendliche nach einem langen Berufsschultag (> 5 Std.) nicht mehr im Betrieb eingesetzt werden und die Zeit pauschal mit 8 Stunden angerechnet wird?
- **Striktes Nachtarbeitsverbot:** Erfasst das Zeiterfassungssystem automatisch Verstöße gegen das Beschäftigungsverbot nach 20:00 Uhr bei Jugendlichen und Schwangeren?
- **Unabdingbare Ruhezeiten:** Wird bei Schwangeren und Stillenden die 11-stündige Ruhezeit ohne jede Ausnahme (keine Branchenverkürzung!) gewahrt?
- **Mehrarbeitsverzicht (§ 207 SGB IX):** Werden schwerbehinderte Menschen aktiv auf ihr Recht hingewiesen, jede Arbeit über 8 Stunden täglich abzulehnen?
- **Überwachung der Sanktionsrisiken:** Ist der Leitung bekannt, dass Verstöße gegen diese Gruppen Bußgelder bis zu 30 000 € nach sich ziehen können?

I. Arbeit(szeit) 4.0

I. Work-Life-Balance, Work-Life-Blending und Work-Life-Separation

1. Was bedeutet Work-Life-Balance?

Beim Konzept der Work-Life-Balance geht es darum, ein ausgewogenes Verhältnis zwischen Privatleben und Berufsleben zu finden, Arbeits- und Privatleben sollen miteinander in Einklang stehen. Dies soll zu einer besseren Vereinbarkeit von Beruf, Freizeit und Familie beitragen.

2. Warum ist eine gute Work-Life-Balance wichtig?

Schlechtes Zeitmanagement und fehlende Erholung können zur Einschränkung sozialer Kontakte und Zunahme von Stress führen. Dies erhöht wiederum die Anfälligkeit für Erschöpfungszustände und Krankheiten. Mangelnde Regeneration trägt zu einer stetigen Abnahme der Leistungsfähigkeit bei und kann bis zum Burn-Out führen. Diesen negativen körperlichen und geistigen Zuständen kann durch eine gute Work-Life-Balance entgegengewirkt werden. Eine gute Work-Life-Balance sorgt für emotionale und körperliche Ausgeglichenheit und Stabilität und bildet so die Grundlage für ein gesundes Leben.

Im Endeffekt kann auch der Arbeitgeber seine Vorteile aus einer guten Work-Life-Balance der Arbeitnehmer ziehen. Die Arbeitnehmer sind ausgeglichener und gegebenenfalls motivierter. Dadurch sind sie während der Arbeitszeit belastbarer und produktiver und fallen seltener krankheitsbedingt aus.

3. Welche Faktoren können die Work-Life-Balance beeinflussen?

Die individuelle Work-Life-Balance hängt von vielen Faktoren ab. Sehr entscheidend ist die eigene Lebens- und Familienplanung, da diese das

Privatleben prägt. Daneben spielen die Arbeitsorganisation und die eigene Organisationsfähigkeit eine maßgebliche Rolle. Hinzu treten weitere Faktoren wie beispielsweise die Art der Tätigkeit (z. B. Leitungsposition, Angestellter, Selbstständiger) und die Branche, in der man tätig ist (z. B. Automobilindustrie, Baugewerbe, Medienbranche).

4. Welche Gesetze fördern eine bessere Work-Life-Balance?

Ein Work-Life-Balance-Gesetz existiert zwar nicht, aber einige Gesetze dienen unter anderem der Gewährleistung von produktiver Arbeitszeit und ausreichender Erholungszeit. Dazu zählen beispielsweise:

- Arbeitsschutzgesetz (ArbSchG),
- Arbeitsstättenverordnung (ArbStättV),
- Arbeitszeitgesetz (ArbZG),
- Bildschirmarbeitsverordnung (BildscharbV),
- Betriebssicherheitsverordnung (BetrSichV),
- Bundesurlaubsgesetz (BUrlG),
- Gesetz zum Elterngeld und zur Elternzeit (BEEG),
- Teilzeit- und Befristungsgesetz (TzBfG),
- Kündigungsschutzgesetz (KSchG).

5. Welche betrieblichen Maßnahmen können eine bessere Work-Life-Balance unterstützen?

Der Arbeitgeber kann Arbeitnehmern auf vielen Wegen bei deren Tages- und Lebensplanung entgegenkommen. Eine Möglichkeit sind flexible Arbeitszeitmodelle und individuelle Vereinbarungen. Darüber hinaus kann der Arbeitgeber gegebenenfalls auch Sabbaticals oder andere Formen längerer Auszeit ermöglichen. Er kann auch für ein angenehmeres Arbeitsumfeld und Erleichterungen im Alltag sorgen (z. B. Betriebssport, Kinderbetreuung im Betrieb).

6. Was bedeutet Work-Life-Blending?

Beim Work-Life-Blending verschmelzen Privat- und Berufsleben. Es gibt nicht mehr das Privatleben und das Berufsleben. Ziel ist es, den individuellen Bedürfnissen besser gerecht zu werden, indem man die Bereiche optimal miteinander vereinbart und stets das macht, was gerade zeitlich »passt«. Dieses Konzept ist nur bei flexiblen Arbeitszeitmodellen möglich.

7. Was sind Vor- und Nachteile von Work-Life-Blending?

Das Hauptargument für dieses Konzept ist das hohe Maß an **Selbstbestimmung**. Arbeitnehmer sind flexibler und können während der eigentlichen Arbeitszeit private Termine wahrnehmen. Teilweise ist die Entkopplung von Arbeit und Arbeitsplatz sogar Voraussetzung, um überhaupt am Arbeitsleben zu partizipieren oder Bedingung, um sich für eine Stelle zu entscheiden. Zudem lassen sich unplanbare Produktivitätsphasen besser nutzen.

Gegen Work-Life-Blending spricht jedoch das Risiko der **ständigen Erreichbarkeit**, auch während eigentlich arbeitsfreier Zeit. Dies kann dazu führen, dass Arbeitnehmer unbezahlte Mehrarbeit leisten.

Wichtige Neuerung: Früher galt das Argument, eine genaue Aufzeichnung der Arbeitszeit sei bei konsequenter Verschmelzung von Berufs- und Privatleben kaum durchführbar. Diese Sichtweise ist heute **überholt**. Seit der wegweisenden Entscheidung des Bundesarbeitsgerichts zur **allgemeinen Pflicht zur Arbeitszeiterfassung** ist der Arbeitgeber verpflichtet, ein System einzuführen, mit dem die geleistete Arbeitszeit (Beginn, Ende, Dauer) lückenlos erfasst wird.

Gerade beim Work-Life-Blending wird die elektronische Zeiterfassung (z. B. per App) zum entscheidenden **Schutzanker**:

- Sie macht unbewusste Mehrarbeit sichtbar.
- Sie sichert die Einhaltung der 11-stündigen Ruhezeit nach jedem Arbeitseinsatz.
- Sie verhindert, dass die »Lebenszeit« unkontrolliert in die »Arbeitszeit« übergeht.

Ohne diese Dokumentation besteht die akute Gefahr, dass die Freizeit zu kurz kommt, was unmittelbar zur Gesundheitsgefährdung und zu Phänomenen wie der **Entgrenzung** führt. Hier rückt der Betriebs- bzw. der Personalrat als »**Schutzmacht**« ins Zentrum, um durch Betriebs- oder Dienstvereinbarungen sicherzustellen, dass Flexibilität nicht zur Selbstausbeutung führt.

Übersicht: Work-Life-Balance u. a.

Merkmal	Work-Life-Balance	Work-Life-Blending	Work-Life-Separation
Verhältnis	Einklang / Gleichgewicht	Verschmelzung	Strikte Trennung
Kernziel	Vereinbarkeit	Selbst-bestimmung	Schutz der Freizeit
Hauptrisiko	Starre Grenzen	Entgrenzung	Geringe Flexibilität
BR/PR-Fokus	Arbeitszeit-modelle	Zeiterfassung & Ruhezeit	Recht auf Abschalten

8. Was bedeutet Work-Life-Separation?

Dieses Konzept basiert auf der strikten Trennung von Privat- und Berufsleben. Dies ist vor allem in der Generation Z (nach 1995 Geborene) vermehrt erwünscht.

9. Ist Work-Life-Blending oder Work-Life-Separation das Konzept für die Zukunft?

Die Wunschvorstellung ist ein Arbeitsmodell, das sich nach den Bedürfnissen des Einzelnen richtet, also eine optimale Work-Life-Balance ermöglicht. Ob dies durch *Work-Life-Separation* oder *Work-Life-Blending* wahrscheinlicher ist, hängt maßgeblich von der individuellen Lebenseinstellung, Lebensplanung und Selbstdisziplin ab.
Die Reform 2026: Flexibilität vs. Selbstbestimmungsrecht Mit der geplanten Reform des ArbZG im Jahr 2026, die eine Abkehr vom starren 8-Stunden-Tag hin zu einer wöchentlichen Höchstarbeitszeit vorsieht, gewinnt diese Debatte eine neue Dimension. Das Konzept des **Work-Life-Blending** wird durch den Gesetzgeber faktisch gestärkt, da längere Arbeitsphasen an einzelnen Tagen rechtlich leichter mit privaten Unterbrechungen kombiniert werden können.
Hierbei rückt das **Selbstbestimmungsrecht der Arbeitnehmer** in den Fokus: Flexibilisierung darf keine Einbahnstraße sein, die nur dem betrieblichen Bedarf dient. Echte Souveränität bedeutet, dass der Beschäftigte selbst entscheiden kann, wann er arbeitet und wann er pausiert, um Privatleben und Beruf zu verweben. Doch diese neue Freiheit birgt ohne

klare Leitplanken erhebliche Gefahren der Entgrenzung und permanenten Verfügbarkeit.

Fazit für die betriebliche Praxis und die Mitbestimmung: Die heutigen technischen Rahmenbedingungen machen eine umfassende Entkoppelung der Arbeit von einem festen Ort und einer festen Zeit möglich. Ob dies jedoch zu einer echten Verbesserung der Lebensqualität führt, hängt entscheidend von der **Wachsamkeit der Interessenvertretungen** ab.

Es ist die zentrale Aufgabe der **Betriebs- und Personalräte**, durch den Abschluss von **Betriebsvereinbarungen oder Dienstvereinbarungen** (z. B. zur mobilen Arbeit oder zum »Recht auf Nichterreichbarkeit«) sicherzustellen, dass die neue Flexibilität das Selbstbestimmungsrecht des Einzelnen stützt und nicht untergräbt. Während die *Generation Z* verstärkt die *Work-Life-Separation* einfordert, um sich vor Überlastung zu schützen, drängt der Gesetzgeber in Richtung Flexibilisierung. Die Mitbestimmung muss hier sicherstellen, dass der Schutzwall der gesetzlichen Ruhezeiten unantastbar bleibt – egal ob im Betrieb, im Home-Office oder im »Blending«-Modell.

II. Home-Office, Telearbeit, mobile Arbeit

1. Wie sind die rechtlichen und gesellschaftlichen Rahmenbedingungen für Home-Office, mobile Arbeit und Telearbeit?

Bei dem flexiblen Arbeiten in Form von Home-Office, Telearbeit oder mobilem Arbeiten befindet sich der Arbeitsplatz außerhalb der eigentlichen Betriebsstätte des Arbeitnehmers (»Entbetrieblichung«). Insbesondere das sog. Home-Office ist sehr beliebt. Die Gründe liegen auf der Hand. Zum einen können sich die Arbeitnehmer die Anreise an den Arbeitsplatz sparen und ihre Arbeit bequem von zu Hause aus erledigen. Zum anderen profitieren sie durch das flexiblere Arbeiten von einer besseren Vereinbarkeit von Familie und Beruf. Und last but not least konnte dadurch insbesondere in der Frühphase der Corona-Pandemie aufgrund der Kontaktvermeidung die Pandemie wirksam eingedämmt werden. Damit wurde insbesondere der Gesundheitsschutz der Arbeitnehmer sichergestellt. Dies ist auch ein Grund, warum es auch für den Arbeitgeber von Nutzen ist. Damit wundert es nicht, dass das Home-Office zunehmend an Beliebtheit gewinnt. Laut statista[64] sprechen sich 73 % der Deutschen für einen gesetzlichen Anspruch auf Home-Office aus (Stand: 1. 10. 2022). Die im September 2021 abgewählte Bundesregierung hat den strukturellen Wandel der Wirtschafts- und Arbeitswelt auch erkannt und sich zum Ziel gesetzt, mobile Arbeit als wichtiges arbeits- und familienpolitisches Anliegen zu fördern und zu erleichtern und dafür einen rechtlichen Rahmen zu schaffen.[65] Dabei scheint sich die Erkenntnis durchzusetzen, dass es zumindest eines verbindlichen gesetzlichen Rahmens bedarf. Daraufhin wurde ein Referentenentwurf für ein Gesetz zur mobilen Arbeit (Mobile Arbeit-Gesetz – MAG) erstellt. Dieser Entwurf wurde am 14. 1. 2021 vom Bundesministerium für Arbeit und Soziales veröffentlicht, vor der Wahl der aktuellen Bundesregierung aber nicht umgesetzt.

2. Was versteht man unter Home-Office?

Der Begriff des Home-Office ist stark umgangssprachlich geprägt. Er ist nicht gesetzlich definiert. Laut Duden meint Home-Office einen mit Rechner und Kommunikationstechnik ausgestatteten Arbeitsplatz in der eigenen Wohnung. Mit dem umgangssprachlichen Begriff des Home-Office wird in Deutschland in der Regel die Telearbeit gemeint sein.

3. Was versteht man unter Telearbeit?

Der Begriff der Telearbeit wird in § 2 Abs. 7 ArbStättV definiert. Darin heißt es: »*Telearbeitsplätze sind vom Arbeitgeber fest eingerichtete Bildschirmarbeitsplätze im Privatbereich der Beschäftigten, für die der Arbeitgeber eine mit den Beschäftigten vereinbarte wöchentliche Arbeitszeit und die Dauer der Einrichtung festgelegt hat. Ein Telearbeitsplatz ist vom Arbeitgeber erst dann eingerichtet, wenn Arbeitgeber und Beschäftigte die Bedingungen der Telearbeit arbeitsvertraglich oder im Rahmen einer Vereinbarung festgelegt haben und die benötigte Ausstattung des Telearbeitsplatzes mit Mobiliar, Arbeitsmitteln einschließlich der Kommunikationseinrichtungen durch den Arbeitgeber oder eine von ihm beauftragte Person im Privatbereich des Beschäftigten bereitgestellt und installiert ist.*«
Damit bezeichnet die Telearbeit Arbeitsformen, bei denen Beschäftigte jedenfalls einen Teil ihrer Arbeit mithilfe eines vom Arbeitgeber fest eingerichteten Bildschirmarbeitsplatzes außerhalb des Betriebs/der Dienst-

64 *https://de.statista.com/themen/6093/homeoffice.*
65 *https://www.bmas.de/DE/Service/Gesetze-und-Gesetzesvorhaben/mobile-arbeit-gesetz.html.*

stelle erbringen. Dabei sind dann wiederum verschiedene Formen der Telearbeit denkbar.
Im Rahmen der **Teleheimarbeit** befindet sich der Arbeitsplatz permanent im Privatbereich des Beschäftigten.
Bei der **alternierenden Telearbeit** findet ein Wechsel zwischen dem fest installierten Arbeitsplatz in der Betriebsstätte und dem eingerichteten Arbeitsplatz in der privaten Wohnung des Arbeitnehmers statt.

4. Was versteht man unter mobiler Arbeit?

Das mobile Arbeiten wird auch mobile Telearbeit oder Mobile Office genannt und ist nicht gesetzlich definiert. Diese Organisationsform baut zwar ebenso auf einer Verbindung zum Betrieb auf, jedoch wird sie dadurch gekennzeichnet, dass sie weder an das Büro noch an den häuslichen Arbeitsplatz gebunden ist. Unter der Nutzung leistungsfähiger und moderner Geräte ist es den Arbeitnehmern möglich, die Arbeit von jedem beliebigen Ort zu verrichten.

5. Zählt die Fahrt im Firmenbus vom Sammelpunkt zum Einsatzort als Arbeitszeit?

Ja, zwingend. Mit dem **wegweisenden Urteil C-110/24 (Valencia-Urteil)** hat der EuGH klargestellt, dass Fahrten ab einem vom Arbeitgeber/Dienstherrn vorgegebenen Sammelplatz zum eigentlichen Einsatzort (und zurück) vollumfänglich als Arbeitszeit im Sinne der Richtlinie 2003/88/EG gelten. Dies betrifft insbesondere mobile Trupps (z. B. im handwerklichen Bereich oder Bauhöfen), die über keinen festen täglichen Arbeitsplatz verfügen.

Praxistipp:
Unterscheide strikt zwischen Arbeitszeitrecht und Vergütungsrecht:
- **Arbeitszeitrecht (Schutz):** Diese Fahrten zählen in die 48-Stunden-Woche und die 10-Stunden-Grenze. Die 11-stündige Ruhezeit beginnt erst, wenn die Beschäftigten wieder am Sammelpunkt (oder zu Hause) ankommen.
- **Vergütungsrecht (Bezahlung):** Während die Zeit rechtlich »Arbeitszeit« ist, kann durch Tarifvertrag oder (begrenzt) durch Dienst-/Betriebsvereinbarung eine abweichende Vergütung für diese Fahrzeiten geregelt sein, sofern der Mindestlohn gewahrt bleibt. Betriebs- und Personalräte sollten hier auf eine faire Entlohnung drängen, da die Beschäftigten während der Fahrt bereits der Weisungsgebundenheit unterliegen.

6. Wie kann Home-Office, Telearbeit oder mobile Arbeit eingeführt werden?

Durch eine einvernehmliche Regelung zwischen Arbeitgeber und Arbeitnehmer, sofern es nicht bereits bei Vertragsschluss vereinbart wurde. Die einseitige Einführung des Home-Office bzw. der Telearbeit über das Weisungsrecht des Arbeitgebers ist nicht denkbar (so LAG Berlin-Brandenburg 14.11.2018 – 17 Sa 562/18). Grundsätzlich hat der Arbeitgeber zwar ein Weisungsrecht gem. § 106 Gewerbeordnung (GewO) und § 611a Bürgerliches Gesetzbuch (BGB) über Inhalt, Ort und Zeit der Arbeitsleistung. Allerdings findet es seine Grenze in der Unverletzlichkeit der Wohnung nach Art 13 Abs. 1 Grundgesetz (GG).

7. Gibt es einen Anspruch auf Home-Office, Telearbeit oder mobiles Arbeiten?

Einen gesetzlich geregelten Anspruch auf Home-Office, Telearbeit oder mobiles Arbeiten gibt es (bislang) grundsätzlich nicht. Allerdings könnten einschlägige Tarifverträge oder Betriebs- bzw. Dienstvereinbarungen diesen Anspruch begründen.

Auch nach der Rechtsprechung gibt es Stand Oktober 2022 kein Recht auf eine Tätigkeit im Home-Office, da dadurch laut Rechtsprechung die unternehmerische Entscheidungsfreiheit tangiert wird (LAG Hessen 10.6.20215 – 6 Sa 451/14; LAG Rheinland-Pfalz 18.12.2014 – 5 SA 378/14). Und auch aus der Tatsache, dass ein Arbeitnehmer über einen langen Zeitraum seine Arbeit ganz überwiegend im Home-Office erbracht hat, lässt sich noch kein Anspruch auf (Beibehaltung von) Home-Office ableiten (LAG Rheinland-Pfalz 17.12.2014 – 4 Sa 404/14). Auch eine längere Tätigkeit im Home-Office schließt das Direktionsrecht des Arbeitgebers zum Arbeitsort also nicht aus. Legt der Arbeitsvertrag keinen festen Arbeitsort fest, kann der Arbeitgeber dieser auch weiterhin per Weisungsrecht bestimmen. Allerdings hat er bei der Zuweisung eines neuen Arbeitsorts (z. B. künftig Arbeit im Betrieb statt im Home-Office) stets billiges Ermessen zu beachten.

Hier ist jedoch die weitere Rechtsentwicklung sorgfältig zu beobachten. Der in Frage 1 erwähnte Gesetzentwurf sah einen Anspruch auf Home-Office vor, bei Ablehnung durch den Arbeitgeber bestand ein Begründungszwang. Sollte das Mobile Arbeit-Gesetz doch noch kommen, ändert sich die Sachlage.

8. Gelten die Vorschriften des ArbZG auch bei Home-Office, Telearbeit und mobiler Arbeit?

Ja. In jedem Fall finden die Vorschriften des Arbeitszeitgesetzes vollumfänglich Anwendung. Trotz der Flexibilisierung, die durch die verschiedenen Arbeitsorganisationen geschaffen wird, sind die Grenzen des ArbZG, insbesondere die Einhaltung der Höchstarbeitszeit, Ruhepausen und Ruhezeiten zu beachten. Dabei gilt insbesondere, dass dem Arbeitgeber die Pflicht obliegt, auch bei Home-Office, Telearbeit und mobiler Arbeit die werktägliche Arbeitszeit der Arbeitnehmer aufzuzeichnen. Um dieser Pflicht nachzukommen, muss die abgeleistete Mehrarbeitszeit auch im Rahmen der anderen Arbeitsorganisationen erfasst werden. Da dies dem Arbeitgeber regelmäßig unmöglich sein wird, ist es zulässig, den Arbeitnehmer zur Eigenaufzeichnung über den Umfang und die Lage der täglichen Arbeitszeit zu verpflichten sowie die Aufzeichnung auf Verlangen der Aufsichtsbehörde vorzulegen. Zu betonen ist, dass der Arbeitnehmer während der Ruhezeit zu keiner Arbeitsleitung – auch nicht von zu Hause – herangezogen werden darf. Es empfiehlt sich eine Unterrichtung und Sensibilisierung zur Eigenverantwortlichkeit und zur Einhaltung der arbeitszeitrechtlichen Vorschriften der Arbeitnehmer gem. § 12 ArbSchG durchzuführen.

9. Finden die Vorschriften zum Arbeitsschutz Anwendung?

Das ArbSchG findet bei allen Arbeitsorganisationsformen uneingeschränkt Anwendung. Damit hat der Arbeitgeber auch hierbei zu beachten, dass er die Arbeit derart gestaltet, dass eine Gefährdung für Leben und Gesundheit möglichst vermieden wird. Gemäß § 5 ArbSchG hat der Arbeitgeber durch eine Beurteilung zu ermitteln, welche mit der Arbeit verbundenen Gefährdungen für die Beschäftigten bestehen und welche Arbeitsschutzmaßnahmen erforderlich sind. Diese Gefährdungsbeurteilung hat er gemäß § 6 ArbSchG zu dokumentieren.

Für die Telearbeitsplätze gilt die Besonderheit, dass zudem auch die Arbeitsstättenverordnung (ArbStättV) gilt. Diese konkretisiert das ArbSchG und dient der Sicherheit und dem Schutz der Gesundheit der Beschäftigten beim Einrichten und Betreiben von Arbeitsstätten. Nach § 3 ArbStättV i. V. m. § 5 ArbSchG muss eine Gefährdungsbeurteilung vor erstmaligem Einrichten und Betreiben des Arbeitsplatzes durchgeführt werden. Dazu kann der Arbeitgeber die Informationen entweder durch eine Besichtigung des Teleheimarbeitsplatzes, sofern der Arbeitnehmer

zugestimmt hat, oder über gezieltes Erfragen der häuslichen Umstände einholen.
Das mobile Arbeiten unterliegt nicht der ArbStättV, da hierbei keine Bindung an einen bestimmten Arbeitsplatz besteht. Jedoch gilt das ArbSchG uneingeschränkt.
Die Arbeitnehmer trifft bezüglich des Arbeitsschutzes eine erhöhte Eigenverantwortung bei der Einhaltung der Arbeits- und Gesundheitsvorschriften gemäß § 15 ArbSchG.

10. Zählen auch die Arbeitnehmer, die außerhalb der Arbeitsstätte tätig sind, bei der Berechnung der Betriebsrats- bzw. Personalratsfähigkeit?

Ja. Beschäftigte sind, auch wenn sie räumlich außerhalb der betrieblichen Arbeitsstätte tätig sind, dennoch als betriebszugehörig anzusehen, solange sie in die arbeitstechnische Organisation des Betriebs/der Dienststelle eingebunden sind und der Arbeitgeber mit ihrer Hilfe den arbeitstechnischen Zweck des Betriebs verfolgt. Damit zählen sie bei der Berechnung der Betriebsratsfähigkeit bzw. der Personalratsfähigkeit des Betriebs hinzu und es gelten auch die Beteiligungsrechte des Betriebsrats bzw. Personalrats.

11. Wie steht es mit der Beteiligung von Betriebs- oder Personalrat?

Der Betriebsrat hat gemäß § 80 Abs. 1 Nr. 1 BetrVG eine Überwachungspflicht. Darunter fällt auch die Einhaltung der Vorschriften des ArbZG. Dabei sollen die Arbeitnehmer insbesondere vor einer Überbeanspruchung geschützt werden. Besteht der begründete Verdacht, dass die gesetzlichen Vorschriften nicht eingehalten werden, kann der Betriebsrat nach § 89 Abs. 1 Satz 2 BetrVG die zuständige Aufsichtsbehörde informieren, nachdem er fruchtlos beim Arbeitgeber vorher auf Abhilfe gedrängt hat. Des Weiteren haben die Betriebsräte Mitbestimmungsrechte über die Arbeitszeit einschließlich der Pausen, die Verteilung der Arbeitszeit auf die Wochentage gem. § 87 Abs. 1 Nr. 2 BetrVG und die Anwendung technischer Einrichtungen gem. § 87 Abs. 1 Nr. 6 BetrVG, welche auch bei der Telearbeit bzw. dem mobilen Arbeiten von Bedeutung sind. Zur Unterweisung der Beschäftigten zum Gesundheitsschutz, einschließlich der Gefährdungsbeurteilung, haben die Betriebsräte gem. § 87 Abs. 1 Nr. 7 BetrVG ein Mitbestimmungsrecht. Und auch das seit Juni 2021 durch das Betriebsrätemodernisierungsgesetz neu eingefügte Mitbestimmungs-

recht für mobile Arbeit (§ 87 Abs. 1 Nr. 14 BetrVG) ist zu beachten. Der Betriebsrat muss bei der Frage, wie mobile Arbeit im Detail auszugestalten ist, immer mitbestimmen. Wenn es also um die Frage der Arbeitszeit, des Arbeitsschutzes oder der Erreichbarkeit von mobil Arbeitenden geht, geht das nicht ohne Betriebsrat. Die Frage, »ob« überhaupt mobile Arbeit eingeführt wird, verbleibt allerdings beim Arbeitgeber. Der Betriebsrat hat folglich auch kein echtes Initiativrecht für mobiles Arbeiten.
Für Personalräte finden sich entsprechende Vorschriften in § 80 Abs. 1 Nr. 1, Nr. 16 und Nr. 21 BPersVG. Und auch Personalräten steht nach § 80 Abs. 1 Nr. 5 BPersVG bei der Einführung, Änderung und Aufhebung von Arbeitsformen außerhalb der Dienststelle ausdrücklich ein Mitbestimmungsrecht zu.
Die Rückholung aus dem Home-Office bzw. der Entzug von Telearbeit stellt grundsätzlich eine Versetzung im Sinne des § 95 BetrVG dar (LAG Düsseldorf 10.9.2012 – 12 Sa 505/14).
Die Coronapandemie schränkt die Rechte und Pflichten der Arbeitsvertragsparteien nicht ein. Die Versetzung in das Home-Office oder auf einen mobilen Arbeitsplatz ist nur nach allgemeinen Regeln möglich. Es besteht ohne eine entsprechende Rechtsgrundlage kein Zwang.

12. Müssen Betriebs- und Personalräte warten, bis der Gesetzgeber die Arbeitszeiterfassung neu regelt?

Nein. Nach der Grundsatzentscheidung des BAG (13.9.2022) besteht die Pflicht zur Arbeitszeiterfassung bereits jetzt unmittelbar aus dem Gesetz (§ 3 Abs. 2 Nr. 1 ArbSchG).
Initiativrecht der Gremien: Solange der Gesetzgeber keine spezifischen Vorgaben macht, haben die Betriebsparteien einen weiten Gestaltungsspielraum. Betriebs- und Personalräte haben ein **Initiativrecht** zur Einführung und Ausgestaltung eines Zeiterfassungssystems. Sollte der Arbeitgeber/Dienstherr sich weigern, ein »objektives, verlässliches und zugängliches System« einzuführen, kann dies über die **Einigungsstelle** erzwungen werden (§ 87 Abs. 1 Nr. 7 BetrVG bzw. die entsprechenden Mitbestimmungstatbestände der Personalvertretungsgesetze).

Exkurs: Wie ist der Unfallschutz im Home-Office geregelt?
Seit der Reform durch das Betriebsrätemodernisierungsgesetz vom 14. 6. 2021 besteht rechtliche Klarheit: Der Versicherungsschutz im Home-Office wurde an die Bedingungen im Betrieb angeglichen. Gemäß § 8 Abs. 1 Satz 3 SGB VII besteht Versicherungsschutz im gleichen Umfang wie an der Unternehmensstätte.
Das Bundessozialgericht (BSG) hat dies mit seinem Grundsatzurteil vom 8. 12. 2021 (Az. B 2 U 4/21 R) untermauert: Bereits der Weg zur erstmaligen Arbeitsaufnahme (z. B. vom Schlafzimmer zum Schreibtisch) gilt als versicherter Betriebsweg.
Was ist versichert? (Weg versus Verrichtung)
Entscheidend für die Beratung durch Betriebs- und Personalräte ist die Differenzierung zwischen dem versicherten Weg und der unversicherten privaten Tätigkeit:
Versichert (der Weg): Wege zum Holen eines Getränks, zur Toilette oder zum Drucker in einem anderen Raum. Auch der Weg zur Tür, um ein Paket mit beruflich benötigtem Büromaterial anzunehmen, ist geschützt.
Unversichert (die Verrichtung): Die eigentliche Nahrungsaufnahme (Essen/Trinken) oder die Annahme eines rein privaten Paketes gelten als »eigenwirtschaftliche« Tätigkeiten ohne gesetzlichen Schutz.

Checkliste: Home-Office- und Mobilarbeitsregelung

Bevor Sie einer Home-Office- oder Mobilarbeitsregelung zustimmen, sollten Sie **die folgenden Kernpunkte (Top 5) und die spezifischen Anforderungen an den Unfallschutz** prüfen:

A. **Die Top 5 Klauseln zur Rahmengestaltung:**
   1. **Freiwilligkeit & Rückkehr:** Beidseitige Freiwilligkeit und klare Fristen für die Rückkehr zum Betriebssitz.
   2. **Arbeitsmittel & Kosten:** Klärung der technischen Ausstattung und Pauschalen für Strom/Internet.
   3. **Erreichbarkeit:** Festlegung von Zeitfenstern zur Vermeidung von Entgrenzung (Recht auf Abschalten).
   4. **Zutrittsrecht & Schutz der Privatsphäre:** In der Theorie ist der Arbeitgeber/Dienstherr verpflichtet, den Arbeitsplatz im Home-Office auf Arbeitsschutzrisiken (Gefährdungsbeurteilung nach § 5 ArbSchG) zu prüfen. In der Praxis ist ein echtes Zutrittsrecht nicht durchsetzbar, da die Unverletzlichkeit der Wohnung (Art. 13 GG) Vorrang hat. Kein Be-

schäftigter muss dulden, dass der Arbeitgeber oder gar Gremienmitglieder private Räume (wie das Schlafzimmer, falls dort der Schreibtisch steht) betreten.

Empfehlung für die Praxis: Vorrang der Selbstauskunft: Ersetzen Sie das Zutrittsrecht durch eine verpflichtende **Selbstauskunft** oder Fotodokumentation des Arbeitsplatzes durch den Beschäftigten.

5. **Dokumentation:** Nutzung eines objektiven Zeiterfassungssystems.

B. Spezifischer Unfallschutz in der Vereinbarung:

- Aufklärung: Information der Beschäftigten über § 8 Abs. 1 S. 3 SGB VII.
- Meldewege: Festlegung einer unverzüglichen Meldepflicht für Unfälle im privaten Umfeld.
- Beweissicherung: Hinweis auf die Bedeutung der Arbeitszeiterfassung, um den Unfall zeitlich der versicherten Tätigkeit zuordnen zu können.
- Abgrenzung: Schulung von Führungskräften und Beschäftigten zum Unterschied zwischen versicherten Wegen und privaten Verrichtungen.
- Kita/Schule: Hinweis auf den bestehenden Schutz bei Wegen zur Kinderbetreuung auch aus dem Home-Office heraus.

III. Zeitsouveränität der Arbeitnehmer

1. Was bedeutet Zeitsouveränität?

Zeitsouveränität ist die Kontrolle über die Art und Weise, wie man seine Zeit verbringt.

2. Welche Rolle spielt Zeitsouveränität im Arbeitsrecht?

Zeitsouveränität (working-time autonomy, roster scheduling autonomy) soll Arbeitnehmern die Chance bieten, ihr Arbeitsleben bestmöglich zu organisieren. Im engeren Sinne bezeichnet Zeitsouveränität die Möglichkeit, die Arbeitszeit selbst zu wählen und die gewählte Zeit eigenständig einzuteilen. Im weiteren Sinne geht es um die Work-Life-Balance, in deren Rahmen das Arbeits- und das Privatleben nicht als zwei Leben, sondern als Bestandteile eines Lebens betrachtet werden sollten. Zeitsouveränität im weiteren Sinne betrifft somit die Beherrschung des gesamten Lebens.

3. Wann kann durch Zeitsouveränität ein positiver Effekt erzielt werden?

Dies hängt maßgeblich davon ab, wer die Flexibilität der Arbeitszeit bestimmt. Geschieht dies durch den Arbeitgeber (z. B. KAPOVAZ-Modell, vgl. Kapitel »Arbeit auf Abruf«, S. 142 ff.), wird die individuelle Zeitsouveränität des Arbeitnehmers in der Regel weiter eingeschränkt. Arbeitnehmer erlangen in der Regel erst dann einen tatsächlichen Zeitgewinn, wenn sie ein Mitspracherecht haben und die arbeitsfreien Zeiträume ein fester und berechenbarer Bestandteil im Wochenrhythmus geworden sind.
Subjektiv ist Zeitsouveränität ein Gefühl von Autonomie und Freiheit. Dieses Gefühl wird, neben den äußeren Rahmenbedingungen, hauptsächlich durch die eigene Einstellung zu Zeit bestimmt.

4. Welche Gefahren bestehen bei flexiblen Arbeitszeiten?

Zum einen können Druck und Zeitnot zu Zwängen führen, welche die Souveränität letztlich stark beschränken. Insbesondere die Pflicht zur ständigen Verfügbarkeit kann die individuelle Zeitsouveränität faktisch auf Null reduzieren. Zum anderen hängt Zeitsouveränität stark von der eigenen Organisationsfähigkeit ab, was bei manchen Arbeitnehmern dazu führen kann, dass sich nur ein geringer oder gar kein Zeitgewinn ergibt.
Wenn der Arbeitnehmer seine Arbeitsleistung zu einer bestimmten Zeit erbringen muss, handelt es sich um eine Fixschuld. Bei zunehmender (zeitlicher) Flexibilisierung verliert die Arbeitszeit ihren Fixschuldcharakter. In diesem Fall laufen Schutzvorschriften wie §§ 615, 616 BGB in **Gefahr, faktisch ins Leere zu laufen**, da mangels fest vereinbarter Arbeitszeit kein Annahmeverzug des Arbeitgebers begründet werden kann.

5. Welche rechtlichen Rahmenbedingungen bestehen hinsichtlich der Zeitsouveränität?

Nach den Maßgaben des Gesetzes über Teilzeitarbeit und befristete Arbeitsverträge (TzBfG) haben alle Arbeitnehmer grundsätzlich einen Rechtsanspruch auf Teilzeitarbeit (§ 8 TzBfG). Daneben können weitere gesetzliche Regelungen zu mehr Zeitsouveränität beitragen (z. B. Anspruch auf Elternzeit, Rahmenbedingungen zur Altersteilzeit und zum flexiblen Renteneintritt).

Folgende (Arbeits-)Modelle können eine flexible Gestaltung der (Arbeits-)Zeit ermöglichen:[66]

- Arbeitszeitmodelle mit einer kleineren Vollzeit und größeren Teilzeit in Korridoren zwischen 28 und 32 Stunden pro Woche;
- Arbeitszeitkonten: individuelle Arbeitszeiten können von Mitarbeitern angespart und abgegolten werden;
- Home-Office: Das Arbeiten an einem oder mehreren Tagen von zu Hause aus;
- Remote bzw. mobile Arbeit: Das Arbeiten kann an jedem beliebigen Ort stattfinden;
- Jobsharing: Mitarbeiter teilen sich Jobs; der Anteil muss nicht mehr 50:50 sein;
- Gleitzeit: Dienstzeiten liegen in definierten Zeitkorridoren;
- Wahlmöglichkeiten entlang des Lebenslaufs, etwa Elternzeit;
- Sabbatical: eine längere Auszeit, häufig ein Jahr.

6. Wo liegen die Grenzen der Zeitsouveränität? Führt Zeitsouveränität zum Wegfall der Schutzpflichten des Arbeitgebers?

Nein. Zeitsouveränität erfordert zwar Eigenverantwortung bei der Selbstorganisation, entbindet den Arbeitgeber oder Dienstherrn aber nicht von seiner gesetzlichen Verantwortung. Da das ArbZG zwingendes Recht zum Gesundheitsschutz ist, bleibt die Letztverantwortung für die Einhaltung von Höchstarbeits- und Ruhezeiten stets bei der Leitung.

7. Welche Aufgaben haben Betriebs- und Personalräte?

In der betrieblichen Praxis entsteht oft ein Spannungsverhältnis: Beschäftigte nehmen Regelungen der Interessenvertretung teils als Einschränkung ihrer Freiheit wahr. Hier muss der Betriebs- oder Personalrat als »Schutzmacht« auftreten. Seine Aufgabe ist es nicht, Souveränität zu beschneiden, sondern die rechtlichen Leitplanken (z. B. durch Dienst- oder Betriebsvereinbarungen) so stabil zu setzen, dass sich die individuelle Freiheit innerhalb eines sicheren, gesundheitsschonenden Rahmens bewegen kann.

66 In Anlehnung an *https://aiomag.de/zeitsouveraenitaet-flexible-arbeitszeiten-gegen-stress-im-alltag-13574.*

Merke: Freiheit versus Schutzpflicht

Keine Selbstausbeutung: Souveränität ist rechtlich keine Erlaubnis zur Grenzüberschreitung.

Kontrolle: Das Gremium muss die Einhaltung der Leitplanken überwachen (§ 80 BetrVG / § 62 BPersVG).

Akzeptanz: Klare Kommunikation, dass Regeln nicht der Gängelung, sondern dem langfristigen Erhalt der Arbeitskraft dienen.

Praxistipp: Die Gefahr der »Entgrenzung«

Subjektiv wird Zeitsouveränität oft als Gewinn an Freiheit wahrgenommen. Rechtlich birgt sie jedoch das Risiko der Entgrenzung, insbesondere durch ständige Erreichbarkeit. Betriebs- und Personalräte sollten in Vereinbarungen auf Folgendes achten:

Dokumentationszwang: Souveränität darf nicht als Argument gegen die Zeiterfassung missbraucht werden. Ein objektives System (BAG 2022) ist zwingend, um unbezahlte Mehrarbeit sichtbar zu machen.

Verlust des Fixschuldcharakters: Bei extrem hoher Flexibilität kann die Arbeitszeit ihren Charakter als »Fixschuld« verlieren. Dies kann dazu führen, dass Schutzrechte wie die Entgeltfortzahlung bei Annahmeverzug (§ 615 BGB) ins Leere laufen. Die Gremien müssen sicherstellen, dass das unternehmerische Risiko (Arbeitsmangel) nicht auf den »souveränen« Arbeitnehmer verlagert wird.

Revisionsrecht: Echte Souveränität bedeutet auch das Recht, zur betriebsüblichen Arbeitszeit zurückzukehren, falls die Selbstorganisation (z.B. im Home-Office) zu einer psychischen Überlastung führt.

Checkliste: Zeitsouveränität für die Gremien

- **Bevor Sie Modellen zu mehr Zeitsouveränität zustimmen, prüfen Sie:**
- **Rahmenvorgaben:** Sind trotz Flexibilität die spätestmögliche Lage des Arbeitsendes und die frühestmögliche Lage des Beginns definiert, um die Ruhezeit nach § 5 ArbZG technisch abzusichern?
- **Erreichbarkeit:** Ist klargestellt, dass »Souveränität« kein Synonym für »ständige Verfügbarkeit« ist?
- **Schulung:** Werden Beschäftigte und Führungskräfte zur Eigenverantwortung im Arbeitsschutz geschult, um die Gefahren der Selbstausbeutung zu minimieren?
- **Zeiterfassung:** Ermöglicht das System dem Betriebs- oder Personalrat die Kontrolle der tatsächlichen Belastung im Rahmen seiner Überwachungsaufgabe (§ 80 BetrVG / § 62 BPersVG)?

J. Sonderfragen

I. Außendienstmitarbeiter

1. Was ist ein Außendienstmitarbeiter?

Außendienstmitarbeiter sind Vertreter, die für eine bestimmte Region zuständig sind und regelmäßig Dienstreisen unternehmen, um im Unternehmensauftrag neue Kunden zu gewinnen, aktuelle Kunden zu beraten oder technische Arbeiten vor Ort zu erledigen. Außendienstmitarbeiter sind von Handelsvertretern, welche selbständig sind, zu unterscheiden.

2. Welche Rechte und Pflichten haben Außendienstmitarbeiter?

Außendienstmitarbeiter sind grundsätzlich feste Angestellte und daher weisungsabhängig. Sie haben als Arbeitnehmer die generellen Ansprüche (z. B. Anspruch auf Urlaub und Urlaubsgeld, Anspruch auf Lohnfortzahlung bei Krankheit, Ansprüche im Rahmen der Sozialversicherung). Es gelten auch die Vorschriften des ArbZG.

Bei Außendienstmitarbeitern gehört die Fahrtätigkeit bzw. Reisetätigkeit zu den vertraglich geschuldeten Hauptleistungspflichten. Daher zählt die Fahrt von der Wohnung zum ersten Kunden, von einem zum nächsten Kunden und vom letzten Kunden zurück zur Wohnung sowohl im Rahmen des ArbZG (BAG 22.4.2009 – 5 AZR 292/08) als auch im Rahmen der europäischen Arbeitszeitrichtlinie (EuGH 10.9.2015 – C-266/14) zur Arbeitszeit und muss folglich vom Arbeitgeber vergütet werden (zur Höhe der Vergütung siehe nachfolgender Abschnitt II.3.).

3. Vertritt der Betriebs- oder Personalrat Außendienstmitarbeiter?

Die Eingliederung in die Betriebsorganisation setzt keine Arbeit des Arbeitnehmers auf dem Betriebsgelände voraus, denn der Betriebsbegriff ist nicht räumlich zu verstehen. Entscheidend ist vielmehr, ob der Arbeitgeber mit Hilfe der Arbeitnehmer den arbeitstechnischen Zweck seines Betriebs verfolgt. § 5 Abs. 1 Satz 1 BetrVG stellt klar, dass es für den Arbeitnehmerbegriff im Sinne des BetrVG irrelevant ist, ob der Arbeitnehmer im Betrieb, im Außendienst oder mit Telearbeit beschäftigt wird. Die Außendienstmitarbeiter gehören dem Betrieb an, von dem sie ihre Weisungen erhalten.

II. Grundsätze der Vergütung / Arbeitszeit im vergütungsrechtlichen Sinne

1. Was versteht man unter Arbeitszeit im vergütungsrechtlichen und im arbeitszeitrechtlichen Sinne?

Von der Arbeitszeit im arbeitszeitrechtlichen Sinn (ArbZG) ist die Arbeitszeit im vergütungsrechtlichen Sinn (§ 611a BGB) zu unterscheiden. Der Anknüpfungspunkt ist bei beiden die »Arbeit«, worunter jede Tätigkeit zu verstehen ist, die der Befriedigung eines fremden Bedürfnisses dient (BAG 11.10.2000 – AZR 122/99).
Die Arbeitszeit im vergütungsrechtlichen Sinn umfasst jedoch nicht nur Zeiträume, in denen unmittelbare Arbeitsleistungen erbracht werden, sondern auch Tätigkeiten, die im nahen Zusammenhang damit stehen und primär im Interesse des Arbeitgebers erfolgen. Eine Einstufung als Arbeitszeit im arbeitszeitrechtlichen Sinn bedeutet nicht zwingend, dass für diesen Zeitraum ein voller Vergütungsanspruch besteht (BAG 17.10.2018 – 5 AZR 553/17).

2. Sonderfall Sammeltransporte: Das »Valencia-Urteil« des EuGH

Ein aktueller Schwerpunkt bei der Abgrenzung von Arbeits- und Ruhezeit sind Sammeltransporte. Mit seinem Urteil vom 9.10.2024 (Az. C-110/24 – »Valencia«) hat der EuGH klargestellt, dass es keine »Zwischenkategorien« zwischen Arbeit und Freizeit im arbeitszeitrechtlichen Sinne geben darf.
Der Fall: Waldarbeiter mussten einen Sammelpunkt anfahren, um von dort mit Firmenbussen zu wechselnden Einsatzorten zu gelangen. Der Heimweg wurde vom Arbeitgeber als Ruhezeit gewertet.

Die Entscheidung: Sobald Zeit, Route und Transportmittel vom Arbeitgeber vorgegeben sind, stehen die Beschäftigten unter dessen Kontrolle. Damit ist die Fahrt ab dem Sammelpunkt zwingend Arbeitszeit.

Checkliste: Wegezeit (Drei-Säulen-Prüfung)

Prüfungsschema nach EuGH C-110/24:
- **Ausübung der Tätigkeit:** Ist die Fahrt ein notwendiges Mittel, um die Arbeit an wechselnden Orten zu erbringen?
- **Verfügbarkeit:** Sind Zeit, Route oder Transportmittel vom Arbeitgeber fest vorgegeben?
- **Ort:** Gehört die Fahrt zum Wesen der Tätigkeit (z.B. mobile Trupps ohne festen Betriebssitz)?

Ergebnis: Sind diese Punkte erfüllt, zählt die Fahrt voll zur Arbeitszeit (§ 2 ArbZG) und die 11-stündige Ruhezeit beginnt erst nach der Rückkehr zum Sammelpunkt.

3. Ist es zulässig, Arbeitszeiten unterschiedlich zu vergüten?

Ja. Während arbeitszeitrechtlich (ArbZG) z. B. Bereitschaftsdienst voll als Arbeitszeit zählt, erlaubt das BAG im Vergütungsrecht eine Differenzierung nach der sogenannten Belastungstheorie. Da die tatsächliche Beanspruchung beim passiven Mitfahren im Firmenbus (siehe Valencia-Urteil) oder im Bereitschaftsdienst geringer ist als bei Vollarbeit, darf diese Zeit geringer vergütet werden.
Grenze: Es muss jedoch immer mindestens der gesetzliche Mindestlohn gezahlt werden (BAG 29.6.2016 – 5 AZR 716/15).

4. Gelten der Mindestlohn und das ArbZG auch für entsendete ausländische Arbeitskräfte?

Ja. Die Verpflichtung zur Zahlung des gesetzlichen Mindestlohns (§ 1 MiLoG) sowie die Einhaltung des ArbZG gelten für alle Arbeitnehmer, die auf deutschem Staatsgebiet tätig sind (Territorialitätsprinzip). Dies schließt nach der Rechtsprechung des BAG (24.6.2021 – 5 AZR 505/20) ausdrücklich auch die Bereitschaftszeiten ein.

Exkurs
Zur Vertiefung: Das anwendbare Recht für Verträge richtet sich grundsätzlich (für EU-Mitgliedstaaten) nach der **Rom-I-Verordnung vom 17. Juni 2008 (Rom-I-VO).** Das ist eine Verordnung, die das Internationale Privatrecht der Europäischen Union im Bereich vertraglicher Schuldverhältnisse regelt, mithin auch die Fragen bei grenzüberschreitenden Arbeitsvertragsbeziehungen. Die Vorschriften über die Rom-I-VO sind auch auf nicht EU-Mitgliedstaaten anwendbar, dies ergibt sich aus Art. 1 I Rom I-VO, der lediglich die »Verbindung zum Recht verschiedener Staaten«, die gerade keine Mitgliedstaaten sein müssen, verlangt. Sofern die kollisionsrechtliche Prüfung zur Anwendung drittstaatlichen Rechts führt, ist dieses anzuwenden (vgl. Art. 2 Rom I-VO).
Das anzuwendende Recht im Fall von Auslandsentsendungen eines Arbeitnehmers in einen Drittstaat ist demnach ebenfalls nach den Vorschriften der Rom I-VO zu bestimmen.

III. Arbeitskampf und Arbeitszeitgesetz

1. Was ist Arbeitskampf?

Arbeitskampf ist die von der Arbeitnehmer- oder Arbeitgeberseite aufgrund eines Kampfbeschlusses vorgenommene Störung des Arbeitsablaufs zu dem Zweck, durch gemeinsame (kollektive) Maßnahmen die andere Seite absichtlich unter wirtschaftlichen Druck zu setzen, um ein bestimmtes Verhandlungsziel zu erreichen. Die Kampfmaßnahmen sind auf Arbeitnehmerseite verschiedene Arten von Streiks, auf Arbeitgeberseite die Aussperrung.

2. Ist Arbeitskampf zulässig?

Der Arbeitskampf ist in Art. 9 Abs. 3 Satz 3 Grundgesetz (GG) erwähnt. Danach dürfen sich Notstandsmaßnahmen nicht gegen Arbeitskämpfe richten, die von Koalitionen im Sinne des Art. 9 Abs. 3 Satz 1 GG zur Wahrung und Förderung der Arbeits- und Wirtschaftsbedingungen geführt werden. Das GG setzt folglich die Zulässigkeit von Arbeitskämpfen voraus. Zudem ist der Arbeitskampf in mehreren Bundesgesetzen (z. B.

§ 2 Abs. 1 Nr. 2 ArbGG, § 74 Abs. 2 BetrVG, § 2 Abs. 2 BPersVG, § 160 SGB III, § 11 Abs. 5 AÜG, § 91 Abs. 6 SGB IX) und im europäischen Recht (z. B. Art. 11 EMRK, Art. 6 Nr. 4 Europäische Sozialcharta) anerkannt.

3. Hat der Arbeitnehmer einen Lohnanspruch für streikbedingte Fehlzeiten?

Nein. Abhängig Beschäftigte haben das Recht, bei einem rechtmäßigen Streikaufruf durch Streikbeteiligung ihre Arbeitspflicht zu suspendieren – d. h., die Arbeitszeit zu unterbrechen. Entsprechend dem Grundsatz »ohne Arbeit keinen Lohn« (§ 614 Abs. 1 BGB) fällt parallel zur Suspendierung der Arbeitspflicht des Streikenden die Vergütungspflicht des Arbeitgebers weg. Dieser Wegfall betrifft alle Entgelte, die eine Gegenleistung für die ansonsten während der Streikzeit zu leistende Arbeit darstellen (z. B. der monatliche Lohn; Sonn- und Feiertagszuschlag; Arbeitgeberbeitrag zum Mutterschaftsgeld; Einmalzahlungen, die im Zuge einer Tariflohnerhöhung für Zeiten vereinbart wurden, in denen gestreikt wurde; betrieblich vereinbarte Anwesenheitsprämien).
Bei zusätzlichen Sonderleistungen (z. B. Weihnachtsgeld) muss durch Auslegung der Zusage ermittelt werden, ob die (tarif-)vertragliche oder betriebliche Sonderleistungen bei streikbedingten Arbeitsausfällen entfällt bzw. anteilig gekürzt werden kann. Entscheidend ist der Zweck der Zusage. Wenn es sich bei der Sonderleistung um ein aufgeschobenes Entgelt für die Arbeitsleistung des vergangenen Jahres handelt, kann sie bei Tagen ohne Arbeit gestrichen / anteilig gekürzt werden. Soll hingegen mit der Sonderleistung die Betriebstreue als solche belohnt werden, oder handelt es sich um eine anlassbezogene Sonderleistung (etwa vermehrte Aufwendungen zu Weihnachten), ist eine Streichung/Kürzung unzulässig.

Beispiel: Wenn die (tarif-)vertragliche oder betriebliche Regelung regelt, dass ein in Aussicht gestelltes »13. Monatsgehalt« anteilig gekürzt werden kann, wenn Arbeitsvertragszeiten ohne Entgeltanspruch in den Bezugszeitraum fallen, dann kann die Sonderzahlung aufgrund eines Streiks anteilig gekürzt werden. Wenn ein »Weihnachtsgeld« ohne irgendwelche Kürzungsmöglichkeiten zugesichert wird, kann auch ein streikbedingter Arbeitsausfall nicht zu einer Kürzung führen.

Um streikende Gewerkschaftsmitglieder zu unterstützen, richten Gewerkschaften als Ersatz für den Lohausfall eine Streikkasse ein (Streikgeld). Dabei handelt es sich um eine solidarische Unterstützungsleistung, die den Nettoverdienstausfall meist nicht vollständig ausgleicht. In der Regel wird das Streikgeld anhand des monatlichen Mitgliedsbeitrags, der wiederum oft vom regelmäßigen Bruttoverdienst abhängig ist, berechnet.

4. Wie wirkt sich ein Streik auf die Sozialversicherung aus?

Gemäß § 192 SGB V bleibt die Mitgliedschaft des Arbeitnehmers in der gesetzlichen Sozialversicherung auch während eines rechtmäßigen Streiks bestehen. Im Falle eines rechtswidrigen Streiks bleibt das sozialversicherungspflichtige Beschäftigungsverhältnis hingegen maximal für einen Zeitmonat erhalten. Für die Beurteilung der Auswirkungen muss zwischen den Sozialversicherungen unterschieden werden.

- **Kranken- und Pflegeversicherung:** Im Falle eines rechtmäßigen Arbeitskampfes bleibt die Versicherungspflicht und dementsprechend der Versicherungsschutz für den streikenden Arbeitnehmer sowie mitversicherte Angehörige auch während des Streiks erhalten. Die Dauer des Streiks spielt in diesem Fall keine Rolle. Im Falle eines rechtswidrigen Arbeitskampfes, endet die Versicherungspflicht hingegen nach spätestens einem Monat.
- **Unfallversicherung:** In der gesetzlichen Unfallversicherung bei der Berufsgenossenschaft des Beschäftigungsbetriebs haben Streikende ab Streikbeginn keinen Versicherungsschutz mehr.
- **Arbeitslosenversicherung:** Aufgrund dessen, dass sich das Bemessungsentgelt für das Arbeitslosengeld bzw. Bürgergeld nach der Höhe der Löhne und Gehälter des letzten Jahres richtet, hat ein Streik grundsätzlich keine Auswirkungen auf die Höhe des Arbeitslosengeldanspruchs. Grundvoraussetzung für den Erhalt des Arbeitslosengeldes beziehungsweise Bürgergeldes ist jedoch, dass innerhalb dieser Zeit kein Anspruch auf Entgelt besteht.
- **Rentenversicherung:** Da die Rentenversicherung der Arbeitnehmer ein Beschäftigungsverhältnis gegen Entgelt voraussetzt (§ 1 SGB VI) und während eines Streiks der Lohn- bzw. Gehaltsanspruch entfällt, ist das rentenversicherungspflichtige Beschäftigungsverhältnis suspendiert (BSG 11.12.1973 – BB 1974, 740). Somit fallen für die Dauer des Arbeitskampfes keine Pflichtbeiträge zur Rentenversicherung an. Als Versicherungsmonat gilt jeder Monat, der nur zum Teil (wenn auch nur für einen Tag) mit rentenrechtlichen Zeiten und einer entsprechenden versicherungspflichtigen Beschäftigung belegt ist.

5. Darf die Streikzeit vom Gleitzeitguthaben abgezogen werden?

Diesbezüglich ist zu unterscheiden, ob sich der Arbeitnehmer, der in Gleitzeit arbeitet, vor der Streikkundgebung aus dem Zeiterfassungssystem ausgeloggt hat oder nicht.
Grundsätzlich ist er nicht dazu verpflichtet sich auszuloggen. Da während eines Streiks keine Arbeitspflicht besteht, besteht auch keine Soll-Arbeitszeit. Daraus folgt im Umkehrschluss, dass sich der Beschäftigte nicht ausloggen muss. Die Streikzeit kann folglich nicht vom Gleitzeitguthaben abgezogen werden. Allerdings kann sich aus der Betriebsvereinbarung eine Verpflichtung zum Ausloggen ergeben.
Wenn der Arbeitnehmer an einer Streikkundgebung teilnimmt, nachdem er sich im Rahmen einer betrieblichen Gleitzeitregelung zulässigerweise aus dem Zeiterfassungssystem abgemeldet hat, liegt kein Streik im Rechtssinne vor (BAG 26.7.2005 – 1 AZR 133/04). Denn während der Freizeit kann der Arbeitnehmer dem Arbeitgeber nicht die Arbeitsleistung vorenthalten, weshalb auch keine Lohnkürzung möglich ist.[67]

6. Darf die Aufsichtsbehörde während eines Streiks Sonn- und Feiertagsruhe bewilligen?

Grundsätzlich kann die Aufsichtsbehörde bewilligen, dass, wenn es zur Verhütung eines unverhältnismäßigen Schadens erforderlich ist, Arbeitnehmer abweichend von § 9 ArbZG an Sonn- und Feiertagen beschäftigt werden dürfen (§ 13 Abs. 3 Nr. 2 lit. b ArbZG).
Aufgrund der Neutralitätspflicht des Staates (Art. 9 Abs. 3 GG) darf eine derartige Bewilligung aber nicht im Zusammenhang mit arbeitskampfbedingten Maßnahmen erteilen werden. Dies gilt unabhängig davon, ob der Arbeitskampf für den Arbeitgeber vorhersehbar war oder nicht.

7. Wie ist das Verhältnis von Streik und Urlaub?

Um dies zu beurteilen, müssen **verschiedene Fallgestaltungen** voneinander unterschieden werden:

Var. 1: Der Arbeitnehmer beteiligt sich nicht aktiv am Streik

In diesem Fall hat der Streik keine Auswirkungen auf den Urlaubs- und Urlaubsentgeltanspruch.

67 vgl. *https://www.gdp.de/gdp/gdpmp.nsf/id/DE_GdP-M-V-Warnstreik-/$file/20_Fragen_zum_Streik.pdf.*

Var. 2: Der Arbeitnehmer hat seinen Urlaub schon vor Streikbeginn angetreten

Ein rechtmäßig angetretener Urlaub wird durch einen Streikbeginn nicht unterbrochen. D. h. der Arbeitnehmer kann seinen Urlaub ohne weiteres fortführen.

Allerdings kann ein Streikwilliger gegenüber seinem Arbeitgeber auch erklären, dass er seinen Urlaub beendet und am Streik teilnimmt. In diesem Fall wird das Arbeitsverhältnis suspendiert, was zu einem entsprechenden Entgeltabzug führt. Die nicht genommen Urlaubstage bleiben erhalten und gelten als nicht in Anspruch genommen, womit der Urlaub in entsprechendem Umfang nachgewährt werden muss. Der Urlaubsanspruch unterliegt den regulären Verfallsfristen, da diese durch die Streikbeteiligung nicht hinausgeschoben werden.

Var. 3: Der bewilligte Urlaub des Arbeitnehmers beginnt erst nach Ausbruch des Streiks

Ein bewilligter Urlaub kann auch nach Streikausbruch unverändert angetreten werden. Insofern hat der Streik keine Auswirkungen auf den gesetzlichen oder (tarif-)vertraglichen Urlaubsanspruch. Da der Anspruch auf Urlaubsentgelt nicht auf dem Lohnausfallprinzip beruht, hat der Arbeitgeber bei tatsächlichem Urlaubsantritt des Arbeitnehmers das zustehende Urlaubsentgelt ungekürzt auszuzahlen. Ein Streik führt nicht dazu, dass sich ein einmal angetretener Urlaub um die Anzahl der während des Urlaubs angefallenen betrieblichen Streiktage verlängert.

Tritt der Arbeitnehmer den Urlaub hingegen nicht an und leistet dem Streikaufruf vor Urlaubsbeginn ausdrücklich Folge, wird seine Arbeitspflicht suspendiert (siehe oben). Diese Suspendierungswirkung führt dazu, dass der Arbeitgeber den Arbeitnehmer nicht mehr von der Arbeitspflicht freistellen kann, weshalb den Arbeitgeber im Umkehrschluss auch keine Pflicht zur Zahlung von Urlaubsentgelt trifft. Erst wenn die Streikbeteiligung eindeutig und ernsthaft beendet wird, endet die vorrangige Suspendierungswirkung, woraufhin das reguläre Urlaubsrecht des Arbeitsverhältnisses, wie es sich nach dem Streik darstellt, zur Anwendung kommt. Die ursprünglich bewilligten und dann wegen der Streikbeteiligung nicht genommenen Urlaubstage gelten als nicht in Anspruch genommene Urlaubstage, womit der Urlaub in entsprechendem Umfang nachgewährt werden muss. Der Urlaubsanspruch unterliegt den regulären Verfallsfristen.

Ein Streikteilnehmer hat einen künftigen Urlaubsanspruch nur dann wirksam beantragt, wenn er sich für den beantragten Urlaubszeitraum zur Wiederaufnahme der während des Streiks suspendierten Arbeitspflicht bereit erklärt hat (BAG 24. 9. 1996 – 9 AZR 364/95). Nur in diesem Fall gerät der Arbeitgeber gemäß § 286 Abs. 1 BGB mit der Erfüllung des Urlaubsanspruchs in Verzug, was einen Verfall des geltend gemachten Urlaubsanspruchs verhindert. Nennt der Streikteilnehmer hingegen nur den gewünschten Urlaubszeitraum, ohne seine Arbeitsbereitschaft für diesen Zeitraum anzuzeigen, macht er den Anspruch nicht wirksam geltend, weshalb der Arbeitgeber nicht in Verzug gerät womit wiederum nach den allgemeinen Regeln ein Verfall des Urlaubsanspruchs eintreten kann.

8. Wie ist das Verhältnis von Streik und Krankheit?

Auch hier sind die **verschiedenen Fallgestaltungen** voneinander zu unterscheiden:

- **Var. 1: Der Arbeitnehmer war vor Streikbeginn krankgeschrieben**
  In diesem Fall verbleibt es auch nach Beginn des Streiks bei der Krankschreibung. Arbeitnehmer, die vor dem Streik krank waren, können aus dem Krank in den Streik treten
- **Var. 2: Der Arbeitnehmer erkrankt nach Streikbeginn**
  Wenn ein Streikteilnehmer nach Beginn des Streiks erkrankt, kann er seinem Arbeitgeber die Beendigung der Streikteilnahme mitteilen und sich krankmelden. Aus Beweisgründen sollte dies schriftlich und unter Vorlage eines ärztlichen Attestes geschehen. Sollte dies der Fall sein, muss der Arbeitgeber regulär bis zu sechs Wochen den Lohn weiterzahlen.

9. Stehen dem Betriebs- oder Personalrat seine Mitbestimmungsrechte auch während des Arbeitskampfes uneingeschränkt zu?

Grundsätzlich bestehen die **Beteiligungsrechte** auch während eines Arbeitskampfs (BAG 10. 12. 2002 – 1 ABR 7/02). Sie sind nur dann einzuschränken, wenn ansonsten die Arbeitskampffreiheit des Arbeitgebers eingeschränkt würde. Denn bei uneingeschränkter Geltung könnte der Betriebs- oder Personalrat den Arbeitgeber durchaus erheblich bei der Durchführung seiner Arbeitskampfmaßnahmen behindern. Wäre dies zulässig, käme es zu einem inakzeptablen Ungleichgewicht der Kräfte im Arbeitskampf, da der Arbeitgeber dann dem Druck der Gewerkschaft und dem des Betriebsrats gegenüberstünde.
Reine **Informationsansprüche** des Betriebs- oder Personalrats (§ 80 Abs. 2 Satz 1 BetrVG / § 66 Abs. 1 BPersVG) hindern den Arbeitgeber nicht an seinen Arbeitskampfmaßnahmen. Deshalb sind sämtliche Un-

terrichtungs- und Informationsansprüche auch während des Arbeitskampfs einzuhalten.
Wenn feststeht, dass eine beabsichtigte personelle Maßnahme nicht aufgrund eines Arbeitskampfs stattfindet, sondern nur währenddessen durchgeführt werden soll, sind auch die in diesem Bereich geltenden Mitbestimmungsrechte einzuhalten (BAG 6.3.1979 – 1 AZR 966/77). **Einschränkungen des Mitbestimmungsrechts sind insbesondere in den folgenden Bereichen relevant:**

- Anordnung von Überstunden gegenüber den Beschäftigten, die nicht streiken und mit deren Arbeit den Arbeitsausfällen im Betrieb begegnet werden soll
- Veränderung des Dienstplans, um die Arbeit der verbleibenden Arbeitnehmer auf die Schichten gleichmäßig und zweckmäßig zu verteilen
- Anordnung von Kurzarbeit, wenn die verbliebenen Beschäftigten ohne die Zusammenarbeit mit der Gesamtbelegschaft die Arbeit nicht sinnvoll ausführen können
- unter Umständen personelle Einzelmaßnahmen wie Einstellungen, Versetzungen und Entlassungen (z. B. Einstellung von »Streikbrechern«, Versetzung eines arbeitswilligen Arbeitnehmers auf den Arbeitsplatz eines Streikenden)

10. Kann die Mitbestimmung eingeschränkt werden, wenn ein Betrieb nur mittelbar von einem Arbeitskampf betroffen ist?

Zu einer mittelbaren Betroffenheit kommt es, wenn in einem anderen Betrieb, mit dem zusammengearbeitet wird, Arbeitskampfmaßnahmen stattfinden. Ein Betrieb kann beispielsweise mittelbar betroffen sein, wenn seine Produktion von der Zulieferung durch den streikenden Betrieb abhängt. Dabei kann es dazu kommen, dass auch in dem mittelbar betroffenen Betrieb Kurzarbeit angeordnet werden muss. Unter den Juristen herrscht Uneinigkeit darüber, ob der Betriebsrat des mittelbar betroffenen Betriebs bei einer solchen Anordnung innerhalb dieses Betriebs zwingend zu beteiligen ist. Das Bundesarbeitsgericht hat das Mitbestimmungsrecht (eingeschränkt) bejaht (BAG 22.12.1980 – 1 ABR 76/79). Ob ein Mitbestimmungsrecht besteht, dürfte in der Praxis wohl insbesondere davon abhängen, ob der unmittelbar und der mittelbar betroffene Betrieb einem gemeinsamen Konzern angehören, ob die Beschäftigten beider Betriebe von derselben Gewerkschaft vertreten werden und ob der mittelbar betroffene Betrieb in dem »umkämpften« Tarifgebiet liegt oder zur selben Branche gehört.

11. Gelten die Einschränkungen des Mitbestimmungsrechts auch für die Nachwirkungen des Arbeitskampfs?

Nein, sobald der Arbeitskampf beendet ist, stehen dem Betriebsrat seine gesamten Beteiligungsrechte wieder zu. Unabhängig davon, ob die Maßnahmen mit dem vorangegangenen Arbeitskampf zusammenhängen oder nicht. In diesem Zusammenhang ist vor allem die Anordnung von Überstunden durch den Arbeitgeber, um die versäumte Arbeitszeit wieder aufzuholen, ein Thema. Nach Abschluss des Arbeitskampfes gelten auch diesbezüglich keine anderen Regeln als bei normalem Betriebsablauf. Somit ist für die Anordnung von Überstunden zwingend die Mitbestimmung des Betriebsrats erforderlich (§ 87 Abs. 1 Nr. 3 BetrVG).

Checkliste: Der »Streik-Check« für die Praxis

Diese Übersicht hilft Betriebs- und Personalräten, **die wichtigsten Folgen eines rechtmäßigen Streiks** auf einen Blick zu erfassen:

Bereich	**Auswirkung während des Streiks**	**Rechtsfolge / Hinweis**
Lohn / Gehalt	**Suspendiert**	Kein Lohnanspruch für die Ausfallzeit (»Ohne Arbeit kein Lohn«).
Sonderzahlungen	**Teilweise Kürzung**	Je nach Zweck der Leistung (Entgeltcharakter versus Betriebstreue).
Krankenversicherung	**Bleibt bestehen**	Mitgliedschaft und Schutz bleiben bei rechtmäßigem Streik erhalten.
Rentenversicherung	**Ruht**	Keine Beitragszahlung, da kein Entgelt fließt (Auswirkung auf Rentenhöhe).
Unfallversicherung	**Kein Schutz**	Kein Versicherungsschutz durch die Berufsgenossenschaft ab Streikbeginn.
Gleitzeitkonto	**Kein Abzug**	Streikzeit darf nicht vom Guthaben abgezogen werden (außer Betriebsvereinbarung regelt Ausloggen).

Bereich	Auswirkung während des Streiks	Rechtsfolge / Hinweis
Urlaub	Keine Unterbrechung	Einmal angetretener Urlaub läuft trotz Streiks weiter (mit Entgeltanspruch).
Beteiligungsrechte	Eingeschränkt	Bestehen fort, dürfen aber die Kampffreiheit des Arbeitgebers nicht unzulässig behindern.

IV. Abmahnung und Kündigung

Arbeitszeitrecht ist kein theoretisches Konstrukt – es ist im Ernstfall eine **existenzielle Frage**. Wenn die »**rote Linie**« überschritten wird, greift der Arbeitgeber zu seinem **schärfsten Schwert**: der Kündigung.
Für Sie als Interessenvertretung ist dieser Abschnitt das entscheidende Feld der Konfliktberatung. Hier entscheidet sich, ob ein Fehler korrigierbar ist oder ob eine Pflichtverletzung das Ende einer beruflichen Existenz bedeutet. Die Rechtsprechung unterstreicht dabei unmissverständlich: Wer bei der Dokumentation seiner Arbeitszeit täuscht, riskiert Kopf und Kragen. Unabhängig davon, ob die Zeit per Handschlag, auf Papier oder digital erfasst wird – die bewusste Falschangabe wird von den Gerichten heute konsequent als schwerwiegender Vertrauensbruch gewertet, der das Arbeitsverhältnis irreparabel beschädigen kann.
In diesem Kapitel erfahren Sie, wie Sie unberechtigte Vorwürfe prüfen, die »Warnfunktion« von Abmahnungen beurteilen und wo das Gesetz dem Arbeitgeber klare Grenzen setzt. Erfahren Sie, wann Sie als »Schutzmacht« effektiv intervenieren können und in welchen Fällen die Schwere eines Verstoßes selbst langjährige soziale Argumente in den Hintergrund drängt.

1. Kann der Arbeitgeber wegen eines Arbeitszeitverstoßes eine Abmahnung erteilen?

Bei einem vertragswidrigen Verhalten des Arbeitnehmers hat der Arbeitgeber die Möglichkeit, eine Abmahnung auszusprechen. Arbeitszeitverstöße, wie häufiges unentschuldigtes Zuspätkommen, sind ein derartiges vertragswidriges Verhalten (LAG Hamm 28.8.2015 – 13 Sa 150/15). Eine Abmahnung stellt im Vergleich zur (verhaltensbedingten) Kündigung das mildere Mittel dar. Sie kann von jeder Person, die gegenüber dem konkreten Arbeitnehmer weisungsbefugt ist, ausgesprochen werden. Folglich nicht nur von demjenigen, der eine Kündigung aussprechen kann. Eine Abmahnung kann sowohl schriftlich als auch mündlich erfolgen, wobei eine schriftliche Abmahnung aus Beweisgründen vorzugswürdiger ist.

2. Wie muss eine wirksame Abmahnung aussehen?

Für eine rechtswirksame Abmahnung müssen drei Voraussetzungen erfüllt sein:

- Das abgemahnte Verhalten muss möglichst genau beschrieben werden (Datum, Uhrzeit, relevantes Verhalten),
- es muss deutlich als Verstoß gerügt werden (inklusive Unterlassensaufforderung) und
- für den Wiederholungsfall muss die Kündigung angedroht werden.

3. Wie oft muss abgemahnt werden?

Es gibt keine Bestimmung darüber, wie oft vor einer Kündigung abgemahnt werden muss. In vielen Fällen werden Arbeitgeber nicht direkt nach der ersten Abmahnung kündigen, sondern noch eine zweite oder eventuell sogar dritte Abmahnung aussprechen. Dazu ist der Arbeitgeber jedoch nicht verpflichtet. Im Wiederholungsfalle kann eine Kündigung bereits nach einmaliger Abmahnung zulässig sein. Allerdings nur dann, wenn die Abmahnung zu Recht erfolgte und bei der Wiederholung ein vergleichbarer Pflichtverstoß begangen wurde. Einen Anhaltspunkt dafür, wie viele Abmahnungen nötig sind, kann die Schwere des Verstoßes sein.

Beispiel (BAG 15.11.2001 – 2 AZR 609/00):
Ein Lagerarbeiter kam über mehrere Jahre hinweg zu spät zur Arbeit. Der Arbeitgeber sprach zahlreiche Abmahnungen wegen der Verspätungen aus. 15 Jahre später mahnte der Arbeitgeber wortwörtlich ein letztes Mal ab (»Das ist unsere letztmalige Abmahnung«). Gleichwohl erschien der Lagerarbeiter am Folgetag erneut zehn Minuten und eine Woche später über eine Stunde zu spät zur Arbeit. Daraufhin kündigte der Arbeitgeber.

Grundsätzlich handelt es sich bei Verspätungen um leichte Verstöße, die mehrere Abmahnungen erfordern. Mahnt der Arbeitgeber jedoch zu oft und ohne weitere Konsequenzen ab, kann dies dazu führen, dass der Arbeitnehmer diese nicht mehr ernst nimmt und auch nicht ernst nehmen muss. Der Arbeitgeber muss den Arbeitnehmer vor einer Kündigung dann besonders eindringlich abmahnen, um klarzustellen, dass weitere Verstöße zur Kündigung führen werden.

4. Wann kann der Arbeitgeber eine Kündigung aussprechen?

Bei wirksamer Abmahnung und wiederholtem Pflichtverstoß kann der Arbeitgeber u. U. eine verhaltensbedingte Kündigung aussprechen. Ohne eine vorherige Abmahnung ist eine verhaltensbedingte Kündigung nur bei schwerwiegendem Fehlverhalten zulässig. Die Verweigerung von gesetzes- und vertragswidrig angeordneter Arbeit (z. B. Weigerung, für die unzulässig angeordnete Sonntagsarbeit im Betrieb zu erscheinen) liefert dem Arbeitgeber keinen Kündigungsgrund.
Arbeitszeitbetrug ist hingegen ein zulässiger Kündigungsgrund, und zwar auch bei ordentlich unkündbaren Arbeitsverhältnissen. Arbeitszeitbetrug liegt beim Vortäuschen tatsächlich nicht erbrachter Arbeitsleistung (z. B. Missbrauch von Stempeluhr, Führen privater Telefonate, Schreiben privater Nachrichten, Internetnutzung zu privaten Zwecken) und Erschleichen einer Arbeitsbefreiung vor.

5. Ist bei Arbeitszeitbetrug auch eine fristlose Kündigung möglich?

Ja, bei schwerem Arbeitszeitbetrug ist die Fortsetzung des Arbeitsverhältnisses oft unzumutbar (§ 626 BGB). Das BAG wertete etwa die bewusste falsche Angabe von 137 Minuten als systematischen Betrug, der eine fristlose Kündigung ohne Abmahnung rechtfertigt (BAG 9.6.2011 – 2 AZR 381/10).

Beispiel (BAG 9.6.2011 – Az. 2 AZR 381/10):
Eine ordentlich unkündbare Verwaltungsfachangestellte dokumentierte an sieben Tagen falsche Arbeitszeiten, sie gab insgesamt 137 Minuten zu viel an. Sie rechtfertigte das mit einer bestehenden Dienstvereinbarung, laut der die Arbeit »an der Arbeitsstelle« beginne. Daher hatte sie als Arbeitsbeginn bzw. Arbeitsende die Zeiten bei der Ein- und Ausfahrt durch die Schranke des Firmenparkplatzes betrachtet und die Parkplatzsuche auf dem Betriebsgelände als Arbeitszeit angegeben. Das BAG wertete das als fortgesetzten und systematischen Arbeitszeitbetrug – denn offensichtlich sei mit »Arbeitsstelle« nicht der Parkplatz, sondern erst der Arbeitsplatz am Schreibtisch gemeint. Es hielt hier die fristlose Kündigung ohne vorherige Abmahnung für gerechtfertigt, wie auch die Vorinstanz das LAG

Niedersachsen (18.1.2010 – 9 Sa 1913/08). Das Arbeitsgericht Osnabrück (17.11.2008 – 6 Ca 275/08) dagegen hatte die fristlose Kündigung ohne Abmahnung noch für unverhältnismäßig gehalten.

In den meisten Fällen wird aber eine ordentliche Kündigung inklusive vorheriger Abmahnung nötig sein.

Beachte jedoch:
Entbehrlichkeit der Abmahnung: Das BAG vertritt eine strenge Linie: Da Arbeitszeitbetrug das Vertrauensverhältnis irreparabel zerstört, ist eine vorherige Abmahnung in der Regel entbehrlich (BAG 9.6.2011 – 2 AZR 381/10).
Manipulation der Zeiterfassung: Das vorsätzliche falsche Bedienen von Zeiterfassungsgeräten (z.B. »Kartenreiten« oder falsches Einstempeln) rechtfertigt regelmäßig eine sofortige Kündigung, da der Arbeitgeber auf die Richtigkeit der Dokumentation angewiesen ist (LAG Mecklenburg-Vorpommern 28.3.2023 – 5 Sa 128/22).

Checkliste: Kündigung (für Betriebs- und Personalrat)

- **Einschlägigkeit:** Bezieht sich die Kündigung auf denselben Fehlertyp wie die vorangegangene Abmahnung?
- **Vertrauens- versus Verhaltensbereich:** Handelt es sich um einen **steuerbaren Fehler** (z.B. Verspätung), bei dem eine Abmahnung zur Besserung ausreicht? Oder liegt eine **vorsätzliche Täuschung** vor (z.B. Manipulation), die das Vertrauen so massiv zerstört hat, dass eine Abmahnung objektiv entbehrlich ist?
- **Interessenabwägung (Verhältnismäßigkeit):** Überwiegt das Beendigungsinteresse des Arbeitgebers? Zu prüfen sind: Dauer der Betriebszugehörigkeit, soziale Aspekte (Alter, Unterhaltspflichten) sowie die Schwere und Auswirkungen des Verstoßes.
- **Dokumentation:** Sind die geltenden Regeln zur Arbeitszeit im Betrieb (z.B. durch eine Betriebsvereinbarung) eindeutig geregelt und den Beschäftigten bekannt?

6. Kann auch der Arbeitnehmer abmahnen oder kündigen?

Abmahnungen werden in der Regel zwar von der Arbeitgeberseite ausgesprochen, aber grundsätzlich steht dieses Recht auch dem Arbeitnehmer zu, sofern der Arbeitgeber einen Pflichtverstoß begeht.
Ständige und erhebliche Verstöße gegen die Vorschriften des ArbZG können auch ein Recht des Arbeitnehmers zur fristlosen Kündigung aus

wichtigem Grund ggf. mit Schadensersatzanspruch begründen (§ 628 Abs. 2 BGB). Dieses Kündigungsrecht steht dem Arbeitnehmer auch dann zu, wenn er der rechtswidrigen Arbeitsanordnung zunächst noch nachgekommen ist.
Bevor der Arbeitnehmer eine fristlose Kündigung ausspricht, muss auch er grundsätzlich bereits eine Abmahnung ausgesprochen haben. Nur wenn der Arbeitgeber bereits ausdrücklich oder konkludent zu verstehen gegeben hat, dass er sich auch nach einer Abmahnung nicht gesetzes- und vertragskonform Verhalten wird, kann auf eine Abmahnung verzichtet werden.
Nachdem der Arbeitnehmer versucht hat, beim Arbeitgeber Abhilfe zu suchen, kann er sich auch an die für den Betrieb zuständige Aufsichtsbehörde wenden, damit diese versucht durch Anordnungen gegenüber dem Arbeitgeber den rechtswidrigen Zustand zu beheben. Durch die Nutzung des außerbetrieblichen Beschwerderechts dürfen dem Beschäftigten keine Nachteile entstehen (§ 17 Abs. 2 Satz 2 ArbSchG). Deshalb ist auch eine Kündigung des Arbeitnehmers, die sich darauf stützt, dass dieser sich an eine Aufsichtsbehörde gewandt hat, grundsätzlich nichtig (LAG Köln 10.7.2003 – ZTR 2003, 583).

Stichwortverzeichnis

Kompetenz verbindet

Lugowski / Wagner

Der Einsatz von KI in der Arbeitswelt

DSGVO und KI-Verordnung – Funktion und Anwendungsszenarien – Schulungen und Richtlinien
2025. 105 Seiten, kartoniert
€ 24,–
ISBN 978-3-7663-7506-3

Der Einsatz von Künstlicher Intelligenz (KI) verändert die Arbeitswelt nachhaltig – sowohl in Betrieben als auch in Behörden. Doch wie lässt sich KI sicher und verantwortungsvoll einsetzen? Dieser kompakte Leitfaden beantwortet in 100 praxisnahen Fragen und Antworten alles, was Interessenvertretungen, Personalverantwortliche und Datenschutzbeauftragte wissen müssen.
Besonderes Augenmerk liegt auf der generativen KI, wie Sprachmodellen (z.B. ChatGPT) und Bildgeneratoren (z. B. Midjourney).

Die Leserinnen und Leser erfahren, wie KI funktioniert, welche Chancen und Risiken bestehen und welche rechtlichen Vorgaben – wie DSGVO und die europäische KI-Verordnung – zu beachten sind. Ideal für alle, die konkrete und verständliche Lösungen für den KI-Einsatz in der Arbeitswelt suchen.

Aus dem Inhalt:
- 100 praxisnahe Fragen und Antworten zum Einsatz von generativer KI
- Beispiele, Grafiken und Checklisten zur Unterstützung im Arbeitsalltag
- Im Fokus: Datenschutzrechtliche und arbeitsrechtliche Vorgaben

Bund-Verlag